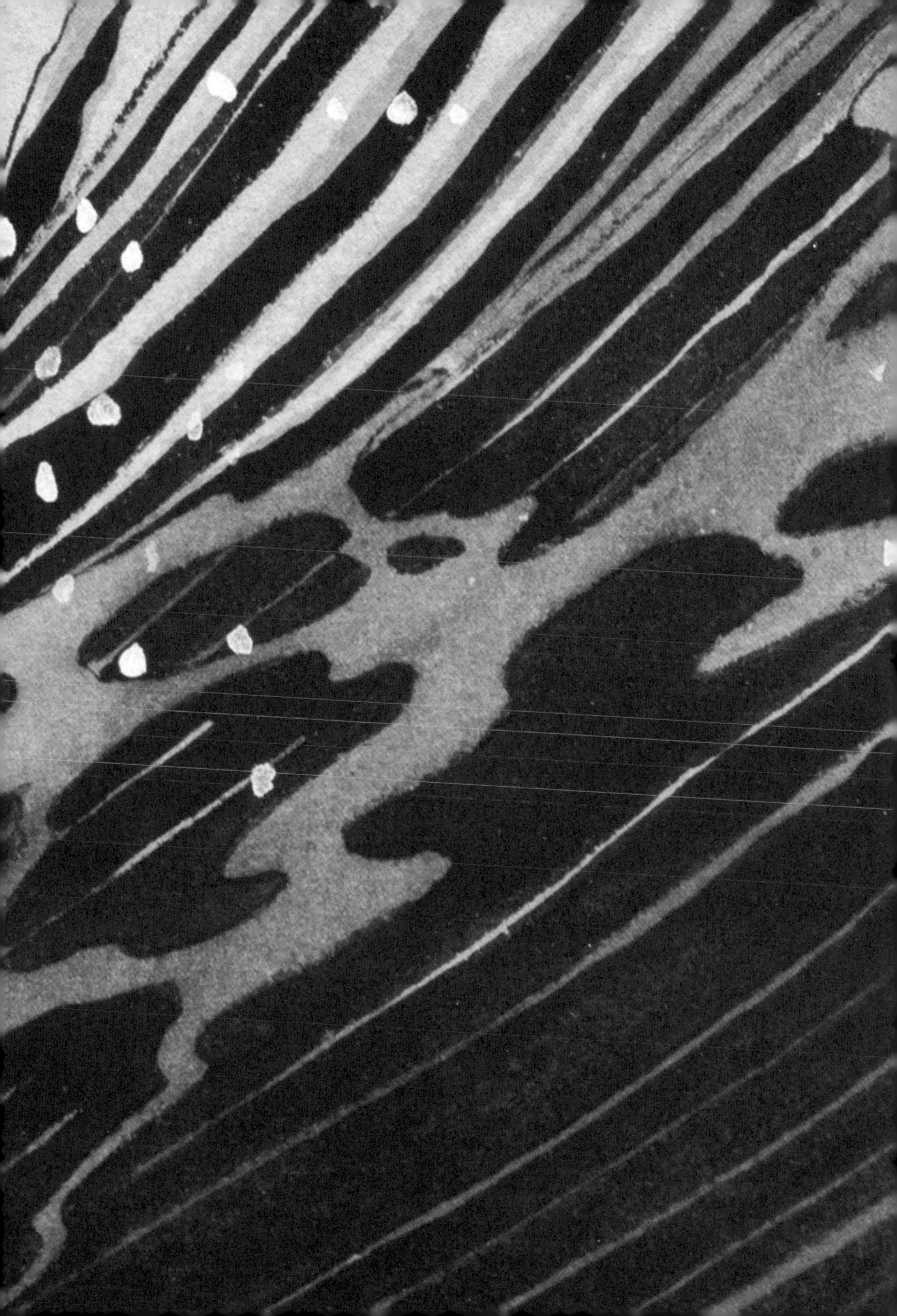

# 動盪

## 國家如何化解危局、成功轉型？

賈德・戴蒙——著　莊安祺——譯

UPHEAVAL

Turning Points for Nations in Crisis

by Jared Diamond

本書謹獻給

先嚴、先慈路易和佛洛拉·戴蒙

以及

內人瑪麗·柯罕、

犬子麥克斯和約書亞·戴蒙的未來

# 各界讚譽

**謝哲青**／作家、知名節目主持人

晚秋時分，微微向西傾斜的陽光，在瀲灩的水波間明滅閃爍。黑色的鳳尾船緩緩划過大運河，被木槳輕拍後的水痕轉瞬間消逝在泡沫之中。輪機發動的低頻震動、迴盪在水弄間的船歌、海鳥的嘶鳴，與周而復始的潮水聲，構築成漂浮之城獨一無二的文化聲景。「威尼斯，是一座被粼粼水光包藏的謎，」英國作家珍．莫里斯（Jan Morris）在一九六〇年所出版的《威尼斯》寫道：「即使孤立、疏離，卻沒有人能拒絕她的美。」

這座由一百一十八座島嶼與阡陌縱橫的水道所建構的城市，曾經是人類文明史上商業實力最強的海商國家。海洋為這群居住在潟湖上的人民提供庇護、挑戰與機運，讓在泥濘中捕捉鰻魚、曬製粗鹽與昆布的威尼斯人，走過歷史的偶然與必然，成為地中海最尊貴顯赫的「海洋帝國」（Stato da Mar）。

隱藏在遊客歡笑與驚嘆背後的，是不安詭譎的動盪風雲。許多人不知道，威尼斯是世界上唯一一個為了進行商業買賣而組織起來的國家。有很長一段時間，威尼斯共和國沒有大片土地，沒有太多的人口，沒有足以養活自己的農業生產，連餬口用的天然資源也明顯不足，威尼斯天文數字的財富，仰賴的是擁有運無的國際貿易，與精準且具有遠見的金融投資，從西元八世紀到十五世紀，來自亞洲的絲綢、磁器、辛香料與貴金屬，以及運往東方的琥珀、木材、奴隸、銅器、武器等，都是威尼斯人致富的關鍵，公開的祕密。

但千萬別忘了，歷史是由一連串特定（specific）、意外（unexpected）、非常規事記（non-routine events）或系列事件（series of events）組成，這些具有高度不確定性的偶然與必然，必定帶給國家或個人威脅、困惑與焦慮。

首先是一四五三年，君士坦丁堡的陷落。固若金湯的千年之都被來自荒地的異教徒征服，不僅是文化疆域的彼消此長，更是國際金融的板塊位移。財富再分配後的地中海，坐地起價，並多方制肘的鄂圖曼，讓威尼斯在國際貿易的優勢一落千丈，國民生產總值急劇萎縮。隨著葡萄牙人與西班牙人，在印度洋與大西洋新航路的拓展，更讓位居商業中心的威尼斯迅速邊緣化。

緊接而來的，是來自歐陸國家包藏禍心的猜忌與算計，在教皇儒略二世（Pope Julius II）的策動下，以遏止威尼斯發展為目標的軍事行動「康布雷同盟戰爭」（The War of the League of Cambrai）給了海洋帝國另一項重擊。馬基維利在《君王論》提到了歐洲諸國與威尼斯的衝突，刻薄無情地寫道威尼斯人在短時間內「丟掉了八百年以來他們祖先的努力成果。」

分崩離析，面臨存亡關頭的威尼斯，在重大危機之後，力拼轉型，將自己從攢積財富的海洋帝國，變作以娛樂文化、觀光旅遊為賣點的漂浮之城，我們所熟悉的付費音樂會、演唱會、大型舞會、博奕業、博物館……都是共和國重新思考後的產業新型態，威尼斯成為史上第一個娛樂產業的虛擬經濟體。今天世界所知曉的水都文化，就此誕生。

生命的動盪，是危機，也可以是轉機。面對困厄險阻時所展現的彈性與堅韌，讓我們在流離的不安中，找回身而為人的價值與意義。

**蕭新煌**／總統府資政、台灣亞洲交流基金會董事長

賈德．戴蒙是我喜歡的著名國際作家，也曾為他的前兩本書中文版寫了推薦導讀。他以撰寫人類「大歷史」著名，內容都具有以古鑑今和警世的作用。這本新書更是以近一百年的歐、美、亞、澳四大洲七個國家如何度過他們面臨的不同危機，預測日、美兩國和全球可能面臨的動盪和挑戰。

這本書一再強調三個關鍵的概念，亦即保有韌性、力求革新和求助盟友。如果運用到台灣當下面臨的危機和動盪，這三個良方也很適用。

**王道還**／生物人類學者

這是戴蒙最具個人色彩的作品。近三十年來，他為讀者導遊人類自然史、人類大歷

史，上下百萬年，橫跨五大洲。現在他訴諸個人經驗，作為串連「國事、家事、天下事」的模型，讀來格外親切。以個人經驗理解國家社會的因緣際會以及歷史選擇，學理上難免扞格，卻是我們最基本的認知捷徑。戴蒙講故事的本領尤其餘事——讀者輕易便能與時代、地理、文化都不同的社群產生共鳴、同其哀樂。

**楊士範**／The News Lens 關鍵評論網媒體集團共同創辦人暨內容長

《動盪》是暢銷作家賈德．戴蒙的新書，書中很有創意地先透過個人危機治療的十二個因素，對應建立影響國家層級危機的十二個因素，並以七個國家在歷史上的危機興衰為例來討論。光是閱讀這幾個國家（芬蘭、日本、澳洲、智利、德國、印尼和美國）的危機故事剖析就已經收穫豐富，再經由他的架構來梳理危機處理過程，讀者能對自己國家危機和現況有更具脈絡的理解和討論。非常精彩，相信一定會是引發各種討論的經典著作。

**黃貞祥**／國立清華大學生命科學系助理教授、泛科學專欄作者

不要懷疑，我們此時此刻就是活在一個亂世——許多文明城市和國家，都不斷面對著排山倒海而來的假新聞、不當選舉操縱、踐踏人權、遊行抗議、閉關自守、環境破壞等內憂外患的動盪危機。危機能否成為人類文明的轉機呢？端看我們能否正確地認識這

些挑戰，並且能有先見之明地防範未然。因此，這本書來得正是時候！賈德．戴蒙一直不遺餘力地為理解人類文明的起源及永續發展振聾發聵，無論同意他的觀點與否，都值得我們的關注和討論！

**何榮幸**／《報導者》創辦人、執行長

本書提出十二個影響「國家危機」結果的相關因素，同樣適用於台灣的自我提問，而且在此時更加迫切。

**尤瓦爾．諾亞．哈拉瑞**（Yuval Noah Harari）／《人類大歷史》、《21世紀的21堂課》作者

本書是一段精彩有趣的旅程，探討國家如何面對危機——是人類因應全球當前危局的希望。

**保羅．埃力克**（Paul R. Ehrlich）／史丹佛大學教授、《人類的演化》作者

本書以個人的角度，犀利的觀點，扣人心弦的敘述，藉由個人如何因應危機，討論身處危機的國家如何應變。在舉世各國都承受壓力，必須學習如何應對重大挑戰的今天，尤其是及時的重量級著作。我推薦各位閱讀。

**黛安·艾克曼**（Diane Ackerman）／《園長夫人》作者

賈德·戴蒙的新書總是稀罕而受喜愛的禮物。我把它們當成是一整塊馬賽克的局部來讀。這塊馬賽克一旦全部完成，必會以驚人的洞察力和清晰度，揭示我們自己和我們有幸居住的這個星球的奧祕。他的每一本書都為這塊迷人的馬賽克增添更多的鑲嵌組片。在本書中，我學到大開眼界的課題，了解導致危機和轉機的政治和心理力量，個人和國家如何以類似的方式經歷創傷，以及這對我們的未來和世界有什麼啟示。讀者有幸的是，戴蒙學習語言的非凡天賦使他一生能夠深入各種文化，在身心兩方面都行遍天涯，親眼目睹許多戲劇性的個人和國家動盪。他以慈悲的心、敏銳的眼和如椽之筆來權衡它們，使他成為人類戲劇出色的觀察者，也擁有人類最珍貴的良知。我非常感謝這本明智而美麗的書。

**麥可·薛默**（Michael Shermer）／《懷疑論者》雜誌發行人、《地球上的天堂》作者

賈德·戴蒙是我們這個時代——甚至可以說是全人類史上，最深刻的思想家和最權威的作家之一。在舉世各國都危機重重之際，本書證明了他在分析國家歷史危機的先見之明。本書也是他最個人的作品，他與讀者分享自己的危機，以及他所熟悉許多經歷動盪的國家危機，並為今天和未來的世界汲取危機管理的教訓。迄今還沒有科學家獲得諾貝爾文學獎。賈德·戴蒙應該可以作為第一人。

# 目錄

# 第三部　國家和世界：醞釀中的危機

序幕

# 椰林夜總會的遺贈

兩個故事——什麼是危機？——個人和國家危機——本書內容——本書架構

大多數人一輩子總會遭逢一、兩次劇變或危機，促使我們個人做出改變，或許能因而順利解決危機，或許不能。同樣地，國家也會遭遇國家的危機，也同樣或許能透過國家的改變解決危機，或許不能。在解決個人危機方面，治療師建立了大量的研究和軼事資料，他們得出的結論是否也能幫助我們了解國家危機的解決之道？

為了說明個人和國家危機，本書將以我人生中的兩個故事開場。有人說，兒童最早的確切記憶大約始於四歲，儘管他們對於更早前的事件也存有模糊印象，這的確是我的寫照，因為我最早的鮮明記憶發生在我五歲生日後不久的波士頓椰林夜總會大火。雖然（幸好）我並不在火災現場，卻從擔任醫師的父親那裡聽到許多駭人的敘述，因而有了第二手的經驗。

一九四二年十一月二十八日，波士頓一家人聲鼎沸的夜店發生大火，而且火勢迅速蔓延，這家名為椰林（Cocoanut Grove，cocoanut 即 coconut 的變體，這是業主的拼法）的夜總會，唯一的出口被堵住，結果造成四百九十二人死亡，數百人因窒息、吸入煙霧而受傷，或者遭人踐踏、燒傷（見插圖 0.1）。波士頓各家醫院都人滿為患，醫師忙碌不堪，不只是因為火災本身的死傷者，也包括因火災心理受到創傷的受害者：丈夫或妻子或兒女或手足慘死而悲痛欲絕的親屬；自己幸運生還但其他數百名顧客卻遇難，深受內疚折磨的倖存者。在當晚十點十五分之前，他們的人生都很正常，有人在歡度感恩節週末，有人在慶祝足球賽獲勝，還有適逢二戰期間休假狂歡的士兵。然而到了十一點，大部分的火災受害者都已經罹難，他們的親人和倖存者的生命則陷入危機。他們原本該走的人生出了岔；為了至親死亡，自己卻存活而感到羞愧。這些人失去了他們生命中舉足輕重的人。這場火動搖了我們對公正世界的信心，不僅止於僥倖逃過一劫的人，對遠在火場外的波士頓居民（包括年僅五歲的我）也是如此。遭祝融懲罰的並非調皮的男孩或邪惡的壞人：他們是普通人，卻為了並非自身的過失而喪生。

有些生還者和家屬終其餘生都走不出創傷陰影，有些人甚至自殺。但大部分人經歷了幾週無法承受喪失摯愛的徹骨痛楚後，開始了緩慢的悲悼過程，重新評估自己的價值，重建人生，最終發現他們的世界並沒有毀於一旦。許多在大火中喪偶的人再婚了。但數十年後，即便是適應最良好的案例，他們依舊是大火前後兩種新舊身分的混合體。本書中，我們經常有機會用「混合」（mosaic）一詞來比喻個人和國家，形容多種迥然不同的元素不穩定地並存在一起。

椰林夜總會是個人危機的極端例子，但它之所以極端，是因為噩運同時發生在許多受害者身上——人數多到引發危機，需要心理治療界找出新的解決辦法，這點我們將在第一章說明。我們大多數人都會在人生中親身體驗自己的悲劇，或以二手姿態體驗親友的經歷，這種只降臨在個人身上的悲劇，加諸於受害者的痛苦如同加諸在他的朋友圈，一如椰林夜總會的慘劇之於四百九十二名罹難者的親友。

接著，舉一個國家危機的例子作為比較。一九五〇年代後期和六〇年代初期我住在英國，當時它正經歷緩慢的國家危機，只是我和我的英國朋友當時並未完全意識到。英國原本在科學領域傲視全球，它擁有不列顛專屬且引以為傲的豐富文化史，沉浸於擁有舉世最大艦隊、最多財富和史上疆域最大帝國的記憶中。可惜到了一九五〇年代，英國在經濟上失血，強大的帝國開始瓦解，對於自己在歐洲扮演的角色感到衝突，並且必須面對長久以來的階級差異和近期出現的移民潮等問題。這一切都發生在一九五六至六一年間，當時英國廢棄了所有剩餘的戰艦，經歷了第一次種族暴動，不得不開始讓非洲殖民地獨立，加上蘇伊士運河危機，暴露了它已喪失身為世界強國的獨立行動能力。我的英國友人無法理解這些事件，也難以向身為美國訪客的我解釋。這些打擊加劇了英國人民和政界人士對英國身分和角色的討論。

六十年後的今天，英國成為新自我和舊自我的混合體。大英帝國已經瓦解，英國成了多族裔社會，採用了福利國家的制度，以高品質的公立學校來縮小階級差異。英國再也未能在全球重獲海軍和經濟的領先地位，至於它在歐洲的角色衝突依舊存在且眾所周知（「脫歐」）。但英國仍然是舉世六大富裕國家之一，仍然是虛位君主制的議會民主國家，仍然是科學和科技的世界領袖，而且仍然以英鎊而非歐元作為貨幣。

這兩個故事說明了本書的主題：各階層的個人及其團體都面對著危機和改變的壓力，從單一個人到團隊、企業、國家，再到全世界。危機可能來自外在的壓力，比如遭配偶拋棄或喪偶，或者一個國家遭受另一國家的威脅或攻擊。另一方面，危機也可能來自內部的壓力，比如個人生病，或者國家持續內亂。要成功應付內、外在的壓力需要**選擇性地**改變，個人和國家皆是如此。

這裡的關鍵詞是「選擇性地」。個人或國家既不可能、也不需要完全改變，並拋棄過往的所有認同。陷入危機的國家和個人所面臨的挑戰在於，去了解他們身分中的哪些部分已經運作良好，不需要調整；哪些部分不再發揮作用，亟需改變。處於壓力下的個人或國家必須誠實考慮，仔細判斷自己的能力和價值觀。他們必須確定自己有哪些部分仍然能發揮作用，即使面對已經改變的新情況依然適用，因此可以保留。反過來說，他們也必須有勇氣辨識出哪些地方必須改變，才能因應新情勢。個人或國家必須找出與其自身能力、以及與他們的其他部分相配合的新解決方案。與此同時，他們也必須畫出界線，強調對他們的身分至關重要、絕不能改變的元素。

這些是個人和國家之間關於危機的相似之處。但我們也必須承認，其中也存在一些明顯的差異。

＊＊＊

「危機」如何定義？一個方便的著手處是探究其字源。危機的英文「crisis」來自希臘名詞「krisis」和動詞「krino」，它有幾個相關的含義：「分離」、「決定」、「區別」和「轉折點」。因此，我們可以把危機視為一個關鍵時刻：一個轉捩點，即那個「時刻」之前和之後的情況，比「大多數」其他時刻的之前和之後「大大地」不同。我把「時刻」、「大大地」和「大多數」這幾個詞放在引號裡，因為這是個實際的問題，要決定這一刻應該多麼短暫、改變的情況應該有多大的不同、以及這個轉折點要比大多數其他時刻稀罕到什麼程度，才值得讓我們把它標記為「危機」，而不僅僅是另一個小事件或逐漸變化的自然發展。

轉折點代表挑戰。在先前的應對方法已不足以解決挑戰時，就會產生壓力，要人們想出新的應對方法。如果個人或國家確實找出了更好的新處理方法，我們就說危機已經順利解決。但我們在第一章會看到，解決危機的成與敗，差異往往並不很明顯——成功可能只是局部，可能不會持續到永遠，同樣的問題可能會再度出現。（試想英國在一九七三年進入歐洲聯盟，卻又在二〇一七年投票脫歐，以「解決」它的世界角色定位問題。）

現在讓我們說明一下這個實際問題：轉折點應該要多短暫、多重要、多罕見，才能稱為「危機」？在一個人的一生中，或一個擁有千年歷史的區域，要多常發生，把所發生的事標記成「危機」才會有作用？這些問題有不同的答案；針對不同的目的，答案各有用處。

一個極端的答案是把「危機」一詞限制為時間間隔很長，而且十分罕見的劇烈動盪：一個人一輩子只會發生幾次；對於國家來說，幾個世紀只會發生幾次。舉個例子，研究古羅馬的歷史學家可能只會把「危機」一詞用在公元前五〇九年羅馬共和國成立後的三個事件：對抗迦太基的前兩次戰爭（公元前二六四至二四一年和公元前二一八至二〇一年），羅馬帝國（約公元前二三年）取代共和政府，以及導致西羅馬帝國滅亡的蠻族入侵（約公元四七六年）。當然，如此做的羅馬史學家並不是認為公元前五〇九年至公元四八六年之間發生在羅馬的其他事件微不足道，他們只是把「危機」一詞保留給這三大特殊事件。

在相反的另一極端，我在洛杉磯加大的同僚大衛・瑞格比（David Rigby）及他的同事皮耶－亞歷山大．巴蘭（Pierre-Alexandre Balland）和隆恩．博許馬（Ron Boschma）發表了一篇傑出的報告，對美國城市的「科技危機」做了一番研究。他們把科技危機定義為專利申請持續減少的時期，並為「持續」一詞給了數學上的定義。根據這個定義，他們認為美國城市平均每十二年就會經歷一次科技危機，這種危機平均會持續四年，一般美國城市每十年就會發現自己約有三年處於科技危機狀態。他們認為這個定義，對於理解一個有實際意義的問題很有幫助：是什麼使得有些美國城市能夠避免科技危機，但其他城市卻不能？研究羅馬的歷史學者會認為大衛及其同事所研究的事件根本微不足道，而大衛及其同僚會反駁說，羅馬歷史學者除了被列為危機的三件事外，根本就忽略了羅馬九百八十五年歷史中所發生的一切。

我的看法是，人可以用不同的方式，根據不同的頻率、不同的持續時間和不同的影響規模來定義「危機」。人們可以研究罕見的大危機或頻繁發生的小危機。在本書中，我採用的時間範圍從幾十年到一個世紀不等，我所討論的國家，在我的人生中都經歷過我所認為的「重大危機」，然而，那並未否定它們也都經歷了更頻繁但較小的轉折點。

不論是個人或國家危機，我們往往只專注於某個關鍵時刻：例如妻子告訴丈夫她申請離婚的那一天；或者（在智利史上）一九七三年九月十一日，智利軍隊推翻了民主政府，智利總統自殺身亡。確實有幾次，危機在毫無預警的情況下突如其來地發生，比如二〇〇四年十二月二十六日的蘇門答臘海嘯，瞬間造成二十萬人喪生；或是我的表弟英年早逝，他的車在平交道上遭火車撞擊，他的妻子成了寡婦、四個孩子成了孤兒。但大多數的個人和國家危機都是經過多年的醞釀而來：例如怨偶長期的爭吵，或智利在政經方面的困難。「危機」是長年累積的壓力突然爆發，又或是這樣的壓力猝然化為實際行動。這在澳洲總理高夫．惠特蘭（Gough Whitlam）身上得到證實，他在一九七二年十二月（見第七章）策畫了一場為期十九天的旋風計畫，造成明顯的重大改變，事後卻輕描淡寫地把自己的改革說成是「確認已經發生的事」。

❊　❊　❊

國家並不是擴大的個人：它在許多方面都與個人有明顯的不同。為什麼要由個人危機的角度來看國家危機？這種方法有哪些優點？

一個優點是我在與朋友和學生討論國家危機時經常看到的，就是對於非歷史學者而言，個人危機較為熟悉和易懂，因此個人危機的觀點較能幫助非專業的讀者和國家危機「建立聯繫」，了解其複雜之處。

另一個優點是，對個人危機的研究已經歸納出十二個因素，有助於我們了解各種危機不同的後果。這些因素提供了有用的起點，讓我們可以依樣畫葫蘆，了解國家危機的不同結果。我們會看到有些因素直接由個人危機轉譯為國家危機，例如，面對危機的個人經常會得到朋友的幫助，就如同處於危機中的國家可能會得到盟國的幫助一樣。面臨危機的個人可以根據他們看到其他人處理類似危機的方式，來模擬他們的解決方法；面臨危機的國家也可以借用並調整其他曾面臨類似問題的國家所設計的解決方案。置身危機中的個人可能因為度過危機而獲得自信；國家也是如此。

這些都是直接的相似之處。但我們也會看到有些影響個人危機結果的因素，雖然不能直接轉移到國家危機上，但仍然可以作為有用的比喻，暗示與國家危機相關的因素。例如，心理治療師發現定義一種稱為「自我強度」（ego strength）的個人特質有其效用。雖然國家沒有心理上的自我強度，但這個概念提出了一個對國家很重要的相關概念，即「國家認同」。同樣地，個人在解決危機時常發現他們受到現實的限制，諸如育兒的責任和工作的要求。當然，國家並沒有育兒責任和工作要求的限制，但我們會看到，國家的選擇會受到諸如地緣政治和國家財富等其他條件的約束。

以國家和個人危機做比較，也能使缺乏個人危機類比的國家危機特徵更加明顯。在諸多鮮明的特徵中，其中一個是國家有領導人，但個人沒有，所以領導人角色的問題經常會出現在國家危機中，而不會出現在個人危機裡。長久以來，歷史學家一直在爭辯：不同凡響的領導人是否真的改變了歷史的軌跡（通常稱為「偉人史觀」，Great-Man view of history），或者如果換成其他領導人，歷史的結果是否會類似。（例如，一九三一年希特勒發生車禍，如果他真的因此死亡，那麼二次大戰是否還會爆發？）國家有它自己的政治和經濟機構；個人沒有。解決國家危機總需要各團體在國內互動和決策；但個人通常可以自己做決定。國家危機可以藉由武力革命（例如一九七三年的智利）或和平漸進（例如二戰後的澳洲）的方式來解決；但孤身一人不會進行暴力革命。

這些相似、比喻和差異，是我認為用國家危機和個人危機相比較，會有助於我任教的洛杉磯加大學生了解國家危機的原因。

❋　❋　❋

讀者和書評家往往在讀書之時，才發現書的內容和寫法跟他們預期的或想要的有落差。本書的內容和寫法是什麼？本書沒有著墨的內容和寫法又是什麼？

本書探討的是七個現代國家在數十年間經歷的危機和選擇性改變的比較、敘述、探索研究。我在這些國家都有很多個人經歷，並從個人危機的選擇性改變之觀點來探討這些國家。這些國家分別是芬蘭、日本、智利、印尼、德國、澳洲和美國。

讓我們逐一推敲上述這些文字。

這是一本**比較論**的書。它的篇幅並不只限於單一國家，而是劃分篇幅為七個國家，以便互相比較。非小說類作者必須選擇下筆的方式，是要介紹單一個案的研究，還是多個案例互相比較？兩種方法各有利弊。在固定的篇幅中，單一案例研究當然可以對該個

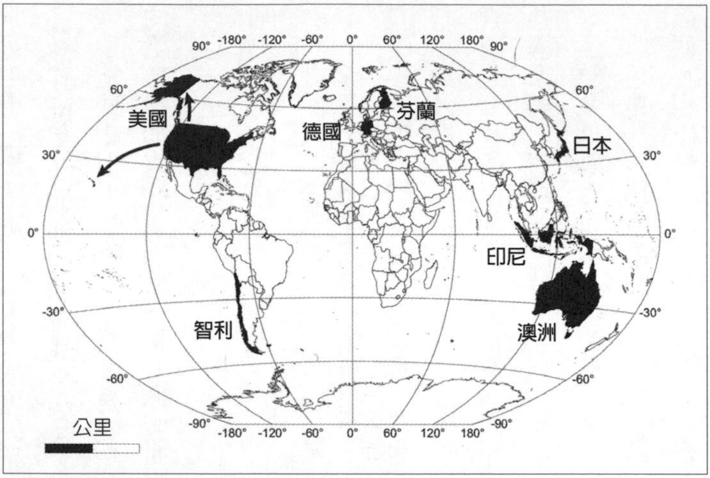


〈圖1〉世界地圖

案提供更多細節，但是比較的方式則可以提供不同的觀點，找出只探討單一個案時無法找出的問題。

歷史的比較迫使我們提出單一個案研究不太可能提出的問題：為什麼某種特定事件會在一個國家造成$R_1$這種後果，但在另一個國家卻產生截然不同的後果$R_2$？比如我愛讀美國內戰的單冊史書，它可能會花六頁的篇幅來描述蓋茨堡之役（Battle of Gettysburg）次日的景象，卻無法探究為什麼美國內戰會和西班牙、芬蘭內戰不同，以勝利者饒恕失敗者作為結局。單一個案研究的作者常責難比較研究太過簡單膚淺，而比較研究的作者同樣指責單一個案研究難以探討範圍廣泛的問題，有人打趣說：「只研究一個國家的人，到頭來什麼國家都不了解。」本書是比較研究，有它的優點和限制。

由於本書篇幅涵蓋七個國家，我相當清楚對於每個國家的描述不得不簡明扼要。坐在書桌前，我一回頭就看到身後書房的地板上有十幾堆書籍和資料，每堆都高達一百五十公分，一堆各涵蓋一個篇章的資料。一想到要將一百五十公分高的戰後德國資料濃縮為一章，即一萬一千字，我頭就痛。很多資訊不得不省略！但簡潔有其回報：它可以讓讀者比較戰後德國和其他國家之間的主要問題，不會因為精彩的細節、例外的人事物、假設和轉折而分心或不堪負荷。讀者若想要進一步了解更多有趣的細節，可參考書末附錄所列出針對單一案例研究的書籍和文章。

本書採**敘述**的方式，亦即傳統歷史學者的風格，按希臘作者希羅多德（Herodotus）和修昔底德（Thucydides）兩千四百多年前奠定這門學科的基礎手法。「敘事風格」意味著其論證是由散文推論而成，沒有方程式、數字表格、圖表或者統計的顯著性檢定（tests of significance），只研究少數案例。這種風格和現代社會科學研究中使用大量方程式、明確可測的假設、資料數據表、圖表以及大量樣本（即許多案例研究）的新定量方法，互為對比。

我很推崇現代定量方法的功能。我曾在波利尼西亞群島[1]七十三座島嶼的林木濫伐統計研究中用過此法，得出難以用敘述方式讓人信服的結論。我還與人合編過一本書，[2]其中有些作者用定量方法，巧妙地解決了先前用敘事而陷入無休止的爭論、最終也無解的問題：例如拿破崙的軍事征服和政治動亂，對後來歐洲經濟的發展究竟是利是弊。

我原本希望能把現代定量法融入本書，也花了數個月的時間嘗試，得到的結論是留待日後不同的計畫再使用，因為本書的任務是藉由敘事研究，確定隨後定量研究要測試的假說和變數。我僅引用七個國家的案例，樣本太少，無法得出在統計上有意義的結論。我必須做更多的研究，才能使我的敘事定性概念如「成功的危機解決」和「誠實的自我評估」確實可行：亦即要把這些言語上的概念轉化為可以用數字衡量的事物。因此，這本書是一個敘事**探索**（exploration），我希望它能誘發定量測試。

全球超過二百一十個國家中，本書只討論了我熟悉的**七個**。我曾多次造訪這七個國家，遠從七十年前開始，就曾在其中六個國家長住，會說或曾經用過這六個國家的語言。我喜歡且欣賞這些國家，也都曾愉快地舊地重遊，近兩年來，也全都重訪過，並認真考慮在其中兩個國家定居。因此成就了我可以筆帶感情且深入地描述自己在這些國家的第一手經驗，以及住在當地的老友們告訴我的事物。我和朋友長期以來的經歷，足以讓我們目睹了重大的變化。在七個國家中，日本是我的第一手經驗較有限的國家，因為我不會說日文，而且只在二十一年前有過幾次短時間的參訪。不過我能夠從日本姻親、日本友人和學生身上，汲取他們畢生的經驗。

當然，我基於個人經歷而選擇的七個國家，並非世界各國的隨機樣本。其中有五個是富裕的工業化國家，一個是小康國家，只有一個是貧窮的開發中國家。七個國家中沒有非洲國家；兩個歐洲國家，兩個亞洲國家，北美、南美和澳洲各一。我由這些非隨機的國家樣本中得出的結論，有多大的程度可適用於其他國家，還待檢驗。我接受這樣的局限，之所以選擇這七個國家，是因為唯有在長期且密切的個人經歷、友誼和（在六例中）熟悉語言的基礎上，討論我所了解的國家才有莫大的優勢。

本書談的幾乎完全是**現代**國家的危機，發生在我這個時代，讓我可以從自己當代經歷的觀點來寫作。主提綱之外，我討論了在我這一生之前的變化，再次談到日本，因此日本總共占了兩章，其中一章談的是當今的日本，另一章討論的則是明治時代的日本（一八六八至一九一二年）。我納入日本明治時代的章節，在於它是刻意選擇性變革的特別案例，因為它仍舊處於最近的過去，也因為明治日本的記憶和問題在現代日本依然很顯著。

當然，歷史上也發生過國家危機和改變，並衍生類似的問題。雖然我無法以個人的經歷來說明過去的問題，但這類過往的危機一直是許多文獻的主題，知名的例子包括公元

1 貝瑞．羅雷特（Barry Rolett）和賈德．戴蒙撰，〈太平洋群島前歐洲森林採伐的環境預測指標〉（Environmental predictors of pre-European deforestation on Pacific islands），《自然》（*Nature*）第431期：443至446頁（二〇〇四）。

2 賈德．戴蒙和詹姆斯．羅賓森（James Robinson）編，《歷史的自然實驗》（*Natural Experiments of History*）。（哈佛大學出版社，麻州劍橋，二〇一〇）。

四、五世紀西羅馬帝國的衰落和滅亡；十九世紀非洲南部祖魯王國的興衰；一七八九年法國大革命以及隨後法國的重組；普魯士一八〇六年在耶拿戰役（Battle of Jena）中的慘敗，被拿破崙征服，以及隨後它在社會、行政和軍事各方面的改革。在我開始動手寫這本書後幾年，才發現美國有出版商（利特布朗，Little, Brown）已在一九七三年出版了一本由書名來看，主題與我類似的書《危機、選擇和改變》（*Crisis, Choice, and Change*）！[3] 那本著作與本書不同之處在於，它包括幾個過去的個案研究，以及其他基本面的差異。（包括多位作者的文章，採用一種稱作「系統功能主義」（system functionalism）的架構編輯。）

專業史學家的研究著重在**檔案學**（archival studies），即對保存下來的手寫原始檔案所做之分析。每一本新的史書都以先前未使用或未充分利用的檔案來源，或是藉由重新詮釋其他史學家已經用過的檔案來源，來證明自身的價值。但我的書不同於書末列出的大部分參考書籍，本書並非基於檔案研究，它的貢獻在於源自個人危機、明確的比較方法，以及由我自己和朋友的生活經歷得出的觀點，共同形塑而出的新架構。

＊＊＊

本書不同於發表後幾週內讀完便過時的雜誌時事論文，而是期望能發行數十年而不墜。我特別說明這一點，以免讀者因為在書中找不到任何關於當前川普政府的特定政策，或英國脫歐的談判內容而感到吃驚。假使我在文中探討這些快速發展的問題，待本書付梓之際，早已難堪地過時，幾十年後將毫無用處。對川普總統及其政策，以及英國脫歐感興趣的讀者，可以在其他許多討論中找到豐富的資料。不過我在九、十兩章對於過去二十年來，美國一直出現的重要問題多所著墨，這些問題在現任政府中引起更多的關注，並且至少在未來十年還可能繼續存在。

※ ※ ※

下面要談談本書的內容大綱。書中第一章談的是我的個人危機，其餘的篇幅則側重於討論國家危機。我們從自身的危機和目睹親友的危機裡看到，危機的結果會有很大的差異。在最理想的情況下，人們會找出更好的新應對方法，並且變得更加堅強。在最糟糕的情況下，他們會不知所措，走回老路，或者採取更糟糕的新方法。有些人面對危機，甚至會自殺。治療師已經找出了很多影響解決個人危機的可能因素，我將在第一章討論

3 蓋布瑞·艾蒙德（Gabriel Almond）、史考特·佛雷納根（Scott Flanagan）和羅伯特·默特（Robert Mundt）編，《危機、選擇和改變：政治發展的歷史研究》（*Crisis, Choice, and Change: Historical Studies of Political Development*）（利特布朗出版社，波士頓，一九七三）。

其中十二個因素，這些是我探討影響國家危機結果的平行因素。

可能有人會抱怨：「十二個因素太多，很難記住，為什麼不把它們減少到幾個就好？」——我的回答是：把人生或國家歷史的結果減少為幾個口號，未免太荒謬。要是你不幸拿到號稱能這麼做的書，趕快把它扔掉，不要再讀。反過來說，如果你不幸拿到一本書，要討論影響危機解決的七十六個因素，也趕快把那本書扔掉：將人生無限的複雜性消化吸收，列出優先順序，化為有用的架構，這是作者而非讀者的工作。我認為用十二個因素來說明，是在這兩個極端之間可接受的折衷：周詳到足以解釋大部分的現實，又不致於繁瑣到有如可以追蹤送洗衣物、卻無助於理解世界的細目清單。

在概論章節之後，是三對兩兩搭配的章節，每一對分別探討不同類型的國家危機。第一對談的是兩個國家（芬蘭和日本），它們的動盪危機是受到另一個國家的衝擊而驟然引爆。第二對也是關於突發的危機，但肇因於國家內部（智利和印尼）。最後一對描述的危機並非突然爆發，而是逐漸成形（德國和澳洲），尤其是出於第二次世界大戰所釋放的壓力。

芬蘭的危機（第二章）因一九三九年十一月三十日蘇聯對芬蘭發動大規模襲擊而爆發。在接下來的冬季戰爭（Winter War）中，芬蘭幾乎被所有的潛在盟友拋棄，遭受重創，然而，儘管蘇聯的人口對芬蘭是四〇比一，芬蘭卻仍然成功保持獨立。二十年後，我在芬蘭度過一個夏天，接待我的是經歷過冬季戰爭的芬蘭退伍軍人和寡婦孤兒。這場戰爭的遺贈是顯而易見的選擇性改變，互相對立的元素組合，使芬蘭成為前所未有的混合體：一個富裕的自由民主小國，它所奉行的外交政策是盡一切可能，贏得貧窮、龐大、反動的蘇維埃獨裁政權信任。許多外國人不能理解採取這種政策的歷史因素，批評這些政策可恥，譴責這種「芬蘭化」現象。我在芬蘭最尷尬的時刻之一，就是出於無知向一位冬戰老兵表達了類似觀點，他委婉地向我解釋了芬蘭人民因其他國家背棄而學到的慘痛教訓。

由於外來衝擊引發的另一個危機和日本有關，一八五三年七月八日，美國艦隊駛入東京灣，要求簽署條約，並主張美國船隻和水手的權利（第三章），終結了日本長期以來的鎖國政策。最後的結果是推翻日本以前的政府制度，有自覺地採取廣泛且激烈變革的計畫，但也同樣有自覺地保留許多傳統特色，使當今的日本成為舉世最獨特的富裕工業國家。日本在美國艦隊抵達後數十年的轉型，即所謂的明治時代，也精彩地在國家層面呈現了許多影響個人危機的因素。日本在明治時代的決策過程，以及由此產生的軍事成就，對照之下，讓我們了解日本為什麼在一九三〇年代做出不同的決定，導致它在二次大戰中慘敗。

第四章探討的是智利，乃本書所列舉內部爆發危機這對國家的第一例，肇因於人民在政治上的妥協。一九七三年九月十一日，在數年的政治僵局之後，智利阿言德（Salvador Allende）總統領導的民選政府遭軍事政變推翻，政變領導人皮諾契特將軍

（Pinochet）後來執政近十七年。不論是政變本身，或是皮諾契特政府打破的酷刑虐待世界紀錄，都是政變前幾年當我住在智利時，當地朋友始料未及的。事實上，他們還自豪地向我解說智利長久以來的民主傳統，和其他南美國家截然不同。今日，智利再次成為南美洲的民主異數，但已經歷了選擇性的改變，融入了阿言德和皮諾契特的部分模型。在讀過本書草稿的美國朋友看來，智利這一章是全書最駭人的章節，因為這個民主政府以飛快的速度轉變為虐待狂的獨裁統治。

跟智利這一章配對的是第五章的印尼，其公民政治妥協的崩潰也導致了內部政變，這回是發生在一九六五年十月一日。政變的結果與智利相反：發生了反政變，導致被認為支持政變企圖的派系種族滅絕。印尼與本書討論的其他所有國家形成鮮明對比：它是七國中最貧窮、工業化程度最低、最不西化的國家；它建立的國家認同也最年輕，僅於我在那裡工作的四十年間穩固成形。

接下來的兩章（第六、七章）討論了德國和澳洲的國家危機，這些危機「看似」逐漸展開，而非突然爆發。有些讀者可能對於用「危機」或「劇變」這樣的詞來形容漸進式改變持保留態度。但即使用不同的詞來形容，我還是認為套用探討驟變的相同架構來分析有其用處，因為它們突顯了同樣的選擇性改變問題，並說明了影響結果的相同因素。此外，「爆炸性改變」和「漸進式變化」的區別武斷而不明顯：它們的關係是彼此逐漸融合。即使是像智利政變這種驟變情況，政變前也有數十年時間逐步醞釀出緊張局勢，政變之後仍有數十年的漸進變化。我把第六、七章的危機描述為「看似」逐漸展開，因為事實上，戰後德國的危機始於本書所討論的國家都經歷過的最痛苦破壞：德國於一九四五年五月八日二戰投降日的破壞景況。同樣地，戰後澳洲的危機雖是逐漸展開，卻是從在三個月不到的時間內吃了三次教人震驚的軍事敗仗開始。

在我說明非爆炸性危機的兩個國家中，頭一個是二戰後的德國（第六章），它同時也面對了納粹時代的遺禍、對社會階級組織不滿，以及東、西德之間政治分裂創傷等種種問題。在我的比較架構之中，戰後德國危機解決的顯著特徵包括世代間異常猛烈的衝突、嚴重的地緣政治限制，以及與遭受德國戰爭暴行的國家進行和解的程序。

我的另一個非爆炸性危機案例是澳洲（第七章），我在五十五年間數次訪澳，它在這段期間已重塑其國家認同。一九六四年我頭一次赴澳時，澳洲就像太平洋上偏遠的英國前哨站，仍然以英國自居，也仍採取白澳政策，限制或排除非歐洲的移民。但澳洲當時已面臨認同危機，因為白人和英國人的身分逐漸與澳洲的地理位置、外交政策需求、國防戰略、經濟和人口組成相互衝突。如今澳洲的貿易和政治都傾向亞洲，澳洲城市的街道和大學校園裡擠滿了亞洲人，澳洲選民在公投中只差一點就不再視英國女王為國家元首。然而，正如明治時代的日本和芬蘭一樣，這些變化是有選擇性的：澳洲仍然是議會民主國家，官方語言仍然是英語，大半的澳洲人也仍然是英裔。

截至目前所討論的這些國家危機皆是眾所公認，並且已經解決（或至少解決方式已經推行了一段時間），有我們可以評估的結果。最後四章則描述了結果尚不得而知的當前和未來危機。這一部分由已在第三章討論過的日本開始（第八章）。今天的日本面臨許多基本問題，其中有些是日本人民和政府大都承認的問題，而其他的，日本人非但不自覺，甚至普遍否認。目前這些問題並沒有明確的解決方案；日本的未來的確有曙光，就掌握在自己的人民手中。明治維新如何永久且成功地克服危機的那段記憶，有助於現今的日本邁向成功嗎？

接下來兩章（第九、十章）會討論我自己的國家，美國。正如已經發生在智利的情況，我找出了四個日益嚴重的危機，可能在未來十年內破壞美國的民主和實力。當然，這些並非我的發現：許多美國人都在公開討論這四個問題，當今的美國普遍存在危機感。在我看來，這四個問題目前尚未有解決方案，並且日益嚴重。然而，如同明治時代的日本一樣，美國有自己克服危機的記憶，尤其是漫長、撕裂國家的內戰，以及乍然從政治孤立被捲入二次大戰。此刻，這些記憶有助於我的國家邁向成功嗎？

最後探討的是全世界（第十一章）。雖然將世界面臨的問題集合起來可以列出一張無止境的清單，但我把重點放在四個議題。在我看來，這四個已經開始的趨勢如果持續發展下去，未來數十年間，全球的生活水平將會被破壞。不像日本和美國都有國家認同、自我管理和成功集體行動等歷史悠久的記憶，全世界缺乏這樣的歷史。如果沒有這樣的記憶來啟發我們，那麼，當我們遇到史上首次可能致命的全球性問題時，這個世界有望成功嗎？

本書的結語以十二個因素檢視了我們對七個國家和全世界的研究。我提出的問題是，國家是否需要危機來刺激它們進行重大變革。椰林夜總會火災的打擊改變了短期心理治療的方向：國家能否在沒有椰林夜總會衝擊的情況下，決定改造自己？我考量了領袖是否對歷史有決定性的影響；我提出了未來研究的方向；我建議由檢視歷史來獲得實際的教訓。如果大眾，甚或是由他們的領袖，選擇反省過去的危機，那麼了解過去或許有助於我們解決當前和未來的危機。

# 第一部　個人

# 第一章 個人危機

個人危機——軌跡——處理危機——與結果相關的因素——國家危機

二十一歲時，我經歷了這輩子在職涯中最嚴重的危機。我出生於波士頓書香世家，是家中長子。家父是哈佛教授，家母是語言學家、鋼琴家和老師，雙親鼓勵我熱衷學習。我進了一所很棒的中學（羅克斯伯里拉丁學校，Roxbury Latin School），接著又上了名校（哈佛學院，Harvard College）。我在學校裡表現優異，各科成績都名列前茅，在大學期間就完成並發表兩個實驗室研究項目，以全班第一名的成績畢業。受到我的榜樣醫師父親的影響，加上大學時期快樂且成功的研究經驗，我決定攻讀實驗生理學博士學位。一九五八年九月，我轉往當時在生理學研究全球首屈一指的英國劍橋大學，準備開始研究所課程。搬到劍橋讓我倍感興奮的因素還包括：這是我頭第一次遠離家鄉，在歐洲旅行，獲得說外語的機會，那時我已自修了六種語言。

在英國攻讀研究所，很快就證明對我來說，遠比念高中和大學困難許多，甚至比我在大學的研究還要困難。我在劍橋的指導教授是研究電鰻發電的傑出生理學家，我們共用實驗室和辦公室。他要我測量電鰻細胞膜上帶電粒子（鈉離子和鉀離子）的運動，這表示我得設計必要的設備。但我的雙手很不靈巧，如果沒有人協助，我連設計簡易收音機的高中作業也完成不了。我當然不知道如何設計出研究鰻魚細胞膜的反應室，更不用提和電力相關的複雜設計了。

我是經由哈佛大學研究顧問大力推薦才來到劍橋，如今，在我自己和我的劍橋指導教授眼裡，我顯然不太成材，對他的研究毫無助益。他把我轉到個人獨立實驗室，讓我自己尋求研究題目。

為了尋覓更適合我無能雙手的研究計畫，我決定研究膽囊這個有如袋子般簡單的器官，鑽研鈉和水的輸送。這項研究所需的技術很基本：只需每隔十分鐘將充滿液體的魚膽拿起來，秤一秤膽囊中的含水量，就連我也做得到！膽囊本身並不那麼重要，但它屬於稱為上皮的組織，這種組織也分布在像是腎臟和腸道等更重要的器官。當時是一九五九年，所有已知負責輸送離子和水的上皮組織，都與膽囊一樣，會因輸送帶電離子而產生相關電壓。然而，每當我試著測量膽囊上的電壓時，記錄到的都是零，這可視為強而有力的證據，證明若不是我沒有掌握到足以檢測膽囊電壓的簡單技術，就是我在不知什麼原因的情況下殺死了組織，讓它起不了作用。這兩種情況都是我作為實驗生理學者的另一次失敗。

一九五九年六月參加劍橋國際生物物理學會第一次大會時，我的士氣愈加低落。來自全球各地的數百位科學家分別發表了他們的研究論文；我卻沒有可以發表的成果。我感到羞辱。我向來都是班上頂尖的學生，現在卻成了無名小卒。

我開始對於踏上科學研究生涯之路產生疑慮。我反覆閱讀梭羅的名著《湖濱散記》，為文中傳達給我的訊息而震撼：追求科學真正的動機，來自於得到其他科學家認可的自負。（是的，這確實是大多數科學家的重要動機！）但梭羅很有說服力地駁斥了這種空洞虛偽的動機。《湖濱散記》的核心訊息是：我應該了解自己人生中真正想要的目標，而不是被認可的虛榮所誘惑。梭羅強化了我對於是否繼續留在劍橋進行科學研究的疑惑，眼看決定的時刻即將到來：暑假過後即將開始研究所第二年的學業，如果我決定繼續，就得再去註冊。

六月底，我赴芬蘭度了一個月的假，我會在下一章談論這段美好而深刻的經驗。在芬蘭，我首次有了學習一種語言的新經驗，不使用書籍，而是經由聆聽和與人交談，習得困難又美麗的芬蘭語，我喜愛這種感覺。儘管我為生理學研究失利而感到沮喪，但學習語言的經驗很成功且教人滿意。

在芬蘭的一個月行程將結束之際，我慎重考慮放棄科學或任何學科生涯。我打算前往瑞士，沉浸於我對語言的熱愛和能力，成為聯合國的同步口譯員。這意味著我要放棄做研究的人生、創造性的思維，以及我為自己預想、以教授父親為典範的學術名聲。作為譯者的酬勞不高，但至少是我認為自己會喜歡且應該擅長的領域——當時在我看來是如此。

我由芬蘭返回巴黎一週和父母相聚（我有一年沒見到他們了），這時我的危機已到了非解決不可的地步。我告訴他們我對研究生涯在實際面和思想面上的疑慮，以及我想成為一名譯者的想法。雙親目睹我的困惑和痛苦想必十分煎熬。他們聽了我的想法，卻沒有臆斷地告訴我該怎麼做。

某天早上，這個危機終於獲得解決。正當雙親和我一起坐在巴黎公園的長椅上，再次考量我是否應該現在放棄科學或繼續下去。最後，家父平和不帶強迫地給了我建議。是的，他知道我對科學研究生涯起了疑惑。但這只是我念研究所的第一年，而且我才剛開始研究膽囊幾個月而已，就這麼放棄規劃了一生的生涯計畫難道不會太草率？何不回到劍橋，再給它一次機會，花半年時間試著解決膽囊研究的問題。假使再不成功，一九六〇年的春季學期，我仍然可以放棄；犯不著現在做這個無法逆轉的重大決定。

家父的建議對我而言宛若溺水的人拿到了救生圈。我有個好理由可以延遲這項重大決定（再嘗試半年時間）；這沒什麼可恥。這個決定並不會讓我走上科學研究之路而無法回頭，半年後，我依舊可以選擇同步口譯的生涯。

這解決了問題。我確實回到了劍橋，開始了第二年的課業。我重新開始膽囊的研究。在兩位年輕的生理學教師幫助下，我解決了膽囊研究的技術問題，我永遠感激他們。特別是其中一位讓我明白，我測量膽囊電壓的方法完全正確；在適當的條件下，膽囊確實會產生我可以測量到的電壓（所謂的「擴散電位」和「流動電位」）。只是當膽囊在輸送離子和水時，並不會有電壓產生，明顯的原因是（在當時已知獨特的皮細胞運輸上）它平均地輸送正負離子，因此不會輸送淨電荷，也不會產生運輸電壓。

我的膽囊研究成果開始引發其他生理學家的興趣，我自己也感到興奮。對於渴望科學家同儕認同的那種虛榮心，我原本普遍心存質疑，但隨著膽囊實驗成功，那質疑如今已慢慢散去。我在劍橋待了四年，完成了博士學位，回到美國，獲聘在一流學府（先是哈佛大學，之後在加大洛杉磯分校）從事生理學研究並執教，成為一名相當成功的生理學家。

這是我的第一次重大生涯危機，也是很常見的個人危機。當然它絕非我人生中的最後一個危機。一九八〇年和二〇〇〇年，我又遭遇兩次比較溫和的事業危機，和我的研究方向改變有關。那之後仍有多次重大的個人危機，像是初次結婚，以及（七年半之後）離婚。第一次生涯危機的特點在於那是我獨有：我相信史上沒有其他人會有面對是否放棄膽囊生理學研究，轉而擔任同步口譯的交戰。但正如我們現在所看到的，我一九五九年危機所衍生的廣泛議題，對於一般的個人危機來說十分典型。

＊ ＊ ＊

幾乎所有的本書讀者都經歷過或將經歷造成個人「危機」的劇變，就像我在一九五九年的經歷。置身其中時，你不會停下來思考「危機」的學術定義；你知道自己身陷其中。之後待危機過去，你有空回頭反思，才可能把它定義為一種你發現自己面臨重要挑戰的情況，這是你以平常的處理和解決方法應付不了的挑戰。你努力發掘新的因應之道，就如同我一樣，同時質疑你的身分認同、你的價值觀，以及你對世界的看法。

毫無疑問，你已見識過個人危機以不同原因、不同形式出現，並且遵循著不同的軌跡。有些是出乎意料的單一震撼——好比親人驟逝，或者無預警遭到解雇，抑或遇上嚴重的天災事故。由此產生的損失可能導致危機，不僅是因為損失本身（例如你失去了配偶），還加上它造成的情緒磨難，以及你對世界的公平正義信念受到衝擊。這正是椰林夜總會火災罹難者的親友遭遇的真實狀況。也有些危機是緩慢累積出的問題，直到最後爆發——譬如婚姻破裂，自己或親人的慢性重病，或是與金錢或事業生涯相關的問題。還有些其他危機是在某些重大的人生轉變中開始發展，例如青春期、中年、退休和老年。比方處於中年危機時，你可能會覺得人生的黃金歲月已經結束，你必須為餘生找出合乎心意的目標。

上述是個人危機的各種樣貌。造成這些危機最常見的具體原因是關係觸礁：離婚、親密關係破裂，或因為積怨導致你或伴侶質疑為什麼要繼續這段關係。離婚常引人自問：我做錯了什麼？他為什麼要離開我？為什麼我做出這麼差勁的選擇？下次我要採用什麼不同的作法？還會有下一次機會嗎？如果我不能和自己所選且親密的人成功走下去，那我還有什麼可取之處？

除了關係問題，其他經常導致個人危機的原因還包括親人生病、死亡，以及個人健康、事業或財務上的挫折。還有些危機涉及宗教：終身虔誠的信徒可能會因自己出現信仰質疑而困擾，或者（相反地）無信仰者可能會發現自己受到宗教吸引。但是，無論所有這些危機類型的成因為何，都有一種共同的感受，就是關於某人面對生活的方式出現重大問題而行不通，必須找出一種新方法。

就像其他許多人一樣，我研究個人危機的興趣最初源於我自己經歷的危機，加上我見到親朋好友所經歷的危機。就我而言，身為臨床心理學家的內人瑪麗，她的職業進一步促進我的個人動機。新婚的第一年，瑪麗在社區心理健康中心受訓，一家為身陷危機的客戶提供短期心理治療的診所。那些身陷危機狀態中的客戶，碰到了無法自行解決的挑戰，因為不堪重荷而登門或致電診所。診所大門開啟或櫃臺電話響起，客戶走進來開始說話前，輔導員並不知道這個人面臨的問題屬於什麼類型。他知道的是，這位客戶與先前所有的客戶一樣，皆處於嚴重的個人危機狀態中，他們向自己坦承：現有的因應方法已不敷使用。

健康中心提供危機治療的諮詢結果差異頗大。最教人難過的案例是，有些客戶試圖或真的自殺。還有些客戶找不到適合自己的新應變方法：他們回歸原有的作法，最後可能因悲傷、憤怒或沮喪而受創。在最佳的案例下，客戶確實發現了更好的因應新法，使他們比以往更堅強。中文「危機」是由兩個字組成，「危」的意思是「危險」，「機」的意思是「關鍵時刻、關鍵點、機會」。德國哲學家尼采（Friedrich Nietzsche）的名言「殺不死我們的事物，讓我們更堅強」、邱吉爾的雋語「永遠不要浪費好的危機！」闡述的都是類似的觀念。

那些協助身處突發性個人危機者的人經常發現，事件的發生約莫介於六週期間。在這短暫的過渡時期中，我們質問自己抱持的信念，漸漸較以往更能相對穩定地接受個人變化。我們無法持續下去卻不採取一些因應方式；即便我們可以悲傷、折磨，繼續失業或憤怒更久的時間，但在大約六週之內，我們就得做出決定，不是探索新的因應方法走向成功，就是採用新的方式但適應不良，也有可能會回到原有適應不良的舊方式。

當然，這些關於嚴重危機的觀察並不表示我們的生活符合過於簡化的模式：(1)接受衝擊，設置六週的警示鬧鐘；(2)承認先前的因應方法失敗；(3)探索新的應變方式；以及(4)拿掉鬧鐘：要不放棄改變，恢復原狀，或者成功/解決危機/此後過著快樂的生活。非也：許多人生變化都是逐漸發展，沒有突然發作的時期。我們常成功辨識並解決許多問題，避免它演變成迫在眉睫、讓我們束手無策的危機。即使是突發性的危機，也可能融入緩慢重建的漫長階段，中年危機尤其如此，最初爆發的不滿和解決方案可能很激烈，但實施新的解決方案或許需要數年時間。危機並不一定會永遠解決，例如嚴重不和的夫妻雖然解決了爭端，避免了離婚，到頭來，解決方案依舊可能會失效，讓他們不得不再次處理同樣或類似的問題。解決了一種危機的人之後可能會遇到新的問題，面臨新的危機，就像我一樣。只是，即使有了這樣的預警也不會改變事實，也就是說大多數的我們，確實以類似我所描述的過程度過危機。

❊ ❊ ❊

治療師如何對待置身危機的人？長期以來，傳統心理治療方法往往側重於童年經歷，以便了解當前問題的根源，然而，當身處危機之中，這個方法顯然緩不濟急、不太合適。危機治療的重點在於眼前的危機本身；這些方法最初是由精神科醫師艾瑞克・林德曼（Erich Lindemann）在椰林夜總會大火發生後立即設計的，當時波士頓各家醫院不僅要挽救數百名重傷和瀕死的傷患，還得處理更多倖存者、死者家屬和朋友感到悲傷內疚的心理問題。那些傷疚者質疑自己，這種事為什麼會發生？親人因燒傷、踐踏或窒息而死亡時，他們為什麼還能活著？比如內疚的丈夫因為帶妻子到椰林夜總會，導致她的身亡而自責，他跳窗自殺，為的是與她共赴黃泉。當外科醫師在幫助燒傷病患的同時，治療師該如何幫助因火災心理受創的病患?這便是椰林夜總會大火為心理治療帶來的危機。危機治療乃因這場大火而誕生。

林德曼為了協助大批心理受創的人而開始研究現今名為「危機治療」的方法,並很快由椰林夜總會的災難擴及上述其他類型的突發性危機。自一九四二年後的數十年中,其他治療師也持續在探索危機治療的方法,今天許多診所推行並教授此法,像是培訓瑪麗的診所。基礎的危機治療是**短期**的,涵蓋每週一次、為期約六次的會談,橫跨了突發性危機階段的時程。

通常當人們陷入危機狀態時,會覺得自己的人生全毀了,茫然且不知所措。只要處於這種麻木的情境中,便很難一次處理一個問題,取得進展。因此治療師在第一次治療——或獨自或在朋友的幫助下面對危機時,當務之急就是透過所謂的「建立圍籬」,來克服這種麻木狀態,也就是要確定出危機期間真正出問題的具體事物,才能讓人了解:「在這裡,在圍籬內,是我生活中出現的特殊問題,但圍籬外的其他一切都正常,沒有問題。」通常置身危機的人一旦能夠系統化地看待問題,並將它圍籬化,就會感到寬心。接著治療師便可以協助客戶探索處理圍籬內特定問題的方法,讓他展開可能做到的**選擇性改變**過程,便不致因為做不到全面改變而癱瘓。

第一次治療除了處理建立圍籬的問題外,也經常會面臨另一個問題:「為什麼是現在?」意思是:「你為什麼決定**今天**要來危機中心求助,為什麼你**現在**有危機感,而不是更早，或者根本沒有？」如果危機是由意外衝擊引發，像是椰林夜總會大火，就不一定要問這個問題，因為答案顯然就是衝擊本身。如果危機是緩慢醞釀，最後才爆發，或是伴隨人生階段發展而來，如青少年或中年危機，這種答案就較不明顯。

有一種典型的例子是，一名婦女可能會表示因為丈夫外遇而來到危機中心求助。但是其實很久前，她就已經知道丈夫外遇，為什麼直到今天才決定求助，而非一個月前或一年前？直接的動力可能是因為一句話，或是求助客戶定義為「最後一根稻草」的細節，又或是看似微不足道的瑣事，卻讓客戶想起過去的重要事物。通常客戶本身甚至沒有意識到「為什麼是現在」這個問題的答案，但是如果找出答案，對客戶、對治療師或對雙方了解危機都有所幫助。我在一九五九年的生涯危機便持續了半年，而一九五九年八月的第一週會成為「現在」的原因，乃因父母來訪，我必須告訴他們下週是否要回到劍橋生理實驗室，展開第二年的學業。

當然，短期危機治療並不是處理個人危機的唯一方法。我討論它的原因並不是因為時間有限的六次危機治療課程，和處理國家危機的過程之間有任何相似之處，國家危機絕非全國在短期內經由六次討論就可以解決。我專注於短期危機治療，是因為它是一種專業，由累積豐富經驗、並且互相分享資料的治療師所學習。他們花很多時間彼此討論，並著書立說，探究影響治療結果的因素。瑪麗在危機治療中心接受培訓的那一年，我幾乎每週都聽到她的許多討論。我發現這些討論非常有用，值得在討論影響國家危機結果的因素時做一番研究。

❊ ❊ ❊

危機治療師已經確定了至少十二個會影響解決個人危機的成敗因素（表1.1）。讓我們探討這些因素，從治療過程開始之時或之前的三、四個關鍵因素著手：

**1.承認個人置身危機**。這是引導人們開始危機治療的因素。如果不這麼承認，他們不但不會去危機治療診所求助，也不會（如果不去診所）自行開始面對危機。直到有人承認「是的，我確實有問題」——承認，可能需要很長的時間——否則在解決問題方面不會有任何進展。一九五九年我的職業危機，就是因為我在學業上連續十幾年的成功終於碰到挫折，想成為實驗科學家的努力失敗了。

| **表1.1　影響個人危機結果的相關因素** |
| --- |
| ① 承認個人置身危機 |
| ② 承擔採取行動的個人責任 |
| ③ 建立圍籬，勾勒出需要解決的個人問題 |

**表1.1 影響個人危機結果的相關因素**

④由其他個人和團體獲得物質和情感幫助
⑤以他人作為如何解決問題的範本
⑥自我強度
⑦誠實的自我評價
⑧過去的個人危機經驗
⑨耐心
⑩彈性
⑪個人核心價值
⑫擺脫個人限制

2.**承擔個人責任**。僅僅承認「我遇到了問題」還不夠。人們經常會接著說：「是的，可是——我的問題是別人的錯。其他人或外在的力量造成我的人生悲慘。」這種自憐自艾、自認是受害者的傾向，是一般人逃避個人問題最常見的藉口。因此，在承認「我有問題」之後，第二個障礙是要承擔個人的責任。「沒錯，的確有外在的力量和其他人，但他們不是我，我無法改變其他人，我唯一能完全掌控的人是我自己。如果我要其他力量和其他人改變，就有責任改變自己的行為和反應，採取行動。如果我自己不行動，其他人也不會自動自發地改變。」

**3.建立圍籬**。一旦個人承認了危機，接受責任，準備採取行動來解決它，並且到危機治療中心求助，那麼第一次治療就可以專注在「建立圍籬」的步驟，辨識並說明需要解決的問題。如果置身危機的人無法這樣做，就會認定自己有徹底的缺陷，麻木以對。因此關鍵問題是：你自身能夠發揮正常功能，不需要改變，可以繼續維持下去的是什麼？你可以而且應該用新方式取代和替換掉的舊方法是什麼？我們將看到，**選擇性改變**的問題也是處於危機的整個國家需要重新評估的關鍵。

**4.他人的幫助**。大部分度過危機的人都體會到朋友及支援機構（如癌症病患、酗酒者或吸毒成癮者的支援團體）在物質和情感方面支持的價值。常見的物質支持包括為婚姻剛破裂搬出家門的人提供臨時住所；幫助因危機而暫時喪失解決問題能力的朋友清晰思考；提供資訊取得、找工作、新同伴和安排照顧孩子的實際幫助。情感支持包括聆聽、協助澄清問題，並幫助暫時喪失希望和自信的人重獲兩者。

對於危機治療診所的客戶而言，「求助」必然是解決危機的首要因素：客戶來到診所是**因為**他們了解自己需要幫助。至於置身危機卻沒有去危機治療診所的人，他們求助的時間可能早或遲，甚至根本不求助：有的人試圖在完全沒有援助的情況下解決危機，使情況變得很棘手。以我個人求助的經驗為例——在我的第一任妻子（終於）提出離婚要求後，接下來的幾天我分別致電四位親密友人，向他們傾吐心事。四人都了解並同情我的處境，因為其中三人都離過婚，第四人則在努力重建陷入僵局的婚姻。雖然我的求助並未能避免最終的離婚，但這是重新審視我的婚姻關係，並且在獲得第二春漫長過程中的第一步。與好友討論讓我覺得我不是唯一有缺陷的人，況且與他們一樣，最終我還是可能獲得幸福。

5. **以其他人為典範**。他人援助的價值，在於以他們因應危機的方法作為典範。正如大部分經歷過危機的人所發現的，如果你認識經歷過類似危機，且有成功因應技巧可供你模仿的人，對你有莫大的益處。這些典範最好是朋友或你能與他談談的人，你可以直接向他們學習如何解決類似的問題。但這典範也可能是你並不認識的人，或者你只讀過或聽過他們的生活和因應方法。例如本書的讀者雖然不太可能認識曼德拉（Nelson Mandela）、羅斯福夫人（Eleanor Roosevelt）或邱吉爾（Winston Churchill），但是他們的傳記或自傳仍然為其他人提供了想法和靈感，作為解決個人危機的典範。

6. **自我強度**。在因應危機時，有項重要因素會因人而異，那就是心理學家所說的「自我強度」。這包括自信，卻又比自信更廣泛。自我強度表示有自我感，有目標感，並接受自己的本來面目，是感到自豪的獨立人士，不依賴他人的認可，或者要靠他人才能生存。自我強度包括能夠容忍強烈的情緒，在壓力下保持專注，能自在地表達自己，正確地了解現實，以及做出正確的決定。對於探索新的解決方案和克服常在危機中出現、使你麻木無法行動的恐懼，這些相關的特質至關重要。自我強度從童年就開始發展，尤其如果父母接受你的本來面目，不指望你實現他們的夢想，也不期待你比實際年齡大或小。它來自幫助你學會容忍挫折的父母，他們不會把你想要的一切都給你，卻也不剝奪你想要的一切。這所有的背景都會化為自我強度，協助你度過危機。

**7. 誠實的自我評價**。這與自我強度有關，但值得單獨提出來探討。對於置身危機的個人，好抉擇的基礎就是誠實的自我評價，儘管這樣做可能很痛苦，但你必須評估自己的優缺點，能夠發揮作用以及不能發揮作用的部分。唯有如此，你才能選擇性地改變，保持你的優點，並以新方式取代你的弱點。雖然在解決危機時誠實以對很重要，而實際上，人往往因種種原因無法誠實面對自己。

一九五九年我面臨職業危機的關鍵問題之一，就是無法誠實地自我評估。我高估了自己在某方面的能力，卻又低估了自己另一方面的能力。我對語言的熱愛，使我誤以為自己具備同步口譯所需的能力，後來我了解到，對語言的熱愛本身並不足以讓我成為成功的同步口譯員。我在美國成長，十一歲前從沒學過外語，直到二十三歲，才在非英語系國家生活，並流利地以外語（德語）交談。因為我較晚才開始學其他語言，所以即使是我說得最好的外語，依舊可以聽出我的美國口音。等到將近八十歲，我才終於能在英語之外的兩種語言之間迅速切換。但如果作為同步口譯員，我就得和瑞士的譯員競爭，他們八歲時已經可以流利地使用多種語言，口音標準，也能迅速切換。我不得不向自己承認：如果我以為自己在語言上能與瑞士人競爭，就是自我欺騙。

一九五九年我在自我評估上的另一項困難，是在科學研究領域低估而非高估了我的能力。我過度簡化自己無法解決技術問題的能力，即如何測量電鰻細胞膜上的離子流，但我依然有辦法藉由膽囊秤重的簡單方法，測量膽囊中的水分輸送。即便六十年後的現在，我仍然只用最簡單的技術來研究科學，我學會了識別可用簡單技術解決的重要科學問題。現在，我還是不會用有四十七個按鍵的遙控器開電視，也只能用最近買的 iPhone 做最簡單的事；但凡需要電腦處理的事，我完全得仰賴祕書和內人。每當我想進行需要複雜技術的研究項目時——比如上皮電流擴散的電纜分析，細胞膜離子通道的噪音分析，或對鳥類物種分布的統計分析，我總是很幸運能找到擅長做這些分析，且願意和我合作的同僚。

因此，我終於學會了誠實地評估我能或不能做什麼。

**8.先前的危機經驗**。如果你過去已有成功處理不同危機的經驗，就會更有信心解決新的危機。這與無助的感覺形成鮮明對比，這種無助感來自先前未能掌握的危機，會使你認定無論自己做什麼都不會成功。青少年和年輕人的危機比年紀較長者的危機更容易造成創傷，主要原因就在於過去經驗的重要。雖然親密關係破裂在任何年齡都可能導致毀滅性的後果，但是人生的第一次親密關係破裂尤其慘烈。之後的分手，無論多麼痛苦，人們都會回想起先前已經歷過類似的痛苦。這是我在一九五九年的危機為什麼對我造成創傷的部分原因：那是我首次經歷的劇烈人生危機。相較之下，我在一九八〇和二〇〇〇年的工作危機並沒有遺留任何創傷。一九八〇年左右，我把研究方向由細胞膜生理學轉為演化生理學，二〇〇〇年後，又從生理學轉為地理學，做這些決定並不痛苦，因為我已經由先前的經驗中認定這些轉變應該不會有問題。

**9.耐心**。另一個要考慮的因素是在初始嘗試改變時，容忍不確定、模糊或失敗的能力：簡言之，就是耐心。置身危機的人不太可能初次嘗試就找到成功的解決方式，可能需要多次試驗，測試不同方法，確定它們是否能解決危機，以及是否適合自己的個性，直到最終找出有效的解決方案。無法容忍不確定或失敗，又或很早就放棄尋覓的人，比較不可能找到兼容的新因應方法。這就是家父為何會在巴黎公園的長椅上，平和地向我提出如下建議：「何不在生理研究所再投入半年的時間？」他的建議感覺就像是救生圈，讓耐心在我聽起來合情合理；我自己卻沒想到這點。

10. **彈性**。藉由選擇性改變克服危機的一個重要元素，是有彈性而非僵化執拗的個性。「僵化」意味著死守一種方法的信念，這樣的信念無疑是探索其他方法、用成功新方法取代失敗舊方法的阻礙。僵化或缺乏彈性可能源於先前曾遭受虐待或創傷，或是成形於不准兒童進行試驗或偏離家庭規範的教養方式下。彈性則可來自成長過程中被允許自行選擇的自由。

對我來說，彈性的學習來自較年長的生活經驗，這是我二十六歲時，在新幾內亞這座熱帶島嶼從事熱帶雨林鳥類研究得出的結果。原先擬妥的詳細計畫在這裡幾乎完全不管用，飛機、船隻和車輛經常故障、墜毀或下沉；當地人民和政府官員的作為和預期截然不同，且不受指揮；橋梁和小徑無法通行；山脈和地圖上標示的位置不同；還有其他無數大小事都出錯。幾乎每一次我赴新幾內亞準備著手做的任何事，抵達之後都會發現不可能辦到，必須保有靈活應變的**彈性**：在現場即興擬定新計畫。瑪麗和我初為父母時，我發現我在新幾內亞考察鳥類的經驗是作為新手爸爸最實用的準備——因為孩子也同樣難以預測，不受指揮，作父母的必須彈性應變。

11. **核心價值**。倒數第二個考量仍舊與自我強度有關，即核心價值：人們認為對自己的身分認同乃至關緊要的信念，是個人道德準則和人生觀的基礎，例如個人的宗教和對家庭的承諾。置身危機時，你必須了解選擇性改變的界限在哪裡：哪些核心價值對你而言不可改變，沒有商量餘地？你會在什麼時候對自己說「我寧死也不改變它」？舉例來說，許多人認為對家庭的承諾、宗教信仰和誠實絕對不能妥協，我們通常會欽佩拒絕背叛家人、不肯撒謊、不肯放棄宗教信仰，或不肯為了逃離危機而偷竊的人。

但危機可能有灰色地帶，故不得不重新考量先前認為不可妥協的價值。一個明顯的例子是，丈夫或妻子打破對配偶的承諾，提出離婚訴訟。二次大戰期間，納粹集中營的囚犯必須放棄「不可偷盜」的誡命：食物配給太少，如果不偷食物就活不下去。許多集中營倖存者放棄了宗教信仰，因為他們發現難民營中的邪惡和信仰無法取得平衡。例如在奧斯維辛集中營倖存的傑出義大利猶太裔作家普利摩・李維（Primo Levi），他後來說道：「奧斯維辛的經歷清除了我原先保有的宗教教育包袱。有奧斯維辛，就沒有上帝。我還沒有找出解決這個難題的辦法。」

核心價值或許能讓解決危機變得更容易或更困難。一方面，個人的核心價值可以提供清晰度，是力量和確定性的基礎，讓人得以改變自己的其他部分。另一方面，在情況有所變化後，即使核心價值的方向已被誤導，個人卻堅守這樣的價值觀，也可能阻礙人們解決危機。

**12.擺脫限制**。最後一個因素是來自不受實際問題和責任限制的選擇自由。如果你對其他人（比如子女）負有重大責任，或者你必須要處理非常辛苦的工作，或是經常面對實際的危險，就更難嘗試新的解決方案。當然，這並不表示在這些負累下就解決不了危機，但它們的確是額外的挑戰。一九五九年的我很幸運，在必須確定自己是否仍想成為研究科學家的個人動盪中，並沒有必須解決的實際限制。我有國家科學基金會的獎學金，足以繼續支付我接下來數年的學費和生活費；劍橋生理系並沒有威脅要開除我，甚至沒有要求我通過任何考試；沒有人逼我放棄——除了我自己。

❊ ❊ ❊

這些是治療師告訴我或寫到的影響個人危機結果的相關因素。當我們試圖了解國家危機的結果時，該怎麼運用表1.1裡的因素？

一方面，一開始就很清楚的是，國家不是個人。我們會看到國家危機引發許多問題——關於領導、群體決策、國家機構和其他問題，這些問題並不會出現在個人危機中。

另一方面也很明顯的是，個人的應對機制並不會孤立於個人所成長、且正生活在其中的國家文化和地方群體之外。更廣泛的文化對個人特性有很大影響，例如個人的行為、目標、對現實的感知以及處理問題的方式。因此我們認為人因應個人問題的方式，以及由許多個人組成的國家因應國家問題的方式，其中應該會有一些關係。這些關係中，包括承擔自己做某事的角色責任（個人和國家兩者皆是），而非視自己為被動無助的受害者；描述危機；尋求幫助；並向典範學習。這些簡單的規則顯而易見，令人沮喪的是，個人和國家都經常忽視或否認它們。

我們不妨以下面的思想實驗為背景，考量國家因應危機的方式是否與個人因應的方式相同。如果我們在世界各地隨機選取個人做比較，就會發現他們因種種原因而有所不同，這些原因可大致歸類為個人、文化、地理和遺傳。比如，在一月的某個下午比較五個男人上身的衣服：北極圈以北的傳統伊努特人，我居住的洛杉磯街頭上的兩個普通美國人，紐約辦公室裡的美國銀行總裁，以及新幾內亞低地熱帶雨林的傳統新幾內亞人。基於地理因素，伊努特人會穿溫暖的連帽長大衣，三個美國人會穿襯衫，但不穿大衣，新幾內亞男子上身則根本不穿衣服。由於文化原因，銀行總裁可能會打著領帶，洛杉磯街頭的兩名男子就不會。出於個人原因，兩名隨機選擇的洛杉磯男子可能會穿著不同顏色的襯衫。如果問題是他們的髮色而非上身服裝，遺傳因素就得列入考量。

現在，同樣以這五個人來思考他們核心價值的差異。雖然這三個美國男人之間可能存在一些個別差異，但若與伊努特人或新幾內亞人相比，他們較可能擁有共同的核心價值觀。這種共有的核心價值觀只是同一社會成員普遍擁有的文化特色之一例，隨著人們成長而學習。然而，不同社會的個體間，其個體特徵在平均值上存有差異，理由在於地理上的差異只能作為部分解釋，或根本無法解釋。如果這兩個洛杉磯男人中，有一個碰巧是美國總統，他從文化上所衍生的核心價值，諸如對於個人權利和責任的價值觀，就會對美國的國家政策產生強烈的影響。

這個思想實驗的重點是，我們確實預期在個人特徵和國家特徵之間會有一些關聯，因為個人享有共同的國家文化，又因為國家的決定最終取決於全國個人的觀點，尤其是代表國家文化的領袖。在本書所討論的國家中，智利、印尼和德國這幾個國家領袖的觀點尤為重要。

表1.2列出了本書將進行討論、與國家危機結果相關的十二個因素。跟治療師認為和個人危機結果相關因素的表1.1對照之下，可看出兩張表上的大多數因素彼此間有類似的呼應。

| 表 1.2　影響國家危機結果的相關因素 |
| --- |
| ① 國人對於國家陷於危機中的共識 |
| ② 承擔國家採取行動的責任 |
| ③ 建立圍籬，勾勒需要解決的國家問題 |
| ④ 由其他國家獲得物質和財務支援 |

⑤以其他國家作為解決問題的典範
⑥國家認同
⑦誠實的國家自我評價
⑧國家危機的歷史經驗
⑨國家失敗的應對之道
⑩針對特殊情況的國家彈性
⑪國家的核心價值
⑫擺脫地緣政治的限制

這十二個因素中，有七個與個人危機結果的相關因素明顯相似：

**因素**＃1國家也像個人一樣會承認或否認自己置身危機。但國家需要一定程度的全國共識才能承認身陷危機，個人只需自己便可承認或否認。

**因素**＃2國家和個人都需要承擔各自的責任，採取行動解決問題，或者藉由自憐、指責他人、扮演受害者的角色，否認自己的責任。

**因素**#3各國以「建立圍籬」的方式，界定需要改變和保持不變的制度/政策，做出選擇性的改變。個人同樣也以「建立圍籬」的方式，在某些個人特質中做選擇性的改變，但其他特質則保持不變。

**因素**#4國家和個人皆可由其他國家和個人獲得物質和財務上的援助。個人另外還可得到情感上的依靠，國家則無法。

**因素**#5國家可以仿效其他國家的制度和政策，就如同個人可以模仿他人因應危機的方法一樣。

**因素**#7國家和個人都可以進行誠實的自我評估，也可能不會。以國家的情況而言，必須達到一定程度的全國共識；但個人全憑自己決定做或不做。

**因素**#8對先前的國家或個人危機，國家有歷史上的經驗，而個人則有個人記憶。

在另外兩個因素中，國家、個人與危機的對應關係比較籠統而不具體。

**因素**#9如何因應失敗，以及如果第一次嘗試解決失敗、願意再探索其他解決之道這兩方面，國家和個人有所不同。例如，一戰後德國和二戰後德國，以及二戰後日本和越戰後美國，想想它們對戰敗截然不同的反應。個人對失敗或首次失敗的容忍度也有所不同，我們經常把個人的這種特性稱為「耐心」。

**因素**#12由於地理、財力和軍事／政治力量等原因，各國在選擇的自由上各有不同的限制。個人在選擇的自由方面也受到不同的限制，但原因卻完全不同，例如照顧子女的責任、工作的要求和個人的收入。

最後，至於其餘三個因素，個人因素就像隱喻，可以有助於理解國家的因素：

**因素**#6心理學家已經為「自我強度」的個人特徵下了定義，這方面著作極多，但這個特徵只適用於個人；我們不能談國家的自我強度。不過國家確實有稱為國家認同的特徵，後面會有極多篇幅探討。這些特徵對於國家的作用，類似自我強度對個人的作用。國家認同意味著語言、文化和歷史等特色，使國家在世界各國中獨一無二，進而感到自豪，也是一個國家公民自認為共有的特色。

**因素#10**另一個心理學者下了定義且有大量著作的個人特徵，就是個人的彈性，以及與其對立的，個人的僵化。這是滲透個人性格的特徵；不會針對情況變化。例如，如果有人堅決不借錢給朋友，但在其他方面都很有彈性，他就不會被視為個性固執。個性固執的意思是，在大多數情況下都有堅定的行為規則。我們不清楚是否有任何國家在大多數情況下都同樣執拗。例如我們起先可能會認為日本或德國「僵化」，但這兩個國家在某些時期對許多重要事項都非常有彈性，這點會在第三和第六章分別討論。相反地，國家的彈性與個人的彈性不同，可能視特定情況而定。我們將在本書的結語中再回頭來談這個問題。

**因素#11**最後，個人具有個人核心價值觀，例如誠實、抱負、宗教和家庭關係。國家擁有國家的核心價值，其中有些與個人的核心價值（如誠實和宗教）相互重疊。國家核心價值與國家認同相關但不相同。例如，莎士比亞（Shakespeare）和丁尼生（Tennyson，英國詩人）的文字是英國國家認同的一部分，但英國在一九四〇年五月最黑暗的時期中，拒絕與希特勒談判的原因，並不是因為丁尼生。英國拒絕談判是因為其核心價值：「我們永遠不會投降。」

我在序言中提到，國家危機會引發一些在個人危機中根本不會出現，或者只是與個人危機遙遙呼應的問題。包括：

- 政治和經濟制度的重要國家角色；
- 關於一或多位國家領導人解決危機的角色問題；
- 關於群體決策更普遍的問題；
- 國家危機會藉由和平解決或暴力革命的方式，做出選擇性改變的問題；
- 是否同時引入不同類型的國家改變，作為整體方案的一部分，或是在不同時候分別引入改變；
- 國家危機是因國內的發展所引起，還是由其他國家外在衝擊所引發；以及
- 在衝突的各方之間達成和解（尤其是在發生戰爭或大規模殺戮的危機之後）的問題——國內各團體之間的妥協，或國家與鄰國之間的和解。

為探討這些問題，下一部分將介紹兩個國家受其他國家攻擊或威脅攻擊的危機例子。在我一九五九年所面臨的個人危機中，芬蘭語扮演了重要角色。我們就以芬蘭為例，說明我們提出的許多因素都和國家危機的結果息息相關。

# 第二部

# 國家：已經展現的危機

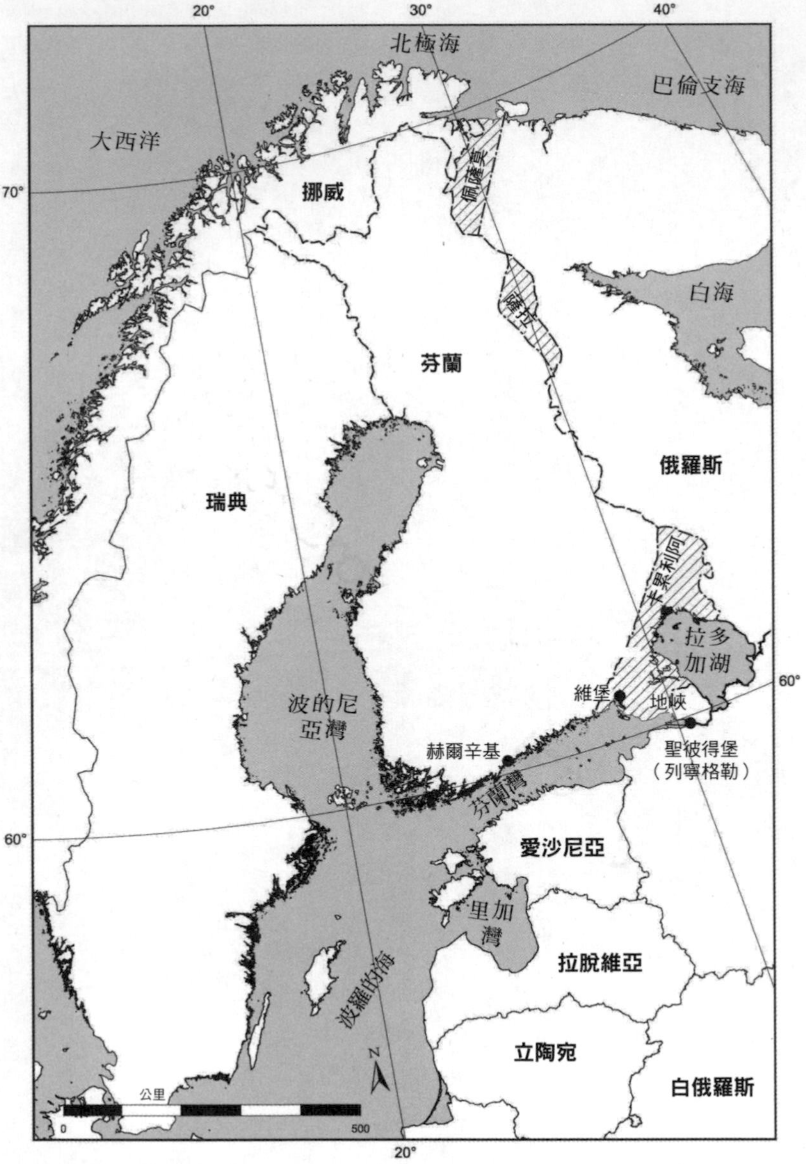
20°
30°
40°
北極海
巴倫支海
大西洋
70°
挪威
佩薩莫
白海
薩拉
芬蘭
俄羅斯
瑞典
卡累利阿
拉多加湖
60°
維堡
地峽
波的尼亞灣
赫爾辛基
聖彼得堡
（列寧格勒）
芬蘭灣
60°
愛沙尼亞
里加灣
拉脫維亞
波羅的海
立陶宛
白俄羅斯
N
公里
0
500
20°

〈圖 2〉芬蘭地圖

# 第二章 芬蘭與蘇聯之戰

訪問芬蘭——語言——一九三九年的芬蘭——
冬季戰爭——冬季戰爭結束——
繼續之戰——一九四五年後——
走鋼索——芬蘭化——危機框架

芬蘭是僅有六百萬人口的斯堪地納維亞（北歐）國家，西鄰瑞典，東接俄羅斯。一次大戰前一世紀，它只是俄羅斯的一個自治區，並非獨立國家。它很貧窮，歐洲各國很少注意它，歐洲以外的地區更忽視它。二次大戰開始時，芬蘭雖已獨立，卻依舊貧窮，經濟仍然以農林產品為主。如今芬蘭的科技和工業舉世聞名，也已成為全球最富裕的國家之一，人民平均所得與德國和瑞典相當。它的安全取決於一個明顯的矛盾：它是自由的民主社會國家，數十年來與共產主義的前蘇聯和目前專制政體的俄羅斯保持良好的信任關係。這些特色的組合正是選擇性改變的顯著例子。

如果你是頭一次造訪芬蘭，想要了解芬蘭的人民和歷史，有個好方法就是參觀希耶塔涅米公墓（Hietaniemi Cemetery），它是芬蘭首都赫爾辛基最大的公墓。美國的軍人葬在華盛頓郊外的阿靈頓國家公墓和全國各地的軍人公墓，芬蘭不同，並未設立專用的軍人公墓。陣亡的芬蘭官兵會直接送回家鄉，葬在他們城鎮上或教區的一般公墓。希耶塔涅米公墓裡有很大一塊區域的尊榮之地，葬的是赫爾辛基的陣亡將士，就在芬蘭歷屆總統和其他政壇領袖的墳墓上坡，位於芬蘭元帥卡爾．古斯塔夫．曼納海姆（Carl Gustaf Mannerheim，一八六七—一九五一）紀念碑附近。

接近希耶塔涅米公墓時，你注意到的第一件事，就是你一點也看不懂街道標誌和告示牌（插圖2.1）。在其他大部分的歐洲國家，即使你不懂該國語言，也能夠認出一些字，因為大部分歐洲語言包括英語在內皆屬於印歐語系家族，而所有的印歐語言共用很多字根。甚至在立陶宛、波蘭和冰島，你都能辨識街道路牌和告示牌上的一些文字；唯有芬蘭語難以辨認。因為芬蘭語是少數跟印歐語系完全無關的歐洲語言。

接著會教你驚嘆的是，希耶塔涅米公墓簡約又美麗的設計。芬蘭的建築師和室內設計師名聞遐邇，他們知道怎麼用簡單的方式創造美麗的效果。記得我首次造訪芬蘭時，曾獲邀進入一位東道主家的起居室，我的第一印象是：「這是我所見過最美麗的房間！」後來我仔細一想，不由得疑惑為什麼我會覺得它如此美麗，因為那房間幾乎是空的，只有幾件簡單的家具。但房間的材質和形式，以及那少數幾件家具，正足以代表芬蘭典型的簡約與美感。

緊接著，你可能會震驚於希耶塔涅米公墓下葬或紀念的芬蘭陣亡將士人數。我數了一下，超過三千多座列有將士姓名的墓碑，他們的遺體以多重弧形排列安葬於此。在那個區域裡，有署名的墓碑始於一道約四呎高、數百呎長的牆，牆面區分成五十五塊，上頭羅列更多被列為「失蹤」的士兵姓名——我算來共有七百一十五人，因為找不到他們的遺體，無法運送回來。另外還有一面無名將士紀念碑，用以紀念死於敵軍獄中不計其數的芬蘭士兵。葬在希耶塔涅米的這些士兵僅限來自赫爾辛基的軍人；芬蘭的每個城鎮和教區的墓地，皆有類似的區域保留給陣亡將士。於是你可以想見，一定有許多芬蘭人在戰爭中喪生。

當你穿梭於希耶塔涅米的墓碑間，必定會受到上頭碑文的衝擊。同樣地，你無法理解大部分的碑文，因為它是芬蘭文。然而，無論任何地方，任何語言的墓碑上，絕大部分都會銘刻死者姓名、出生日期和出生地，以及死亡的日期和地點。即便芬蘭的墓園，這樣的格式也很容易辨識。你會注意到所有死者的死亡日期都介於一九三九至四四年的二戰期間。大多數人出生於一九二〇和一〇年代，可以猜測大部分士兵捐軀時年僅二十上下，事實亦如你所料。不過，你也會驚訝於還有許多五十多歲或青少年時期就陣亡的士兵。例如，約翰·維克多·帕斯坦（Johan Viktor Pahlsten）的墓碑記錄他生於一八八五年八月四日，卒於一九四一年八月十五日，就在他五十六歲生日後十一天戰死。克拉拉·

拉帕蘭寧（Klara Lappalainen）生於一八八八年七月三十日，卒於一九四三年十月十九日，享年五十五歲。截然相反的有生於一九二九年七月二十二日，志願從軍的學生勞瑞．馬提．哈馬蘭尼（Lauri Martti Hämäläinen），陣亡於一九四三年六月十五日，年僅十三，差五週就是他的十四歲生日。為什麼芬蘭徵召從軍的不僅限於一般的二十多歲青年，竟包括五十多歲的男女以及青少年（插圖2.2）？

閱讀墓碑上記錄的死亡日期和地點時，你會注意到這些士兵犧牲的時間和地點集中在少數幾個期間和地域。死亡人數最多的是一九四〇年二月下旬至三月上旬，接著是一九四一年八月，然後是同年六月和一九四四年八月。許多人喪命於維堡，或芬蘭友人會幫你指出維堡附近的地方，像是斯維里（Syväri）、卡納斯（Kannas）和伊罕托拉（Ihantola）。你不禁疑惑：維堡到底出了何等大事？為什麼這麼多芬蘭人在如此短的期間內於此遇難？

原因是：維堡曾是芬蘭第二大城市，但歷經一九三九至四〇年冬天的慘烈戰爭，以及一九四一至四四年第二次戰爭後，連同芬蘭總面積十分之一的土地一起被割讓給蘇聯。一九三九年十月，蘇聯對波羅的海沿岸的四個國家：芬蘭、愛沙尼亞、拉脫維亞和立陶宛提出割地要求，芬蘭是唯一拒絕的國家。雖然蘇聯擁有強大的軍力，人口將近五十倍於芬蘭，芬蘭人民卻義無反顧地抵抗，儘管在一連串長達十年的危機中，他們國家能否存續遭到嚴重懷疑，他們終究保住了國家的獨立。最嚴重的傷亡時期就發生在墓碑上可見的三個高峰，也就是一九四〇年二至三月，蘇聯軍隊逼近維堡的時候，接著是一九四一年八月，芬蘭重新奪回維堡，以及最後蘇聯軍隊在一九四四年夏天再次進犯維堡之際（插圖2.3、2.4）。

芬蘭在對抗蘇聯的戰爭中死亡人數近十萬，大多數是男性。在現代美國人、日本人和芬蘭之外的歐洲人看來，二次大戰時，每次轟炸一座城市（廣島、漢堡和東京），當場死亡的人數就近達十萬，蘇聯和中國因二戰陣亡的人數各兩千萬左右，因此在芬蘭長達五年的戰爭中，僅十萬人罹難似乎不算多，但當時芬蘭總人口才三百七十萬，它就占了二・五％，也是全國男性的五％。這個比例如同當今美國在戰爭中有九百萬人捐軀：幾乎相當於美國近兩百四十年歷史中，所有在戰爭中死亡人數的十倍。我最近一次赴希耶塔涅米公墓是在二〇一七年五月十四日星期天。即使離陣亡將士區裡最後一個死亡的日期（一九四四年）已是七十多年後的現在，我依然見到許多墓前擺放著鮮花，以及川流不息前來緬懷的家人。我駐足與一個四口之家聊天，裡頭最年長的男子約莫四十歲，這表示墓裡的亡者並非他們的父母，而是他們的祖父母或曾祖父母。我和那名男子聊起掃墓、紀念和鮮花時，他說：「當時每個芬蘭家庭都失去了他們的親人。」

我第一次造訪芬蘭是一九五九年夏天，亦即芬蘭與蘇聯之戰方結束十五年後，也是蘇聯從芬蘭赫爾辛基郊區撤離軍事基地僅僅四年後。接待我的芬蘭人裡有戰時對抗蘇聯的退伍軍人、寡婦和兒童，加上現役的芬蘭士兵。他們向我敘述他們的個人經歷和他們國家近幾年的歷史。我所習得的美麗芬蘭語足以讓我以觀光客的身分暢遊，進而欣賞這種語言對芬蘭的獨特性有什麼貢獻，並讓我在前一章提及的人生危機中得以沉澱。對於那些尚未有好時機參訪芬蘭的讀者，閱讀下文時請將書中述及有關危機和改變架構等放在心上，包括：芬蘭國家認同的強度和起源；芬蘭人民對其國家地緣政治情況極其實際的評估；本章一開始提到由此產生的選擇性改變的矛盾組合；以及芬蘭缺乏選擇的自由、在關鍵時刻缺乏盟友的幫助，以及缺乏可以借鏡的成功典範。

❊ ❊ ❊

芬蘭自認且被公認為北歐的一部分。許多芬蘭人都是藍眼金髮，和瑞典及挪威人一樣。血統上，芬蘭人其實是七五％像瑞典和挪威的斯堪地納維亞人，二五％則來自東方的侵略者，地理、語言和文化因素上，造就芬蘭人與其他斯堪地納維亞人的不同，他們為這些差異而自豪。地理上，芬蘭人反覆重申兩個主題：「我們是一個小國家」和「我們的地理位置永遠不會改變」。後面這句話的意思是，芬蘭與俄羅斯（或先前的蘇聯）接壤的邊界比其他任何歐洲國家和俄羅斯的邊界都要長，芬蘭實際上是俄羅斯與北歐其他國家之間的緩衝區。

歐洲近百種本土語言皆相關連，同樣歸屬於印歐語系家族成員，唯有孤立的巴斯克語和其他四種語言例外。這四種語言就是芬蘭語及關係密切的愛沙尼亞語，關係遙遠的匈牙利和拉普語（Lapp，Saami 薩米語），這些語言全都屬於芬烏（Finno-Ugric）語系。芬蘭語是一種美麗的語言，也是芬蘭人民自豪和身分認同的焦點。芬蘭的民族史詩《卡勒瓦拉》（*Kalevala*）在芬蘭國家意識上的分量，遠比莎士比亞戲劇對於英語母語人士的意義來得更大。對沒接觸過的人而言，芬蘭語不僅是具有歌唱性質的美麗語言，也很難學。難學的原因在於它的詞彙沒有我們熟悉的印歐語系根源。相反地，大多數的芬蘭單字都必須一一死記。

造成芬蘭語難學的其他因素是它的聲音與文法。字母 k 在芬蘭語中很普遍：我那本兩百頁的芬蘭語—英語字典中，以 k 為首的單字就占了三十一頁。（不妨欣賞一下《卡勒瓦拉》的這幾行詩文：「Kullervo, Kalervon poika, sinisukka äijön lapsi, hivus keltainen, korea, kengän kauto kaunokainen.」）我對 k 並無歧見，但是，唉，芬蘭語與英語不同的是，它的雙子音（如 k k）發音和單子音（如 k）不同。在我發表簡短演講的極少數場合中，芬蘭語的這種發音特色讓必須忍受我芬蘭語的芬蘭接待員，難以理解我的話。不能明確發出單、雙子音的後果可能很嚴重，例如，芬蘭語「見面」的動詞是「tapaa」，只有一個 p，而動詞「殺死」則有兩個 p，「tappaa」。因此，如果你要約芬蘭人見面，但你多發了一個 p 的音，恐怕就會有性命之憂。

芬蘭語也有所謂的短母音和長母音。例如，邊界「raja」第一個a是短母音，但腿或手臂「raaja」中的第一個a是長母音。我在芬蘭邊境附近的國家公園說到邊界時，誤把第一個a的音拉長而遭到誤解。三個芬蘭母音a、o和u都有兩種形式，從嘴巴的後面或前面發聲，分別標寫為a和ä、o和ö，以及u和y。在一個單字裡，這三個母音全都必須是後母音，或者全都是前母音，這叫「母音和諧」。例如我道晚安時常用到的芬蘭單字「夜晚」，只有前母音（yötä），而「河床」這個字則只有後母音（uoma）。

如果德語的四格（cases）或拉丁語的六格就足以使你困惑，那麼聽到芬蘭語有十五格，想必教你膽顫心驚，其中許多格取代了英語的介系詞。我頭一次造訪芬蘭最有趣的時刻，就是一位不會說英文、只能用芬蘭語與我溝通的芬蘭士兵教我芬蘭語的六個位格（取代英語介系詞的on、off、onto、in、out、into）。他指著一張桌子（pöytä），在其上（pöydällä：母音和諧!）有一個杯子，其中（pöydässä）有一根釘子。把杯子放上（pöydälle）和取離（pöydältä）桌子，並將釘子釘入（pöytään）和拔出（pöydästä）桌子。

在所有的格中，外國人最容易混淆的兩種是賓格（accusative case）和部分格（partitive case）。拉丁文和德文沒有部分格，所有的直接受詞都用賓格表達：英語的「我擊中了球」（I hit the ball），德語是「ich schlage den Ball」。但在芬蘭語中，每當你要使用直接受詞時，就得決定你的動詞是對整個對象（要用賓格）或是對象的一部分（要用部分格）做出動作。要決定你是打中整個球，或只擊中球的一部分或許很容易，但若受詞是抽象名詞，就比較難去決定該用賓格或部分格。例如你有一個想法，在芬蘭語中，你就得決定你有的是整個想法或僅有其中一部分，因為這決定了你使用的賓格或部分格是否正確。一九五九年招待我的一位主人是瑞典裔的芬蘭人，他的母語是瑞典語，但他的芬蘭語也很流利，可是他無法在芬蘭的任何政府機構找到工作，因為所有的芬蘭公職都得通過芬蘭語和瑞典語的考試。朋友告訴我，在一九五〇年代，你在選擇使用賓格或部分格的題目只要答錯一題，考試就不及格，無法成為公僕。

這一切特色成就了芬蘭語的美麗與獨特，成為國家自豪的泉源，而且，除了芬蘭人自己，幾乎沒有其他人使用。芬蘭語成了芬蘭國家認同的核心，許多芬蘭人為此願意在與蘇聯之戰中，為國捐軀。

芬蘭國家認同的其他核心，包括它的作曲家、建築師和設計師，以及長跑選手。芬蘭音樂家尚·西貝流士（Jean Sibelius）是舉世公認二十世紀最偉大的作曲家之一，芬蘭建築師和室內設計師享譽全球。〔美國讀者熟悉的聖路易拱門（St. Louis Arch）、華府郊區的杜勒斯機場（Dulles Airport），和紐約甘迺迪機場的TWA航廈都是芬蘭裔建築師埃羅·沙里寧（Eero Saarinen）所設計。〕一次大戰後，勝利的盟軍創建了許多新國家（包括芬蘭），芬蘭之所以特別耀眼就是因為西貝流士和芬蘭最著名的長跑紀錄創造者、綽號「芬蘭飛人」的帕沃·努爾米（Paavo Nurmi）。他在一九二四年的奧運會上，締造一千五百公尺跑步項目的奧運紀錄，贏得冠軍，僅僅一小時後，又在五千公尺項目奪金；兩天後，他在一萬公尺越野賽跑中勇奪第一，接著，又在次日贏得三千公尺比賽金牌。他保持一哩賽的世界紀錄長達八年之久，因此，有努爾米和其他芬蘭選手「讓芬蘭跑上世界地圖」一說。這一切成果促使芬蘭人察覺他們的獨特性、國家認同，讓他們在明知沒有多少勝算的情況下，依然願意背水一戰，對抗蘇聯。

❊ ❊ ❊

芬蘭語最早的使用者在數千年前的史前時代來到芬蘭。公元一一〇〇年左右，史上第一份有關芬蘭的詳細書面紀錄問世後，瑞典和俄羅斯就一直在爭奪芬蘭的所有權，大半時間裡，芬蘭都在瑞典的管轄下，直到一八〇九年慘遭俄羅斯吞併。十九世紀時有很長一段時間，俄國沙皇賦予芬蘭極大的自主權，有自己的議會、自己的行政權和自己的貨幣，也沒有被迫學習俄語。但是在尼古拉二世於一八九四年成為沙皇之後，卑鄙的鮑勃里科夫受命擔任總督（Bobrikov，一九〇四年遭一名芬蘭人暗殺），俄羅斯就此開始高壓統治。因此一戰末期結束前，一九一七年末布爾什維克革命於俄國爆發時，芬蘭隨即宣布獨立。

結果是一場慘烈的芬蘭內戰，屬於保守派的芬蘭人稱為白衛隊，是由在德國受訓與登陸芬蘭協助的德軍組成的芬蘭軍，他們和反共產主義的芬蘭紅衛隊、仍駐紮在芬蘭的俄軍展開激戰。白衛隊在一九一八年五月戰勝時，已有八千名紅衛隊士兵戰死，另有兩萬名被關進集中營的紅衛隊官兵死於飢餓和疾病。如果以每月遇害的全國人口百分比來衡量，芬蘭內戰是全球最致命的內戰，直到一九九四年盧安達的種族大屠殺，才改寫這個紀錄。原本這場內戰可能破壞和分裂這個新國家，不過兩造迅速和解，倖存的左派分子徹底恢復了他們的政治權利，一九二六年，一名左派分子成了芬蘭總理。然而內戰的回憶的確加深了芬蘭對俄羅斯和共產主義的恐懼——這也影響了芬蘭日後對蘇聯的態度。

在一九二〇和三〇年代，芬蘭依然恐懼於已改組為蘇聯的俄羅斯。意識型態上，兩國互相對立：芬蘭是自由的資本主義民主國家，蘇聯則是高壓手段的共產主義獨裁政權。芬蘭人猶記俄羅斯最後一任沙皇在位時對他們的壓迫，他們擔心蘇聯意圖重新占領芬蘭，比方藉著支持芬蘭共產黨來顛覆芬蘭政府，懷著憂慮觀察史達林在一九三〇年代的恐怖統治和偏執清黨。芬蘭最感不安的是俄國人在芬蘭邊界以東、人煙稀少的蘇聯國土上建造機場和鐵路，其中一條鐵路更直奔芬蘭而來，終站就在國界旁的森林中央，除了加速入侵芬蘭的理由外，看不出這條鐵路還有什麼目的。

一九三〇年代，在內戰時期領導白衛軍獲勝的曼納海姆將軍（General Mannerheim）領導之下，芬蘭開始加強軍隊與國防。一九三九年夏天，許多芬蘭人志願投入加強防禦的工事，鞏固稱為「曼納海姆防線」的主要防線，這道防線橫跨將芬蘭東南部與列寧格勒分隔開的卡累利阿地峽，列寧格勒是距芬蘭最近的蘇聯城市，也是蘇聯的第二大城。

隨著德國在希特勒的領導下重新武裝，和蘇聯的對立與日俱增，芬蘭試圖在外交上維持中立，不理會蘇聯，同時希望蘇聯不要發出任何威脅。蘇聯則對這個內戰時，藉德軍之力打敗共黨派系的布爾喬亞鄰居依然抱持懷疑態度。

正如芬蘭出於強烈的史地原因，不由得對蘇聯抱持戒心，蘇聯同樣因為強烈的史地原因懷疑芬蘭。二次大戰前，芬蘭和蘇聯的邊界就位於列寧格勒以北三十哩（四十八公里）處（見72頁地圖），一九一八年德軍已在芬蘭與共黨作戰；一八五〇年的克里米亞戰爭期間，英、法軍隊也已進入芬蘭灣，封鎖或攻擊列寧格勒（先前稱為聖彼得堡，今又改回此名）；一七〇〇年，法國也在赫爾辛基港建了大型要塞，準備攻擊聖彼得堡。

一九三〇年代後期，基於充分的理由，史達林對希特勒麾下的德國恐懼日長。共產黨人和納粹分子彼此互相施以惡毒的政治宣傳。希特勒在他的自傳《我的奮鬥》（*Mein Kampf*）中寫到將德國領土向東擴張入侵蘇聯國境的憧憬。史達林看著希特勒統治的德軍在一九三八年三月吞併奧地利，一九三九年三月接管了捷克，並開始威脅波蘭。於是向波蘭提出共同防衛計畫，對抗威脅日益增強的德國，然而，法、英和波蘭拒絕了這項提議。

一九三九年八月，希特勒和史達林雙方間的宣傳戰突然喊停，並簽署了《蘇德互不侵犯條約》，也稱為《莫洛托夫—里賓特洛甫條約》（Molotov-Ribbentrop Pact）。芬蘭人懷疑該協議包含勢力範圍劃分的祕密協定，結果不出所料，德國承認芬蘭屬於蘇聯。雙方簽署協議後，德國隨即閃電入侵波蘭，短短幾週內，蘇聯跟著入侵波蘭東部。史達林希望盡可能地將蘇聯邊界推向西方，以對抗德國不斷增長的威脅，想要預作準備的心態是可以理解的。

一九三九年十月，始終擔憂德國最終會進犯的蘇聯，企圖將西部邊界盡可能再往西推進。《莫洛托夫—里賓特洛甫條約》既已暫時保住安全，蘇聯於是對波羅的海的四鄰邦：立陶宛、拉脫維亞和愛沙尼亞三個波羅的海共和國，以及芬蘭下最後通牒。蘇聯向波羅的海三小國要求在他們境內設置軍事基地，以及把蘇聯軍隊載運到這些基地的權利。儘管允許蘇聯駐軍會使它們失去自衛能力，但這三個共和國考量自身國力微小，抵抗無望，只好接受蘇聯的要求，最終在一九四〇年六月遭蘇聯吞併。有了成功的前例，蘇聯就在一九三九年十月初，向芬蘭提出兩個要求。一個是將原本位在卡累利阿地峽的蘇聯/芬蘭國界遷到離列寧格勒更遠之處，以免列寧格勒遭轟炸或被迅速攻占（例如像一九一八年那樣，德國再次駐軍芬蘭）。雖然芬蘭本身不構成威脅，不會攻打蘇聯，但歐洲列強的確有可能經由芬蘭攻擊蘇聯。蘇聯的第二個要求是，允許蘇聯在芬蘭首都赫爾辛基附近的南部海岸建立海軍基地，並割讓芬蘭灣的一些小島給蘇聯。

一九三九年十月和十一月，芬蘭與蘇聯間持續祕密談判。芬蘭同意做一些妥協，但和蘇聯所求相去甚遠。儘管曼納海姆將軍敦促芬蘭政府做更多讓步，因為他知道芬蘭軍隊的弱點，也能從蘇聯的角度理解它如此要求的原因（他先前在沙皇的俄國軍隊擔任中將），但芬蘭政界不分左派、右派，不論內戰時是紅衛隊或白衛隊，一致拒絕進一步妥協。芬蘭所有的政黨都支持政府的決定，但在一九四〇年七月，英國卻有些政壇領袖主張向希特勒讓步，以確保和平。

芬蘭人一致支持政府的一個原因，是他們擔心史達林的真正目標是併吞整個芬蘭。他們害怕今天芬蘭一旦屈服於蘇聯的小要求，未來芬蘭就不可能拒絕蘇聯更大的要求。芬蘭如果放棄防禦卡累利阿地峽，蘇聯將能輕易藉由陸路入侵芬蘭。讓蘇聯把海軍基地設在赫爾辛基附近，形同放任蘇聯由海陸兩方轟炸芬蘭首都。芬蘭人已見識過捷克的前車之鑑，捷克在一九三八年受迫轉讓最堅強的防線蘇台德山脈邊境給德國，最終使捷克喪失國防能力，在一九三九年三月遭德國吞併。

芬蘭人不願妥協的第二個原因，是他們誤判史達林只是虛張聲勢，只要滿足他部分的要求即可。同樣地，史達林也錯估局勢，以為芬蘭人只是裝腔作勢，他沒料到這個小國會如此猖狂，膽敢對抗人口多過它五十倍的國家。蘇聯的作戰計畫是在兩週內拿下赫爾辛基。而芬蘭拒絕向蘇聯做更多讓步的第三個原因，是因為他們誤以為世交邦國會協助保衛芬蘭。除此之外，芬蘭的一些政治領袖估量國家軍隊至少可以抵抗蘇聯的入侵長達六個月，儘管曼納海姆將軍提出警告說不可能。

一九三九年十一月三十日，蘇聯聲稱芬蘭的砲彈落在蘇聯造成士兵死亡，藉故進攻芬蘭。（赫魯雪夫後來承認，這些砲彈實際上是一名試圖挑釁的蘇聯將軍下令，由蘇聯國內所發射。）接下來發生的戰爭稱為冬季戰爭（Winter War）。蘇聯軍隊沿著芬/蘇邊界發動攻擊，蘇聯的飛機轟炸赫爾辛基和其他芬蘭城市。轟炸的第一夜，芬蘭民眾的傷亡就相當於在二次大戰中，芬蘭民眾死傷總數的一〇％。當蘇聯軍隊越過芬蘭邊境，占領最近的芬蘭村莊，史達林立刻任命名為庫西寧（Kuusinen）的芬蘭共黨領袖為所謂的「民主」芬蘭政府領導人，作為蘇聯非入侵芬蘭、而是為保護「芬蘭政府」而來的託詞，傀儡政府的成立讓原本心存懷疑的芬蘭人確信，史達林確實想要併吞他們的國家。

＊　＊　＊

一九三九年十一月三十日戰爭爆發之時，兩軍懸殊的荒謬對比如下：蘇聯人口為一億七千萬，芬蘭只有三百七十萬。蘇聯「只動員」四支部隊出兵芬蘭，共計五十萬人，其他許多部隊留守或用於別的軍事目的。芬蘭則是全軍傾巢而出，由九個師組成，全數僅十二萬人。蘇聯派遣數千輛坦克、現代戰機和大砲支援其步兵；芬蘭幾乎沒有坦克、現代戰機、現代大炮、反坦克步槍和防空武器。最糟的是，芬蘭軍隊確實擁有很好的步槍和機槍，但彈藥庫存卻有限；士兵奉令要節省彈藥，唯有待俄軍非常逼近時才能開火。

如果史達林有心要打贏這場仗，所有差異皆顯示芬蘭要擊潰蘇聯的機率是零。全世界已經見證過人口是芬蘭十倍，且擁有更多現代軍事設備的波蘭淪陷速度有多快，幾週內，就被規模僅是蘇聯軍隊一半的德軍擊敗。因此，芬蘭人絕不會愚蠢到想像自己能夠戰勝。相反地，正如一位芬蘭友人對我說的：「我們的目標是讓俄羅斯的勝利盡可能來得緩慢、慘痛、代價高昂。」明確地說，芬蘭的目的是硬撐，讓政府有足夠時間來得及向友邦求助，並讓史達林承受不了蘇聯必須付出的軍事代價。

教蘇聯和全世界大吃一驚的是，芬蘭的防禦撐了下來。蘇聯的軍事計畫是沿著兩國邊界一路攻擊，包括橫跨卡累利阿地峽的曼納海姆防線，並打算「攔腰一斬」，長驅直入這個國家最狹窄的中部地區。為了反抗攻擊曼納海姆防線的蘇聯坦克，芬蘭人發明了名為「莫洛托夫燃燒瓶」（Molotov cocktails）的汽油彈，以彌補他們反坦克槍枝的不足。汽油彈的瓶子裡裝滿了汽油和其他化學物質的混合爆裂物，足以讓蘇聯坦克癱瘓。有些芬蘭士兵會躲在散兵坑裡等坦克駛近，然後把圓木塞進坦克的履帶讓它停下來，接著膽大的士兵便衝上前，把步槍插入炮筒和觀察孔，射擊坦克裡的蘇聯士兵。想當然耳，芬蘭的反坦克人員傷亡率高達七〇%。

對芬蘭防軍的英勇表現，全世界最欽佩的是他們摧毀了襲擊芬蘭腰部的兩個師。俄軍以軍車和坦克沿著通往芬蘭的少數幾條道路向前推進，芬蘭士兵則分成小組，腳踩滑雪板，穿上用於雪地偽裝的白色制服，穿越沒有路的森林，把蘇聯的縱隊切成數段，再分段解決（插圖2.5）。一九五九年，一名芬蘭榮民對我敘述他和同伴在冬季戰役中使用的戰術。每到夜晚，蘇聯士兵就把坦克停在只有一線道的狹窄林路旁，然後聚集在大型的營火前取暖（芬蘭士兵則在帳篷裡，用外面看不見的小型加熱器取暖）。我朋友和他那一排的同袍穿著白色迷彩服，在森林裡滑雪，直到進入蘇聯縱隊的射擊範圍內（插圖2.6）。他們帶著步槍攀爬上周邊的樹木，靠著營火的照映辨識出蘇聯軍官，將他們射殺，再滑雪離開，群龍無首的蘇聯士兵因而飽受驚嚇、士氣低落。

❀ ❀ ❀

為什麼面對蘇聯軍隊壓倒性的數量和裝備優勢，芬蘭軍隊能夠撐這麼久？動機是一個理由：芬蘭將士明白，他們是為他們的家庭、國家和獨立而戰，他們願意為這些目標而捐軀。例如蘇聯軍隊跨越冰凍的芬蘭灣入侵，僅有小群芬蘭士兵在芬蘭灣的島上防衛，他們被告知沒有退路：只能留在島上，盡可能在自己陣亡前多殺幾名俄軍；他們做到了。其次，芬蘭士兵習慣在冬日的芬蘭森林裡生活和滑雪，他們熟悉戰鬥區的地形。第三，芬蘭士兵配備了適合芬蘭冬天氣候的衣服、靴子、帳篷和槍枝，蘇聯士兵則否。最後，芬蘭軍隊就像現今的以色列軍隊，數量雖少，效率卻不成比例地高。這是由於他們不拘泥於形式，讓士兵採取主動，自行做判斷，而非盲目地服從命令。

遺憾的是，芬蘭軍隊的強韌和短暫的成功只為他們爭取到時間。冬去春來，冰雪如預期融化，蘇聯終在卡累利阿地峽和芬蘭灣，展現他們在數量和軍備上的優勢。芬蘭的希望只能寄託於來自其他國家的義勇兵、裝備和軍事單位。那麼，外交方面的情勢究竟如何？

小蝦米芬蘭勇敢對抗大鯨魚蘇聯的侵略，引發了激情，共有一萬兩千名外國志願軍參與協助芬蘭，其中大多來自瑞典。只是到戰爭結束時，大部分志願軍都尚未完成他們的軍事訓練。有些國家送來了軍事裝備，實用程度不一。一位芬蘭老兵告訴我，義大利送來一戰時留下的古老大炮，只要一射擊，炮筒就會向後彈，因此必須牢牢固定在堅固的托架上。每尊大炮不僅需要炮手在旁操作，炮前一段距離還需要有觀察員駐守，以便觀察炮彈落下的地點，糾正下一次發射的範圍。然而，根據老兵友人的說法，這些古老的義大利大炮設計非常糟糕，無法吸收後座力，因此實際上每尊大炮需要兩名觀察員：大炮前方需要一名一般的觀察員，觀察炮彈落點；炮後方還需要另一名觀察員，觀看炮筒落在哪裡！

芬蘭能指望獲得大批軍援或軍備的國家只有瑞典、德國、英國、法國和美國。鄰國瑞典儘管長期以來和芬蘭有共同的歷史和文化，緊密相連，卻因害怕捲入與蘇聯的戰爭而拒絕出兵。德國雖曾派兵支持芬蘭獨立，也與芬蘭有長期的文化關係和友誼，但希特勒不願違反《莫洛托夫—里賓特洛甫條約》互不侵犯的約定。美國則距離遙遠，加上羅斯福總統也因美國數十年來的孤立政策，受中立政策束縛。

僅剩的英、法兩國是比較實際的支援來源。這兩國確實表態過願意派兵，但它們當時已和德國交戰，自身難保，無暇顧及他人。德國在當時是由中立的瑞典進口鐵礦，大部分礦沙乃經鐵路，從瑞典跨越挪威運送到不會結冰的挪威港口納爾維克（Narvik），然後裝船運送到德國。英國和法國的真正目的是要獲得對瑞典鐵礦的控制權，並打斷納爾維克的船舶交通。他們提出要求，派遣軍隊穿越中立的挪威和瑞典來支援芬蘭，只是為求達到真正目標的藉口。

因此，雖然英、法政府向芬蘭提供成千上萬的軍隊作為協助，但大部分軍隊都駐紮在納爾維克、納爾維克鐵路沿線，以及瑞典鐵礦區。當中只有很小一部分會實際抵達芬蘭，但這一小部分部隊也必須取得挪威和瑞典政府的途經許可，只是兩國政府保持中立，拒絕開放。

❊ ❊ ❊

一九四〇年一月，蘇聯終於開始感受到其部隊在十二月的慘痛損失和教訓。史達林和他一手扶植的芬蘭共黨領導人庫西寧所建的傀儡政府斷絕關係，這表示史達林不再拒絕承認真正的芬蘭政府，釋出停戰的試探訊息。蘇聯放棄攔腰切斷芬蘭的無謂嘗試，而把大批軍隊、炮兵和坦克集結在卡累利阿地峽，此處開闊的地形對蘇聯有利。芬蘭士兵已在前線持續戰鬥了兩個月，筋疲力竭，而蘇聯卻可以繼續投入無限的新兵力。二月初，蘇聯的攻擊終於突破了曼納海姆防線，迫使芬蘭人撤退到下一個脆弱很多的防線。儘管曼納海姆領導的芬蘭將領請求他進一步撤退到較易防守的地點，曼納海姆全然不為所動：眼見芬蘭軍隊遭受重大傷亡，但他拒絕持續退兵，因為他知道在不可避免的和平談判降臨前，芬蘭必須盡可能占據最多的領土。

一九四〇年二月下旬，當疲憊不堪的芬蘭人民終於準備迎接和平，英、法兩國仍要求芬蘭堅持下去。法國總理達拉第（Daladier）緊急聯繫芬蘭，承諾會在三月底前派遣五萬名士兵，還有一百架待命起飛的轟炸機，他保證「安排」部隊由陸路通過挪威和瑞典。此一提議促使芬蘭繼續奮戰一週，期間又有數千名芬蘭人犧牲。

但英國隨即承認，達拉第的提議只是裝腔作勢的欺騙，他並沒有備妥承諾的軍隊和飛機，挪威和瑞典仍然拒絕讓法國部隊通過，法國的提議只是為了達成盟軍自身的目標，並為達拉第挽回顏面。於是芬蘭總理率領芬蘭代表團赴莫斯科進行和平談判。與此同時，蘇聯仍舊進軍芬蘭的第二大城市，卡累利阿省的首府維堡，持續對芬蘭施加軍事壓力。這場戰爭就是你在希耶塔涅米公墓裡可以看到的「維堡，一九四〇年二月／三月」刻字墓碑。

一九四〇年三月，蘇聯提出的條件遠比芬蘭人於一九三九年十月拒絕的更為苛刻。他們如今索取整個卡累利阿省、沿芬蘭／蘇聯邊界向北延伸的其他地區，以及使用赫爾辛基附近的漢科（Hanko）港作為蘇聯的海軍基地。卡累利阿的人口相當於芬蘭人口的一〇％，全數選擇撤離，退到芬蘭的其餘地區，不想留在被蘇聯占領的家園。他們擠在其他芬蘭同胞的住宅和公寓裡，直到一九四五年，大部分人才分配到自己的房屋。在眾多擁有大量流離失所人口的歐洲國家中，芬蘭從未把這些人民安置在難民營，這一點十分獨特。十九年後，在我造訪芬蘭的期間，接待我的人猶記得當時為卡累利阿同胞尋覓住處和支援的巨大壓力。

為什麼史達林在一九四〇年三月沒有命令蘇聯軍隊繼續前進，占領整個芬蘭？理由之一是，芬蘭的激烈抵抗足以顯示進一步侵略對蘇聯而言必然進程緩慢、痛苦且代價昂貴，蘇聯眼前有更大的問題亟需解決——即重組軍隊，重新迎戰德國的襲擊。面對芬蘭微不足道的兵力，蘇聯大軍的表現不佳顯得十分難堪：每有一名芬蘭人戰死，就約有八名蘇聯士兵陪葬。和芬蘭的戰爭拖得愈久，英、法兩國干預的風險就愈高，會把蘇聯拖進和這些國家的戰爭，讓英、法趁機攻擊蘇聯在高加索地區的油田。有些作者認為，蘇聯在一九四〇年三月提出的條件更加苛刻，芬蘭早該接受史達林在一九三九年十月所提出較溫和的條款，但一九九〇年解密的俄羅斯檔案證實了芬蘭人當時的疑慮：蘇聯欲利用溫和條款所取得的領土，破壞芬蘭的防線，進而實現併吞整個芬蘭的意圖，如法炮製它在一九四〇年對波羅的海三小國的作為。芬蘭激烈的抵抗、寧死不屈的意志，以及戰局進展的緩慢、巨大的耗費，最終讓蘇聯在一九四〇年三月放棄征服全芬蘭。

✻ ✻ ✻

一九四〇年三月停戰後，蘇聯重組軍隊，併吞了波羅的海三個共和國。德國於一九四〇年四月占領了挪威和丹麥，並於一九四〇年六月擊敗了法國，因此，除了德國之外，芬蘭的所有外援都被切斷。芬蘭藉由德國提供的軍備重建了自己的軍隊。

希特勒決定在次年（一九四一年）攻擊蘇聯。德軍與芬軍兩方的參謀開始討論對蘇聯的「假設性」聯合作戰。芬蘭雖然不贊同希特勒和納粹主義，但他們認清了殘酷的現實，他們不可能保持中立，勢必得在德、蘇戰爭中選邊站：否則兩國之一，或者兩國同時都會想要占領芬蘭。芬蘭經歷過在冬季戰爭獨自和蘇聯抗戰的痛苦，他們寧可暫且與德國結盟，也不願重蹈覆轍。史提芬．查羅加（Steven Zaloga）在曼納海姆的傳記中寫道：「這是在幾個糟糕選擇中，最差強人意的一個」。蘇聯軍隊在冬季戰爭中的不佳表現，讓所有觀察家都認為德蘇之戰必然以德軍勝利畫下句點，不僅芬蘭，德、英和美國都作如是想。況且芬蘭也想奪回淪陷的卡累利阿省。一九四一年六月二十一日，德國確實向蘇聯發動攻擊。芬蘭宣稱它會保持中立，蘇聯的戰機卻在六月二十五日轟炸芬蘭的城市，讓芬蘭政府有了藉口，當晚便再度向蘇聯宣戰。

在第一役的冬季戰爭後，對蘇聯發動的第二次戰爭稱為「繼續之戰」（Continuation War）。芬蘭在此階段動員了全國六分之一的人口從軍或入伍服務：這是所有二戰參戰國的最大比例，相當於今日的美國要重新徵兵建立一支超過五千萬人的軍隊。凡是年滿十六歲至五十歲前段班的男性，加上一些住在前線附近的女性，皆直接徵召入伍。所有十五至六十四歲的芬蘭人民，不分男女，若未直接加入武裝部隊，就得在軍工廠、農業、林業或其他國防部門工作。青少年則是到田裡、鋸木廠幫忙並參與防空工作。

由於蘇聯軍隊忙著抵禦德國的攻勢，芬蘭很快就重新占領原本屬於芬蘭的卡累利阿地區，並且（較具爭議地）超過了原先的邊界，進入蘇聯在卡累利阿區的屬地。但芬蘭的戰爭目標仍然嚴格受限，芬蘭人不以納粹德國的「盟友」（ally）自居，而稱自己為「共同交戰國」（co-belligerents）。芬蘭還堅決拒絕德國的兩個要求：逮捕芬蘭的猶太人（雖然芬蘭後來還是把一小群非芬蘭籍的猶太人交給蓋世太保）；以及由北面攻擊列寧格勒，德國則由南面進攻。由於芬蘭拒絕後者，列寧格勒在德國漫長的圍困下得以倖存，這也影響了史達林後來的決定，認為沒有必要在卡累利阿之外繼續侵略芬蘭（見下文）。

儘管如此，芬蘭與納粹德國並肩作戰是事實。在不了解芬蘭狀況的局外人看來，「盟友」和「共同交戰國」並沒有多大區別。二戰期間，在美國成長的我就把芬蘭看成是與德國、義大利和日本同盟的第四個軸心國。在史達林施壓下，英國向芬蘭宣戰。但英國採取的唯一行動就是發動一次轟炸，攻擊芬蘭的圖爾庫（Turku）市，英國飛行員故意將炸彈投入海中，而非落在市區內。

過了一九四一年十二月初，芬蘭軍隊停止向前推進，蘇、芬兩國的繼續之戰在接下來近三年裡並沒有進一步行動。一方面，除了占領卡累利阿外，芬蘭沒有其他目標。另一方面，蘇聯忙著和德軍周旋，沒有多餘兵力可用來對付芬蘭。最後，在蘇聯取得足夠進展，將德軍逐出國境後，又把注意力轉移到芬蘭。一九四四年六月，蘇聯軍隊針對卡累利阿地峽發動猛烈攻勢，迅速突破曼納海姆防線，但（正如一九四一年二月）芬蘭奮力穩住了前線。隨後蘇聯的進犯次數減少，部分原因是史達林必須趕在英、美從西邊進犯柏林前，讓他的軍隊從東邊抵達柏林；部分原因則是在冬季戰爭期間俄軍已面臨過的困境：要進一步擊潰芬蘭的抵抗，以及破解在芬蘭森林中的游擊戰，將會耗費極高的成本；倘若蘇聯真的征服了芬蘭，又該拿它怎麼辦？因此，一九四四年的結果有如一九四一年的翻版，芬蘭的抵抗最終達成了我那位芬蘭友人所說的目標：他們並不是要擊退蘇聯，而是要盡可能讓蘇聯的勝利代價高昂、進展緩慢，而且過程痛苦。結果芬蘭成為二戰中唯一逃過被敵人占領的歐陸國家。

一九四四年七月，前線戰況再度穩定後，芬蘭領導人再次飛往莫斯科求和，並簽署了新條約。這回蘇聯提出的領土要求幾乎和一九四一年相同，他們收回了歸屬芬蘭的卡累利阿和芬蘭南部海岸的海軍基地。蘇聯在領土方面唯一增加的要求是，併吞芬蘭在北極海的港口和鎳礦區。此外，芬蘭不得不同意驅逐駐紮在芬蘭北部的二十萬德軍，省得蘇聯軍隊入駐芬蘭後還得代勞。這件事花了芬蘭好幾個月的時間，在這段期間裡，撤退的德軍幾乎破壞了整個拉普蘭省（Lapland）有價值的一切。我在一九五九年參訪芬蘭時，接待我的芬蘭人對於前盟友德國竟然發動攻擊，讓拉普蘭成了廢墟，至今依然痛心疾首。

在冬季之戰和繼續之戰兩場戰役中，為了對抗蘇聯和德國，芬蘭總共犧牲了大約十萬人。以當時的芬蘭人口來算，這個數字相當於今天美國在一場戰爭中犧牲了九百萬人。再者，有九萬四千名芬蘭人變成殘障，三萬名芬蘭婦女成了寡婦，五萬五千名芬蘭兒童成了孤兒，六十一萬五千名芬蘭民眾流離失所。對照今天的美國，等同於一場戰爭讓美國八百萬人殘障，兩百五十萬美國婦女守寡，五十萬名美國兒童成了孤兒，還有五千萬美國人民流離失所。更有甚者，芬蘭還進行了史上規模最大的兒童疏散行動之一，總共撤離了八萬名芬蘭兒童（主要送往瑞典），在下一代的心靈留下了長期的創傷（插圖2.7）。在孩童時期被撤離的芬蘭母親，她們所生的女兒因心理疾病去就診的比例，是她們沒被撤離的女性血親所生的女兒的兩倍。相較於芬蘭。蘇聯的傷亡人數高更多，估計約五十萬人死亡，二十五萬人受傷。這個死傷人數包括五千名被芬蘭軍隊俘擄的蘇聯士兵，停戰後雖被遣返蘇聯，卻因投降而遭蘇聯立即處死。

停戰協議要求芬蘭「與盟軍合作，逮捕被指控犯有戰爭罪行之人」。盟軍對「芬蘭戰爭罪犯」的解釋是：在芬、蘇戰爭期間的芬蘭政府領導人。要是芬蘭不起訴自己的政府領導人，就由蘇聯代勞，且會處以重刑，甚至可能獲判死刑。於是芬蘭不得不做出在其他狀況下會被視為可恥的事：通過一項追溯法案，宣布政府領導人當時在法律支持下合法實行的政策，在今日不合法。芬蘭法院宣判，戰時的芬蘭總統呂蒂（Ryti）、戰時的兩位總理蘭格（Rangell）和林科米斯（Linkomies）、戰時的外交部長、其他四位部會首長，以及駐柏林大使全都定讞入獄。這些領導人在舒適的特別監獄服完刑期後，大部分都被選派或任命擔任高階公職。

和平協議要求芬蘭支付蘇聯巨額賠款：在六年內支付三億美元。即使後來蘇聯將期限寬限至八年，並把賠款金額減少到二億二千六百萬美元，對尚未工業化的小國芬蘭依然是龐大的經濟負擔。矛盾的是，正是因為要償付這些賠款，迫使芬蘭發展重工業，像是造船和出口產業，反而刺激了經濟。（這筆賠償金果真印證了中文「危機」一詞的意義，由「危」和「機」兩字組成，「危」的意思是「危險」，「機」則代表了「機會」。）工業化促使戰後芬蘭的經濟成長，使芬蘭成為現代工業國（如今更是高科技國家），而不再（如以往那般）是一個貧窮的農業國家。

除了支付這些賠償金之外，芬蘭還必須接受與蘇聯大規模通商，占芬蘭貿易總額的二〇%。從蘇聯進口石油到芬蘭，結果證明這對芬蘭是很大的優勢，因為它不像其他西方國家那樣依賴中東的石油供應。可是，貿易協定也迫使芬蘭不得不進口劣質的蘇聯商品，例如火車頭、核電廠和汽車，這些如果從西方國家購買會更價廉物美。芬蘭人以黑色幽默來化解他們的挫敗感，就像我先前提到的骨董級義大利大炮一樣。又好比一九五九年我造訪芬蘭時，許多芬蘭人都擁有問題叢生的「莫斯科人」（Moskvich）廠牌蘇聯汽車。當時許多歐美車款都有天窗：天氣好時，只要滑動鑲板就可以打開車頂，讓陽光灑進來。一則流傳甚廣的芬蘭笑話說，莫斯科人的新款車型不僅有天窗（sun roof），還有天地板（sun floor）：只是另一塊鑲板位於汽車底盤。問題是：為什麼需要天地板，它又不能讓陽光照進來？答案是：莫斯科人常常故障，一旦故障時，你就可以把腳放到地面上，推動車子前進！

❈ ❈ ❈

芬蘭人把一九四五至四八年稱為「危險年代」。現在回頭看，芬蘭倖存下來了，不過當時並無法確定會有幸福的結果。那時所面臨最迫切的危險，當屬蘇聯扶持的芬蘭國內共產主義在進行顛覆，致使芬蘭被共黨接管。矛盾的是，儘管芬蘭是為了對抗共產主義蘇聯而戰的民主國家，在一九四五年三月芬蘭議會自由選舉中，芬蘭共黨及其盟黨卻贏得了四分之一的席位，他們還進一步試圖接管警察機關。彼時蘇聯已占領東德，正在策畫讓共黨接管四個東歐國家（波蘭、匈牙利、保加利亞和羅馬尼亞），在捷克策動政變成功，資助希臘打了一場失敗的游擊戰。芬蘭會成為下一個目標嗎？尚未工業化的芬蘭經濟仍以農業為主，允諾蘇聯的賠償金成為沉重的負擔。戰爭摧毀了芬蘭的基礎設施：農田荒廢，製造設備失修，三分之二的芬蘭運輸船隊被摧毀，卡車也老舊不堪，零件缺乏，以木材而非汽油為燃料。成千上萬流離失所的卡累利阿人、殘障人士和孤兒寡婦都需要其他健全的芬蘭同胞在居住、金錢和情感上的支援。數以百萬計被遣往瑞典的芬蘭兒童重返故鄉，他們在流亡期間遭受精神創傷，忘了母語，也幾乎不記得父母。

在那段危險年代裡，芬蘭制定了一項新的戰後政策以避免遭蘇聯接管。這項政策稱為巴錫基維－凱科寧路線（Paasikivi-Kekkonen Line），是以兩位擬定並嚴格執行這項政策三十五年的代表人物的名字命名：芬蘭總統朱赫・巴錫基維（Juho Paasikivi，一九四六－五六）和烏何・凱科寧（Urho Kekkonen，一九五六－八一）。巴錫基維－凱科寧路線逆轉了芬蘭自一九三〇年忽視俄羅斯的災難性政策。兩位總統從這些錯誤中學到了教訓。在他們看來，現實中最大的痛苦是芬蘭只是一個羸弱小國；它不可能得到西方盟友的幫助；它必須掌握並時時記掛蘇聯的態度；它必須經常與由上至下的各級俄國政府官員對話，也必須向蘇聯證明芬蘭能夠信守承諾並履行協議，以便贏得並維持蘇聯的信任。想要做到這一點，就必須犧牲一些經濟上的獨立和言論自由，而這些是沒有外侮威脅的民主強權國家認為不可被剝奪的國家權利。

巴錫基維和凱科寧相當了解蘇聯及其人民——巴錫基維曾負責一九三九年十月和一九四〇年三月，以及一九四四年九月與蘇聯的談判，也曾擔任駐莫斯科大使，他認為史達林處理蘇聯與芬蘭關係的動機並非意識型態，而是戰略和地緣政治：即蘇聯為了捍衛其第二大城（列寧格勒／聖彼得堡），防止發生如過去那般由芬蘭或經過芬蘭灣發動攻擊的軍事顧慮。如果讓蘇聯在這方面有安全感，芬蘭的安全就能獲得保障；但只要蘇聯覺得不安心，芬蘭就永遠不會安全。廣泛來說，世界上任何地方的衝突，都可能使蘇聯感到不安，既然它對芬蘭提出要求，芬蘭就必須在維持世界和平上盡一己之力。巴錫基維和凱科寧先後與史達林、赫魯雪夫和布里茲涅夫等蘇聯領袖建立了很牢靠的信任關係，曾有人問史達林為什麼不像在其他東歐國家一樣，操縱共黨在芬蘭奪權，他答道：「有了巴錫基維，為什麼還需要芬蘭共產黨？」

下文是凱科寧總統在自傳中對自己和巴錫基維政策的說明：「芬蘭外交政策的基本任務，是讓我國的存在與支配芬蘭地緣政治者的利益一致……（芬蘭的外交政策）是預防性外交。這種外交的任務是在即將到來的危險接近前，預先感知，並且採取避免危險的措施——最好以愈少人注意愈好的方式完成……尤其對一個毫不妄想自己的立場能改變大局的小國，能夠及時形成正確概念，了解未來軍事和政治發展會受哪些因素影響，攸關緊要……一個國家應該只依賴自己。在這方面，戰爭歲月已帶給我們昂貴的教訓……經驗也告訴我們，小國不允許在外交政策中參雜情感——不論是同情或反感。現實的外交政策要奠基於對國際政治基本因素的認知，亦即國家利益和各國之間的權力關係。」

芬蘭堅持巴錫基維—凱科寧路線的具體成果，在於過去七十年來蘇聯（及現今的俄羅斯）對芬蘭的作為，以及它沒有採取的行動。蘇聯沒有入侵芬蘭，也沒有在芬蘭共黨（該黨已於一九九二年解散）還存在時策動奪權。蘇聯也確實減少了芬蘭虧欠的戰爭賠償金額，延長了賠償年限，芬蘭也已償清賠款。蘇聯在一九五五年撤離了海軍基地，並撤回了距離赫爾辛基僅十哩、在芬蘭海岸波卡拉（Porkkala）的炮兵部隊。蘇聯確實容許芬蘭增加與西方國家的貿易、減少與蘇聯的貿易、芬蘭開始與歐洲經濟共同體（EEC）聯繫並加入歐洲自由貿易聯盟（EFTA）。蘇聯擁有做或不做，甚至禁止上述大部分事項的絕對權力。要是蘇聯不信任芬蘭和它的領導人，感到不安全，上述事項便永遠不會發生。

＊＊＊

芬蘭在發展與西方的外交關係和維持蘇聯的信任之間，始終宛如走在鋼索上力求平衡。為了在一九四四年「繼續之戰」結束後立即建立信任關係，芬蘭按時履行了它與蘇聯的停戰協議，以及其後和平條約的所有條件，亦即把德軍趕出芬蘭；對芬蘭的戰時領導人進行戰爭罪審判；讓芬蘭共產黨合法化並納入政府中，同時又要防止它接管芬蘭；並準時向蘇聯支付戰爭賠款，即使這需要芬蘭人民捐出私人的珠寶和黃金婚戒。

在擴大參與西方國家聯盟之時，芬蘭也努力降低蘇聯長久以來認為芬蘭會在經濟上融入西方國家的疑慮。譬如，儘管美國提供芬蘭迫切需要的馬歇爾計畫，芬蘭還是謹慎地拒絕了援助。即便芬蘭加入西歐的EEC和EFTA，或與它們達成協議，但同時也與東歐共產國家達成協議，保證對蘇聯提供最惠國待遇，並承諾蘇聯享有與芬蘭的歐洲經濟共同體貿易夥伴相同的特權。

西方國家雖成為芬蘭的主要貿易夥伴，但同時，芬蘭也成為蘇聯聯盟第二大的西方貿易夥伴（僅次於西德）。駛經芬蘭的海運貨櫃是蘇聯進口西方商品的主要路線。芬蘭出口到蘇聯的商品包括船隻、破冰船、消費品和建造整棟醫院、旅館和工業城的建材。對於蘇聯而言，芬蘭是西方技術的主要來源，也是它通往西方國家的主要窗口。結果就是蘇聯不再有任何接管芬蘭的動機，因為芬蘭保持獨立，和西方國家結為盟友，對蘇聯的價值比它被征服或淪為共產主義附庸還高。

由於蘇聯領導人信任巴錫基維和凱科寧兩位總統，因此芬蘭決定不像一般民主國家那樣更換總統，讓他們兩人執政長達三十五年。巴錫基維擔任十年總統，直到他八十六歲去世前為止，而繼任者凱科寧也擔任二十五年總統，直到健康情況不佳，迫使他在八十一歲時辭職為止。一九七三年，在芬蘭與歐洲經濟共同體進行協商時，凱科寧去拜訪布里茲涅夫，親自保證芬蘭和ＥＥＣ的關係絕不會影響芬蘭和蘇聯的關係，化解對方的憂慮。隨後芬蘭議會緊急立法，推遲原訂一九七四年舉行的總統選舉，使凱科寧的任期再延長四年，讓他能夠實現對布里茲涅夫的承諾。

芬蘭政府和媒體都避免批評蘇聯，並且實施一般民主國家罕見的自我審查。比如當其他國家譴責蘇聯侵略匈牙利和捷克、對阿富汗發動戰爭之時，芬蘭政府和媒體雙雙保持沉默。芬蘭的一家出版社因為擔心冒犯蘇聯，還因此取消索忍尼辛小說《古拉格群島》的出版計畫。一九七一年一家芬蘭報紙（如實）報導蘇聯在一九三九年占領了波羅的海三小國，這篇報導冒犯了蘇聯，蘇聯的報紙譴責這種說法是資產階級挑撥芬蘭和鄰國蘇聯之間的和睦關係，蘇聯外交部長也警告芬蘭，希望芬蘭政府未來能防範此類事件。芬蘭政府唯命是從，隨即呼籲芬蘭媒體要負起更多「責任」，自我審查這種可能會冒犯蘇聯的言論。

芬蘭這種走鋼索的行為，有助於結合獨立於蘇聯之外和經濟成長。在這方面，身為小國的芬蘭也得面對現實：如今六百萬的芬蘭人口，永遠不可能發展出擁有九千萬人口的德國或三億三千萬人口的美國那樣的經濟優勢。在經濟領域上，只仰仗低生活水平，以及在歐洲和北美外依舊普遍存在的低工資，芬蘭永遠不可能成功。按照世界標準來看，芬蘭的工人數永遠都算少，而他們總會期望很高的工資。因此芬蘭必須充分利用現有的勞動力，並發展可賺取高額利潤的工業。

為了有效運用所有人口，芬蘭學校系統的目標是把每個人都教育得很好，不同於美國的學校系統只教好了一些人，但卻有更多人沒教好。芬蘭擁有一視同仁的高品質公立學校，私立學校很少。教富裕的美國人驚訝的是，即使是那些少數的芬蘭私立學校，也能獲得和公立學校一樣的政府資金，不得藉收學費、其他費用，或籌募捐贈增加資金。美國教師的社會地位低下，通常是在校時期表現較差的大學生擔任，而芬蘭教師則來自最聰明的高中生和大學生，且經歷非常激烈的競爭選拔，享有很高的地位（甚至超過大學教師），收入很高，全都擁有高等學位，並且在教學方面享有很大的自主權。因此，芬蘭學生的讀寫能力、數學能力和解題能力在世界各國都名列前茅。芬蘭女性的貢獻和男性一樣多：它是全球第二個（僅次於紐西蘭）讓投票權擴及婦女的國家。在我多次造訪的其中一次，當時的總統正好就是女性。在芬蘭連警察也很傑出，再次教美國人吃驚的是，芬蘭警察必須擁有大學學士學位，受九六％的芬蘭人民信任，而且幾乎從不使用他們的槍枝。去年，芬蘭警方執勤時總共只開了六槍，其中五槍是示警：這比我居住的洛杉磯一週的平均開槍次數還少。

強烈關注教育的結果是培養出生產力極高的勞動力。芬蘭工程師占全國人口的比例舉世最高，在科技領域上堪稱全球領導者。出口業占了近半的國內生產毛額（GDP），況且現今芬蘭的主要出口都是高技術——重型機械和製成品，不再是二戰前的木材和其他傳統的林木產品。芬蘭在開發產自森林的高技術產品，如發電、肥料、紡織纖維等，已成為世界領袖，取代了羊毛和銅業，甚至吉他。芬蘭的私人和政府在聯合研發上的投資，相當於其GDP的三．五％，幾乎是其他歐盟國家的兩倍，（加上花在教育上GDP的百分比）接近世界最高。這種傑出的教育體制和在研發上的巨額投資，使芬蘭在半個世紀內，由貧窮國家搖身一變成為全球最富有的國家之一，如今芬蘭的個人平均所得，跟法、德、英這些長久以來一直都很富裕、人口十倍於它的國家並駕齊驅。

＊　＊　＊

一九五九年我造訪芬蘭時，對芬蘭與蘇聯兩次戰爭的歷史幾乎一無所知，我問接待我的芬蘭人，為什麼芬蘭在許多方面都對蘇聯委曲求全，進口劣質的「莫斯科人」汽車、如此擔心蘇聯發動戰爭。我對他說，萬一蘇聯展開攻擊，美國一定會保衛芬蘭。如今回想起來，再沒有比這對芬蘭人更殘忍、更無知且無禮的話了。芬蘭有著痛苦的回憶，當它在一九三九年遭受蘇聯攻擊，並沒有獲得美國、瑞典、德、英或法國的幫助。芬蘭從自己的歷史中學到教訓，生存和獨立要靠自己。唯有蘇聯感到安心，同時信任芬蘭，芬蘭的處境才會安全。

我的無知態度曾與許多非芬蘭人一樣，我們沒有深入了解，卻取而代之用貶義的詞彙「芬蘭化」（Finlandization）為芬蘭的政策貼上標籤。至於「芬蘭化」一詞的定義，一九七九年《紐約時報》有篇文章做此闡述：「一種可悲的狀態。弱小鄰國畏於超級強權的武力和政治上的無情蔑視，而對自身主權自由做出無恥和令人難堪的讓步。」那些公開譴責芬蘭化的人認為芬蘭的政策卑怯懦弱。

芬蘭的許多行徑確實讓西歐和美國的觀察家感到驚駭。在美國或德國，永遠不會發生推遲總統大選的情況。總統候選人撤回候選資格，出版商取消書籍上市，甚至媒體的自我審查，全都只是為了避免觸怒蘇聯。如此的行徑著實侵犯了民主國家的行動自由權。

但只要觸及其他國家的敏感地帶，對每一個國家來說都可能衍生問題。我們再次引用凱科寧總統的話：「國家的獨立通常不是絕對的……沒有任何一個國家不屈從於歷史的必然性。」為什麼芬蘭必須比美國或德國更屈從於歷史的必然性，原因很明顯：芬蘭國家小，又與俄羅斯接壤，而美國、德國則沒有。譴責「芬蘭化」的評論家認為芬蘭應該用什麼作法來取代原本的作法？——不顧蘇聯的反應，冒著讓蘇聯再度入侵的風險？

非芬蘭評論家之所以反對芬蘭化，部分原因出於他們內心擔憂蘇聯共產主義可能會誆騙自己的國家，進而讓它們屈服於蘇聯。但其他西歐國家和美國生存在截然不同的地緣政治環境中，不必面對芬蘭的地緣政治問題。凱科寧為芬蘭政策提出的辯護是：「芬蘭化不是用來外銷的」，一語中的。

其實芬蘭對蘇聯的外交政策必然是盤根錯節，極其複雜。最後的結果是，二戰結束後的七十年裡，芬蘭並沒有成為蘇聯或（現在）俄羅斯的附庸；反而穩定地培養與西方各國的關係，同時和俄羅斯保持良好的聯繫。芬蘭人知道世事多變，所以男子依舊得服兵役，而女性則可自願入伍，訓練嚴格，為期一年，因為芬蘭期望它的士兵必須真的能夠戰鬥。一年的培訓之後，每個人每隔幾年都需服預備役，直至年齡屆滿三十到三十五歲以上。芬蘭的後備軍人占人口的一五％——相當於美國維持在五千萬人的後備軍力。

※　※　※

現在，讓我們根據芬蘭近幾年的歷史，評估我們所假設和化解國家危機相關的因素

（表1.2），並與個人危機相關的因素做類比（表1.1）。在這些因素中，有七個有利於芬蘭解決問題，一個因素最初造成妨礙、隨後又有利於芬蘭解決問題，而欠缺其中三個因素則不利於芬蘭化解危局。芬蘭的基本問題就是來自強鄰的威脅。

與芬蘭解決國家危機相關的七個明顯因素是承擔責任（因素＃2）、建立圍籬（因素＃3）、強烈的國家認同（因素＃6）、誠實的國家自我評價（因素＃7）、面對國家的失敗（因素＃9）、靈活的彈性（因素＃10）和國家核心價值（因素＃11）。首先，在本書討論的國家中，芬蘭是承擔責任、誠實且實際自我評估的典範。它對自己國家的重新審視尤其痛苦，因為蘇聯軍隊已經殘殺一大部分的芬蘭人口，使得芬蘭人民喪偶，失去父母，或無家可歸。芬蘭人必須避免因自憐和怨恨，導致與蘇聯的關係落入癱瘓的陷阱。此外，他們最終認清現實：芬蘭很小；與蘇聯有很長的接壤邊界；不能指望盟友支援；它的生存責任完全仰賴自己；它的堅強足以短期抵禦蘇聯，使蘇聯入侵速度緩慢，付出昂貴和痛苦的代價，卻無法永久對抗蘇聯。芬蘭人從他們戰前外交政策的錯誤中汲取教訓，最終面對事實：保持政治獨立的唯一方法，就是贏得蘇聯信任，並且犧牲一點經濟獨立和言論自由。

芬蘭示範了如何選擇性改變和建立圍籬（因素＃3）。一九四四年九月過後，芬蘭最後回應蘇聯的攻擊時，改變了長期以來忽視蘇聯、不與蘇聯打交道的政策，採取了新作法，在經濟上參與、在政治上也經常和蘇聯進行討論。然而，這些改變都是具有高度選擇性，因為芬蘭並未被蘇聯占領，在政治上仍然自主，在社會上也保有自由和民主。兩種看似截然不同的身分共存，一個改變了，另一個卻維持不變，教許多外國人困惑而不滿，他們創造了蔑視的詞語「芬蘭化」，暗示芬蘭可以且應該採取不同的作法。

芬蘭表現出非常強烈的國家認同（因素＃6）——遠遠超乎對芬蘭不熟悉的人對這樣一個典型北歐小國的預期。芬蘭的國家認同和信仰獨特性，主要形塑於它美麗、獨一無二且困難的語言，鮮少有外人嘗試學習；既源自與該語言相關的口傳史詩《卡勒瓦拉》；也源自芬蘭在俄國沙皇統治下長達一世紀的自治歷史，當時芬蘭已經擁有自己的政府、貨幣和議會。全世界對芬蘭音樂家、運動員、建築師和設計師的認可，更進一步促進了芬蘭的國家認同。芬蘭在冬季之戰中的軍事成就也對此有更進一步的貢獻。芬蘭人對二次世界大戰自豪的程度，遠高於其他各國的人民，僅次於英國。二〇一七年芬蘭慶祝立國百年，對他們二次大戰的表現如同對一九一七年獨立的成就一樣重視：好比美國慶祝七月四日國慶，卻把重心放在二次大戰的勝利，而非一七七六年的獨立宣言一樣。

芬蘭願意承認最初的失敗，並堅持嘗試化解危機的各種方案，直至找到有效的解決方案為止（因素＃9）。蘇聯在一九三九年十月向芬蘭提出要求時，芬蘭並沒有用它最後採用的經濟和政治參與作為回應。即使當初芬蘭提出這樣的建議，史達林也可能拒絕接受；唯有芬蘭在冬季之戰中猛烈抵抗，才能說服史達林讓芬蘭保持獨立。另一方面，自一九四四年起，芬蘭認清戰前忽視蘇聯的政策錯誤，戰時尋求軍事解決方案的不智，它經歷了漫長的過程和幾乎不間斷的實驗期，才發現自己可以保住多大程度的經濟和政治獨立性，以及必須採取什麼樣的措施，以滿足蘇聯。

芬蘭的例子示範了必要的彈性（因素#10）。為了回應蘇聯的恐懼和敏感，芬蘭做出任何其他民主國家都難以想像的事：根據追溯法，審判並監禁國家戰時的領導人；議會通過緊急法令，推遲預定的總統選舉；原本聲勢領先的總統候選人被勸服撤回他的候選資格；新聞媒體也自我審查可能會冒犯蘇聯的言論。其他民主國家認為這些行為很可恥，但是在芬蘭，這些作為反映出的是靈活的彈性：犧牲神聖的民主原則到足以保住政治獨立的地步，這個原則至高無上。我們再次引用查羅加在曼納海姆的傳記中所言：「這是在幾個糟糕的選擇中，最差強人意的一個。」在抉擇方面，芬蘭人表現出色。

芬蘭的歷史說明了芬蘭人民對不容質疑的核心價值（因素#11）所抱持的信念：獨立，不被另一個強權占據。芬蘭人準備為這個核心價值奮鬥，即便冒著大批人口死亡的風險。對芬蘭人而言，他們幸運地倖存下來，保住了獨立。這種痛苦的困境沒有放諸四海皆準的解答。一九三九年的波蘭，一九四一年的南斯拉夫，和一九五六年的匈牙利同樣分別拒絕了德國、德國和蘇聯的共同要求，並為獨立而戰，但它們沒有芬蘭那麼幸運：三個國家全都淪陷，被占領或依舊被占領，並慘遭殘酷鎮壓。相反地，一九三八年的捷克，一九三九年的愛沙尼亞、拉脫維亞和立陶宛，以及一九四五年八月的日本，分別接受德國、蘇聯和美國的最後通牒，因為他們判斷自己的軍事局勢已無望。回顧起來，捷克和愛沙尼亞的情勢可能還不到絕望：只是時至今日，我們永遠不會知道答案了。

起初妨礙但後來有利芬蘭解決危機的因素是，全國一開始對於危機缺乏共識，之後才達成共識（因素＃1）。在整個一九三〇年代，芬蘭一直忽略蘇聯步步進逼的危機，接著在一九三九年又錯估史達林的要求，認為是虛張聲勢。一九四四年起，全芬蘭終於有了共識，制訂出巴錫基維—凱科寧路線，芬蘭政府必須經常與蘇聯領導人一起學習從蘇聯的角度看待問題。

有利於化解危局，但芬蘭卻明顯缺乏、不得不用其他方式彌補的三個因素分別是：盟友的支持（因素＃4），可借鑑的典範（因素＃5），免於地緣政治限制（因素＃12）。本書討論的國家中，沒有一國得到的盟國支持比芬蘭少：芬蘭所有的傳統盟友和潛在的未來盟友，在冬季之戰期間皆拒絕提供芬蘭冀求的實質幫助。（瑞典確實提供了小規模的非政府援助，接納芬蘭難民兒童，而德國則在繼續之戰期間提供必要的軍事和經濟支援。）芬蘭看不到任何一個弱國成功抵抗蘇聯或納粹，缺少可以作為參考的借鏡：幾乎其他歐洲國家不是同意了要求，失去了獨立（如波羅的海的三個共和國）；或是抵抗後卻遭暴力征服（如波蘭和南斯拉夫）；又或憑藉一己（遠超過芬蘭）的軍事力量，成功抵擋（僅有英國）；或是做出比蘇聯要求芬蘭溫和得多的讓步（如瑞士和瑞典順應納粹德國的要求），而保持獨立。相反地，也沒有其他國家可以拿芬蘭對蘇聯的走鋼索外交行徑來作為榜樣（「芬蘭化不是用來外銷的」）。由於芬蘭與強鄰蘇聯之間有很長的邊界接壤，其選擇自由受到地緣政治的嚴格限制；唯有二戰後德國受強國局限行動自由的狀況能與其相提並論。

在僅針對國家危機而非個人危機的問題中，有兩項在芬蘭的案例裡值得討論：領導人的角色，以及衝突後的和解。二戰期間和之後，芬蘭的確因老練的軍事和政治領導而受益。軍事領袖曼納海姆將軍是分配稀少資源的大師，能適當判斷蘇聯威脅在不同戰線上的相對危險，並在極其痛苦的局面下保持冷靜，清晰地思考，還得讓部隊和軍官保有信心。當時的芬蘭總理、後來的總統巴錫基維和繼任者凱科寧兩人的俄語都非常流利，且在與史達林談判時雖處於弱勢，卻能以圓融的技巧贏得並持續保有偏執狂史達林的信任，更進一步說服史達林：芬蘭保持獨立對蘇聯有利。（想像一下，如果是**你**處於巴錫基維在一九四四年九月的處境，必須飛往莫斯科與史達林會面，進行和平談判以結束「繼續之戰」。他先前已於一九四〇年三月飛抵莫斯科進行和平談判，結束「冬季之戰」，但芬蘭在一九四一年夏天毀約，加入德國陣營，再度占領卡累利阿。那麼，到了一九四四年，你該怎麼對史達林解釋？「相信我，這回你可以相信我」？）不過，我們也不應該誇大曼納海姆、巴錫基維和凱科寧作為領袖的影響，因為他們的目標和策略跟芬蘭其他的高階領導人和將軍是相仿的，唯獨他們的手腕非常傑出。

國家危機特有的另一個問題，是在殘酷的內部衝突或內戰後的和解。芬蘭在一九一八年內戰後的和解，比智利在皮諾契特軍事獨裁（第四章）後的和解更加快速完整，而印尼在一九六五年軍方發動種族滅絕大屠殺（第五章）後，並沒有什麼作為來達成和解。部分的解釋是，軍方依舊保有強大勢力，仍威脅著它以前的勁敵。一九六五年後，印尼軍方繼續執政；智利軍方在皮諾契特總統下台後，也同樣引人矚目，頗具威脅。然而在芬蘭內戰後，軍隊的力量不再那麼明顯。另一部分的解釋是，所有芬蘭人都有一種自我獨特感：芬蘭內戰的贏家和輸家都具有相同的平等主義傳統，使用舉世獨一無二的芬蘭語，背誦《卡勒瓦拉》，是西貝流士和「芬蘭飛人」努爾米的同胞。

我們要列舉兩個因外來衝擊而驟然出現危機的國家，芬蘭是第一個。下一章要談的是明治時期的日本。我們將討論另一個擁有強烈國家認同和獨特語言的國家，在文化上比芬蘭更具特色，有更激烈的選擇性改變，也有如芬蘭般顯著的現實主義，但是在地緣政治局勢上卻有顯著的不同，使日本能夠比芬蘭更加獨立地貫徹長期策略。

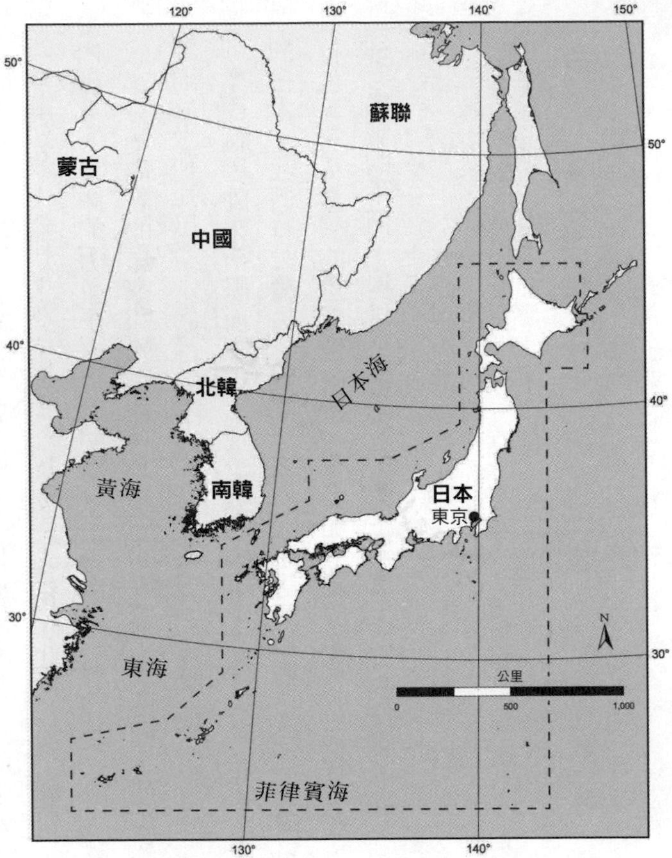
120°
130°
140°
150°
50°
40°
30°
蘇聯
蒙古
中國
北韓
南韓
日本海
黃海
日本
東京
東海
菲律賓海
公里
0
500
1,000
N

〈圖3〉日本地圖

# 第三章 現代日本的起源

我和日本的關係——一八五三年之前的日本——培里——一八五三至六八年——明治時代——明治改革——「西化」——海外擴張——危機框架——問題

和本書討論的其他國家不同的是，對於日本，我既不會說這種語言，也沒有長期在日本生活過，並且於二十年前才首次造訪。然而，我有很多機會以第二手的方式了解日本的選擇性變化，以及歐洲與日本傳統特色的混合。在波士頓土生土長的我，搬到加州後發現自己來到一處有更大量亞裔人口的地區，其中許多是日本人或日裔。亞洲人如今占我任教大學（洛杉磯加大）學生比例的最多數，遠遠超過歐裔學生。我有很多日本朋友和同事，包括一位傑出的日裔研究助理，他們在歐洲住過很長一段時間，因此對歐美都相當了解，他們有些也異族通婚。另一方面，我也有很多對日本非常熟悉的美國朋友和同事，他們在日本生活過很長的時間，也不乏異國聯姻的案例。我妻子的兩支旁系家族也有日本血統，因此我也有日本表親和侄女。

我經常聽到在日本和美國／歐洲各地都有長期生活經驗的日本人、美國人和歐洲人談起日本和歐美之間的差異。我所有的日本親戚、學生、朋友和同事都談過日本和美國／歐洲社會間並存的巨大相似和相異。他們列出的差異包括（非按照重要性排列）：道歉（或不道歉）、學習閱讀和寫作的困難、任勞任怨、與客戶社交應酬、極端的禮貌、對外國人的感受、公開的重男輕女行為、病人和醫生間的溝通、引以為傲的漂亮書法、壓縮的個人主義、與公婆和岳父母的關係、特立獨行、女性地位、直言不諱自己的感受、無私、表達異議的方式，還有不勝枚舉的其他特色。

所有上述差異都是傳統日本的遺產，在現代日本與西方影響下並存。這種混合始於一八五三年七月八日爆發的危機，並隨著一八六八年明治維新（下文詳述）而加速，日本從那時起，開始實施超過半個世紀的選擇性改變計畫。明治時代的日本（以下簡稱明治日本）可說是當今世界上選擇性國家變革的傑出實例，而且是以其他國家作為典範。與上一章討論的芬蘭危機一樣，日本的危機始於突然出現的外來威脅（但並未真正發動攻擊）。如同芬蘭，日本也進行十分誠實的自我評價，並耐心嘗試不同的解決方案，直到找到有效的方案。與芬蘭不同的是，日本採取了更全面的選擇性改變，比芬蘭享有更大的行動自由。因此以明治日本對比芬蘭做討論，是絕佳的個案研究。

＊　＊　＊

在生活水準、工業化和科技方面，日本是第一個能與現代歐洲社會和海外新歐洲社會（美國、加拿大、澳洲和紐西蘭）齊頭並進的非歐洲國家。當今的日本不僅在經濟和科技上與歐洲及新歐洲相去不遠，而且在許多政治和社會方面也相類似，例如議會民主制、國民識字率高、穿著西方服飾，以及在日本傳統音樂之外，也引進西方音樂。但在其他方面（尤其是社會和文化），日本與所有歐洲社會之間的差異，依舊比歐洲社會彼此之間的差異更大，這不足為奇。日本社會中存有這些非歐洲元素完全是意料中的事，因為日本距離西歐八千哩遠，而且受相鄰的亞洲大陸國家（尤其是中、韓兩國）的影響甚鉅，它們和日本有悠久的歷史淵源。

公元一五四二年以前，歐洲的影響力並未擴及日本。自一五四二到一六三九年，由於歐洲國家對外擴張（但受制於遠距離），一度開始受到影響，但隨後影響力又削弱了一段時間，直到一八五三年，當時的日本社會開始與歐洲同步，接收同時期的多數觀點。但它們並沒有取代傳統日本的一切，許多仍然保留了下來。也就是說，日本就像椰林夜總會火災後的倖存者，也像二戰後的英國一樣，是舊自我和新自我的混合體——這一點比書中討論的其他六個社會更加明顯。

明治維新之前，日本的實際統治者是稱為幕府將軍的世襲軍事獨裁者，天皇則是沒有實權的傀儡。日本長期以來因島嶼地理位置影響，與世隔絕，一六三九至一八五三年間，幕府將軍限制日本人民與外國人接觸，延續了日本漫長的鎖國時期。當我們瀏覽世界地圖，將日本與不列顛群島的地理位置互相比較時，首先，會為那段歷史感到驚訝。

表面上看來，兩座群島分別位於歐亞大陸東、西兩岸的海上，地理形勢似乎相去不遠（看地圖就可一目了然）。日本和英國在區域關係上大致相似，都位於歐亞大陸附近，我們自然會預期兩者與這塊大陸有類似的牽連史。事實上，公元後，英國四次遭歐亞大陸的民族入侵，日本卻從來未遭受這塊大陸的侵略。另一方面，自公元一〇六六年諾曼第人征服英格蘭以來，每世紀英國都派軍隊至歐亞大陸上作戰；然而直至十九世紀末，除了兩段短暫的時期外，日本卻未曾派軍前往這塊大陸。早在三千多年前的青銅時代，英國與歐陸之間就有頻繁的貿易往來；康沃爾郡的英國礦藏是製造歐洲青銅的錫原料主要來源。一、兩個世紀以前，英國是世界上的貿易大國，而日本的海外貿易仍然很稀少。為什麼在地理上如此相似的兩個區域會有如此巨大差異？

要解釋這種矛盾，和地理上的重要細節有關。雖然乍看之下，日本和英國在面積和位置孤立的地理型態上很相似，但日本與歐亞大陸的距離是英國與其距離的五倍（一一〇對二二哩），面積大了五〇％，而且土地更肥沃。因此，現今日本的人口比英國多了一倍多，農作物、木材以及近海漁業的產量更高。在現代工業需要進口石油和金屬之前，日本在基礎資源上可以說是自給自足，幾乎不需要對外貿易——與英國迥異。這是日本歷史大部分時期都保持孤立的地理背景，而這種情況在一六三九年之後更是有增無減。

歐洲人最早是在公元一五一四年和四二年分別經由海路到達中國和日本，當時日本已經與中、韓有了一些貿易往來，接著他們開始與四個族群的歐洲人交易：葡萄牙、西班牙、荷蘭和英國人。但這並不構成日本和歐洲的直接貿易，而是在中國沿海和東南亞其他歐洲人的定居地區進行貿易。與歐洲人的接觸影響了日本社會從武器到宗教的各領域。一五四二年第一批到達日本的葡萄牙冒險家用他們的原始槍枝獵鴨，令日本的觀察家印象深刻，促使他們熱衷於開發自己的槍械，到了一六〇〇年，日本擁有的槍械比世界上任何其他國家都多都好。第一批基督教傳教士於一五四九年抵達日本，到了一六〇〇年，日本已有三十萬基督徒。

然而，幕府將軍對歐洲在各方面影響力的憂慮情有可原，尤其是基督教，歐洲人被指控干預日本內政，並提供武器給叛軍對抗日本政府。天主教士鼓吹不可容忍異教不服從日本政府的傳教禁令，更甚的是效忠於外國領袖（教皇）。因此幕府將軍在迫害成千上萬的日本基督徒後，於一六三六至三九年間切斷了日本與歐洲之間的聯繫。基督教遭禁，大部分的日本人民被禁止旅行、也不得居住在海外。漂流在海上被歐美船隻救起並送返日本的日本漁民，常常會遭軟禁，或禁止他們談論在海外的經歷。禁止外國人造訪日本，僅允許中國商人有限制地在長崎港一區從事商業活動，荷蘭商人則受限居留在長崎港的出島。（這些荷蘭人是新教徒，日本視他們為非基督徒。）這些荷蘭商人奉令每四年一次赴日本首都進貢，就如同把危險的微生物保存在密封容器內一樣，在嚴密的監控下按規定路線行進。有些日本地區確實能與韓國、中國、以及在日本以南數百哩的琉球群島（包括沖繩）繼續進行貿易。後來陸續有一些韓國商人赴日貿易，皆以前來日本「進貢」作為身分偽裝。只不過這些接觸的規模都很有限。

荷蘭和日本之間的小額貿易在經濟上微不足道，它對日本的意義在於荷蘭貿易商成了獲得歐洲資訊的重要來源，因此當時日本私塾的課程也包括所謂的「荷蘭學」（Dutch studies），教授經由荷蘭傳入日本的實用與技術課程，尤其是西方醫藥、天文學、地圖、測量學、槍彈和爆裂物。隸屬日本政府的天文局就是專門將荷蘭相關書籍翻譯為日文的機構。關於外界（包括歐洲）的訊息也會經由中國、中文書籍和翻譯成中文的歐洲書籍傳到日本。

簡言之，在一八五三年前，日本與外國人的接觸有限，並且受到日本政府的管制。

一八五三年的日本與今天的日本截然不同，甚至也與一九〇〇年的日本在很多重要方面都不同。一八五三年的日本有點像中世紀的歐洲，仍是封建階級社會，劃分為多個地域，每個大地域都由稱為「大名」的領主所控制，他的權力比中世紀歐洲領主的權力還大。權力最高層是幕府將軍（插圖3.1），自一六〇三年以來便一直統治日本的是德川幕府，他們統治日本四分之一的田地。大名不論結婚、搬遷、興建或整修城堡，都必須取得幕府的允許。幕府還定下「參覲交代制」，規定大名每隔一年在江戶和領地輪流居住，回領地時妻子須留在江戶作為人質，旅途經費和在江戶生活的龐大開銷都由大名自己支付。除了幕府將軍和大名之間的緊張關係外，德川幕府時期的日本也出現了其他問題：幕府將軍的收支差距愈來愈大、叛亂日益頻繁、都市化，以及商人階級崛起。但德川幕府將軍一一應付，持續掌權二百五十年，並沒有馬上被顛覆的風險。教人震驚的是，造成他們被推翻的原因竟是西方國家的到來。

西方對日本施壓的背景，源自西方對於中國的壓力，中國商品受西方人青睞的程度遠遠超過日本，歐洲消費者特別喜愛中國的茶葉和絲綢，但中國並不需要西方生產的物品，因此歐洲人不得不把銀子運往中國，彌補貿易赤字。為了減少白銀庫存的流失，英國貿易商想到一個聰明的點子，由印度運送廉價鴉片到中國，以低於當時中國市價的價格出售。（英國的鴉片政策並不是反西方國家的虛構誹謗：它是千真萬確的事實，要了解現代中國人對西方國家的態度，必須先記住這一點。）可以想見，中國政府的反應是譴責鴉片危害健康，禁止進口，並要求歐洲走私者交出所有存放在中國沿海停泊船隻上的鴉片。英國抗議中國的作法，指控是非法限制貿易。

結果爆發了一八三九至四二年的中英鴉片戰爭，這是中國與西方軍事實力的首次重大考驗。雖然中國幅員比英國更大，人口更多，但英國的海陸軍裝備和訓練都比中國要精良許多。中國因此戰敗，被迫做出屈辱的讓步，支付巨額賠款，並簽署條約開放五口通商。法、美兩國隨後也從中國獲得同樣的讓步。

日本政府得知發生在中國的這些狀況時，擔心西方列強早晚也會向日本提出類似的開放港口條約。一八五三年，這種情況確實發生了，這個西方強國即美國。為什麼西方列強中，美國會有動機第一個對日本採取行動，原因在於一八四八年美國打敗墨西哥，取得加利福尼亞。在當地發現黃金，導致美國船隻紛紛駛往太平洋沿岸。太平洋周邊的美國捕鯨船和商船也跟著增加。無可避免地，有些美國船隻發生船難，而其中又有些船難發生在日本附近海域，船員漂流到日本，卻因德川幕府的孤立政策遭到殺害或拘捕。美國希望這些船員能獲得保護和幫助，也希望美國船隻能夠在日本採購煤炭。

因此，美國總統米勒德．費爾摩（Millard Fillmore）派遣海軍准將馬修．培里（Matthew Perry）率領艦隊前往日本。艦隊由四艘軍艦組成，包括兩艘蒸氣動力炮艦，比日本當時的任何船艦都要優越百倍。（當時日本既沒有輪船，也沒有蒸汽機。）一八五三年七月八日，培里不待邀請就率領艦隊長驅直入江戶灣（現稱東京灣），並拒絕日本下令離開的要求，交付費爾摩總統的國書，宣布他次年會回來聽取答覆。

對日本而言，培里的到來，以及他以壓倒性武力做出的公開威脅，符合我們對「危機」的定義：現有的處理方法無法化解的嚴峻挑戰。培里離開後，幕府把費爾摩的國書交由大名傳閱，徵詢他們對於該如何做出最佳回應之意見；這已是非比尋常。在各種回應建議中，大家不約而同表達維持日本孤立的強烈意願，但也承認日本實際上不可能自我防禦，免於培里的戰艦攻擊，因此建議妥協，為日本爭取時間取得西方的槍炮和科技來自我防衛。這個觀點占了上風。

當培里在一八五四年二月十三日率領九艘戰艦組成的艦隊再度來到日本時，幕府將軍簽署了日本與西方國家的第一份條約。儘管日本推遲了培里對於貿易協議的要求，卻也做出其他讓步，結束了長達二百一十五年的鎖國政策，開放了兩座日本港口作為美國船隻的避難港，接受美國領事居住於其中一座港口，並同意以人道方式對待遭遇海難的美國船員。在日本與美國簽署該協議後，駐紮在遠東的英、俄和荷蘭海軍指揮官亦迅速跟進，與日本達成了類似的協議。

❋ ❋ ❋

自一八五四年起的十四年期間，日本幕府將軍的政府（簡稱幕府）和培里簽署條約，結束了日本幾個世紀以來的鎖國狀態，這在日本歷史上屬於動盪時期。幕府努力解決因被迫開放港口而造成的問題，最後仍以失敗告終，因為港口開放引發了日本社會和政府不可阻擋的變化，這些變化反過來導致日本國內的政敵推翻了幕府將軍，進而造成由這些勁敵所領導的新政府進行範圍更大、更遠的改變。

培里與英、俄以及荷蘭的條約並未滿足西方國家希望日本開放貿易的目標。因此一八五八年，美國新任駐日本領事再次進行談判，擬訂更廣泛的條約，也確實解決了貿易問題，很快地，也與英、法、俄及荷蘭達成了類似的條約協議。在日本人眼裡，這些條約相當屈辱，稱之為「不平等條約」，因為它們體現了西方的觀點，認為西方強權彼此互待的方式不值得套用在日本身上。比如賦予西方國家公民在日本的治外法權，即他們不受日本法律約束。接下來的半個世紀，日本的首要政策目標就是取消這些不平等條約。

一八五八年的日本軍事力量薄弱，因此將這個目標放在遙遠的未來。幕府在一八五八年的當務之急是盡可能減少西方入侵，不要讓他們的觀念和影響力進入日本。日本藉由陽奉陰違達成這個目的，表面上維持遵守條約的假象，實際上卻是拖延、單方面改變協議，利用西方人不熟悉日本含糊的地名，以及挑撥西方各國讓他們互相攻擊，藉以阻撓他們。日本利用一八五八年的條約，局限西方國家的貿易，僅限在兩座稱為「條約口岸」的港口進行，並限制外國人只能在兩座口岸的特定區域裡活動，禁止他們周遊別處。

從一八五四年開始，幕府的基本策略即爭取時間，意味著在滿足西方列強（盡可能做最少的讓步）的要求外，同時取得軍事和非軍事上的西方知識、裝備、技術和武力，以便能盡快抵抗西方。幕府以及名義上受制於幕府、但享有極大自治權的薩摩藩和長州藩，[1]購買了西方船隻和槍炮，現代化他們的軍隊，並送學生到歐美留學，學生不僅研究實用事務，如西方航海、船舶、工業、工程、科學和技術，也學習西方法律、語言、憲法、經濟學、政治學和字母表。幕府成立「蕃（即外國）書調所」，翻譯西方書籍，並贊助製作英語文法書籍和英文口袋詞典。

然而，當幕府和大藩致力於富國強兵之際，和西方接觸所造成的問題也正在萌生。譬如，為了採購武器和送留學生放洋，導致幕府與大藩積欠外國債主大筆債務；物價消費和生活成本上升。許多武士和商人都反對幕府壟斷外貿的作法。鑑於在培里第一次訪問後，幕府將軍曾要求大名提出建議，因此有些大名希望能進一步參與政策和規畫，而非像以前由幕府將軍全權作主。幕府將軍雖與西方列強談判並簽署了條約，卻無法控制偏遠地區的大名違反這些條約。

結果造成幾組互相交叉的衝突。西方列強與日本的衝突在於讓日本開放更多（西方國家的目標）或更少（當時日本的主要目標）。而像薩摩藩和長州藩，原本已與幕府對立，現在衝突愈加激烈，雙方都想利用西方的裝備和知識，並且互相結盟以對抗另一方。

1 薩摩藩位於日本最南端九州島的南端，長州藩位於日本本州島西南端。這兩個強大的競爭對手在日本近代史的許多階段都發揮了重要作用。兩者都在一六〇〇年遭德川幕府擊敗。在一八六〇年代早期，雙方都率先攻擊了西方人和西方艦隊，因此受到西方國家的報復。雙方後來放下競爭，在一八六八年合作推翻幕府，但隨後在一八七〇年代對明治政府發動了最大規模的叛變。

各藩之間的衝突加劇。在朝廷中，幕府和他代為攝政的傀儡天皇之間也發生了衝突。例如，朝廷拒絕批准幕府在一八五八年與美國談判的條約，但幕府不予理會，照樣簽署。

日本國內最激烈的衝突源自日本基本策略的困境：究竟是該立即抵抗、驅逐外國人，或者等到日本更強大後再進行。幕府簽署的不平等條約引起日本的強烈反彈：氣憤於侮辱日本的外國人，憤怒於容許日本遭到羞辱的幕府將軍和其他領主。時值一八五九年左右，怨恨、衝動、天真的年輕武士於是採用暗殺的方式來達到驅逐外國人的目標。他們被稱為「志士」，意思是「目標崇高的人」。他們追求的是他們所認定的傳統日本價值，自認在道德上優於較年長的政客。

以下這段一八六一年發表的志士原則聲明，表達了他們對外國人的憤怒：「我們宏偉而神聖的國家遭受蠻夷侮辱，自古傳襲的大和魂幾近滅絕，這是天皇最深切的悲痛……人們說，主公遭羞辱，家臣就該死。難道我們不該更加重視目前帝國不知恥的情況？……我們向神靈發誓，如果帝國旗幟一旦升起，我們將赴湯蹈火為天皇解憂，貫徹我們前領主的意志，並為人民剷除邪惡。假使有人在如此的大業中顧慮自我個人，就應遭受憤怒天神的懲罰，並在同志面前切腹。」

攘夷志士的對象是外國人，但更常針對為外國人工作或對外國人讓步的日本人。一八六〇年，一群志士暗殺了主張與西方簽署條約的攝政大老井伊直弼（Ii Naosuke）。一八六二和六三年，發生在薩摩藩和長州藩的兩起事件，是日本人襲擊外國人的高峰。

一八六二年九月十四日，二十八歲的英國商人查爾斯・理查森（Charles Richardson）在路上慘遭薩摩武士攻擊，並任由他流血致死，理由是他對薩摩藩藩主之父的儀仗隊大不敬。英國要求日本賠償、道歉，處決薩摩藩藩主和幕府的肇事者。英國與薩摩藩談判近一年卻失敗，於是英國艦隊轟炸並摧毀了薩摩藩的首府鹿兒島，殺死了約一千五百名薩摩士兵。另一起事件發生在一八六三年六月下旬，彼時，長州沿海的槍炮朝西方國家的船隻開火，並關閉了日本主要島嶼本州和九州之間的下關（Shimonoseki）海峽。一年後，英、法、美和荷蘭共十七艘軍艦合組的艦隊轟炸並摧毀了長州的沿海槍炮，同時奪走長州剩下的大炮。

西方國家這兩次的報復行動，即便是薩摩藩和長州藩的莽夫也信服了西方槍炮的力量，並了解到眼前弱勢的日本縱使想驅逐外國人，也會落得徒勞無功。這群滿腔熱血的志士必須等到日本與西方在軍事力量上旗鼓相當時才有勝算。諷刺的是，這正是幕府原本就已遵循的政策，而這些性急的莽夫卻一直在譴責幕府。

但有一些藩主，尤其是薩摩藩和長州藩則認為幕府將軍無法讓日本強大到能夠與西方國家相抗衡。大名的結論是，儘管他們和幕府的目標都是取得西方科技，可是要達成這個目標，必須重組日本政府和社會。因此，他們逐漸生起尋求計謀擊敗幕府將軍的念頭。薩摩藩和長州藩原本是競爭對手，彼此懷疑，互相爭鬥。然而他們明白，幕府將軍力圖建立軍事武力，對他們兩藩都是威脅，因此決定結盟。

一八六六年幕府將軍死後，新幕府將軍發動現代化與改革的速成計畫，包括從法國進口軍事裝備和軍事顧問。使得薩摩藩和長州藩備感威脅。一八六七年孝明天皇駕崩，由十五歲的兒子繼位（插圖3.2）。薩摩藩和長州藩的領導人與新皇帝的外祖父密謀，取得皇室支持。一八六八年一月三日，共謀者占領了京都御所各大門，召集議會，命幕府將軍辭官納地，廢除幕府，並宣布「恢復」天皇治理日本的實權，儘管先前這項權責實際上是屬於幕府將軍。這個事件被稱為明治維新，是明治時代開始的標記：新天皇統治的時期。

❋ ❋ ❋

政變後，明治維新的領導人掌控了京都，他們的第一要務是建立對日本全境的控制權。雖然幕府將軍本人接受了失敗，其他人並不承認這項事實。結果支持與反對新帝國政府的軍隊發生內戰。一直要到一八六九年六月，北海道最後的反對勢力被打敗後，西方列強才承認天皇政府的地位。也唯有在那時，明治維新的領導人才能著手改革。

明治時代初期，很多事仍前途未卜。有的領導人希望有一位專制的皇帝；有些希望有一個傀儡皇帝，而實權則掌握在「顧問」組成的理事會手裡（這是最後採取的解決方案）；還有人建議日本廢除天皇，成為共和國。欣賞西方字母的日本人，提議以字母取代日本由漢字和兩個日本音節所組成、美麗但複雜的文字。有些日本人想要立即對韓國發動戰爭；其他人則主張等待。武士希望保留和使用私人的民兵；其他人則想裁減軍備，廢除武士。

在這些相互衝突的提議中，明治維新的領導人明快地決定了三項基本原則。首先，雖然有些性急的領導階層想要立即驅逐西方人，但現實很快占了上風。明治領導人很快就認清先前幕府已了解的事實，就是日本目前無法驅逐西方人。在達成這個目的前，日本必須先學習西方的長處，使自己強大，這不僅意味著槍炮本身，也包括形塑西方力量的基礎，影響深遠的政治和社會改革。

其次，明治領導人最終的目標是修訂西方列強逼迫日本接受的不平等條約。可是這一方面需要日本變強大，一方面也需要被西方國家視為能和列強相提並論的國家，具有西洋的憲法和法律。例如英國外相格蘭維爾勳爵（Lord Granville）就直率地告訴日本談判代表，英國會根據英國的進步標準，評量「他們（日本）在啟蒙和文明方面的進步程度，決定日本對英國主體（旅居日本者）的管轄權」。從明治政變起，日本最終花了二十六年的時間，才讓西方修改不平等條約。

明治領導人的第三個基本原則是，在每個生活領域中，都要辨別、採用和修改最符合日本條件和價值的外國模式。明治時期的日本尤其以英、德、法和美國作為借鏡。各國分別作為不同領域的典範：例如，新日本海軍和陸軍分別以英國海軍和德國陸軍為藍本。另一方面，在某些範圍內，日本經常嘗試一系列不同的外國模式：例如在制定日本民法典時，司法省仰賴一位法國學者起草初稿，但下一個草案又採用德國模式。

明治日本大規模、刻意並有計畫地向西方借鏡。有些作法是把西方人請到日本來：比如引進西方教師從事教學工作或就教育提出建議，並請兩位德國學者協助撰寫以德國憲法為基礎的日本憲法。但更常見的情況是借款送日本人前往歐美考察。在明治政府鞏固權力兩年後採取一個重要措施，即一八七一至七三年的岩倉使節團（插圖3.3）。使節團由五十名政府代表組成，他們參觀了美國和十餘個歐洲國家，訪問了工廠和政府機構，會見了美國總統格蘭特和歐洲政府的領導人，並發表了總共五卷的報告，向日本提供了大量西方國家的詳盡作法。該使節團宣稱其目的是「由開明國家的各種機構中，選擇出最適合我們現狀者」。一八七〇年法國與普魯士爆發戰爭時，日本甚至派出兩名考察員，僅為了一個極為狹隘的目的：第一手觀察歐洲人如何戰鬥。

這些國外遊歷的副產品是，具有海外經驗的日本人，無論位在政府或私人機構都成為明治時期日本的領導者。例如一八八〇年代在明治政府中最重要的兩位年輕人，伊藤博文（他主導了日本新憲法的制定）曾多次長期訪問歐洲，而山縣有朋（後來擔任總理）曾在德國學習軍事。五代友厚則利用他的歐洲經驗，擔任大阪商會會長，以及日本鐵路和採礦的企業家，而澀澤榮一（一八六七年日本駐巴黎代表團的財務總監）也在後來主導日本銀行業和紡織業的發展。

為了讓這種大規模向西方取經的作法獲得日本傳統主義者認同，明治時期日本的創新和師法西方大都宣稱這只是回歸日本傳統的作法，完全不是新方式。例如，一八八九年天皇親自頒布以德國憲法為本的日本第一部憲法時，就在演講中表明他的王位是「萬世一系」和「繼承自祖先的國家主權權力」。同樣地，明治時代發明的朝廷新儀式，自稱是傳承千秋萬世的古老宮廷儀式。

這種把創新重塑為保留傳統的作法——也是其他國家的創新者經常採用的「發明傳統」方法，是促成明治時期領導人成功的重大關鍵。在一八六八年一月日本領導人上台時，殘酷的事實是得面對危險的局勢。日本同時面臨外侮、反對派幕府發動內戰、藩國之間互相對抗，以及因集團叛亂而失去地位權力的各種風險。廢除武士特權確實引發士族數次造反，最嚴重的一次是一八七七年的薩摩士族叛亂。一八七〇年間也爆發了數次武裝農民起義。但反對明治維新的力道並不如預期來得大。明治領導人擅長收買、攏絡或調解實際或潛在的對手。例如，在北海道率艦隊對抗明治新政直到一八六九年的海軍中將榎本武揚，最後被納降為明治政府的內閣大臣及特使。

＊　＊　＊

現在讓我們想想明治時期的日本究竟接受了哪些選擇性的變化。這些變化影響了日本生活大部分的領域：藝術、服裝、國內政治、經濟、教育、天皇的角色、封建制度、外交政策、政府、髮型、意識型態、法律、軍事、社會和科技。在明治時代最初幾年實施或啟動的變化中，最緊急的當數建立現代化國家軍隊、廢除封建制度、建立國家教育體系，並透過稅制改革確保政府收入。然後才把注意力轉向法律改革、憲法規畫、海外擴張，以及廢除不平等條約。明治領導人在處理實際問題的同時，也開始面對創造明確意識型態、以爭取日本國民支持的挑戰。

軍事改革首先著重於購買現代西方軍備、招募法德兩國軍官訓練陸軍，後來則試驗以法英兩國為原型，發展現代日本海軍。結果顯示明治政府很善於選擇最佳的外國典範：日本不單只選擇一個外強作為日本各種軍隊的模型，而是師法德國的陸軍、英國的海軍（因為十九世紀後期的歐洲，德國陸軍最強大，而英國則是海軍最強大！）。比如日本想要學習如何建造英國發明的戰鬥巡洋艦這種快速戰艦，因此委託英國造船廠設計和建造第一艘日本戰鬥巡洋艦，然後以它作為模型，在三間不同的日本造船廠複製出三艘戰鬥巡洋艦。

一八七三年，以歐洲模式為架構的日本國家徵兵法規定，男子加入武裝軍隊，服役三年。從前，每個封建藩國各有民兵，在現代戰爭中雖毫無用處，但對日本國家政府依舊會構成威脅（插圖3.4）。因此先頒布廢刀令，禁止武士帶刀或私下尋仇，接著廢除世襲職業（包括武士），原來的武士由政府給予津貼，最後再將津貼轉為有息的政府債券。

另一個迫切的問題是廢除封建制度。日本要強大，必須建立西式的中央集權國家。這帶來了一個微妙的問題，因為到一八六八年一月為止，新帝國政府唯一擁有的權力，就是幕府將軍剛剛交出的權力；其他權力仍掌握在大名（封建領主）的手裡。因此在一八六八年三月，包括鼓動明治維新的薩摩藩和長州藩等四個藩被勸降，以一份字義模糊的書面文件，把土地和人民歸還給政府。天皇於七月接受這個提案時，另一位大名也奉命提出相同的提案，這些大名被任命為原本藩國的「知事」。終於在一八七一年八月，大名被告知他們的藩（和官職）將被廢除，改立縣，隸屬中央，但允許大名保留前藩國一〇％的收入，進而擺脫了他們從前必須承擔的所有費用。因此，長達數世紀的日本封建制度在三年半內就此廢除。

天皇仍然是天皇：這點並沒有改變。但他不再蝸居在京都的皇宮，遷都至實質上的首都江戶，並更名為東京。在明治天皇長達四十五年的統治期間，他赴東京城外以及日本各地旅行了一百零二次，相對於德川時代（一六〇三—一八六八）的二百六十五年間，諸位天皇僅出遊三次。

教育方面也有重大變革，且收穫豐碩。有史以來頭一遭，日本在這段期間建立了全國教育制度。一八七二年成立了義務小學，一八七七年創立了日本第一所大學，一八八一年創立中學，一八八六年創立高中。日本學校制度首先師法高度集權的法國模式，一八七九年轉為隸屬地方政府的美國學校模式，之後在一八八六年再改為德國模式。

教育改革的最終收穫是，儘管日本有舉世最複雜、最難學的書寫文字，但今天日本人民識字人數的百分比卻居世界之冠（九九%）。新的日本教育制度雖受到西方的啟發，但其目的完全是為了日本：讓日本人民效忠，讓愛國的人民敬畏天皇，並充滿民族團結意識。

教育改革另一個更平凡但同樣重要的目的，是訓練政府的新進員工，並培養日本的人力資本，讓日本能在世界上崛起並昌盛繁榮。一八八〇年代，中央政府官僚機構徵才考試乃以西方知識而非儒家哲學為準則。國民教育及廢除世襲職業，破除了日本傳統的階級制度，如今高階公職的敲門磚是高等教育而非出身。這造成的部分結果是，在當今全球十四個富裕民主大國中，日本是財富分配最平均、人口中億萬富翁最少的國家；在這兩方面，美國都處於相反的極端。

明治政府接下來的要務，是規畫收入來源，為政府運作提供經費。日本先前從未徵收過西方制的國稅，而是由每一位大名自行為自己的土地徵稅，自行經營，幕府將軍也同樣為自己的土地徵稅，同時依特定目的，向大名徵收額外的金錢。然而明治政府才剛解除了大名作為「知事」的職責，將他們先前的藩國改為縣，並交由中央政府管理，讓先前的大名不再有必要（明治領導人的說法）收取行政營運的費用。因此大藏省（明治財務機關）認為它現在至少需要徵收之前幕府將軍和所有大名年收入的總和。透過西方國家的作法，它向全國徵收三%的土地稅，並達到了此一目標。日本農民時常抱怨和騷亂，因為無論他們的收穫多少，每年都得支付現金。但如果他們能預見現代西方國家的稅率，恐怕會認為自己很幸運。因為在我所居住的加州，不但要支付州政府一%的房產稅，還要加上高達一二%的州所得稅，另外再加上目前最高達四四%的聯邦所得稅。

至於比較不緊急的事項，包括以西式法律制度取代日本的傳統司法制度。一八七一年，引進法院和指派法官制度，一八七五年隨後引進最高法院的設立。試驗不同的外國模型，遵循不同的西化路徑，進行刑法、商法和民法改革。刑法典最初以法國模型為基礎，後又改為德國模型；商事法典採德國模型；民法典中則引用了法國、英國和日本本土的概念，最後以德國模型為準則。每一種情況都需面對種種影響選擇的挑戰，包括尋找符合日本觀點的解決方案，以及採用西方制度以獲得國際尊重，方能修訂不平等條約。比方廢除日本傳統的酷刑和常用的死刑，因為西方國家不認同這些作法。

日本基礎設施的現代化始於明治初期。一八七二年建立了國家郵政系統，也建設了日本的第一條鐵路和第一條電報纜線，隨後於一八七三年設立了國營銀行。東京街頭安裝了照明的煤氣燈。政府也成立工廠，以西方的機械和方法生產磚塊、水泥、玻璃、機械和絲綢，參與工業化。一八九四至九五年發生中日甲午戰爭，日本戰勝後，政府的工業支出集中在與煤炭、電力、槍枝工廠、鋼鐵、鐵路和造船廠等戰爭相關的行業。

日本如果期望獲得國際尊重，政府改革就特別重要，也特別具有挑戰性。一八八五年，日本開始實施內閣制度。早在一八八一年，就為因應社會壓力宣布即將制憲。政府花了八年時間，設計能符合日本狀態的西式憲法，最後採用德國而非美國憲法作為典範，因為德國強調皇帝的權力，正符合日本的需求。日本憲法援引民眾的信仰，認為天皇是秉承神意萬世一系相承而來。一八八九年二月十一日，也就是日本帝國建國日第二千五百四十九週年，在皇宮觀眾席上舉行的儀式中，天皇召喚了先祖，並將新憲法的卷軸交給首相，作為天皇賜給日本的禮物。在場出席儀式的包括各國外交使團和外國團體代表，確保他們不會錯過這一時刻。日本現在是擁有憲政政府的文明國家，堪與全球其他憲政政府並駕齊驅（並且——請留意這個暗示，不可再被獨立出來簽訂不平等條約）。

日本文化也與生活中的其他範疇一樣，混合了新西方元素和日本傳統元素。西方的服飾和髮型如今在日本非常普遍，很快就被日本民眾採用（插圖3.5、3.6）。例如一八七二年，明治維新僅四年後，亦即培里准將抵日後不過十九年的時間，岩倉使節團五位成員合影的照片上，就有四位身著西裝打領帶，戴禮帽，並梳著西式髮型，只有一位（特命全權大使岩倉具視本人）仍穿著和服，頭上梳著傳統的日式髮髻（插圖3.3）。藝術方面，傳統的日本音樂、繪畫、木版畫、歌舞伎劇場和能劇，與西方的交際舞、軍樂隊、管弦樂、歌劇、戲劇、繪畫和小說並存。

如果人民沒有共同的國家意識型態，任何國家都可能會崩解。每個國家都有自己熟悉的理念和詞語，以達到建立共同意識型態的任務。比如，美國的理想包括民主、平等、獨立、自由和機會，正如「白手起家」、「大熔爐」、「自由之地」、「平等機會之地」和「無限可能的土地」這些詞語所傳達的意思。新獨立的國家，如印尼（第五章），或同明治日本經歷快速變動的國家，政府會刻意制定和宣傳共同的國家意識型態。明治時期的日本是採用什麼樣的作法？

天皇在一八九〇年頒布的《教育敕語》，一八九一年廣為流傳的《敕語衍義》就表達了共同意識型態的必要：「日本……是區區小國。值此列強肆意吞併他國而不受懲罰之際，我們必須把全世界都視為敵人……因此真正的日本同胞都必須有公義之心，視自己的生命如塵芥，奮進勇往，隨時準備為國家捐軀。《教育敕語》的目的是培養孝順和手足之愛，以忠孝一致的美德，作為國家生命的基礎，並培植集體愛國主義的精神，因應國家的緊急情況……如果人民不團結，光憑防禦工事和戰艦是不夠的。如果我們團結起來，那麼即使是百萬強敵也無法傷害我們。」

明治時代的最後二十年，政府已處理了稅收改革和法律、法規等緊迫問題，因此能夠花更多精神在灌輸日本人民公共責任感的任務上。其中一部分是靠政府對傳統宗教的支持，更重要的是政府對教育的關注。傳統的日本宗教教導人民天皇的神聖血統、愛國主義、公民義務、孝順、敬神和愛國，因此政府推廣傳統的神道和儒家哲學，出資贊助全國數一數二的神社，並任命宮司。這些把天皇當作活神崇拜的價值觀，在日本各級教育統一規範的教科書中，也占有重要地位。

＊＊＊

除了留待下面探討的日本海外擴張政策改變外，我們已經概述了明治時期日本選擇性變革的主要組成部分。現在讓我們再深思一下這些變化，並消除一些可能的誤解。

明治領導人的目標很明顯並不是要「西化」日本，把日本轉變為在歐洲遠處的歐洲社會——這和澳洲的英國殖民者不同，後者的目標確實是要把澳洲轉變為在英國遠方的英國社會（見第七章）。相反地，明治的目標是採用許多西方特點，加以修改，使之符合日本形勢，並保留傳統日本的大部分特色。被採納和修改的西方特點，被轉嫁到由日本歷史傳承而來的日本核心。比如日本無須將歐洲當作人民讀寫識字和都市化的典範：德川時代的日本已經具備高識字率，而且在培里准將來到日本前的一個半世紀，幕府首都江戶（後更名為東京）已經是世界上最大的城市。明治西化也並非盲目模仿西方機構的特定細節：明治領導人在修改並採用西方軍事、教育和其他制度時，對西方社會已有全盤的了解。

明治日本能夠取樣許多模型，包括多種西方模型：在各種不同領域上的英、德、法和美國。此外還有許多日本原有的模型可供借鑑：德川時代晚期，日本由兩百四十個獨立的藩國組成，稅制及其他制度各不相同。除了這些正面的模型外，還有一個重要的負面模型讓明治日本獲益：中國。日本極力避免落入像中國受西方列強主宰的命運。

明治維新的改革針對兩個不同的「受眾」：日本國內受眾和海外西方受眾。一方面，改革針對的是日本本身：富國強兵，並讓日本人民養成統一的意識型態。另一方面，改革也是為了獲得西方各國的敬重，因為日本改採了西方國家所尊重的西方制度，包括基本的治國方式，如西式憲法和法律；還有外觀裝束，如男人的西式服裝和髮型，以及天皇採用西式婚禮，並且按照西式婚俗只娶一個皇后。（以前的日本天皇公開擁有許多妃嬪。）

雖然明治領導人強化日本、抵禦西方國家的總目標一致，但初期他們並沒有全面的藍圖，而是分階段一步一步規畫並採納：首先，建立國家軍隊、政府收入和國家教育體系，廢除封建制度；然後制定憲法、民法和刑法；再接著發動戰爭進行海外擴張（即將在下面討論）。這些改革並不完全順利，意見也不一致：明治日本也爆發過內部衝突，例如先前提到的武士叛亂和農民起義。

＊＊＊

明治時代主要的選擇性改變中，我們尚未探討的是：日本從身為西方國家的海外擴張和軍事侵略目標，變身為主動攻擊者。我們看到德川時代的日本孤立自己，並沒有征服外國的欲望。一八五三年，日本面對強大的外國勢力，似乎有迫在眉睫的危險。

然而，一八六八年明治時代開始，日本的軍事改革和工業建設已經消除這個急迫危機，並且允許改革力量逐步擴張。日本採取的第一步，是於一八六九年正式吞併北部島嶼北海道。北海道的原住民是與日本民族完全不同的民族（阿伊努族），而島嶼的一部分已在幕府控制下。同一時期，由於台灣原住民殺害了數十名琉球漁民（牡丹社事件），日本在一八七四年派軍前往台灣報復，但最後撤回部隊，並未吞併台灣。一八七九年，琉球群島（日本南方數百哩的群島）遭日本吞併。一八九四至九五年，明治日本發動第一次對外戰爭，也就是中日甲午戰爭，日本戰勝，吞併台灣。

一九〇四至〇五年的日俄戰爭，是明治日本初次對抗西方勢力；日本的海、陸兩軍皆擊潰俄軍（插圖3.7、3.8），這是世界史上的一個里程碑：一個亞洲國家在全力以赴的戰爭中擊敗歐洲大國。依據戰後的和平條約，日本吞併了庫頁島的南半部，並獲得南滿鐵路的控制權。一九〇五年，日本納韓國為保護國，並於一九一〇年吞併韓國。一九一四年日本征服了德國在中國的勢力範圍（青島）和在太平洋密克羅尼西亞群島的殖民地（插圖3.9）。最後在一九一五年，日本向中國袁世凱政府提出了「二十一條要求」，幾乎使中國淪為附庸國；中國對一些條件讓步，但並未全盤接受要求。早在一八九四年前，日本就已經考慮攻擊中、韓兩國，不過後來撤消念頭，因為它明白自己還不夠強大，歐洲列強也有可能藉機干預。明治日本唯一一次高估自己的力量，是在一八九五年中日戰爭將結束之際。當時日本和中國簽訂《馬關條約》，割讓扼守中、韓海陸交通的遼東半島給日本，可是法、德、俄三國干涉還遼，俄國在三年後租借了遼東半島。這次羞辱的挫敗讓日本認清自己的弱點，無法獨力對抗歐洲列強。因此，一九〇二年，日本為了保險和安全起見，先和英國聯手於一九〇四年再度對俄國發動攻擊。即使有聯盟英國作為後盾，日本一直等到一次世界大戰爆發，歐洲各國軍隊分身乏術、無力干預，才向中國提出二十一條要求，避免重蹈一八九五年的覆轍。

簡言之，日本在明治時代的軍事擴張一直以來都很順遂，因為每一步都經過確切、實際、謹慎、明智的自我評估，了解日本及其目標的相對優勢，精準估算日本的可行性。現在，以明治時代的成功擴張和日本在一九四五年八月十四日的情況做比較。當日，日本同時與中、美、英、俄、澳和紐西蘭（以及其他許多向日本宣戰但並沒有積極出兵的國家）作戰。與如此的敵軍陣營對抗，根本毫無勝算。大部分的日本軍隊已被困在中國，美國轟炸機也炸毀了日本的主要城市。兩顆原子彈已將廣島和長崎夷為平地，英、美兩國合組的艦隊正在攻打日本海岸，俄軍則挺進日本已無力抵抗的偽滿洲國和庫頁島，紐、澳軍隊在太平洋島嶼上掃蕩日本駐軍。日本幾乎所有較大型的戰艦和商船隊都已沉沒或遭破壞，不堪使用。超過三百多萬日本人死亡。

如果是日本外交政策錯誤，才導致日本遭受這些國家攻擊，已經夠糟了。沒想到日本犯的錯誤遠勝於此：日本自行率先發動攻擊。一九三七年日本對中國發動全面戰爭，在一九三八和三九年也和俄羅斯進行了兩次短暫但殺戮慘重的邊境戰爭。一九四一年，儘管日本還有很大機率會對戰俄羅斯，它卻同時對美、英與荷蘭發動突擊。日本襲擊英國，自然導致英國統治的太平洋領地澳洲和紐西蘭向它宣戰；日本於是也對澳洲進行轟炸。一九四五年俄羅斯攻擊日本。一九四五年八月十五日，日本終於向延宕多時，終至不可避免的結果屈服，宣布投降。為什麼一八六八年明治日本能夠按部就班，達成穩健而成功的軍事擴張，但自一九三七年起，卻又一步步走向如此不切實際且最後失敗的軍事擴張？

這其中有許多原因：對俄之戰獲勝，對《凡爾賽條約》的幻想破滅，一九二九年日本以出口為主導的經濟成長崩潰，以及其他原因等。但有一個原因與本書特別相關：明治時代和一九三〇、四〇年代的日本領導人，在誠實自我評估的知識與能力上的差別。明治時代，包括日軍將領在內的許多日本人都曾出國參訪，因此他們對中、美、德、俄及其陸海軍，都有詳盡的第一手知識，他們可以對日本和其他國家的實力進行誠實的評估，只有在對成功充滿信心時，才會發動攻擊。相較之下，一九三〇年代在亞洲大陸的日軍是由無國外經驗（除了去過納粹德國外）、好大喜功的年輕軍官所指揮，他們不服從遠在東京經驗豐富的領導人。這些年輕衝動的軍官沒有親眼見過美國及其他日本潛在勁敵的工業和軍事實力，他們不了解美國的心理，以為美國是只有一堆零售商販所組成的國家，不善於戰鬥。

一九三〇年代，日本政府和軍隊（尤其是海軍）倒有不少較年長的領導人對歐美實力有第一手的了解。我在一九九八年第一次訪問日本時，印象最深刻的是某天晚上，與我同桌共餐的竟然是一位退休的日本鋼鐵企業高層，當時已高齡九十幾的他，對我聊起一九三〇年代去美國訪問鋼鐵廠的過往。他說，當知道美國生產高品質鋼鐵的能力是日本的五十倍時，他大吃一驚，光憑這一點，他就確信日本肯定是瘋了才會與美國開戰。

只是在一九三〇年代的日本，擁有海外經驗的年長領導人飽受恐嚇與控制，其中有幾位還遭缺乏海外經驗的年輕軍官暗殺，宛如一八五〇、六〇年代的志士暗殺和恐嚇當時的日本領導人一樣。當然，那些志士對外國實力的認識，和一九三〇年代的日本年輕軍官一樣貧乏。不同之處在於，志士對西方人的攻擊導致強大的西方戰艦對鹿兒島和下關海峽進行炮擊，連志士們也不得不承認自己的策略不切實際。時至一九三〇年代，卻少了這種當頭棒喝的炮擊事件，來喚醒未曾出過國的年輕軍官認清現實。

此外，明治時代成年的日本領導人擁有的歷史經驗，與一九三〇年代日本領導人的經歷正好相反。明治領導人成長於存有潛在敵人攻擊威脅的弱小日本，但在一九三〇年代的日本領導人眼中，戰爭意味的是日俄戰爭教人陶醉的勝利，俄羅斯太平洋艦隊在旅順港遭突擊破壞，同樣的模式也發生在日本對珍珠港美國艦隊的突襲，以及日本海軍在對馬海峽戰役中造成俄國波羅的海艦隊之巨大破壞（插圖3.8）。待我們在第六章討論德國時，會見到另一個類似的案例，同一個國家的連續世代，基於不同的歷史經驗，而擁有截然不同的政治觀點。

因此，日本在如此無望的機會中發動二次大戰的部分原因——並非全部，而是部分——乃基於一九三〇年代的年輕軍隊領導人，缺乏坦率、實際、謹慎自我評價所必要的知識基礎和歷史經驗，而為日本帶來災難性的後果。

※※※

和第一章影響個人危機結果的十二個因素相對照，明治日本顯示出驚人的相似之處。其中一個因素（表1.2中的因素＃5），日本在我們列舉的七個國家中可充當絕佳的例證；另一個因素（因素＃7），日本則具備兩個顯著要件中的一個；另外其他七個因素（因素＃1、3、4、6、9、10和11）對日本同樣很重要；最後一個因素（因素＃12），日本則可作為正、反兩面的借鏡。

明治時期的日本向外國借鏡的情況（因素＃5），比本書所討論的任何國家都多，它仔細比較各種不同的外國模型，確認哪一個最適合日本特定領域的情勢。結果日本的憲法和陸軍採納的是德國模型，艦隊是英國模型，民法草案最初採用法國模型，一八七九年的教育改革則取用美國模型。甚至連美國獨立宣言，似乎也成為板垣退助和福岡孝弟於一八七〇年起草的政府改革提案典範，提案序文稱所有人都有平等的權利，然後由此得出種種推論。（對照美國獨立宣言的第二句話：「我們認為下面這些真理是不證自明的：人人生而平等……」接著得出許多推論。）雖然板垣和福岡提出的美國政府模型並未被採用，但它確實接納了其他許多外國模型。

我們在前一節討論過誠實自我評估在明治時期日本的作用（因素＃7），唯有芬蘭的例子可相媲美。我們的討論清楚顯示，成功的國家自我評估需要具備兩個要素：一個是願意面對痛苦的真相：在日本的例子裡，真相就是討人厭的洋鬼子比日本更強大，而日本要強盛，只能向這些蠻夷學習。另一個先決條件是知識：光是明治領導人和明治維新前十年的志士願意面對西方軍事力量強大的痛苦真相還不夠，他們需要從第一手觀察或經驗中獲得這種力量的知識。但是一九三〇年代的日本年輕軍官缺乏對西方軍事實力的第一手了解。再者，明治時期誠實的自我評估，與我們的另一個結果預測因素有關：培里准將率艦抵日，使得日本人普遍萌生危機共識（因素＃1）。

明治日本也清楚展現了建立圍籬和選擇性接受改變的必要性（因素＃3）。明治時期的社會在許多領域上都採取了大規模的改變，包括經濟、法律、軍事、政治、社會和科技等。但明治時代也保留了傳統日本的其他特徵，包括儒家的道德觀、天皇崇拜、同文同種、孝道、神道和日本文字。起初，也有人提議針對其中一些特徵做改變，例如把日本改為共和國，以及採用西方字母。但日本很快建立了圍籬，把要保留的傳統特徵和被視為需要改變的特徵分隔開來。雖然變革的欲望很強烈，但保持傳統的欲望也同樣很強烈，因此有些改變必須被包裝為「被發明的傳統」，假保留之名行改革之實，讓它們更容易被接受。這種急遽變革與保留傳統共存的作法，也說明了依情況而定的國家彈性（因素＃10）。

明治日本除了突顯外國模型的價值，也展現了外國援助的重要性（因素#4）。當中有許多實例，譬如早在一八六四年就已送十九名薩摩男子到英國學習的長崎英國商人湯馬斯・葛洛弗（Thomas Glover）、招待日本訪客的歐美人士、於一八八六年來到日本協助伊藤博文制訂日本憲法的德國顧問亞伯特・莫斯（Albert Mosse）和赫曼・羅斯勒（Herman Roesler），以及英國造船廠維克斯（Vickers）建造的日本第一艘巡洋戰艦金剛號（Kongo），後來成為日本建造的榛名（Haruna）、比叡（Hiei）和霧島（Kirishima）等巡洋戰艦的原型。

明治時期和當今日本皆展現了強烈的國家認同（因素#6）。日本人民和領導人都認為日本獨特且優越，與世界其他地區不同。這種共同的信念使日本人能夠忍受明治時代的壓力，雖然他們有時對於如何才能掌握日本的未來有不同看法，卻從不懷疑他們國家的價值。

明治時期的日本顯現了耐心、願意容忍初期的失敗，堅持下去，直到找到可行的解決方案（因素#9）。對於一八五〇和六〇年代的外國威脅，日本最初的反應是設法把外國人隔離在外，並（等外國人進入條約指定的日本口岸後）再度驅逐他們。但愈來愈清楚的是這種作法沒有效果，幕府、志士和明治領導人都承認必須採取不同方法：對西方各國開放日本，向西方學習，藉此使日本更強盛。同樣地，明治時代在制定法律、國家教育制度和憲法上的努力也歷經多年的起草、實驗和變革。在這三個領域中，明治政府最初嘗試了一個或多個外國模型，發現它們不適用日本的情況而放棄，最後選擇了不同的外國模型：例如民法典的草稿最初是以法國和英國為師，最後卻採納了德國模型。

沒有商量餘地的核心價值（因素#11）促使日本人願意犧牲，因而團結在一起。在這些價值中，忠於天皇極其重要。二戰結束時，美國要求日本無條件投降，從中即可見證到這一點的戲劇化表現。即使是美國投下兩枚原子彈、日軍毫無勝算的情況下，日本仍然堅持一個條件：「（投降）宣言不能包括任何有損天皇陛下作為主權統治者特權的要求。」如果不接受這項條件，日本準備起身抵抗美國入侵本州的威脅。二戰時大批日本士兵願意為國自殺捐軀的意願，遠遠超過其他現代國家的士兵，說明了日本核心價值的強韌。最知名的是神風特攻隊飛行員和以火箭發動機為動力的櫻花攻擊機，自殺飛行員駕駛攜有炸彈的飛機，直接衝撞敵人的戰艦；還有乘坐、操控「回天」魚雷的水手，從日本船隻被發射到敵人的戰艦上。雖然這些高科技的神風敢死隊、櫻花攻擊機和回天魚雷等自殺武器是在二戰將近結束之時才使用，在此之前，已有多年的低科技軍事自殺事件，日本士兵假裝投降，引爆隱藏在身上的手榴彈，和俘虜他們的敵人同歸於盡。這些形式的自殺都藉著殺死敵軍，實現立即的軍事目的。此外，戰敗的日本士兵和軍官也經常在無法殲滅敵人的情況下選擇自殺，以遵從被灌輸的「不投降」價值。例如，一九四三年十一月，美軍進攻塔拉瓦（Tarawa）環礁，二千五百七十一名精銳的日本守軍裡，共二千五百六十三人死亡，其中許多是自殺身亡，僅餘八人成了戰俘。

日本是座群島，沒有和其他國家接壤的陸地邊界，比起諸如芬蘭和德國這類與他國共享邊界的國家，在地緣政治的限制上處於相對有利的地位（因素#12）。在上一章裡我們看到，芬蘭與俄羅斯之間的漫長邊界，形成了芬蘭的根本問題。我們也將在第六章中看到，與強鄰接壤也是德國歷史上的主要課題。儘管如此，列強還是成為德川和明治時期日本的問題根源，縱然這些國家位於世界他方，受海洋隔開，與日本相距甚遠。早在十九世紀，科技就已改變了地緣政治的限制，在今日的現代世界更是如此——但是並未完全消除。

❊　❊　❊

透過引發國家危機、而非個人危機的四個問題：革命與演變、領導、群體衝突與和解，以及是否存有共同願景，讓我們總結一下對於明治日本的討論。

國家危機可能是以暴力革命的形式（一九七三年的智利，一九六五年的印尼）或是和平地演變（戰後的澳洲）。一八六八年一月三日，一場幾乎不流血的政變，結束了幕府政治。一些幕府將軍的支持者（但非幕府將軍本人）起而反抗，在持續一年半的內戰中遭擊敗。這場內戰傷亡人數比起一九六五年的印尼政變和反政變、一九七三年的智利政變及後續餘波，或一九一八年的芬蘭內戰所造成的傷亡人數，皆要少得多。

希特勒、皮諾契特和蘇哈托分別在納粹德國、一九七三年後的智利和一九六五年後的印尼，烙印下他們的個人標記，但在明治時期，沒有領導人具有這種程度的主宰力量，取而代之的是隨時都有多位領導人存在，而且在一八八〇年代，領導權經歷過渡的轉變。各領導人對西方都有第一手經驗，他們共同的承諾是選擇性採用外國模式來強化日本的基本策略。日本天皇仍是象徵性的傀儡，而非真正的領袖。

在群體衝突與和解方面，從一八五三到六八年，日本內部對基本策略意見分歧。約莫在一八六八年基本策略確立後，出現的則是任何國家在實施政策時皆會出現的正常分歧。直到一八七七年，當中一些分歧才透過武力解決：像是一八六九年之前，幕府和薩摩藩、長州藩聯盟之間；一八六〇年代，志士和日本溫和派之間；以及武士反抗時期，明治政府和異議武士之間。相較於智利和印尼，明治日本的暴力程度相對溫和。而在這之後，日本分歧黨派的和解也比智利更加完整，也益發遠遠超越印尼：部分原因是被殺的人數少了很多；還有部分理由是因為明治政府領導人比智利和印尼的軍事領導人做了更多努力，並展現出更多與對手和解的技巧。在本書討論的其他國家中，芬蘭在一九一八年內戰後消除暴力衝突的成績上，與明治時期的日本最相近。

大多數國家危機的解決，都需要在政策上做出大規模的變革，這些變革可能是零碎逐一的，也可能是在一個統一願景下的一部分。明治日本是在我們的個案研究中，最接近統一願景的極端案例。這並非指明治領導人同時推行了所有的政策變革：他們知道有些問題比起其他問題更急迫。他們在一八七〇年代初，著手創立皇家陸軍、實施稅制改革，接著解決其他一些緊迫的問題，一直到一八九四年，才開始全面發動海外戰爭。然而，所有的政策都源自明治初期即已達成的共識：必須選擇性地向西方學習，強化日本在各個領域的需求。

因此，明治日本成了我們的第二個案例，探討藉由選擇性變革來解決國家危機所涉及的問題。芬蘭（第一個案例）和明治日本同樣面臨突然爆發的危機，當醞釀多年的外來軍事威脅突然成真。芬蘭人和日本人都擁有強韌的國家認同和核心價值，他們犧牲生命來面對困境；日本人的考驗是在二次大戰、而非明治時代。芬蘭人和明治時期的日本人都極其誠實地面對現實。然而，在其他某些方面上，芬蘭人和明治時期的日本人卻處於相反的極端。明治時期的日本得到了許多國家的幫助，而這些國家正是造成威脅的國家；但在冬季戰爭期間，芬蘭人幾乎沒有獲得任何外援。日本採用豐富的模型解決問題；芬蘭卻沒有任何模型可以師法。日本的眾多人口、經濟實力和跟強敵的地理距離，給了它時間和空間，追趕上強敵在軍事上的實力；芬蘭和俄羅斯的地理距離和領土規模上的差距，使得芬蘭缺少這種選擇。接下來的兩章，我們要探討的是跟芬蘭和明治日本一樣，危機突然達到顛峰的國家，但其劇變是來自國內。

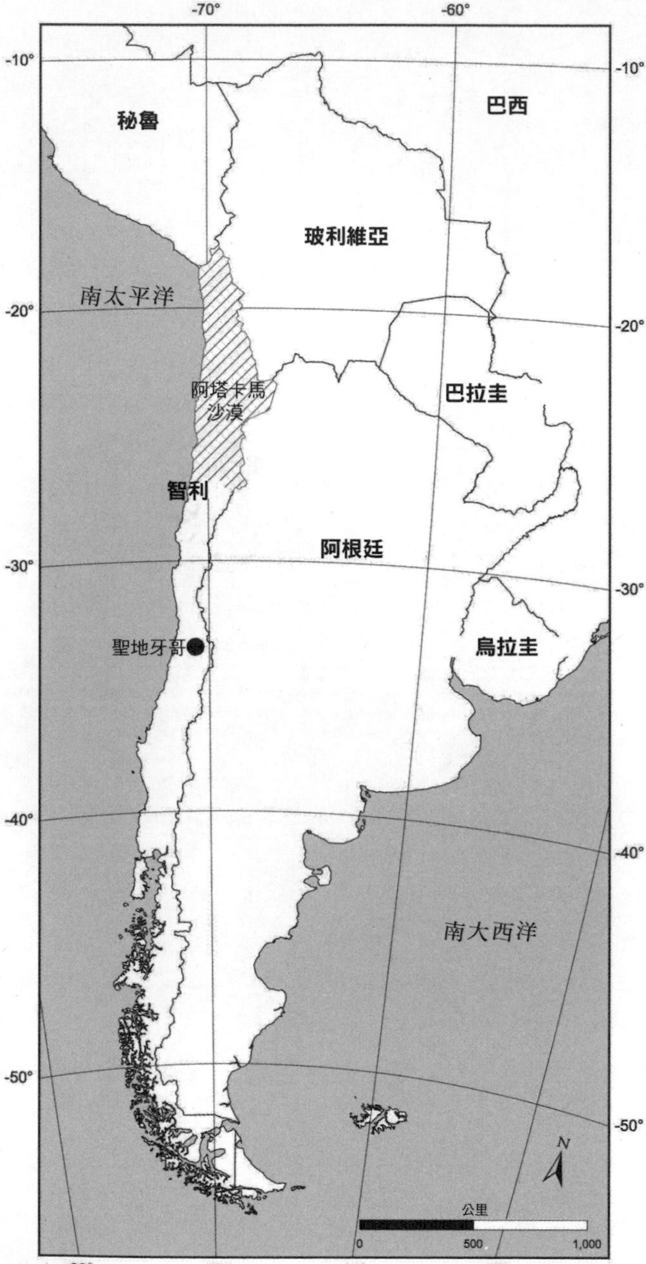
-70°
-60°
-10°
-10°
秘魯
巴西
玻利維亞
南太平洋
-20°
-20°
阿塔卡馬
沙漠
巴拉圭
智利
阿根廷
-30°
-30°
聖地牙哥
烏拉圭
-40°
-40°
南大西洋
-50°
-50°
N
公里
0
500
1,000
-80°
-70°
-60°
-50°

〈圖 4〉智利地圖

# 第四章

# 所有智利人的智利

參訪智利——一九七〇年以前的智利——阿言德——政變和皮諾契特——「向政府說不！」前的經濟——皮諾契特之後——皮諾契特的影子——危機框架——回歸智利

一九六七年，我將學術假期（sabbatical）花在參訪智利上，當時的智利一片祥和。接待我的智利人強調，智利與其他拉丁美洲國家截然不同。他們的說法是，在智利悠久的民主歷史中，只發生過少數幾次不流血軍事政變，不同於秘魯、阿根廷和其他中南美洲國家，經常由軍事政府掌權，堪稱拉丁美洲裡政治最穩定的國家。

在智利人眼裡，智利歸屬於歐美而非拉丁美洲。以我的智利之行為例，便是透過智利大學和加州大學的交流項目進行。而這項交流計畫之所以誕生，除了智利與加州分別位於南、北美洲大陸西岸，兩者在地理位置上的相似性外，也因為人們對於智利和加州在社會氛圍和政治穩定性上的感受相去不遠。我的智利友人以一句話總結：「我們智利人知道如何治理自己。」

一九七三年，在我參訪六年後，智利竟被軍事獨裁政權接管，殘暴的軍政府以酷刑凌虐人民的慘狀，簡直破了世界紀錄。同年九月十一日，經由民主選舉產生的智利總統在軍事政變過程中，於總統府自殺身亡。智利軍政府不僅殺害了為數眾多的智利人民，對許多人民施以酷刑，還發明出各種折磨身心的嚴峻刑罰，導致更多智利人民的流亡。軍政府還進一步指派恐怖分子執行海外謀殺，二〇〇一年九月十一日美國世貿大樓恐怖攻擊事件（九月十一日正巧是智利政變日）前，美國境內唯一一樁殺害美國公民的恐怖主義殺戮事件（發生於一九七六年的華府）即這個執政將近十七年的軍政府所為。

軍政府倒台二十九年後的今天，智利正努力清理其餘毒。一些施虐者和軍事領導人已被送進監獄，但是最高階的軍事領袖卻依然逍遙法外。許多智利人民在譴責酷刑的同時，卻還是認為軍事政變有其必要，不可避免。

在接下來的篇幅中讀到智利的近代史時，你腦海中想必會產生許多疑問。一個有著堅定民主傳統的國家怎會突然逆轉方向？智利和其他國家如何面對可怕的過往？關於本書的主題國家危機和變革如何在智利發揮作用？你將會發現在政府經濟政策和政治妥協上很大的選擇性改變，也會看出一些重複的主題：誠實的自我評價與誠實自我評價的缺乏，行動自由和行動自由的缺乏，盟友的支持或反對，以及典範或被視為典範的角色。

智利的兩位領導人彰顯出一個反覆出現的歷史問題，即性格獨特的領導人是否真能改變歷史的途徑。

閱讀本章時，不免意識到智利突顯了一個教人憂心的問題，對我的美國同胞而言尤其如此。美國與智利一樣有著堅強的民主傳統；放棄這樣的傳統，向獨裁政權屈服，對一九六七年的智利人民來說，幾乎難以想像，與當今許多美國人民看待美國的民主相似。但事情確實發生在智利，而今回顧，當初的一些警訊其實顯而易見。這樣的狀況會不會也在美國發生？

✻ ✻ ✻

讓我們從智利的地理、歷史和人民開始談起。當你看到智利的地圖（第152頁），會愣怔於智利的國土原來是全球最長、最細的，東西寬僅一百多哩，南北長卻近三千哩：它的長度幾乎等同美國國土的寬度。地理上，智利孤立於其他國家之外，東有安地斯山脈與阿根廷相阻隔，北有舉世最貧瘠的沙漠，把它與玻利維亞和秘魯分開。因此，智利獨立以來，僅發生兩次對外戰爭，分別是一八三六至一八三九年，以及一八七九年至一八八三年與北方鄰國玻利維亞和秘魯的戰爭。

儘管智利國土狹長，肥沃的耕地、農業和人口，卻只集中在環繞著首都聖地牙哥市的中央山谷區，僅占國土面積的一小部分。智利主要的港口瓦爾帕萊索（Valparaíso）距離聖地牙哥僅六十哩，是南美洲西岸最大的港口。地理上的集中，加上後文述及的智利族群同種性，皆有助於智利的統一，它無須處理困擾周遭鄰國的地理分裂主義運動。

南美國家大都屬熱帶氣候，唯獨位於南美南端的智利以及阿根廷、烏拉圭共享溫帶區域的兩大優勢；相較於熱帶地區，溫帶地區的農產力平均值較高，而疾病負擔較低，造就智利、阿根廷和烏拉圭成為南美洲人均收入最高的國家，即使阿根廷政府長期採用錯誤的經濟政策亦然。智利的繁榮歸功於它的農業、漁業和礦產（下面會說明）和製造業。在加州和澳洲盛行淘金熱的一八四〇年代，智利已是加州和澳洲兩地的小麥出口大國，此後也一直以農業出口為主。近幾十年來，智利則成了南美洲最大宗的漁產出口國，居全球領先地位。最後，智利並發展出比大多數拉丁美洲國家更興旺的製造業。

至於智利的歷史和人民，遠在歐洲人來到這裡之前，此區域只有稀少的美洲原住民，欠缺北境富裕、人口稠密、強盛的印加帝國（現為玻利維亞、秘魯和厄瓜多爾）之文化與政治成就。一五四〇年代起，最先征服並定居智利的歐洲人是西班牙人，這點與其他中南美洲地區一樣。他們進口非洲奴隸，也與美洲原住民通婚。進而形成今日智利在種族上的高同質性，沒有很多混血的美洲原住民或非洲少數民族，不同於大多數南美國家。絕大多數智利人是西班牙人和混血兒（mestizo，指西班牙人和美洲原住民混血的後代），幾乎全為天主教徒，也幾乎都說西班牙語（異於其他拉丁美洲國家有大批少數民族使用美洲原住民語言）。最大支的原住民少數民族馬普切族（the Mapuche）只占總人口的一％。西班牙和美洲原住民以外血統的人非常少。

智利的地理、歷史和人民因素全都促成它的統一。就智利的歷史而言，這屬於正面力量，使得它的歷史不像其他拉丁美洲國家那般動盪。然而，有股強大的負面力量同樣存在於智利和其他拉丁美洲國家中：迥異於歐洲人在北美開墾的小型農場，西班牙殖民者建立了大地主制度。因此，美國和加拿大從歐洲人定居開始，便發展出基礎廣大的民主政府，在智利，大部分土地、財富和政治卻掌握在一小群寡頭集團手中。政治權力集中，構成了智利歷史的基本問題。

頑強的寡頭傳統勢力與社會階層新崛起的力量間潛藏著衝突，或可透過政治妥協解決，也可能基於政治僵局而未能解決。一九二五年，智利採行新憲法，將總統、國會參議院和下議院的選舉時間按年分錯開，卻引發日後衝突的益發頻繁。此作法原本立意良善，奠基於權力均衡原則，卻不幸導致總統職位、參議院控制權，以及下議院控制權分屬不同政黨，通常取決於特定選舉年中，哪一方的勢力碰巧最強而定。隨後的兩次投票程序變更，增強了左派勢力，犧牲了寡頭政治先前的主宰地位。其中一項改變發生在一九三四年市政選舉和一九四九年總統選舉中，智利婦女終於取得投票權；另一項改變為，智利傳統投票方式是在公共場合公開投票，這讓地主能夠觀察並影響農民投票。因此，於一九五八年改採不記名投票，造成權力左傾。

智利的政黨分為——左派、中間派和右派，三股力量不相上下。因此政府若非左傾即是右傾，端看中間派的態度。每一派內部皆涵蓋偏激進與較不激進的成員，彼此互相衝突。例如左派中又有溫和派（包括最純正的共產黨員），他們企圖以改革憲法做出變革，與不耐等待、希望以革命方式改變的激進左派，兩派互相競爭。軍方則置身智利政壇鬥爭之外——直到一九七三年。

離我赴智利居住的一九六七年最近的一次總統大選發生在一九六四年。智利總統選舉的當選人通常採絕對多數決，一九六四年的選舉卻以相對多數決勝出，由中間派的總統候選人愛德華多．弗雷（Eduardo Frei）當選，選民認為他善良且誠實。恐懼於馬克思主義綱領和左派聯盟勢力不斷增強的右派選民因而支持弗雷，弗雷的政黨也在一九六五年的選舉中贏得了國會下議院的控制權，這讓人民期望弗雷可以做出重大改變，結束智利的政治僵局。

弗雷迅速採取行動，讓智利政府買下境內五一％的美國銅礦公司控制權，並挹注國內經濟，提供窮人受教育的機會，成功使智利成為美國經援與人均最高的拉丁美洲國家，同時啟動土地改革計畫，分割大地主的土地。不過弗雷改變智利社會的力量卻因智利長期的政治僵局而受限，一方面，在智利右派看來，弗雷的計畫過於激進，但另一方面，對智利左派而言，弗雷的計畫卻又不夠激進，他們希望智利能掌握銅礦公司更多的控制權，更多的政府投資，和更多的土地重新分配。在弗雷的治理下，智利在經濟上接連遭到罷工、通貨膨脹和物資短缺的打擊。例如我在智利的那幾個月就看到肉類供應長期短缺：連鯨肉和堅韌難嚼的牛肉也只偶爾才出現在肉鋪，雖然每天都可買到羊眼。我的朋友成了街頭暴力的受害者。到了一九六九年，智利三大政治區塊——右派、左派和中間派都對智利政治感到灰心。

❊ ❊ ❊

一九七〇年後的智利，接連由兩位在政治和人格方面都極端相反的領導人帶領：薩爾瓦多・阿言德（Salvador Allende）和奧古斯托・皮諾契特（Augusto Pinochet）。他們兩人唯一的相似點就是，截至今天，仍沒人明白為什麼他們各自會演繹出那樣的行徑。

我對阿言德的了解來自於他的公開資料，以及一位熟識他及他家人的智利友人對他的回憶。阿言德是典型的智利專業人士，出身中上階層家庭，富有、聰明、理想主義，傑出的演說家，個性頗具吸引力（插圖4.1）。他在學生時代就公開宣稱自己是馬克思主義者，也是智利社會黨的創始人，這個政黨比智利共黨更左傾。按智利的社會主義標準，阿言德的態度算平和，因為他的目標是藉由民主手段而非武裝革命，把馬克思政府帶到智利來。他畢業於醫學院，年僅三十一歲就成了智利衛生部長，且表現得有聲有色。一九五二、一九五八年和一九六四年，他三度競選總統都相繼失利，其中兩次差距尤為懸殊。於是，阿言德在一九七〇年以社會主義者、共產主義者、激進分子和中間派的「人民團結黨」（Popular Unity）候選人身分再次競選總統時，被視為是不具威脅性的常敗將軍。

一九七〇年的選舉中，阿言德獲得了最高比例的票數（三六%），但十分勉強，因為反對他的選民比例大得多（六四%），只是他們分成了右派聯盟（大約三五%，僅比阿言德的比例低一．四%！）和中間聯盟（大約二八%）。由於阿言德只取得多數而未過半的票數當選，因此他的當選需要國會認證，而國會也以確認他的當選交換一系列憲法修正案，保障新聞自由和其他自由。儘管阿言德本人的性格和個人過去的行為都不具威脅性，他的當選卻隨即引發美國政府煽動智利國會拒絕他的資格確認，不過並未成功。我的一位智利朋友家人也立即移民，不願留下來看阿言德將執行什麼政策。為什麼這位溫和不偏激的總統當選人會引發如此強烈的負面反應？

原因是阿言德和他的政黨聯盟聲明的目標，是把馬克思主義政府帶進智利：這是讓右派和中間派、智利軍隊和美國政府都深感恐懼的前景。在蘇聯解體，冷戰結束後數十年的今天，未嘗經歷一九四〇、五〇、六〇年代的年輕讀者無法想像，為什麼那些有力的選民如此堅決，不惜任何代價也要阻止馬克思主義政府在智利立足。答案得從二戰後說起，當時蘇聯開始主宰世界的政策，自行開發原子彈、氫彈和洲際彈道飛彈。一九四八年，它封鎖所有通往西柏林的道路，試圖扼殺民主的西柏林。它讓殘酷的共產黨進行接管，血腥鎮壓捷克、東德、匈牙利和波蘭，並在這些及其他東歐國家建立以蘇聯軍隊作後盾的獨裁政權。

最危險的是，在菲德爾．卡斯楚（Fidel Castro）於古巴成立馬克思政府之後，便聯手和赫魯雪夫在距離美國海岸僅九十哩處，部署裝載核彈頭的彈道飛彈。一九六二年十月，那可怕的一週，對所有當時曾親身經歷，且年紀大到足以記得這事件的人來說，皆難以忘懷，刻骨銘心。在那之前或之後，這世界再沒有任何一刻比當時更貼近核子戰爭邊緣（插圖4.2）。危機過後，美、蘇逐漸釋出先前的機密資料，清楚證明當時我們離毀滅邊緣遠比所知更近。那時候的美國軍事將領們只知道至少有一百六十二枚飛彈在古巴部署完成，但他們以為導彈的核彈頭尚未送達，殊不知很多彈頭早已送抵古巴。

古巴導彈危機後，蘇聯加快了發展更多強大核武以及洲際彈道飛彈的計畫，美國的反應則是決心不再容忍共黨在西半球成立政府。未能阻止此狀況發生的任一位美國總統，皆會因嚴重忽視美國利益之由而遭彈劾、免職，正如甘迺迪總統曾接獲的警告，假使他未能將蘇聯導彈從古巴撤出，就要有接受彈劾的準備。一九六〇年代開始，美國也對於共產主義危及越南及其他東南亞國家感到焦慮。智利的右派、中間派和軍隊同樣堅持：智利不能有馬克思主義政府，因為他們已經看到卡斯楚上台後，發生在古巴和反馬克思主義的古巴人民身上的情況。他們不會容忍歷史在智利重演。

美國關注智利的另一個動機是智利的銅礦公司，這是智利最大的經濟範疇，由美國投資、擁有與開發，主要是因為十九世紀的智利缺乏資金和獨力開發銅礦的技術。弗雷總統在位時，智利已徵收（並支付）五一％的公司股權；美國擔心（事後證明擔心是對的）阿言德可能會無償徵收剩餘的四九％股權。所以從一九六〇年代開始，美國政府透過名為「進步同盟」（Alliance for Progress）的計畫，支持拉丁美洲（包括智利）的中間派改革黨，並挹注大筆外援資金給受這些政黨統治的拉丁美洲國家，對左派革命採取先發制人。在弗雷總統治下，智利成為拉丁美洲接受美國發展資金的主要國家。

鑑於這些現實狀況，阿言德總統上任後採取了哪些政策？即使知道只有三六％的智利選民支持他，而智利軍隊和美國政府都反對他，他卻拒絕採取溫和、謹慎和妥協的態度，反而採取肯定會讓敵對勢力厭惡的政策。在智利國會一致支持下，他的第一項措施就是將美資銅礦企業國有化，且不支付任何補償金；好一個樹立外國強敵的方法。（阿言德不支付補償金的藉口是，把公司超過一定回報率的已獲利潤列為「附加利潤」，作為抵消補償。）其他大型國際企業也被他收歸國有。他讓大批古巴人進入智利，配戴卡斯楚送他的私人機槍，還邀請卡斯楚前來智利做為期五週的參訪，此舉震驚了智利軍方。他凍結物價（即便像鞋帶這種小額消費品），以社會主義風格的國家計畫取代自由市場經濟，大幅調高工資，大量增加政府支出，再印製鈔票來解決由此造成的政府赤字。他藉由徵收大莊園，轉交給農民合作社，以擴大弗雷總統的土改政策。儘管土改以及阿言德的其他目標皆出於善意，卻執行不力。一位我的智利友人當年十九歲，是尚在就學的經濟系學生，卻被賦予擔負訂定智利消費品價格的重任。另一位智利朋友則對阿言德的政策做了如下描述：「阿言德有很好的想法，但執行力很差。雖然他正確無誤地指出智利的問題，卻採取了錯誤的解決辦法。」

阿言德政策實施後的結果是擴大了經濟混亂與暴力事件，而且人民反對他。政府靠印製鈔票彌補赤字，導致惡性通貨膨脹，即使勞工薪資名義上增加，實際工資（根據通膨率調整後的工資）卻降至低於一九七〇年的水平。國內外投資和外援都枯竭，智利貿易呈逆差成長。民生消費品，甚至衛生紙都奇貨可居，商店貨架空空如也，到處都是大排長龍的購物人潮。食物配給連水都奇缺。原先支持阿言德的勞工加入了反對黨，在全國各地發起罷工；銅礦工人和卡車司機的罷工對智利的經濟打擊尤其嚴重。街頭暴力增加，政變流言愈演愈烈。左派方面，阿言德的激進派支持者自我武裝；右派這邊，街頭海報宣稱「Yakarta viene」，字面意思是「雅加達即將來臨」，指一九六五年印尼右派反共大屠殺，在下一章裡會討論。這是智利右派對左派分子的公開威脅，示意他們引以為戒，後來他們也確實說到做到。甚至智利最有權勢的天主教會都起身反對阿言德，因為他提議不論私立天主教學校或政府公立學校都要採取強制的教育課程改革，送學生到田地勞動，以創造合作和無私的智利「新人」。

這一切發展到最後，就成了我的智利友人們認為必然發生的一九七三年政變，儘管政變所採取的形式並非不可避免。一位經濟學者友人總結了阿言德失敗的理由：「阿言德會失敗，是因為他的經濟政策仰賴其他國家一再失敗的民粹主義措施。它們在短期內雖有成效，卻以抵押智利的未來、造成通膨失控為代價。」許多智利人敬佩阿言德，視他如聖人，但聖潔的美德未必會轉化為政治上的成功。

我在前面介紹阿言德時提到，究竟他為什麼會採取這些作法，迄今不得而知。我不斷自問：為什麼政壇經驗豐富，又是溫和派的阿言德，會採取明知大部分智利人民和軍隊都不會接受的極端政策？我的智利友人提出了幾個可能的答案，但沒人能確定哪個答案能真正解讀阿言德的想法。一個可能性是阿言德先前在政壇的成功，使他誤以為他可以化解反對派的阻礙。他曾是成功的衛生部長；藉由憲法修正案，他成功緩和國會對他當選總統的疑慮，同時這些修正案也並未限制他的經濟政策；國會一致同意他無償徵收銅礦公司。眼前，他希望藉由延攬三位軍事指揮官入閣來安撫軍隊。另一種可能性是，阿言德明知不可為，但在最激進的支持者「革命左派運動」（Movement of the Revolutionary Left，西班牙文縮寫為ＭＩＲ）」堅持下，被迫採取極端措施。ＭＩＲ企圖藉著一場速戰速決的革命，推翻智利的資本主義。他們累積武器，高呼「武裝人民」，抱怨阿言德過於軟弱，拒絕聆聽他「再耐心等待幾年」的懇求。

即便兩個可能性中的任何一個解答，甚至兩個都是阿言德的動機，我還是無法滿意。在我看來，阿言德的政策全奠基於不切實際的評估，這並非事後諸葛，而是在當時即是如此。

＊　＊　＊

長久以來預期會發生的政變終於在一九七三年九月十一日爆發，智利的陸、海、空三軍在開戰前十天已達成協議。儘管美國中情局一直支持反阿言德的黨派，試圖暗中打擊他，可是連揭露中情局干涉智利事務的美國人也同意，政變是智利人自己的行動，非由中情局所進行。智利空軍轟炸了聖地牙哥的總統府，陸軍坦克則進行炮擊（插圖4.3）。認清大勢已去的阿言德，絕望下，以卡斯楚送給他的機槍自我了斷。我得承認，對這種說法我心存懷疑，並暗自揣測阿言德其實是遭政變士兵殺害。但智利軍政府結束後，重新成立的民主政府旗下的調查委員所做的結論報告是，阿言德死時確實隻身一人，死因是自殺。智利友人也向我證實了這項說法，一位他熟識的消防員，當時曾參與搶救火海中的總統府，親眼見到阿言德殘餘倖存的夥伴，也包括阿言德死前最後一個見到他的人。

政變獲得中間派和右派智利人民的廣泛支持，大半是中產階級，理所當然還有寡頭政客。人民已到了無法再容忍阿言德遺政下的經濟混亂、愚蠢的經濟政策，以及街頭暴力的臨界點。政變支持者認為軍政府是不可避免的過渡階段，終將恢復一九七〇年以前，中上階級平民治理的局面。一位智利友人講述了他在一九七三年十二月，政變後僅三個月，參加一場十八人晚宴的故事。宴會中話題轉向軍政府會執政多久的問題，十八位賓客中有十七位都預言，軍政府只會掌權兩年，第十八位客人則預測七年，其他人都覺得這種說法很荒謬，認為這種事不可能在智利發生，之前所有軍政府都很快就將權力交還給民選政府。那天的晚宴上，沒有任何人預見軍政府會持續掌權近十七年，它中止了所有的政治活動、關閉國會，禁止左派政黨，甚至禁了中間派的基督民主黨（Christian Democrats）（大出中間派意外），接管了智利的大學，並任命軍事將領為大學校長。

軍政府後來的領導者皮諾契特將軍（插圖4.4），是在政變最後一刻才加入，他並未領導籌畫這場政變。就在政變前幾週，智利陸軍參謀長因為反對軍事干政，被迫辭職，由曾擔任聖地牙哥地區將領的皮諾契特遞補，成為新任陸軍參謀長。即便當時，五十八歲的皮諾契特被認為年齡偏大，其他的智利將領和三軍指揮官認為他們了解這位同僚，美國中情局也收集了大量關於他的資料，對皮諾契特的評價是：安靜、溫文爾雅、誠實、無害、友善、勤奮、務實、虔誠、生活樸實，是忠誠寬容的丈夫和父親，除了軍隊、天主教會和他的家庭外，不在乎其他事物。簡言之，他不像會領導政變的人。軍政府期望組成勢力相當的委員會，交替領導。他們讓皮諾契特擔任第一個領導人，主要是因為他最年長，是智利三軍中最大分支（陸軍）的參謀長，或許也因為他們認同中情局的看法，相信皮諾契特不具任何威脅性。軍政府掌權時，皮諾契特也公開聲明會輪換領導階層。

不過，到了皮諾契特該辭去領導職務下台之際，他並沒有那樣做。相反地，他透過他設立的情治單位成功威脅軍政府成員。數百樁意外事故接連發生在軍政府內部異議人士身上，皮諾契特總能撇清關係。他的軍政府同僚、中情局，和其他任何人都沒預料到皮諾契特的殘酷無情、強勢領導和死抱著權力不放——同時，他仍繼續帶孩子上教堂，並運用國家掌控的媒體，塑造親切的長輩與虔誠天主教徒的形象。

如果不看清皮諾契特的角色，就無法了解一九七三年九月十一日之後，發生在智利的野蠻暴行。如同一九三〇和四〇年代德國的希特勒，身為國家領袖的皮諾契特雖然只是大時代的一分子，卻在歷史歲月中烙下個人印記。他比阿言德更像謎。我為阿言德的行為提出了兩種解釋，然而對於皮諾契特的施虐行為，任何人都提不出合理的解釋。正如一位智利友人所言：「我不懂皮諾契特的心態。」

軍政府一上台，隨即逮捕阿言德的人民團結黨領導人，與其他已知的左派分子（比如大學生，和著名的智利民謠歌手維克多．哈拉（Victor Jara，插圖4.5）），目的在於徹底消滅智利左派。頭十天裡，成千上萬的智利左派分子被帶到聖地牙哥的兩座體育場審訊、凌虐、殺害。（哈拉的遺體被丟棄在污穢的運河裡，身上有四十四個彈孔，所有的手指全被剁掉，容貌亦損毀。）政變發生五週後，皮諾契特親自下令，派遣一名將軍率隊在智利各城市四處走動，即有名的「死亡篷車」（Caravan of Death），殺害政治犯和軍隊來不及殲滅的人民團結黨政治人物。軍政府禁止所有的政治活動，關閉國會，並接管大學。

政變兩個月後，皮諾契特成立了一個組織，後來發展為情報組織和祕密警察機構DINA，負責人直接向皮諾契特匯報，這個組織成為智利主要的鎮壓單位，因凶殘而臭名昭彰，相較於智利軍方其他情報部門的殘暴標準，有過之而無不及。它建立了祕密拘留營系統，發明新的酷刑，讓智利人「消失」（殺害他們，不留線索）。有個名為La Venda Sexy的中心專門以性虐待的方式逼供——比如逮捕罪犯的家人，當著罪犯的面讓齧齒動物和訓練有素的狗施予性虐待，行徑令人髮指。如果你膽子夠大，不會作惡夢，那麼赴聖地牙哥時，可去現已改為博物館的格雷莫迪（Villa Grimaldi）拘留中心參觀。

一九七四年，DINA開始在智利國外運作。它先在阿根廷布置汽車炸彈，殺害智利的前陸軍總司令卡洛斯．普拉茨（Carlos Prats）將軍及其妻蘇菲亞，因為普拉茨拒絕參與政變，皮諾契特擔心他有威脅性。DINA隨後展開名為「兀鷹行動」（Operation Condor）的國際恐怖主義運動，召集了智利、阿根廷、烏拉圭、巴拉圭、玻利維亞，最後納進巴西的祕密警察頭目，以便跨境合作搜捕流亡人士、左派和政治人物。數百名智利人在其他南美、歐洲國家被追捕殺害，甚至還有一位在美國罹難。美國案發生在一九七六年的華府，離白宮僅十四條街處，一枚汽車炸彈炸死了前智利外交官奧蘭多．萊泰利爾（Orlando Letelier，阿言德政府的國防部長）及其美國同事。如我先前所提，這是二〇〇一年世貿大廈遭遇恐攻前，唯一一次外國恐怖分子在美國國土上殺害美國公民的事件。

截至一九七六年，皮諾契特政府共逮捕了十三萬智利民眾，相當於智利人口的一%，儘管後來大多數人獲釋，DINA和其他軍政府特勤人員還是殺害了數以千計的智利人民（大都未滿三十五歲）、四名美國公民，以及其他國家的公民，或讓他們「消失」。殺害之前往往伴隨酷刑逼供，只是這些酷刑的動機有多少是出於純粹虐待則不得而知；與我討論此事的智利學生認為兩者皆有之。大約十萬智利人民流亡海外，許多人終生未再回返。

我們不禁疑惑，原本民主的國家怎會出現如此陰暗的行為，軍變持續的時間、殺戮的數量和虐待行徑，遠超過智利有史以來的紀錄。部分的答案在於智利的內部對立、暴力等情況惡化，與政治妥協的瓦解，阿言德治理下智利極左派的武裝，和極右派「雅加達即將來臨」就要發生大屠殺的警告。阿言德的馬克思主義計畫，以及他和古巴的聯繫，遠超過先前智利左派的程度，造成軍方恐懼，進而準備採取預防措施。另一部分的答案，根據與我交談的智利人說法，則和皮諾契特本人有關。雖然他試圖把自己塑造成一名再普通不過、親切、虔誠的天主教長輩，骨子裡卻是個不同一般的人。沒有多少資料顯示皮諾契特與暴行直接相關；或許下令讓一名將軍去執行「死亡篷車」的任務就是貼近的證據。許多智利右派人士至今始終相信，那些酷刑凌虐和殺害事件並非皮諾契特本人親自下令，這場大屠殺得歸咎於其他將軍和領導人。但我很難相信，每週、甚至每天與情治（DINA）首腦會面的皮諾契特與此毫無干係，或是智利的其他軍事將領能在沒有皮諾契特明確授命下慣常凌虐犯人。

與希特勒一樣，皮諾契特是影響歷史方向的邪惡領袖。然而智利的軍事罪行不能全歸咎於皮諾契特，畢竟從沒有人指稱他親自開槍或折磨過任何人。DINA全盛時期有逾四千名人員，他們的工作是審訊、折磨和殺害。我不認為這意味大部分智利人都很邪惡：每個國家都有成千上萬的反社會者，如果下令，甚至只要允許這樣做，他們都會犯下邪惡的行徑。即便是英、美這種大體上非邪惡的國家，舉凡在這裡坐過牢，都曾遭受獄卒和執法人員的虐待，況且他們並未被授命這樣做。可以想見，如果這些獄卒和軍官確實接到虐囚命令，會有什麼樣的行為。

＊＊＊

除了消滅智利左派，皮諾契特專政的另一主要任務，就是在自由市場的基礎上重建智利經濟，逆轉先前政府大規模干預的作法。在皮諾契特執政的頭一年半並沒有發生逆轉情況，經濟依舊緊縮，通膨持續，失業率上升。一九七五年起，皮諾契特起用一群被稱為「芝加哥小子」（Chicago Boys）的新自由主義經濟顧問掌管經濟，其中許多人都曾受教於芝加哥大學米爾頓．傅利曼（Milton Friedman）的門下，故有此稱號。他們的政策強調企業自由、貿易自由、市場導向、預算平衡、低通膨、智利企業現代化、減少政府干預。

南美的軍事政府通常寧可自行控制經濟，以便圖利自己，而不採用他們無法控制的自由市場經濟。因此軍政府會採用芝加哥小子的政策頗出人意表，迄今仍不知它為何會接受。若非皮諾契特，可能根本不會發生，因為這些政策遭到一些高階軍官的反對，包括一名軍政府成員（空軍將領古斯塔博・雷（Gustavo Leigh）），最後，皮諾契特於一九七八年逼他辭職。有些人將這些經濟政策的採行歸因於一九七五年，皮諾契特與傅利曼本人的會面，兩人談了四十五分鐘，事後傅利曼發了封長信給皮諾契特，提出許多建議。可是會晤後，傅利曼對皮諾契特的評價並不高，會談時，皮諾契特也只問了傅利曼一個問題。事實上，「芝加哥小子」的經濟計畫與傅利曼建議的作法有很大的不同，採用的是智利經濟學者在綽號「磚頭」（因為太冗長沉重）檔案中的詳細計畫。

有個可能的解釋是，皮諾契特承認他對經濟一無所知，認為自己形同白紙，而芝加哥小子提出的建議簡單、一貫、教人信服，對他產生了吸引力。另一個因素可能是皮諾契特認為芝加哥小子和他們的政策等同強烈支持他的美國，美國和他同樣痛恨共產黨，並在皮諾契特發動政變後立即恢復了對智利的貸款。正如皮諾契特（和阿言德）的某些行事一樣，這個決定的動機同樣無解。

無論動機為何，因而誕生的自由市場政策包括：數百家在阿言德時代收歸國有的企業重新私有化（但不包括銅礦公司）；全面削減政府各部門預算，幅度從一五％到二五％；平均進口關稅由一二〇％降為一〇％；以及開放智利經濟，面對國際競爭。這導致智利的寡頭實業家和傳統世族的強大勢力共同反對芝加哥小子的計畫，原本高昂的關稅，保障了他們缺乏效率的企業不受國際競爭的威脅，如今卻被迫競爭與創新。新政策促使通膨率下降，從阿言德時代的每年六〇〇%，降至每年僅九%。智利經濟以每年一〇%的比率成長，外資大幅增加，智利人民的消費指數上揚，出口項目多元化且數量增加。

這些正面的結果並非沒有碰到挫折或產生痛苦的影響。一個教人遺憾的決定是把智利的披索與美元匯率掛鉤，造成巨大的貿易逆差和一九八二年的經濟危機。智利人獲得的經濟利益分配不均：中產和上層階級富裕起來，但其他許多智利人民卻生活貧困，歷經打擊。如果是民主國家的智利，很少會讓貧窮的人民遭受如此大規模的苦難，或是實施富裕的企業寡頭所反對的政府政策。唯有在高壓獨裁政權下，才有可能這麼做。一位在其他方面並不贊同皮諾契特的智利友人如此解釋：「是沒錯，不過之前在阿言德的專政下，就已經有這麼多智利民眾受經濟問題所苦，而且毫無改善的希望。」等到大家看出軍政府不僅僅是臨時過渡的政權，而是有意持續掌權之際，儘管政府高壓，許多中產階級和上層社會的智利民眾仍然因為（分配不均的）經濟進步，而繼續支持皮諾契特。除了那些受凌虐或遭殺害的智利社會階層，人們終於可以因為阿言德時代經濟混亂的結束鬆了口氣，樂觀以對。

美國政府也和許多智利民眾一樣，在皮諾契特軍事獨裁的大半時間都支持他。美國方面，乃基於他強烈的反共立場。美國政府的政策是向智利提供經濟和軍事援助，並公開否認皮諾契特侵犯人權的行為，即使受凌虐遭殺害的人是美國公民。誠如當時的美國國務卿季辛吉所述：「……無論（軍政府）的行為教人多麼不快，這個政府（皮諾契特）在我們看來總比阿言德好。」美國政府對皮諾契特的支持，以及對他濫權施暴的盲目，經歷了尼克森、福特、卡特總統時代，一直到雷根總統就任初期。

一九八〇年代中期開始，兩個因素致使美國政府轉而反對皮諾契特。一是施虐證據愈來愈多，難以忽視，包括對美國公民施虐。轉折點是智利政府在聖地牙哥對羅德里戈．羅哈斯（Rodrigo Rojas）的殘酷殺戮，這名智利青少年是美國的合法居民，他被智利士兵澆上汽油放火燒死。雷根政府反對皮諾契特的另一個原因是，智利在一九八二至八四年的經濟衰退，使得更多智利民眾反對皮諾契特。由於自一九八四年起的經濟復甦未能改善大多數智利人民的命運，讓智利左派獲得力量，智利的天主教會也成為反對的焦點（儘管皮諾契特是虔誠的天主教徒），甚至連智利軍方也對他不滿。簡言之，皮諾契特不僅邪惡：由美國政府的角度來看，更糟的是他已經成為美國政治利益的累贅。

軍政府於一九八〇年提出新憲法，鞏固右派和軍隊利益，並要求選民投票，延長他的總統任期至八年（一九八一年到一九八九年）。在軍政府嚴密控制的競選活動後，大多數智利選民都贊同新憲法和延長皮諾契特的任期。一九八九年延長的任期即將告終時，軍政府於一九八八年宣布舉行另一次公投，要再延長八年皮諾契特的任期，直到一九九七年，他八十二歲為止。

只是這回皮諾契特估計錯誤，遭對手擊敗。由於國際關注，迫使競選活動必須公開進行，投票必須採取正當手段。美國把資源押在反對派，反對派動員了九二％的潛在選民登記投票，並圍繞著簡單的口號「向政府說不！」展開了一場精心設計的競選活動（插圖4.6）。大出皮諾契特意外的是，「向政府說不！」的競選活動占了上風，獲得五八％的選票。儘管皮諾契特在選舉結果揭曉當晚的立即反應是否認投票結果，其他軍政府成員還是強迫他接受。但是一九八八年的那場自由選舉中，仍有四二％的智利民眾投票支持皮諾契特。

＊　＊　＊

皮諾契特的對手藉著「向政府說不！」的勝利，終於贏得一九九〇年重新掌權的機會。但「向政府說不！」的競選活動是由十七個團體組成，意味著對於皮諾契特下台後的智利，共有十七種不同的願景。因此，智利有可能冒著踏上二戰時期擊敗德國和日本的同盟國民主制之風險，這也是邱吉爾六卷回憶錄的最後一卷《勝利與悲劇》（*Triumph and Tragedy*）的主題：「偉大的民主國家是如何獲勝，才能夠重新恢復這些幾乎讓他們喪命的愚蠢生活。」智利也面對著類似的問題：智利人會恢復導致許多民眾喪生、且差點讓他們的國家失去民主政權的頑強和不妥協態度嗎？

大約從一九七三年開始，有十萬名未遭皮諾契特毒手的左派政敵逃亡出國。他們長時間流亡海外，約達十六年之久（直到一九八九年），因此有充裕的時間反省自身先前的不妥協態度。其中許多人逃往東、西歐，花了多年時間觀察歐洲國家的社會主義人士、共產黨人和其他左派分子如何運作、結果如何。前往東歐的智利流亡人士往往感到沮喪，他們發現，由不妥協的左派理想主義者執政，也沒有為國家帶來福祉。流亡西歐的人反而觀察到溫和的社會民主在運作，能促成較高的生活水準，以及較先前的智利更平和的政治氛圍。他們發現左派不必激進和頑固，可以憑藉和抱持不同政治觀點的人談判與妥協，來實現他們的許多目標。流亡人士經歷了蘇聯和東歐共產政府的瓦解，以及中國在一九八九年六四事件對示威者的血腥鎮壓。這些觀察都緩和了智利左派分子的極端態度和對共產主義的共鳴。

在一九八九年的「向政府說不！」競選活動中，觀點各異的反對派支持者們明白，除非他們學會互相合作，否則便無法勝選。他們也知道皮諾契特仍擁有智利商界和上層社會的廣泛支持，除非能對皮諾契特的支持者保證他們在大選後的人身安全，否則反對派無法在這場選舉中勝出，就算真的勝選，也永遠不會獲准掌權。對掌權的左派人士而言，與前景一樣令人難受的是，他們必須學著寬恕包容先前對手讓人厭惡的政見，以及對手曾經殘忍以對的行徑。他們不得不宣告他們願意建立一個「所有智利人的智利」：這是在皮諾契特之後，智利第一位民主選舉選出的總統派崔西奧．艾爾文（Patricio Aylwin），於一九九〇年三月十二日就職演說中聲明的目標。

十七個「向政府說不！」的團體聯盟贏得公投後，聯盟的左派分子必須說服中間派的基督民主黨：無須恐懼新的左派政府，新政府並不會像阿言德的左派政府那樣激進。因此，左派和中間派政黨加入了名為「協調」（Concertación）的選舉聯盟。左派同意，如果聯盟贏得一九九〇年的選舉（後來確實如此），會由左派和中間派交替擔任總統一職，並由基督民主黨黨員先行擔任。左派之所以同意這些條件，是因為他們明白這是他們能夠重新掌權的唯一方式。

後來左派民主政黨聯盟接續贏得皮諾契特下台後的四次選舉，一九九〇、一九九三、二〇〇〇和二〇〇六年。前兩任總統是基督教民主黨的派崔西奧．艾爾文和小愛德華多．弗雷（Eduardo Frei, Jr）（前總統愛德華多．弗雷之子）。接下來的兩任是社會主義黨的里卡多．拉戈斯（Ricardo Lagos）和蜜雪兒．巴舍萊（Michelle Bachelet）；後者是智利的首位女總統，其父是一名曾遭皮諾契特的軍政府監禁、凌虐的將軍。二〇一〇年的總統大選，左派民主政黨聯盟遭右派的薩巴斯欽．皮涅拉（Sebastián Piñera）擊敗，二〇一四年，社會黨的巴舍萊重新掌權，二〇一八年則再次由右派的皮涅拉當選。皮諾契特下台後的智利又恢復成拉丁美洲罕見的民主政府，這是經過極大程度選擇性改變的結果：願意去寬容、妥協、分享和權力交替。

除了放棄政治上的不妥協外，與皮諾契特之前的民主政府相比，智利新左派民主政黨聯盟政府的另一個重大方向改變與經濟政策有關。新政府延續了皮諾契特大部分的自由市場經濟政策，因為這些政策長遠下來大半有利。事實上，政黨聯盟政府甚至進一步實施政策裡的調降進口關稅，到了二〇〇七年時，平均關稅只有三％，為全球最低，並與美國和歐盟簽署了自由貿易協定。政黨聯盟政府對軍政府時期經濟政策的最主要變革是，增加政府在社會計畫上的支出，以及改革勞動法。

結果是，自一九九〇年政府更迭以來，智利經濟以驚人的速度成長，直直領先拉丁美洲其他地區。一九七五年時，智利的平均所得僅占美國平均所得的一九％；到了二〇〇〇年已經上升到四四％，而同時間拉丁美洲其他地區的平均所得數字卻是在減少。智利的通貨膨脹率低、法治強、私人財產權能得到良好的保障，而且，我在一九六七年訪問期間不得不面對的普遍貪污現象也減少。在智利回歸民主的頭七年裡，經濟環境改善的結果（也是部分原因），讓外國的投資迅速加倍。

如今的聖地牙哥看起來與我在一九六七年所見的城市截然不同。摩天大樓林立（包括南美洲最高的摩天樓），還有新的地鐵與新機場。然而，智利的經濟表現與均富相去甚遠。經濟不平等的情況仍然嚴重，社會經濟流動率很低，智利還是像以前一樣，貧富差距形成鮮明的對比，儘管今天智利的富人往往是新的企業領導人，而非以往的大地主家族。總體而言，智利經濟大幅改善意味著，縱使貧富之間的**相對**差距仍然存在，但智利窮人的**絕對**經濟狀況已有很大的改善。生活處境低於貧困線的智利人百分比，也從皮諾契特執政最後一年時的二四％，下降到二〇〇三年的五％。

＊　＊　＊

一九八九年的「向政府說不！」勝選並不表示皮諾契特和軍隊沒有插手智利政局。事實相去甚遠：皮諾契特卸任總統之前，依法獲得終身參議員席位，並允許他任命幾位新最高法院之法官，同時保留他軍隊總司令之職，到他一九九八年八十三歲退休為止。這意味著智利的民選領袖心裡，始終存有皮諾契特發動另一次軍事政變的隱憂。一位智利友人向我解釋：「這就像是一九四五年五月九日納粹德國投降，希特勒不但沒有自殺，還保有終身參議員和德軍總司令的職務一樣！」皮諾契特時期制訂的新憲法進一步提升了軍方勢力，他增加了一項條款（迄今仍有效），規定智利全國銅礦每年營業額（是的：營業額，而非僅是利潤而已！）的一〇%必須花在軍事預算上。這為智利軍隊提供的財政基礎遠超過抵禦外侮所需的資金——尤其考量到智利上一次對外戰爭（僅是歷來的第二次）是一個世紀前，於一八八三年就已結束，智利擁有海洋、沙漠和高山保護的地利，加上鄰國（阿根廷、玻利維亞、秘魯）也並不危險。相反地，智利軍隊唯一可能對抗的就是智利人民自己。

皮諾契特時期制訂的智利憲法裡，其中三項有利於右派。一項是三十五位參議院成員中，有十位並非由民眾選出，而是讓總統從一份可能只限右派的官員名單中指派（例如前陸軍和海軍司令）。卸職總統自動轉任終身參議員。第二項（直到二〇一五年才廢除）

規定每一個智利國會選區都要選出兩名代表，其中一位只需拿到相對多數票即可當選，另一位則要求達到八〇％的得票門檻；這使得任一地區都很難選出兩名左派人士。最後一項有利右派的條款是，須經七分之五的選民通過才能進行修憲──可是在民主制度下，任何事都很難獲得七分之五的選民同意（特別是像智利這樣分裂的國家）。結果，雖然皮諾契特已下台數十年，智利依然按照他所修訂的憲法版本作業──儘管大部分智利人都質疑它的合法性。

對任何國家而言，承認並彌補其官員對本國人民或他國公民所犯下的惡行，都是一件沉痛的事，因為過去無法重來，而犯行者往往仍活在人世，不帶悔意，擁有權勢，並廣受愛戴。承認和贖罪對智利尤其困難，因為皮諾契特擁有智利少數派選民的強大支持，即便在一九八九年的非強制公投中亦然，因為皮諾契特仍然是軍隊司令，民主黨政府有絕佳的理由相信，如果制裁軍方犯行者有可能引發另一場軍事政變。有兩次──在皮諾契特的兒子遭受調查，和人權委員會開始調查暴行時，穿著全套軍服的士兵就那麼現身街頭，表面上是「例行演習」，隱含的威脅卻顯而易見。

皮諾契特後的第一任總統艾爾文採取謹慎作法，承諾「盡可能」主持正義，讓期望算總帳的智利人民感到失望，憂心這只是「沒有正義」的委婉託辭。但艾爾文真的成立了「真理與和解委員會」，於一九九一年公布遭殺害或「消失」的三千兩百名智利人姓名，並在二〇〇三年的第二委員會揭發酷刑真相。艾爾文在電視談話中幾乎落淚，他代表智利政府懇求受害者家屬的原諒。現代史上，向來罕見政府領導人為政府所犯的殘酷行徑衷心致歉；最相近的例子是德國總理威利．布蘭特（Willy Brandt）在華沙猶太人區，同樣由衷地向德國前納粹政府的受害者道歉（詳見第六章）。

清算皮諾契特的轉捩點是一九九八年，在他赴倫敦一家診所就診時，英國對他發出逮捕令。這張逮捕令乃應一位西班牙法官之請所發，要求將皮諾契特引渡西班牙，對人道罪行，尤其是殺害西班牙公民作答辯。皮諾契特的律師最初辯稱皮諾契特應免於起訴，因為酷刑和殺戮是政府的合法職能。英國上議院駁回了辯詞，皮諾契特的律師於是聲稱他年老體弱，應以人道理由獲釋。只有當他坐在輪椅上時，律師才允許人拍照。在軟禁五〇三天後，英國內政大臣否決了西班牙的引渡請求，據稱是因為皮諾契特已無體力受審，而真相可能是皮諾契特政府在一九八二年英、阿福克蘭群島戰爭期間，曾協助英國對抗阿根廷之故。皮諾契特隨即飛往智利。飛機抵達後，他坐著輪椅下機，接著站起來，走過停機坪，與前來接機和祝賀他的智利將軍握手（插圖4.7）。

即使是智利的右派人士，也因美國參議院小組委員會揭發的皮諾契特罪行而震驚。皮諾契特在美國銀行的一百二十五個祕密帳戶中，藏匿了三千萬美元。雖然右派已有心理準備寬恕他的酷刑和殺戮，只是他們原以為他與其他貪腐的拉丁美洲獨裁者不同，當他們發現皮諾契特偷錢藏匿，不由得大感失望。智利最高法院褫奪他終身參議員一職所享有的起訴豁免權。智利的稅務機關（相當於美國的國稅局）也對皮諾契特稅表申報不實提出告訴。(或許當局是受到惡名昭彰的美國黑幫分子阿爾．卡彭(Al Capone)落網的啟發。卡彭避掉了指使執行謀殺、販賣私酒、經營賭場和賣淫集團等罪名，最後卻因逃稅而入獄。)皮諾契特當時因其他金融犯罪和謀殺案被起訴，並遭軟禁，他的妻子和四名子女也遭逮捕。然而二〇〇二年，他被宣告失智，不適合受審，於二〇〇六年因心臟病發去世，得年九十一歲。

最終，有數百名智利施虐者和殺人者遭到起訴，數十人入獄，包括皮諾契特情治機構DINA的局長曼努爾．孔特雷拉(Manuel Contreras)將軍，被判五百二十六年刑期的他，至死仍不悔改。許多年紀較長的智利人認為量刑過苛，且堅持皮諾契特是遭到不公迫害的好人之觀點。另外一群則覺得刑罰太輕、人數太少、正義來得太晚，僅針對低階而非高層罪犯，結果還把他們送進舒適宛如度假村的特別監獄。舉例來說，像是直到二〇一五年，才有智利法官把一九七三年殺害著名歌手維克多．哈拉的十名軍官，以及一九八六年殺死羅德里戈．羅哈斯的另七人定罪：且分別是在罪行發生四十二年後與二十九年後。二〇一〇年，智利總統巴舍萊在聖地牙哥前格雷莫迪拘留中心成立記憶與人權博物館，記錄了軍政府統治時期，酷刑殺戮的恐怖細節。假使皮諾契特仍是軍隊總司令，情況將無法想像。

智利人尚在努力權衡前軍政府施政的功過：尤其是如何平衡它帶來的經濟效益和罪行。這個窘境無法解決。一個簡單的答案是：為什麼要拿經濟利益和罪責一起考量？為什麼不直接承認軍政府既有功，也犯下可怕的罪行？在一九八九年的公投中，智利人民確實不得不權衡這兩者，因為他們只有投下「是」或「否」的選擇，決定要不要讓皮諾契特再擔任八年總統，他們不能投「可以，但是……」，又或「不行，但是……」。面對這個選擇，四二%的智利人民投票「贊成」，儘管皮諾契特曾指使「記憶與人權博物館」展出的可怕酷刑。今天，雖然大多數的智利年輕人鄙視皮諾契特，可是在那些記得阿言德和皮諾契特時代的智利長者心裡，看法卻是分歧。我所訪問的兩對智利夫婦表現的態度正好說明了這點。在這兩個案例中，夫妻雙方都要求我做個別採訪，因為對於如此痛苦的事件，他們的意見截然不同。在這兩例中，丈夫們都向我表達這樣的看法：「皮諾契特的政策使智利在經濟上受益，但他的施虐殺戮卻不可原諒。」而兩位太太則說：「皮諾契特的暴行和殺戮雖然邪惡，但你必須明白他的政策在經濟上造福了智利。」

＊＊＊

從本書的架構角度出發，探討有助於化解危機結果的因素來看，智利演示了當中的許多部分。

首先，智利的變化確實有選擇性且變化重大（表1.2中的因素＃3）。它先打破了長期以來盡量減少軍事干預的傳統，接著大刀闊斧斷然改變經濟策略，採取徹底放任的態度，解決了政府長期遊走在干不干預經濟之間的緊張關係。最後，當軍事干預政權的作法被逆轉時，逆轉本身是有選擇地進行：是的，恢復了民主政體，但保留了軍方引入的自由市場經濟改變，成為智利兩次長久的選擇性變革之一，也展現了非凡的彈性（因素＃10）：重新執政的社會主義黨放棄了他們信奉的社會主義，繼續保留軍政府的經濟政策，儘管軍政府受到人民的憎恨。智利另一個選擇性的持續改變，是放棄了智利近代史（至少在過去幾十年裡）上，始終拒絕政治妥協的冥頑性。

在兩回的不確定性和失敗（因素＃9）後，智利做出了這些選擇性的改變。第一回是阿言德拒絕妥協，並引入馬克思主義政府，試圖解決智利長期以來的經濟和社會問題，以失敗告終。第二回是同樣拒絕妥協的皮諾契特，建立了長期軍政府，並延長自己的總統任期，卻因誤判一九八八年全民公投的結果而未能如願，最後也是失敗。

智利是如何自近十七年的軍事鎮壓和破紀錄的政府暴行中崛起，而除了所知的磨難外，是否造成更深層次的創傷？如今的智利仍掙扎於皮諾契特時代後的餘波中，但我驚喜地發現，智利人民並沒有受到更多的折磨。這個結果歸功於智利人的國家認同和自豪感（因素＃6）。智利人民仍抱持著智利友人於一九六七年告訴我的態度：「智利與其他拉丁美洲國家很不一樣；我們智利人知道如何治理自己。」智利人極力和其他拉丁美洲人做出區隔，有效率地自我管理。儘管許多智利人或許懷有強烈動機，不願接納其他類智利人作為同胞，但他們更願意堅持自己的座右銘「打造一個包容所有智利人的智利」。如果沒有這樣的國家認同，智利就無法避免政治癱瘓，無法重新成為拉丁美洲最民主、最富裕的國家。

智利的例子同時闡明在一個階段誠實地做現實評估，與在另一個階段缺乏誠實評估的態度（因素＃7）。皮諾契特和其他軍事領導同僚證明他們在一九七三年可以戰勝智利境內外對手的看法是對的；阿言德認為他可以在智利成立馬克思政府的想法是錯的。這種差異進一步說明了一個令人遺憾的事實：用意良善的正派人才未必能成功，邪惡之人也未必會失敗。

智利也說明了擁有他國支持和缺乏他國支持這兩種角色（因素＃4），還有以其他國家作為學習典範（因素＃5）。美國的反對在阿言德的失敗中發揮了作用，而一九七三年政變後，美國迅速恢復對智利經援則資助了軍政府的長期生存。皮諾契特明白（不完全是事實）美國經濟是自由市場經濟的典範，因此同意採用「芝加哥小子」的經濟政策。

同樣地，智利描繪了行動自由的優點，也說明了缺乏行動自由的弊端（因素＃12）。智利因有高山和沙漠作為地理屏障，與其他拉美洲鄰國相隔離，大大減低阿言德或皮諾契特的施政引起阿根廷、秘魯和玻利維亞等國干預的憂慮。相反地，烏干達、盧安達、東巴基斯坦、柬埔寨和其他許多國家的獨裁政府則因鄰國的干預而遭推翻。不過阿言德政府的行動自由仍受到遠端美國的約束，而智利所有政府的行動自由則受到智利銅業（智利經濟的最大支柱）在世界市場上的牽制，非智利所能控制。

這些都是由個人危機視角所看到有關智利危機的特徵。接著，我們來細想一下國家危機獨有（即不與個人危機共有）的特徵，以智利與我們所討論其他國家的事件做比較。

首先，一九七三年的智利危機，和下一章將討論的一九六五年印尼危機一樣，都是來自國內，不似一八五三年的日本和一九三九年的芬蘭來自國外的衝擊。（並非否認來自美國的外在壓力在智利危機中的角色。）智利和印尼的內在危機肇因於政治兩極化，對深層核心價值觀的分歧，以及甘冒殺人或被殺的風險也不願妥協。

其次，智利的歷史說明了和平演變與暴力革命的主題。在一八四八和一九六八年的德國，激進的暴力革命失敗了，隨後的和平演變反而成功地達成許多共同目標。澳洲從一九四五年開始的變革則完全透過和平演變而實現，甚至不帶任何武力革命的企圖。相比之下，一九七三年和一九六五年智利和印尼的危機，分別以武力革命告終，造成長期的軍事專政。但這兩個軍政府後來都因和平抗議而下台。儘管這些抗議活動在開始時並不能確保成功，但如果採用另一種方式，選擇以暴動的方式讓皮諾契特和印尼的蘇哈托退位，必定會惹惱軍方，遭軍隊鎮壓。但無論是智利或印尼軍隊都不能朝大街上和平抗議的大批群眾開槍。

第三，智利與一九六五年的印尼、一九三三年的德國一樣，不像明治時期的日本或二戰後的澳洲，這說明了一位特殊領導者的作用：即（就我個人觀點）邪惡至極的領導人皮諾契特。智利友人告訴我，智利在一九六〇年代末和七〇年代初日益增長的兩極化發展，使得解決這種極端演變的方式變得很暴力。甚至在一九七三年九月十一日的政變之前，暴力事件在六年中持續不斷地增加。讓智利人驚訝的是暴力持續的時間，比如我的朋友在一九七三年十二月的晚宴上便估計軍政府執政不會超過兩年。那不只是在政變後幾天或幾週內的大肆殺戮；智利人民承受了連續多年的折磨和殺害，而皮諾契特政權更長達近十七年之久。這種結果不只智利民眾意外，也讓理當最能預測皮諾契特行為的兩群人吃驚：他在智利軍政府的夥伴，認識他幾十年，並和他共享職業軍旅生涯的人；以及任務之一就是對其他國家局勢與走向瞭如指掌的美國中情局。對於皮諾契特的殘酷無情和死抱權力不放的堅持，他的軍政府同僚和中情局一樣同感詫異，這種行徑與智利史上所有政變領袖的傳統作風背道而馳。他的個人心理狀態始終教歷史學者大為不解。

有關智利現代史最後一個要說明的主題是，有關難以擺脫過去惡行的諸多牽制。一九四五年五月，納粹德國在軍事上全面潰敗，許多納粹領導人自殺，整個國家都被敵人占領。二戰後，德國政府仍有許多前納粹黨人，但他們無法公開為納粹罪行辯護，因此德國最後切實公開面對了納粹的罪行。而相反的極端是，印尼軍隊在一九六五年殺害或指使殺戮逾五十萬的印尼人民，隱身屠殺背後的印尼政府仍持續掌權，迄今還在執政。無怪乎即便是距離大屠殺五十多年後的今天，印尼人仍不願談論這些問題。

智利則是中間案例。下令殺人的軍政府將權力和平轉移給民主政府，但軍方領導人仍舊活著，並保有極大權力。智利的新民主政府起先不敢起訴軍方罪犯。時至今日，它的態度也仍然謹慎。為什麼？因為軍方可能重新掌權，仍然有很多智利人為皮諾契特辯護，因為很遺憾地，「包容所有智利人的智利」意味著前戰犯也包含在這個智利裡。

最後，許多憂心當今美國政治兩極化日益嚴重的美國讀者，會因智利的近代史而心生恐懼。儘管智利有堅強的民主傳統，但政治兩極化和妥協的破裂最後導致了暴力和衝突，帶來智利人難以預見的獨裁統治。這可能發生在美國嗎？

可能有人會立即抗議：「不，當然不會！美國與智利不一樣。美軍永遠不會造反或接納獨裁政權。」

是的，美國確實與智利不同，其中一些差異降低了民主終結的風險，但另一些差異卻增加了這種風險。如果民主確實在美國告終，絕非透過軍方領袖領導的起義；其他方法一樣可以結束民主。關於美國的這些問題我將在第九章進一步討論。

※ ※ ※

二〇〇三年我重返智利，這是自一九六七年離開後，首次重遊舊地，我參觀了現在已成為旅遊景點的阿言德總統府。人們告訴我，民眾可以自由進入。前門有位表情很嚴肅的警察，手拿步槍，站在一呎半高的箱子上，可以俯視往來民眾。他低頭瞪視往來民眾，沒有笑容，問我要做什麼。我回說我是遊客，於是他讓我通行。我忍不住納悶他可能會做什麼，還有我是否在無意間違反了一些規定。我思索道：「就是像這樣的警察或士兵把羅德里戈．羅哈斯淋上汽油，點火引燃在烈焰中！」我內心起了股寒意，因此只短暫停留一分鐘就離開，也更進一步明白智利的民主政府為什麼在起訴皮諾契特時代的施虐和殺人者時，會那麼謹慎了。

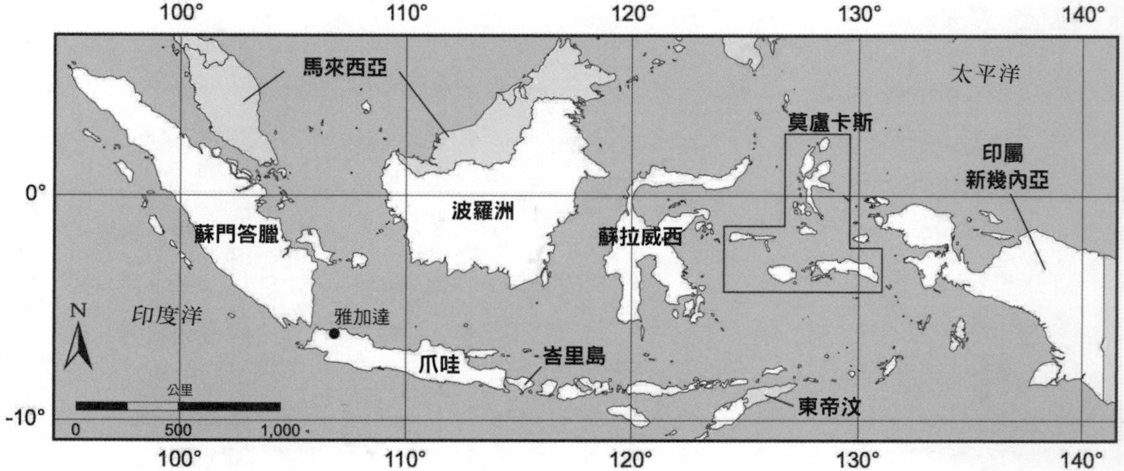
100°
110°
120°
130°
140°
馬來西亞
太平洋
莫盧卡斯
印屬
新幾內亞
0°
波羅洲
蘇門答臘
蘇拉威西
N
印度洋
雅加達
爪哇
峇里島
東帝汶
公里
0
500
1,000
-10°

〈圖 5〉印尼地圖

▼第五章

# 印尼，一個新國家的崛起

在飯店——印尼的背景——殖民時代——
獨立——蘇卡諾——政變——大屠殺——
蘇哈托——蘇哈托的功過——
危機框架——重返印尼

印尼是全球人口第四多的國家，約二億六千萬居民，僅次於中國、印度和美國。它也是世界上穆斯林人口最多的國家，穆斯林居民比巴基斯坦、孟加拉或伊朗還多，這些數據會讓人們以為歐美的報業媒體會非常關注印尼。

其實，「穆斯林」這詞讓西方人聯想到的往往是其他國家，而非印尼。當今的歐美報紙鮮少提到印尼。最近十五年來，印象中印尼上了頭版僅有幾次，分別是二〇一八年印尼發生兩次大地震，多人罹難；二〇一五年包括外籍人士的數名走私毒品犯在外國抗議聲浪中仍遭處決；二〇〇四年造成二十萬人死亡的海嘯；以及二〇〇二年多人受害的峇里島炸彈事件。世人普遍對印尼缺乏關注，因為今天的印尼並沒有國際頭條新聞常報導的事件，如內戰、派遣恐怖分子赴海外或湧向國外的移民浪潮，又或者貧富懸殊差異過大，還是在國際政壇喧鬧不休。美國人一想到印尼，浮現的就是山明水秀的旅遊勝地，特別是峇里島的風景、海灘和印度教寺廟，世上最豐富的珊瑚礁，最佳的潛水與浮潛地，以及美麗的蠟染織品。

一九七九年我首次造訪印尼，住的飯店大廳牆壁上掛著描繪印尼歷史的畫作。倘若在美國，類似的陳列描繪的可能是美國獨立革命、南北戰爭、加州淘金熱、橫跨大陸的鐵路等一百五十年至兩百五十年前的主題。然而在那座印尼飯店大廳裡，所有的畫作刻畫的都只是最近三十五年內的事件。大部分畫作的主題是一九六五年的共黨暴動。圖面和下方的文字皆生動地描繪了共產黨人如何凌虐殺害七位將軍；共黨企圖殺害的一位將軍如何翻牆逃脫，但他五歲的女兒卻意外遭到槍擊，在數天後死亡。這個畫展傳達的意象是，這些將軍和小女孩遭受的折磨與殺戮是印尼史上最可怕的行動。

這個展覽沒有提及將軍死後的事：在印尼軍方教唆下，五十萬名印尼民眾遭到殺害。在印尼歷史的展覽中不提那些殺戮事件是刻意遺漏，因為，二戰後舉世大規模的屠殺事件中，只有少數幾次的遇害人數超越印尼的死亡人數。在初訪印尼後的二十年裡、在多次回訪並長期停留印尼的期間，我不只一次聽到印尼友人提到那些殺戮——直到一九九八年政權更替。這就像智利的皮諾契特政府殺害的智利人遠比他們宣稱的多百倍，但倖存下來的人卻從不提這件事，就連智利的歷史也從不著墨於此。

閱讀下文時，請將危機和改變的議題放在心上，其中一個重點是印尼和智利的比較。兩國都經歷政治妥協破裂、左派試圖掌控政府，最後軍事政變推翻了左派政府，建立了長期的獨裁政權。兩國的演變都有不止一位、而是連續兩位性格相反的獨特領袖。在政治團體屠殺對手以達成全國性和解的作法上，印尼與芬蘭分屬兩個極端，智利則居於中間。你會發現本書中最年輕的國家印尼，比其他任一國家都更能成功詮釋建立國家認同的過程。

❊　❊　❊

要了解發生在一九六五年印尼的危機及結果，得先從背景談起。印尼是到一九六五年才獨立的新國家，之前是殖民地，一直到一九一〇年左右才統一。它地屬熱帶，位於東邊的新幾內亞和西邊的澳洲之間的赤道帶，群島上高山聳立，包括許多活火山。其中喀拉喀托（Krakatoa）火山一九八三年的爆發，在近代史上以災情最為慘重而聞名，幾乎摧毀了整座島嶼，噴發至空氣中的火山灰濃到足以改變次年的世界氣候。在印尼各島中，最著名的是爪哇、峇里、蘇門答臘和蘇拉威西島，加上與其他國家共有的婆羅洲島和新幾內亞（見190頁圖）。

地理上，印尼是全球領土最為分裂的國家，由西向東有成千上萬座島嶼皆有人居住，分布範圍廣達三千四百哩。過去兩千年來，某些印尼島上雖有原住民國家，但他們並沒有控制大部分的印尼群島，也沒有今天我們所知的「印尼」或概念。語言上，印尼也是舉世最多元的國家之一，有七百多種不同的語言。宗教上，它兼容並蓄：雖然大多數印尼人民是穆斯林，但也有許多的基督徒和印度教徒，以及信奉佛教、儒教，和當地傳統宗教的信徒。儘管也有宗教暴力和騷亂發生，但規模比南亞和中東小很多。許多宗教信仰各異的印尼人彼此間相互包容。我遇過基督徒和穆斯林的村落彼此相鄰，直到看見清真寺或教堂之前，我根本不知自己身處哪個村落。

＊　＊　＊

自一五一〇年開始，葡萄牙人、荷蘭人（一五九五年起），和英國人相繼試圖在今天的印尼群島上建立殖民地。英國最終只掌控了婆羅洲的部分地區，葡萄牙唯一倖存的殖民地也僅限於帝汶島的東半部。最成功的殖民者是荷蘭人，集中在爪哇島上，這裡也有迄今為止為數最多的本土人口（為當今印尼人口的一半以上）。一八〇〇年代，荷蘭人為了回收殖民的代價並產出利潤，開發了爪哇和蘇門答臘的出口種植園。但一直要到一九一〇年左右，在荷蘭人抵達印尼群島三個世紀多之後，才取得分布遼闊的整個島鏈的控制權。荷蘭有多長的時間未開發群島，可以從下文一窺究竟：一直到一九一〇年，荷蘭總督才發現印尼東部的佛羅烈斯島（Flores）和附近的小島科莫多島（Komodo）上有舉世最大的蜥蜴科莫多龍（即科莫多巨蜥，Komodo dragon）。儘管牠身長十呎，重達數百磅，但四個世紀以來，歐洲人對牠竟一無所知。

應該強調的是，就連「印度尼西亞」（Indonesia）這個詞，原本也不存在，直到一八五〇年左右才由一個歐洲人創造出來。荷蘭人稱他們的殖民地是「印度群島」、「荷屬印度群島」，或「荷屬東印度群島」。群島居民本身並沒有國家認同，遑論全國通用的語言，甚至與荷蘭對立的團結感，比方說爪哇軍隊就加入了荷蘭軍隊征服蘇門答臘島上的主要部落，而他們正好是爪哇的世敵。

一九〇〇年代早期，荷蘭殖民政府開始轉變對殖民地的純剝削政策，改採「道德政策」——也就是說，他們終於嘗試為印尼人做一些好事，例如，荷蘭人開辦了學校，在爪哇建造鐵路和灌溉系統，在主要城鎮設立地方政府議會，嘗試鼓勵人民移居人口較少的島嶼，減少爪哇過剩的人口（違反外島原住民的意願）。只是荷蘭道德政策的努力成效有限——部分是因為荷蘭本身太小，無法對印尼挹注太多金錢；部分是因為荷蘭以及隨後獨立的印尼雖努力改善人民生活，但迅速增長的人口數，使得需要被餵養的人數也跟著增多。今天的印尼認為荷蘭殖民政策之弊遠大於利。

一九一〇年左右，愈來愈多荷屬東印度群島的居民開始產生「國家意識」。也就是說，他們開始意識到，自己不僅是爪哇或蘇門答臘等歸屬荷蘭統治的蘇丹領地居民，也屬於一個名為「印度尼西亞」的大型實體。有這種更廣泛身分認同的印尼人形成了許多不同卻常互相重疊的群體：自認文化優越的爪哇群體、尋求印尼伊斯蘭認同的伊斯蘭運動、工會、共產黨、赴荷蘭受教育的印尼學生群體等等。亦即，印尼獨立運動在意識型態、地理和宗教方面都是分散的，這預示了印尼獨立後持續紛擾的問題。

結果不僅是罷工、陰謀，以及反抗荷蘭人的暴亂，還有印尼各群體間的衝突，凡此種種皆造成局勢的混亂。一九二〇年代，印尼人反抗荷蘭人的行動讓荷蘭人難以再容忍，因此採取鎮壓手段，把許多印尼領導人送往荷屬新幾內亞疾病叢生的偏遠地區，實際上就是集中營。

促成印尼最終統一的重要因素，就是由歷史悠久的貿易語言馬來語演變、轉化而成的印尼語（Bahasa），這是當今印尼人的共通語言。在印尼數百種當地語言中，即使是中爪哇最普遍的爪哇語，作為母語者也不到印尼人口的三分之一。倘若讓最廣泛使用的地方語言成為印尼的國語，即象徵爪哇主宰印尼，會加劇現代印尼一直存在的問題，擔心爪哇人支配其他島嶼的印尼人。爪哇語還有另一項缺點，就是具階級意識，與地位較高或較低的人交談時，得使用不同的字眼。今天，我與印尼人同樣對於以如此美妙的印尼語作為他們的官方語言心存感恩，而且它很好學。印尼接管荷屬新幾內亞並採用印尼語後僅十八年，我發現即便是在偏遠村落，未受教育的新幾內亞人也會講印尼語，它的語法很簡單卻靈活，可以在許多詞根上添加字首字尾，創造可以立即了解的意義。例如，「乾淨」這個形容詞是「bersih」，動詞「清潔」是「membersihkan」，乾淨的名詞是「kebersihan」，名詞「清理」則是「pembersihan」。

❋ ❋ ❋

一九四一年十二月日本向美國宣戰後，開始在太平洋島嶼和整個東南亞擴張，並迅速征服荷屬東印度群島。日本宣戰的主要動機是為了搶奪荷屬婆羅洲的油田，以及馬來亞的橡膠和錫，或許這是最大的主要動機，因為日本本身缺乏石油，必須依賴美國的石油出口，而為了報復日本侵略中國和占領法屬印度支那，美國總統羅斯福切斷對日石油輸出。婆羅洲的油田是離日本最近的替代來源。

起先，占據荷屬東印度群島的日軍領導人聲稱印尼人和日本人是亞洲兄弟，共同為新的反殖民主義目標奮鬥。印尼民族主義者最初支持日本人，並協助日軍圍攻荷蘭軍。但日本人主要的目的是採掘荷屬東印度群島的原料（尤其是石油和橡膠），以作為軍事補給，而且他們壓制的程度更甚於荷蘭人。隨著戰爭情勢逆轉，日本落居下風，一九四四年九月它允諾讓印尼獨立，但並未訂下確切日期。一九四五年八月十五日日本投降，兩天後印尼就宣布獨立，次日通過憲法，並在各地成立民兵。他們很快就發現，儘管日本擊敗荷蘭，承諾讓印尼獨立，但最終日本遭美國及其盟國擊敗，承諾也隨之消散。一九四五年九月，英國和澳洲軍隊抵達後，從日軍手中接管印尼，荷蘭軍隊隨即到來，企圖重新掌權，印尼軍隊於是就地與英國和荷蘭軍隊開戰。

荷蘭人以印尼的多元種族和群島領土幅員廣大為由，同時可能出於自己「分而治之」保留控制權的動機，因此鼓吹成立印尼聯邦。他們在重新征服的地區設立獨立的聯邦州。相反地，許多印尼革命人士追求的是前荷屬東印度群島全體統一共有的一個共和政府。透過一九四六年十一月達成的初步協議，荷蘭人承認印尼共和國的權力——但僅限爪哇和蘇門答臘。然而，一九四七年七月，被激怒的荷蘭人發動了所謂的「警察行動」（police action），目標就是摧毀共和國。停火之後，又發生另一次針對荷蘭的「警察行動」，在聯合國和美國的施壓下，荷蘭人讓步，同意把權力移交給共和國。權力移轉最後於一九四九年十二月生效，可是兩大限制令印尼人非常不滿，最終花了十二年的時間才推翻這些限制。一個限制是荷蘭人並沒交出新幾內亞島歸屬荷蘭人的那一半（西半部），而是保留荷蘭對那區域的統治權，理由是新幾內亞的政治發展遠不如荷屬東印度群島的其他區域，它尚未做好獨立的準備，最重要的是，新幾內亞人在種族上與印尼人不同，就像他們與歐洲人不同一樣。另一個限制是：諸如殼牌石油（Shell Oil）等荷蘭公司保有對印尼自然資源的所有權。

荷蘭人在一九四五至四九年間，企圖以粗暴的手段重建對印尼的控制權，三十年後，一名印尼同僚向我重述當時的情況時，依舊痛心疾首，一九七九年我參訪印尼所住的旅館大廳牆上的畫，亦生動地描繪了那些景況。（例如其中一幅畫是兩名荷蘭士兵強暴一名印尼婦女。）與此同時，印尼人也殘酷地對待其他印尼同胞，因為印尼內部對「印尼共和國」也相當抗拒，許多印尼東部和蘇門答臘人認為主宰共和國的是爪哇人。一九八〇年代，我再次聽到非爪哇族裔的印尼友人表達對政府的憎恨，渴望在政治上能脫離印尼。印尼共產黨同樣反抗共和國政府的領導，最後共黨在一九四八年叛變，政府出動軍隊鎮壓，至少殺死了八千名印尼共黨——這預示了一九六五年政變失敗後會發生更大規模的行動。

❊ ❊ ❊

這個新國家面對著獨立前延續下來的各種嚴重問題，而其中有些問題此刻愈形惡化。長期以來，印尼是隸屬荷蘭的殖民地，謀的是荷蘭的利益，因此剛開始獨立時的經濟極為落後。獨立後，印尼人口繼續成長（一九六〇年代時每年的成長率近三%），與當初荷蘭統治時一樣，形成沉重的經濟負擔。很多印尼人仍缺乏國家認同感，依舊自認是爪哇人、摩鹿加人、蘇門答臘人或其他地區人口成員，而不覺得自己是印尼人。有助於印尼統一的印尼語尚未廣為推廣，取而代之的是各地的七百種方言。視自己為印尼國民的人對印尼也各懷不同願景，一些印尼穆斯林領袖希望印尼成為伊斯蘭國家，印尼共產黨希望印尼成為共產國家；而非爪哇的印尼人希望獲得更多的地方自治權或直接獨立，因此起而叛變，最後被共和國軍隊打敗。

軍隊本身是分裂的焦點，其角色引發許多爭議。軍方是否應該與其他民主國家一樣，接受平民政治人物的控制？印尼軍官對這些政治人物心存疑慮？或是軍方是否該更加自主，自行對印尼訂定政策？軍方自認為是革命的救主，是國家認同的堡壘，要求在國會選舉時保證採連記投票制（voting block）。另一方面，文官政府藉由削減軍事單位來省錢，縮小軍官團（officer corps）的規模，逼迫士兵退出軍隊，並把軍人排除在政府發薪名單外。軍方內部各軍種也存在著歧見，空軍尤其與其他軍種對立。陸軍指揮官彼此亦有歧見，特別是介於革命區的指揮官和保守派的中央司令之間。軍方領導人向其他印尼人民和企業進行金錢勒索作為軍用，並藉著走私、透過對無線電所有權和電力徵稅來籌集資金，且逐步接管區域經濟，使貪腐制度化，時至今日，這仍是印尼最大的問題之一。

印尼建國的首任總統蘇卡諾（Sukarno，一九〇一至七〇年）在荷蘭殖民時期就已展開政治生涯，作為反抗荷蘭殖民政府的民族領袖（插圖5.1）。（蘇卡諾和許多印尼人一樣，純粹只有名字，不分姓和名。）荷蘭人放逐他，日本人又把他送回印尼。一九四五年八月十七日，蘇卡諾發表印尼獨立宣言，他很清楚印尼的國家認同薄弱，因此制定了「建國五原則」（Pancasila），迄今依舊是統一印尼的綜合思想體系，並納進一九六五年的印尼憲法中。這幾項原則內容廣泛：信仰一神、印尼團結統一、人道主義、民主，和為所有印尼人實現社會正義。

身為總統的蘇卡諾把印尼的貧困歸咎於荷蘭帝國主義和資本主義，他取消印尼繼承的債務，把荷蘭人的資產國有化，並把這些資產大部分的管理權交給軍隊。蘇卡諾發展了以國家為中心的經濟，讓軍方、官僚機構和他自己都能獲益。可想而知，印尼的私營企業和外援數量都減少了。美、英兩國政府都感到緊張，它們試圖暗中顛覆蘇卡諾的地位，正如美國試圖動搖阿言德在智利的地位一樣。蘇卡諾給美國的回覆是「帶著你的金援下地獄去吧」；他在一九六五年驅逐了美國和平工作隊（American Peace Corps），退出聯合國、世界銀行和國際貨幣基金組織。同一年裡，印尼通貨膨脹飆升，印尼貨幣（印尼盾）貶值了九〇%。

截至獨立為止，印尼不曾有過民主自治的歷史。它的政府經驗來自荷蘭統治期間，而最後幾十年的統治方式與警察國家無異，一九四二年後日本的統治亦然。任何民主制度要發揮功能，都需要人民普遍識字、有權利去承認或反對政府政策、包容不同的觀點、承擔選舉失利的結果，以及政府需保障政治弱勢群體。不言而喻，這些先決條件在印尼都很薄弱。因此一九五〇年代，總理和內閣頻繁更迭。在一九五五年九月的選舉中，投票率高達九二%，結果卻僵持不下，因為四個領先的黨派各獲得一五%和二二%的選票與議會席次。他們無法達成妥協，政治陷入僵局。我們從智利（第四章）的例子已經看到幾個實力相當的政黨妥協破裂的狀況，以及後來的皮諾契特政變——但印尼與智利有個區別：智利至少有受過良好教育的識字人口和悠久的民主政府歷史，而印尼則是兩者皆無。

一九五七年起，蘇卡諾總統宣布戒嚴以結束僵局，然後用他所謂的「指導式民主」(guided democracy)取代印尼民主，他認為前者更適合印尼的民族性格。在「指導式民主」下，印尼國會應該實踐「相互合作」或「經由商議達成共識」的作法，而非遵循一般民主觀念，把國會當成各方的競爭場地。為確保議會與他(蘇卡諾)的目標一致，國會有半數以上的席次不再由人民選出，而是由蘇卡諾親自任命，並分配到所謂的「從業團體」(functional groups，來自各行各業)而非政黨。軍隊就是這樣的「從業團體」。

蘇卡諾自認具有獨特的能力，能預知和闡釋印尼人民的願望(包括無意識的願望)，並作為他們的先知。一九五五年亞洲和非洲國家的萬隆會議後，蘇卡諾將目標延伸到世界舞台，無視印尼急迫的內部問題，反而以讓印尼在第三世界反殖民政治中發揮主導作用為他的個人責任(插圖5.3)。一九六三年他宣布自己為終身總統。

蘇卡諾發起了兩項運動，試圖吞併兩個處於獨立邊緣的地區，把他的反殖民主義立場化為行動。第一項運動針對的是荷屬新幾內亞，由於此地的種族不同，荷蘭人在印尼革命後拒絕轉讓給印尼。荷蘭人發起應急計畫，準備讓新幾內亞獨立，新幾內亞領袖也已設計好國旗和國歌。但蘇卡諾宣稱荷屬新幾內亞是印尼的領土，在外交上對荷蘭施壓，並於一九六一年下令印尼三軍以武力奪取該地。

結果蘇卡諾雖然獲得政治上的成功，但對參與的印尼部隊和追求獨立的荷屬新幾內亞人民來說，卻是一場悲劇。一九七九年我所住的印尼飯店大廳展出的畫作裡，其中一幅描繪一艘正在對抗荷軍的印尼「戰艦」，事實上，那只是一艘小型巡邏艇，後來遭荷蘭軍艦擊沉，導致眾多印尼水手死亡。印尼軍機讓傘兵空降荷屬新幾內亞，一位當時在荷蘭防空部隊服役的友人向我描述了情況。印尼方面可能出於對荷蘭白晝防空能力的恐懼，因此利用夜晚將傘兵盲目地投入森林地區，殘酷行徑教人難以置信。不幸的傘兵降落在炙熱、蚊子肆虐的蘇鐵樹沼澤，即使逃過一劫，沒有撞上蘇鐵樹的少數倖存者，也會被自己的降落傘吊在樹上。有些人雖設法解開了降落傘，卻掉進沼澤裡。我的朋友和他的荷蘭同袍包圍了沼澤地，等了一週，才划船進入沼澤，捉回少數還存活的傘兵。

儘管荷蘭在軍事上占上風，但美國政府希望擺出支持第三世界反殖民運動的姿態，因此迫使荷蘭放棄了荷屬新幾內亞。為了保住面子，荷蘭不直接把它交給印尼，而是交給聯合國，後者在七個月後把它的行政控制權（但非所有權）交給了印尼，準備由公投決定印尼的未來。印尼政府隨後展開大規模移居計畫，從印尼其他省分遷來居民，部分原因是為了確保印尼的非新幾內亞人在當地占大多數。七年後，精挑細選出的新幾內亞領導人在壓力下把荷屬新幾內亞納入印尼國土。原本已經擺脫荷蘭統治，臨近獨立邊緣的新幾內亞人展開游擊戰，試圖脫離印尼獨立，超過半世紀後的今天，這項行動仍在持續中。

蘇卡諾的另一項化反殖民主義立場為行動的作為，是針對馬來西亞的一些前英國殖民地。馬來西亞含括亞洲大陸馬來半島於一九五七年宣布獨立的聯邦各州，以及婆羅洲島上的兩個前英國殖民地（沙巴和沙勞越），而婆羅洲島上也還有印尼和汶萊兩國的屬地。沙巴和沙勞越在一九六三年加入獨立的馬來西亞。儘管蘇卡諾聲稱印尼擁有荷屬新幾內亞的繼承權，因為它原屬於荷屬東印度群島的一部分，卻不能對馬來西亞的婆羅洲做相同的主張。然而受激勵於荷屬新幾內亞的成功，他在一九六二年展開了他所謂的與馬來西亞的「對抗」（confrontation），並於次年對馬來西亞婆羅洲發動軍事攻擊。只是馬來西亞婆羅洲的人民並未展現加入印尼的意願，而英國和大英國協軍隊更提供了有效的軍事防禦，使得印尼軍隊喪失了對抗的欲望。

＊　＊　＊

一九六〇年代，印尼三股最強大的力量展開了複雜而混亂的權力鬥爭。一股是充滿個人領袖魅力，老練的政壇人物蘇卡諾，他既是印尼獨立的國父，也是第一且（直到當時）唯一的一位總統，在國內獲得廣泛支持；第二股是壟斷軍事力量的武裝部隊；第三股則是印尼共產黨（PKI = Partai Komunis Indonesia），他們沒有軍力，卻已成為當時最強大、組織最嚴謹的政黨。

然而三種力量各自分離，並被拉往不同的方向。蘇卡諾的「引導式民主」依賴的是他與軍隊的聯盟，並逐步與印尼共聯盟，制衡軍隊。印尼的在地華僑驚懼於印尼的排華情緒，紛紛返回中國。與此同時，印尼卻加強了它與中國的外交聯盟關係，並宣布隨即將以中國為榜樣，自製原子彈——教英、美大感震驚。軍隊內部意見分裂，有些支持蘇卡諾，有些支持印尼共，有些軍官則希望軍隊消滅印尼共。軍官滲入印尼共，而印尼共也反滲透軍隊。一九六五年，印尼共為彌補其軍事弱點，在蘇卡諾的支持下提出武裝農民和工人，表面上作為陸、海、空三軍和警察外的第五支國家武裝部隊。反共的軍官驚恐之餘，成立了將領委員會（Council of Generals），採取預備措施，應付日益增長的共產黨威脅。

三方人馬的角力在一九六五年九月三十日至十月一日，夜晚約凌晨三時十五分達到高峰。兩名左派指揮官的部隊帶著兩千名士兵起事，並派出小隊襲擊七名主要將領（包括軍隊的指揮官和國防部長）官邸，顯然要活捉他們交給總統蘇卡諾，說服總統壓制將領委員會。十月一日上午七時十五分，政變領袖攻下了印尼首都雅加達市中心廣場旁的電信大樓，於是在印尼電台廣播，宣布發動「九三〇運動」，並表明先發制人的目的：保護蘇卡諾總統，壓制美國中情局，以及遭英國利用的一名貪腐將軍即將發動的政變。到了下午二時，政變領袖又做了三次廣播，跟著即保持沉默。注意：儘管一九七九年我下榻印尼飯店大廳中的畫描繪了共黨政變，但發難的是印尼軍隊，非共黨暴徒。

只是政變出現嚴重失誤。奉派綁架將軍的七支小隊未經訓練、緊張不安，且最後一刻才集合成軍，事先未演練綁架過程。最重要的兩支小隊受命前往綁架（不是殺害）兩位印尼階級最高的將軍，卻由缺乏經驗的低階軍官主事。這些小隊最後在將軍家中殺害三位將軍，其中兩位遭射殺，另一名則被刺刀刺死。第四位將軍從自家後牆翻出逃命，小隊誤殺了他五歲的女兒，即印尼飯店的畫作所描繪的情景，不僅如此，小隊還錯認一名中尉為將軍本人，將其殺害。（簡潔起見，我稱之為「七名將軍」。）這幾支小隊捕獲了剩餘的三位將軍，但他們並未遵照命令，活捉將軍送交蘇卡諾，而是把他們全殺死。

儘管政變領導人包括蘇卡諾總統的護衛隊隊長，主要工作就是隨時掌握蘇卡諾的行蹤，然而政變領袖當晚卻找不到他，而他正在四位妻子之中的一位家裡度春宵。政變領袖犯了一個關鍵錯誤，他們雖攻下中央廣場其他三側，卻未能占領位於廣場另一側的印尼陸軍戰略後備司令部（稱為Kostrad）。政變領導人既沒有戰車，也沒有對講機。由於政變領導人占領電信大樓時，關閉了雅加達的通訊系統，因此，當他們在雅加達各區要互相聯絡時，只能靠傳令兵穿越街道傳話。更教人難以置信的是，政變領袖未能為駐紮在中央廣場的部隊提供食物和飲水，結果又飢又渴的士兵便離開了崗位。另一支前往雅加達哈利姆（Halim）空軍基地的營隊，抵達時發現大門深鎖，只好在街上閒逛過夜。政變組織者之一的印尼共領袖，因未能注意印尼共成員與其他成員的協調行動，故沒有造成大規模的共黨起義。

陸軍戰略後備司令部指揮官是繼蘇卡諾之後，第二位足以影響印尼歷史方向的政治領袖。他的名字和蘇卡諾相似，容易混淆，叫做蘇哈托（Suharto）。爪哇人的他，也是政壇老手（插圖5.2）。蘇哈托和蘇卡諾的不同處在於，他比蘇卡諾年輕二十歲（一九二一—二〇〇八），在對抗荷蘭殖民政府的過程中並沒有發揮重要作用，除了印尼軍隊外，鮮為人知，直到一九六五年十月一日早晨才有了變化。當天清晨，蘇哈托一得知起事，立刻採取了一連串對策，同時設法拖延時間，試圖找出在一系列混亂中能迅速開展的行動。他召集駐紮中央廣場兩個營隊的指揮官到陸軍戰略後備司令總部見他，告訴他們軍隊正在起義，並下令他們接受他的指揮；他們恭順地服從了。政變領導人和蘇卡諾對眼前快速發展的局勢可能和蘇哈托一樣困惑，他們聚集在哈利姆空軍基地，因為印尼的武裝部隊中，就屬空軍最支持共黨。蘇哈托派出可靠的部隊，先收復電信大樓，接著攻下哈利姆空軍基地，部隊沒有遭受多少反抗即完成使命。十月一日晚上九時許，蘇哈托透過廣播宣布他掌控了印尼軍隊，將鎮壓九三〇運動，並保護蘇卡諾總統。政變領導人分別乘火車和飛機，由哈利姆基地和雅加達逃往爪哇中部的其他城市，並組織其他起義，更多將軍因而遇害。但就像雅加達的起事一樣，這些叛亂在一、兩天內就遭忠誠派的軍隊成功鎮壓。

＊　＊　＊

直到今天，關於政變失敗的許多問題仍未獲得解答。確定的是，這次政變是兩組領導人共同的努力：一些同情共黨的初階軍官，以及一或數名印尼共領袖。但專業軍人為何會做出手法如此拙劣的業餘政變？如此欠缺運籌帷幄？他們為什麼不舉行記者會，爭取社會大眾的支持？參與政變的印尼共是否僅限於其中一部分領導者？中共是否參與策畫，支持政變？為什麼政變領導人未將蘇哈托列入要綁架的將軍名單裡？為什麼政變部隊沒有占領位於中央廣場旁的戰略後備司令總部？蘇卡諾總統對政變是否事先知情？蘇哈托將軍對政變是否事先知情？反共將領對政變是否事先知情，卻仍容許它進行，以便為預先訂好的打壓印尼共計畫提供藉口？

從軍方反應的速度來看，強烈暗示最後這種說法極具可能性。在三天之內，軍方指揮官就展開政治宣傳，說明大規模拘捕和殺害印尼共產黨員及其同路人的正當合理性（插圖5.4）。政變起初的十月一日僅在雅加達殺害了十二人，加上十月二日在爪哇其他城市的一些人，但這些少數的殺戮卻讓蘇哈托和印尼軍方有了大屠殺的藉口。軍方對政變的反應速度如此之快、效率如此之高、規模如此之大，不大可能是在幾天內，就能對出乎意料的發展做出自發性的臨場反應。相反地，它一定涉及預先事前計畫，只是在等待藉口，而十月一日和二日手法拙劣的政變，恰好提供了這個藉口。

軍方大規模殺戮的動機源自一九五〇年代，印尼政治妥協和民主政府的崩潰，而一九六五年達到顛峰，導致印尼共、軍隊和蘇卡諾總統三方的權力鬥爭。印尼共是印尼規模最大、組織最好的政黨，不僅威脅了軍方的政治權力，尚有軍隊從國有企業、走私、貪腐所榨得的金錢。印尼共武裝工人和農民，作為獨立的部隊，亦對軍隊壟斷的軍事力量造成要挾。隨後的事件將會顯示，光是蘇卡諾總統並無法抵抗軍隊。但蘇卡諾希望能與印尼共結盟，反制軍方。此外，軍隊本身意見也呈分裂狀態，當中有同情共產黨的人，他們（和一或多名印尼共領袖）組織了政變。因此，政變讓反共的軍官有機會清除他們在軍隊內部的政治對手。不出所料的是，因印尼共勢力崛起而心生警覺的軍隊司令官，早就準備了應變計畫，政變觸發了計畫的啟動。蘇哈托本人是否參與制定計畫，或是（像智利的皮諾契特將軍）在最後關頭成為他人安排好的軍事接管領導人，則不得而知。

十月四日，蘇哈托抵達了 Lubang Buaya（印尼語「鱷魚洞」之意），政變者殺死被綁架的將軍後，就棄屍於此地井裡。當著攝影師和電視機鏡頭的面，幾具腐爛的將軍屍體被打撈出來。次日，十月五日當天，將軍的靈柩駛過雅加達街頭，成千上萬的民眾林立街旁。雖然殺人者實際上是軍隊內部單位，軍方的反共領袖卻立即指責印尼共謀殺。唯有事先計畫才可能展開的政治宣傳活動旋即啟動，營塑異常激動的氛圍，警告非共黨的印尼民眾，共黨正在擬定殺人名單，並練習剜出眼球的技巧，民眾正處於致命的危險中。據說，印尼共女志願軍性虐並殘害遭綁架的將軍。蘇卡諾總統雖盡可能極小化十月一日政變企圖的重要性，並抗議軍方反制的規模，但當時軍方已從他手中奪取了控制權。軍隊自十月五日起開始圍捕罪犯，誓言消滅每個印尼共與他的組織成員和他們的家人。

印尼共的反應不同於預先策畫政變的組織。整個十月和十一月，印尼共成員接受傳喚，來到軍隊基地和警局時，都表現得十分合作，他們以為接受偵訊後就會獲釋。印尼共原本可以支持政變，並動員鐵路工人破壞火車、透過機械師傅破壞軍車、透過農民阻礙道路交通，但他們並沒有那樣做。

由於印尼的屠殺不似納粹在二戰集中營的殺戮，有詳細的組織和記錄，因此究竟有多少人遇害，難以斷言。最高估計數約二百萬人；而最常被引用的數據是蘇卡諾總統親身指派，一名真相調查委員會的成員所估算出的五十萬人。印尼屠殺的方式比納粹簡單得多：手持大刀和其他武器，一個接一個殺死或勒死受害者，而非一次殺害數百人的煤氣室。印尼對屍體的處置也很隨意，並未使用特製的大型焚屍爐。儘管如此，一九六五年和六六年發生在印尼的，依舊是二戰以來，舉世規模最大的屠殺之一。

一個常見的誤解是，當時殺害的只有或者主要是華僑，其實不然。大多數受害者皆非華人；殺戮的目標對象是可能的印尼共產黨人及相關人士，並非特別針對華人。另一個誤解是，殺人行動是由於一群具備胡作非為傾向、缺乏理智、情緒不穩定、不成熟的人失控所造成，但並非如此，沒有任何證據顯示印尼人民天生情緒不穩定，殺氣騰騰。真相反而是，印尼軍方策畫並發動殺戮，以保護己身的利益，軍方的殺戮是理性地執行邪惡的行徑：目標在於摧毀軍方最強大的對手，且成功地實現了此一目標。

一九六五年十月底的情況是，蘇哈托掌控了一些而非所有軍方領袖的忠誠度。蘇卡諾仍然是終身總統，仍受社會大眾尊為印尼國父，受官兵的愛戴，而且極具政治手腕。蘇卡諾之於蘇哈托宛如芒刺在背，就像任何野心勃勃的美國將軍，不可能在美國人敬愛的國父華盛頓擔任第二屆總統任期內，把他趕走一樣。

之前眾人視蘇哈托為有效率的將軍，也就僅此而已。但現在，他開始展現出甚至超越蘇卡諾的政治手腕。他逐漸贏得其他軍事領導人的支持，以效忠於他的軍官和公務員取代了共黨官員，並在接下來的兩年半，以漸進而謹慎的方式取代蘇卡諾，聲稱代表蘇卡諾行事。一九六六年三月，蘇卡諾在壓力下，簽署讓渡權力給蘇哈托的信；一九六七年三月，蘇哈托成為代理總統，並於一九六八年三月，正式取代蘇卡諾擔任總統一職。接下來的三十年，皆在他的執掌下。

＊　＊　＊

蘇哈托與蘇卡諾相反，他沒有繼續第三世界的反殖民政治，並對印尼群島之外的領土不存野心。他將注意力集中在印尼的國內問題上。尤其蘇哈托結束了蘇卡諾與婆羅洲的馬來西亞之間的武裝「對抗」，重新加入聯合國，放棄蘇卡諾出於意識型態的動機，與中共結盟的作法，改從經濟和戰略考量出發，與西方國家結盟。

蘇哈托沒受過大學教育，不了解經濟理論。他把印尼的「官方」經濟（相對於下面會解說的非官方經濟）委託給具專業資格的印尼經濟學者，其中許多人擁有加州柏克萊分校的學位，因此有「柏克萊黑幫」（the Berkeley mafia）的稱號。蘇卡諾執政下的印尼經濟支出已出現赤字，造成沉重的債務和嚴重的通貨膨脹。與智利皮諾契特將軍的「芝加哥男孩」一樣，蘇哈托的柏克萊黑幫藉著平衡預算、削減補貼、採用市場導向、減少印尼的國債和通膨等措施實施經濟改革。由於蘇哈托放棄了蘇卡諾的左傾政策，柏克萊黑幫藉此鼓勵外國投資，吸引歐美經援，以開發印尼的自然資源，尤其是石油和礦產。

印尼的另一經濟規劃體系是軍隊。蘇哈托宣稱：「軍方對國家和社會現代化的過程非常感興趣，希望在其過程中發揮重要作用……如果在面對鞏固新秩序的問題時，軍隊保持中立，就否定了它的角色以及歷史的使命……軍隊有兩個功能，即國家的武裝工具和實現革命目標的功能團體。」想像一下，如果美國某位將軍成為總統，然後對美國軍隊的功能性做出如此的解釋！實際上，印尼軍方以大約等同政府預算的平行預算，發展平行政府。在蘇哈托的治理下，印尼的市長、地方首長和省長，半數以上都是軍人。地方軍官有權逮捕並無限期拘留任何涉嫌「不利安全」行為的人。

軍官創辦了企業，大規模地貪污、敲詐和勒索，為軍隊提供資金，並撈進他們的私人口袋裡。雖然蘇哈托自己的生活並不奢華，傳言他的妻兒卻極其腐化。他的子女甚至沒有投注資金，就開展了使他們致富的企業。當人們指控蘇哈托的家人腐敗時，震怒的他堅持他們的財富歸功於高超的經商技巧。蘇哈托的妻子有「十分之一夫人」（Ibu Tien = Madam Tien）的綽號，因為據說，舉凡政府合約，她都要收一〇％的回扣。蘇哈托任期結束時，印尼也被列入全球最腐敗的國家行列。

貪腐滲透印尼的各個層面。比如我在印尼為國際環保組織世界野生動物基金會（WWF）工作時，一位也在該組織工作的印尼友人，指著一名印尼WWF辦公室主任悄悄告訴我，他的綽號是「貪腐先生」——因為他不是普通的腐敗，而是超級腐敗；WWF海外贊助人捐給這機構的一艘船，最後成了貪腐先生的私人財產。再舉個非政府機關腐敗的例子，在印尼的例行工作使得我常需要攜帶超重的行李飛行，得付行李超重費。在印尼國內機場辦理登機手續時，我已經習慣航空公司的員工從櫃檯後走出來，要我以現金支付超重費，然後塞進自己的口袋，而非航空公司。

蘇哈托以被稱為「新秩序」（New Order）的作法，取代了蘇卡諾「引導式民主」的治理原則，新秩序原本意味著回到一九四五年，印尼憲法的純粹概念，和建國五原則。蘇哈托聲稱要剝奪印尼各政黨後來引進的重大變革，這些對他沒有用。他認為印尼人沒有紀律、無知、容易產生危險的想法、還沒做好民主的準備。他在自傳中寫道：「建國五原則的民主，沒有西方風格的反對派容身之處。在建國五原則的民主領域裡，我們認識到藉著 musyawarah（商議）來達成人民的 mufakat（共識）……我們不像西方那樣承認反對派。在建國五原則下，我們不承認基於衝突的反對，為與眾不同而反對……民主必須知道紀律和責任，因為少了這兩者，民主只意味著混亂。」

在印尼的許多生活領域裡，都可窺見蘇哈托的這些主張——只有一種方式可行，而且應該毫無異議。建國五原則是唯一可被接受的意識型態，公務員和軍隊成員必須在官僚的指導計畫下學習。絕對禁止罷工：這與建國五原則互相違背。唯一可接受的族裔認同就是印尼人，因此禁止華裔用中文寫作，或保留他們的中文名字。為了國家的政治團結，不容許亞齊、東帝汶、印屬新幾內亞，或其他地區自治。理想的情況下，蘇哈托希望是一黨獨大，但印尼政府若要取得國際舞台上的正當合法性，就必須有多黨競爭的議會選舉。只是政府的「專業集團黨」（Golkar）總是以高達七〇％的選票勝出，其他政黨則被合併統分為兩個從業團體，一個是伊斯蘭教，另一個是非伊斯蘭教，而它們總是敗選。因此，蘇哈托專政的印尼成了軍事國家，與荷蘭殖民政府治理的最後十年如出一轍——不同的是，現在由印尼人自己治理而非外國人。

一九七九年，我在印尼旅館大廳看到的歷史畫，彰顯了蘇哈托強調的一九六五年的流產政變是共黨陰謀，並描繪為現代印尼史的**關鍵時刻**。一九六九年，為紀念七位遇難將軍，豎立了巨大的建國五原則紀念碑（插圖5.5），視他們為「七位革命英雄」，每年固定舉行莊嚴肅穆的紀念儀式，同時含括重新奉獻給建國五原則的神聖儀式。紀念碑上的淺浮雕，和相鄰的印尼共叛亂博物館，將後殖民時期的那段印尼史描繪為一連串共黨的叛國行為，最末導致一九六五年的政變。每年九月三十日，所有的印尼電視台皆奉命播放政府委製、長達四小時的影片，講述七名將軍被綁架和殺戮的事件。所有的印尼學童都得觀看。影片中，自然不會提及在報復中喪生的五十萬印尼民眾。直至十多年後，我首度在印尼工作那年（一九七九年），大部分的政治犯才終於獲釋。

印尼國會一次又一次選出蘇哈托，擔任為期五年的總統職。過了將近三十三年，就在國會剛宣布他的第七個五年任期後，蘇哈托政權卻在一九九八年五月，許多因素的綜合影響下，意外地迅速垮台。其一是，亞洲金融危機造成印尼貨幣貶值八〇%，引發暴動；其二，高齡七十七歲的蘇哈托早已與現實脫節，加上一九九六年，他長期以來最親密的夥伴與支柱（妻子）過世，他深受打擊而喪失政治能力。民眾則普遍憤怒於貪腐及其家族積累的財富。蘇哈托的成功創造了現代工業化的印尼社會，他堅持印尼人民不適合自我管理，而人民已不再容忍這種想法。印尼軍方顯然認清，抗議的浪潮已無法遏止，如同一九八九年「向政府說不！」投票結果後，智利軍隊的觀點，而蘇哈托（一如皮諾契特）應該在情況失控之前辭職。

一九九九年，蘇哈托垮台後一年，印尼舉辦了四十多年來，首次相對性自由的選舉。此後，印尼舉行的一連串選舉，投票率都遠高於美國：印尼選民投票率為七〇%至九〇%；在美國，即使是總統選舉，投票率也幾乎不到六〇%。二〇一四年印尼的總統大選是由反體制威權的平民，雅加達前市長佐科．維多多（Joko Widodo，或譯佐科威）擊敗曾任陸軍指揮官的對手。（二〇一九年，兩位總統候選人再度狹路相逢，佐科威獲得連任。）而人民深惡痛絕的貪污狀況已減少，有時也會施予懲處。

＊＊＊

讓我們總結一下蘇哈托政權，以及因一九六五年的政變失敗、反政變成功所引發的危機功過。其遺禍很明顯，最糟的是大規模屠殺了五十萬印尼民眾，並且監禁十萬人長達十來年之久。大規模的貪腐，使得印尼的經濟成長率降低，大筆金錢轉移到軍方口袋，讓軍方有平行預算，經營平行政府。印尼社會普遍模仿貪腐之風（甚至連航空公司職員也不例外）。蘇哈托認為他的下屬無法自我管理，導致印尼學習以民主方式自我管理的機會推遲了數十年。

由一九六五年發生的事件來看，印尼軍隊學會用武力和殺人來獲得成功，而非設法解決造成人民不滿的問題。軍隊殘酷的鎮壓政策，讓印尼在西新幾內亞、蘇門答臘，尤其是印尼東部的島嶼帝汶，付出了慘痛的代價。帝汶在政治上軍隊劃分為東部的葡萄牙殖民地，和西部的印尼領土。葡萄牙於一九七四年放棄最後一塊殖民地時，按地理上的邏輯普遍認為東帝汶應成為印尼的一省，畢竟印尼已經涵蓋那麼多具有不同文化、語言和歷史的省分。當然，人們可以對這種看法抱持反對意見，國家邊界絕不僅僅是由地理邏輯形成：加拿大不是美國的一部分，丹麥不是德國的一部分。只是東帝汶無法與加拿大或丹麥相提並論：它只是列島的群島中，一座小島的東半部，其餘所有島嶼全都屬於印尼。要是印尼政府和軍隊能展現最低程度的圓融，或許可以談判出個結果，把東帝汶納入印尼，並讓其擁有一些自治權。然而，他們卻採取背道而馳的作法，印尼軍隊入侵、屠殺和吞併東帝汶。在國際壓力下，最教印尼軍方震驚的是，接替蘇哈托的印尼總統哈比比（Habibie），允許東帝汶在一九九九年八月進行全民獨立公投。此時，人民當然壓倒性地投票同意獨立。於是，印尼軍隊組織了親印尼的民兵，再度進行屠殺，強行將大部分人口撤到印尼屬地的西帝汶，並燒毀新國家大部分的建築物——可是徒勞無功，國際軍隊恢復了東帝汶的秩序，讓東帝汶最後終能獨立。東帝汶人民付出的代價是，約四分之一人口死亡，倖存者成為亞洲當今最貧窮小國之人民，人均收入不到印尼的六分之一。印尼人付出的代價則是，如今有個位於領土中央的獨立國家，享有海床下、含量豐富的石油主權，印尼卻無法從中獲取收益。

我們既已討論了蘇哈托政權這些令人髮指的遺禍，似乎沒什麼可再談的，但歷史很少只有純惡或純善，而且應該誠實地檢討。儘管蘇哈托政權在其他方面確實駭人聽聞，但也有正面的貢獻，它創造並維持了經濟成長，儘管貪腐減低了成長幅度（插圖5.6、5.7）。它吸引了外資，把精力集中在印尼的國內問題上，而非浪費精力在全球反殖民政治，或對抗鄰國馬來西亞。它提倡家庭計畫，解決了印尼獨立後、以及先前荷蘭殖民政權時期最大的基本問題之一。（即使在印屬新幾內亞最偏遠的村落，我也看到了政府鼓吹家庭計畫的海報。）它主導了綠色革命，提供肥料和改良種子，大大提升水稻和其他作物的產量，進而大規模提高農業生產力，促進印尼人的營養。一九六五年之前，印尼情勢緊繃；如今的印尼雖是由許多島嶼組成，幅員數千哩，地方語言數百種，數種宗教共存，這些都可能導致災難，但它並沒有立即的分裂危險。八十年前，大部分印尼人都不認為自己是印尼人；而今，印尼人視國家認同為理所當然。

可是許多人，包括印尼和非印尼人，卻認為蘇哈托政權毫無功勞可言。他們提出異議：如果由非蘇哈托的政權治理，印尼可能也會有同樣的進步。這是歷史性的「假設」問題，我們無法肯定地回答這樣的問題，只能對照一九六五年後，印尼實際發生的情況，和在僅有的兩個替代方案下，可能發生的情況：蘇卡諾政權繼續執政至一九六五年，或被當時尋求掌權的印尼共所取代。另一方面，蘇卡諾政權讓一九六五年的印尼，陷入政治混亂和經濟停滯，而柬埔寨、北韓和其他共黨獨裁國家的酷刑、殺戮、長期貧困和瘋狂政策則警告我們，以共黨取代蘇哈托的結果可能更糟。從另一個角度而言，也有人認為蘇卡諾政權會帶來美好，或是印尼共的共產政權會表現出與世界其他地方不同的共產制度。究竟是否如此？我們永遠不會知道。

✲ ✲ ✲

印尼的危機是怎麼符合國家與個人危機對比的框架？

印尼的例子確實說明了選擇性變化和建立圍籬的因素（表1.2，因素#3）。圍籬內，是被視為改變時機已成熟的區域，包括蘇哈托以軍事獨裁統治取代文官政府、繼任者則反轉他的改變、蘇哈托採用接受西方教育的經濟學者、用經濟成長取代經濟倒退，以及蘇哈托丟棄蘇卡諾對第三世界政治領導權的渴望。至於圍籬外的是，自一九六五年後完好保存的印尼主要面貌，包括國土完整、極大的宗教寬容和非共產政府。除了蘇卡諾願意與共黨結盟外，這些連續性被蘇卡諾**和**蘇哈托，**以及**蘇哈托的繼任者，視為不可談判的核心價值。

印尼的一些因素，使得它的問題難以解決。原本的殖民地變成新的獨立國家，一開始的國家認同有限（因素#6）——和芬蘭不同，芬蘭在獨立前的一世紀裡已享有自主自治權。身為新國家，印尼除了一九四五年至四九年的獨立鬥爭外，無法從先前的成功變革史獲得信心（因素#8）。蘇卡諾總統認為自己具有獨特的能力，可以闡釋印尼人無意識的願望，缺乏誠實的現實自我評價（因素#7）。許多或大多數印尼軍官願意為核心價值殺人，卻不願為此捐軀（因素#11）。印尼的行動自由，受到國內貧困和人口成長的限制（因素#12）。

另一方面，印尼也享有一些解決問題的優勢。它是群島，享有免受外在限制的自由，像智利一樣，與芬蘭不同：自荷蘭撤離後，印尼沒有遭受任何國家威脅（因素#12）。柏克萊黑幫經濟學者，能採用在其他國家充分測試過的模型，改革印尼經濟，促進經濟成長（因素#5）。在蘇哈托拋棄前任總統親中共的外交政策，採取親西方的政策後，印尼在重建經濟時獲得西方國家的大筆投資和援助（因素#4）。

蘇哈托經常展現真誠、實際、馬基維利式的自我評價（因素#7）。他逐步排除廣受愛戴的印尼國父兼第一任總統蘇卡諾的影響力，並謹慎行事，每一步都事先考量，哪些能順利過關，哪些無法避免，最後，儘管他花了不少時間，終究取代了蘇卡諾。蘇哈托也務實地拋棄蘇卡諾超出印尼能力的外交野心，包括對馬來西亞的游擊戰，和領導世界反殖民運動的企圖。

印尼的例子也說明了三個非個人的國家危機問題。類似智利，不同於芬蘭的是，印尼闡明政治妥協的破裂，導致一九五〇年代初的僵局和分裂運動，促成蘇卡諾採取「引導式民主」，緊接著，印尼共呼籲武裝工人和農民，引發軍隊的大屠殺。印尼類似智利而非芬蘭的另一點是，它昭示了不尋常的領袖所扮演的角色。在印尼的例子中，蘇卡諾雖擁有個人魅力，卻對此魅力過度自信；而蘇哈托雖謹慎、有耐心和政治手腕，政策卻殘酷、對自己家人的貪腐視而不見、對自己的同胞缺乏信心。最後，在政治妥協破裂，引發殺戮後的和解上，印尼與芬蘭處於相對的極端，智利則位於中間：芬蘭在內戰後迅速和解；智利採取開放討論並審判肇事者的態度，但不完全和解；而印尼，則是非常有限地討論或和解，並沒有審判。不審判的因素包括：印尼的民主傳統脆弱；在皮諾契特之後，智利的座右銘「所有智利人的智利」在蘇哈托後的印尼迴響較小；而且最重要的是，大屠殺之後，印尼仍維持了三十三年的軍事獨裁，迄今軍隊的勢力在印尼依舊大於在智利。

❊ ❊ ❊

我補充一下我對印尼選擇性改變的個人經驗。在蘇哈托時代，我在印尼工作了十七年，從一九七九年一直到九六年。那之後，直到二〇一二年（蘇哈托下台後十四年）我才重訪印尼，且自那時起便常赴印尼，重遊舊地時，我發現了許多驚喜。

第一個驚喜和航空旅遊有關。在一九八〇和九〇年代，印尼商業航空在經營上往往漫不經心，十分危險。航空公司員工除了經常索賄，並把行李超重費用拿來中飽私囊外，有次，我還見到客艙裡有大型燃料桶，且在沒有任何安全設施的狀況下直接飛行，起飛時，空服員仍然站著，乘客座位上既無安全帶，也沒有嘔吐袋（有一名乘客正在嘔吐）。另一次，我搭乘大型客機準備飛往巴布亞省府查亞普拉（Jayapura），正、副機師透過敞開的艙門和空姐聊得渾然忘我，沒有注意到他們正以過高的高度接近跑道，於是只好驟降，以彌補他們的疏失，著陸時，還不得不死命地剎住，好不容易才在距離跑道周邊溝渠僅二十呎處，把飛機停下來。但到了二〇一二年，印尼首屈一指的鷹航（Garuda）航空公司，已被評為舉世最佳的地區性航空公司。自二〇一二年以來，如果我的行李超重，他們就會要我去鷹航的行李超重處，以信用卡付款給鷹航，並給予收據。在一九九六年，我經常被索賄；但從二〇一二年開始，再也沒有人向我要求賄賂。

二〇一二年，我在印尼沿海水域看到一艘像是軍艦的船隻，問了人，驚訝地發現這是政府搜查非法漁船的巡邏艇。在一九九六年前，聽到「印尼政府的巡邏艇」這話，我一定會認定這是在說反話，因為我熟悉的情況是，印尼軍隊的活動需要被巡邏，而非去巡邏他人。

二〇一四年，我踏上印屬新幾內亞的海岸時，驚愕於島上或巨大、或色彩繽紛的鳥類，以前，牠們一直是盜獵的主要目標，現在，牠們就在村落外沿海、甚或村子裡，振翅高鳴：皇鳩、犀鳥、棕櫚鳳頭鸚鵡和天堂鳥。原本這些在村子附近的鳥類品種都會慘遭射殺或捕獵，牠們會遠遠離開人類的居住地。

回到印屬新幾內亞後，我的印尼友人們談論了和一九八〇和九〇年代同樣的老故事。最近，在這個新幾內亞村莊裡，一名印尼警察射殺了四個新幾內亞人；而這個行政區的主管向來很腐敗。這不是陳年舊聞了嗎？有什麼好說的？不同的是，這回警察和主管都被逮捕審訊，最後被送進大牢；這在以前絕對不可能發生。

雖然這些都是進步的跡象，但也不該言過其實。很多印尼的老問題仍舊存在，程度各有不同而已。據說，賄賂現象依然很普遍，只是我未再親身遇上。我的印尼友人照舊不談一九六五年的屠殺事件：我的年輕友人一九六五年時還沒出生，而較年長的朋友對此則保持沉默。不過，我的美國同事告訴我，他們確實遇到許多關切屠殺事件的印尼人。人們還是擔心印尼軍方會干涉民主：一位平民政壇人物在二〇一四年總統大選中，擊敗了參選的退役將軍，在確定將軍試圖宣告選舉無效只是徒勞前，群眾焦慮了好幾個月。二〇一三年，我在印屬新幾內亞租用直升機，飛行時，一枚從地面擊發的步槍子彈直直射破擋風玻璃；迄今仍無法確定，那是仍在爭取獨立的新幾內亞游擊隊所為，抑或印尼軍方為證明他們擁有鎮壓的合理性，而偽裝的游擊活動。

我剩餘的一些個人觀察，需要更多的說明。在本書討論的這些國家中，印尼是迄今國家歷史最短，語言最多樣的一個，而且，起初也是唯一一個面臨領土嚴重分裂的高風險國家。荷屬東印度群島的前荷蘭殖民地或許已分裂成幾個民族國家，就像中南半島的前法國殖民地，分裂為越南、柬埔寨和寮國一樣。這種分裂顯然是荷蘭人的意圖，他們在一九四〇年代後期，試圖在他們的殖民地上建立獨立的聯邦國家，以瓦解剛統一的印尼共和國。

但印尼並沒有分化。它以出人意表的速度，從零開始建立國家認同。這種認同感部分出於自發性，部分則由於政府刻意的加強。它奠基於一九四五至四九年的革命，以及對擺脫荷蘭統治的自豪。政府透過複述一九四五到四九年的故事，形塑一種爭取國家獨立、勇敢抗爭的意象，加強人民油然而生的自豪感——就像美國學校對所有美國學童一再講述美國的革命故事一般。印尼的民族歌曲《Dari Sabang sampai Merauke》(「從沙璜(Sabang)到馬老奇(Merauke)」,印尼由西到東相距三千四百哩)即表達了印尼民眾對遼闊領土的驕傲。國家認同的另一個基礎是,印尼人迅速採用易學而輕柔的印尼語Bahasa作為**官方語**,這種語言與七百種方言共存。

除了這些基本的民族認同根源外,印尼政府也持續強調「建國五原則」的架構,並透過位於雅加達的建國五原則紀念碑來舉行年度儀式,紀念七位遇難的將軍。但是,從我二〇一二年回到印尼以來,儘管住過的印尼飯店不計其數,卻從來沒有看到過別家飯店的大廳,展示了我在一九七九年第一家入住的飯店大廳中所見的「共黨政變」故事。當今的印尼人對他們的國家認同度有足夠的安全感,不再需要「共黨政變」這種誤導說法來加強它。在我這個印尼訪客看來,這種深刻的民族認同感,就是我經歷的最大改變之一。

**插圖 0.1** 1942 年 11 月 28 日波士頓椰林夜總會大火，492 人在擁擠的夜總會裡喪生，這是危機心理治療的源起。

**插圖 2.1** 用芬蘭文寫的告示牌，外國人看來宛如天書，但卻是芬蘭國家認同的重心。

**插圖 2.2** 冬季戰爭之時，芬蘭不只徵召 20 歲的青年從軍，也徵召十來歲的少年和較年長的男女性。

**插圖 2.3**　1940 年 2 月遭俄軍轟炸的維堡，當時是芬蘭第二大城。

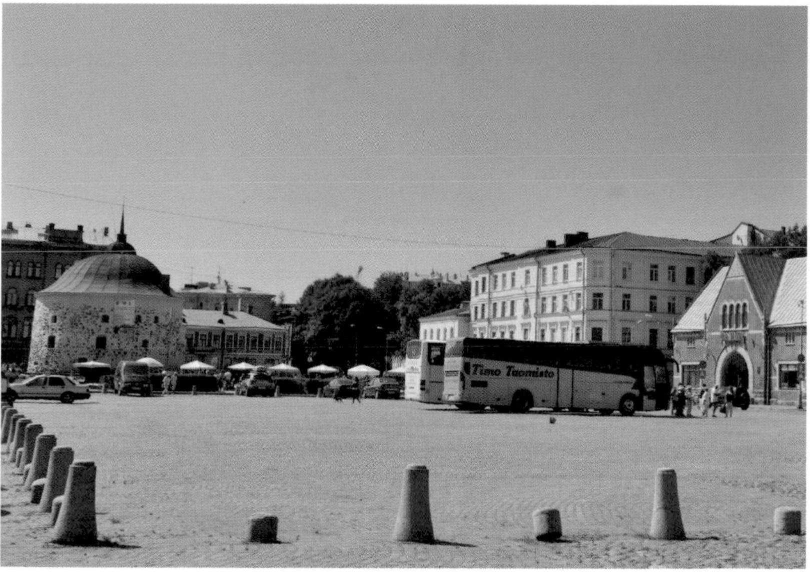


**插圖 2.4**　與 2.3 同一地點，但數十年之後的景象：芬蘭的維堡已變成了俄國城市。

**插圖 2.5**　芬蘭士兵腳踏滑雪板，穿上用於雪地偽裝的白色制服，穿過森林，襲擊停在路邊的蘇聯坦克車隊。

**插圖 2.6**　蘇聯機動部隊遭芬蘭滑雪士兵伏擊破壞。

**插圖 2.7** 疏散到瑞典的芬蘭兒童，這是史上最大規模的戰時兒童疏散。

**插圖 3.1**　日本最後一任幕府將軍德川慶喜，是日本的實際領導人，直到他最後被推翻，開啓了明治維新。

**插圖 3.2**　1867 年即位的日本明治天皇，主持明治新政，推動選擇性的改變。

**插圖 3.3**　1871 至 1873 年的岩倉使節團赴歐美取經，圖中除了一位代表之外，全都穿著西方服飾。

**插圖 3.4**　日本武士原是傳統的私人軍團，直到明治維新才廢除。

**插圖 3.5**　明治時代的一支日本球隊，已經穿著西方服飾。

**插圖 3.6**　明治時代的日本赴美遊客，已經穿著西方服飾。

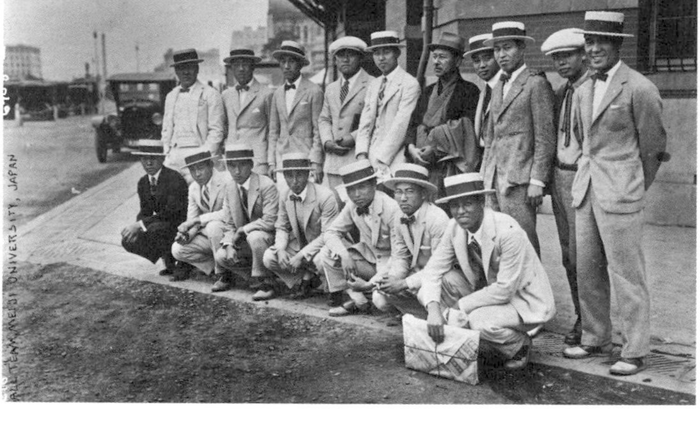

**插圖 3.7**　1904 年日俄戰爭開始之際，一艘俄國戰艦遭日本魚雷擊沉。

**插圖 3.8**　1905 年對馬海峽之役，日本海軍消滅了一支俄國艦隊。

**插圖 3.9**　1914 年日本俘獲的德國殖民地士兵。

**插圖 4.1**　智利民選總統阿言德，1973 年政變時去世。

**插圖 4.2**　1962 年正在古巴興建的蘇聯核彈基地：這正是美國和智利右派、中間派和軍隊堅決反對阿言德總統要在智利成立馬克斯政府的主要理由。

**插圖 4.3**　1973 年 9 月 11 日在智利首都聖地牙哥的軍事政變，士兵和坦克車開上街頭。

**插圖 4.4**　皮諾契特將軍（戴眼鏡坐著），1973 年政變後的智利軍事獨裁者。

**插圖 4.5**　著名的左派智利民謠歌手維克多．哈拉。1973 年政變後遭軍政府剁掉所有的手指，射擊 44 次而死。

**插圖 4.6**　1988 年「向政府說不！」海報，反對皮諾契特將軍再連任總統。

**插圖 4.7**　皮諾契特將軍 2000 年返回智利，原本他宣稱因病體得坐輪椅，但下機後他卻站起來向接機的智利將領致意。

**插圖 5.1**　印尼建國總統蘇卡諾。

**插圖 5.2**　印尼軍事獨裁領袖蘇哈托。在1965 年失敗的政變後，擔任了七屆總統。

**插圖 5.3**　蘇卡諾（中）與中共和埃及領袖會談，主張第三世界反殖民政治立場。

**插圖 5.4**　1965 年印尼政變失敗後，印尼士兵驅趕被視為共產黨的人。

**插圖 5.5**　巨大的印尼建國五項原則紀念碑，紀念在 1965 年政變時遇害的七位將軍。

**插圖 5.6**　印尼首都雅加達現在的摩天大樓。

**插圖 5.7**　印尼首都雅加達現在的貧民窟。

**插圖 6.1**　在德國城市一片廢墟中的德國人民和盟軍。

**插圖 6.2**　盟軍轟炸德國城市科隆。這座城市和大部分德國大城都被炸毀。圖中可見萊茵河上的斷橋，和神奇地矗立在旁的科隆大教堂。

**插圖 6.3**　東德政府豎立在東、西德之間惡名昭彰的圍牆，號稱要保護東柏林，避免西德滲透，其實是防止東德人民投奔自由。

**插圖 6.4**　1968 年德國學運。這一年對德國世代改變攸關緊要。

**插圖 6.5**　現代德國史上的關鍵時刻：西德總理布蘭特訪波蘭華沙猶太人區時，不由自主地下跪，承認納粹的戰爭罪行，追悼數百萬受害者，請求波蘭人原諒。

**插圖 6.6**　平坦的北歐平原，毫無地理障礙。（圖中的）德國軍隊在 1939 年越過平原侵略波蘭，而歷史上也有非德意志的軍隊越過平原，侵略現今的德國。

**插圖 7.1**　20 世紀中葉的澳洲人口絕大多數都是白人。

**插圖 7.2**　澳洲的沙漠景觀和袋鼠，和歐洲的景觀截然不同。

**插圖 7.3**　當今澳洲多元族裔的人口。

**插圖 7.4.1 和 7.4.2** 澳洲的國旗（上）是由英國國旗（下，米字旗）圖案外圍南十字星座組成。

**插圖 7.5**　1915 年澳紐軍團部隊為保衛英國祖國而戰，遠渡重洋來到加里波利半島，對抗土耳其軍隊。加里波利登陸紀念日 4 月 25 日是澳洲的重要節日。

**插圖 7.6**　1941 年 12 月 10 日英國戰艦「威爾斯王子號」遭日本飛機擊沉。英國防衛其在新加坡的海軍基地純屬徒勞。

**插圖 7.7**　1942 年 2 月 15 日英國軍隊在英國位於新加坡的大型海軍基地投降，任澳洲面臨日本攻擊。

**插圖 7.8**　1942 年 2 月 19 日，日本轟炸澳洲達爾文港，起火冒煙。

**插圖 7.9** 1954 年，數以百萬計的澳洲民衆在街頭歡迎英國伊麗莎白女王來訪。

**插圖 7.10** 澳洲最知名的建築物，雪梨歌劇院，也是現代世界赫赫有名的新建築，由丹麥建築師設計，於 1973 年揭幕。

**插圖 9.1**　美國的航空母艦，美國擁有的這種軍事船艦遠多於舉世其他國家的總和。

**插圖 9.2**　一望無際的美國大平原，是舉世生產力最高的農田。

**插圖 9.3** 洛杉磯港，美國海岸有多個受地形保護的深水港，這是其中之一。

**插圖 9.4** 密西西比河的水上交通，是美國提供廉價水運的最大內陸河道之一。

**插圖 9.5**　美國人民為越戰向政府抗議——後來認為越戰是糟糕政策而放棄，不過唯有民主國家，才可能會有這種反政府抗議。

**插圖 9.6**　美國採聯邦制的優點，是個別的州可採用其他州原本視為瘋狂的法律，最後證明此法律明智，於是所有的州都跟著採行——比如加州是頭一個准許在紅燈時，車子完全停穩之後右轉的州。

**插圖 9.7**　美國最知名的發明家和創新家愛迪生。

**插圖 9.8**　哈佛大學畢業班學生留影，其中許多人才移民不久。

**插圖 9.9** 在政治妥協還可以行得通時：共和黨總統雷根和衆議院議長民主黨的托馬斯．提普．奧尼爾（1981 至 1986 在任）雖然常意見不合，卻能夠折中妥協，積極合作，通過很多重要法案。

**插圖 9.10** 美國參議員詹姆斯．斯卓姆．瑟蒙德（J. Strom Thurmond）創下「阻撓議事」最長演講的紀錄，這是政壇少數派用來強迫多數派妥協的方法。

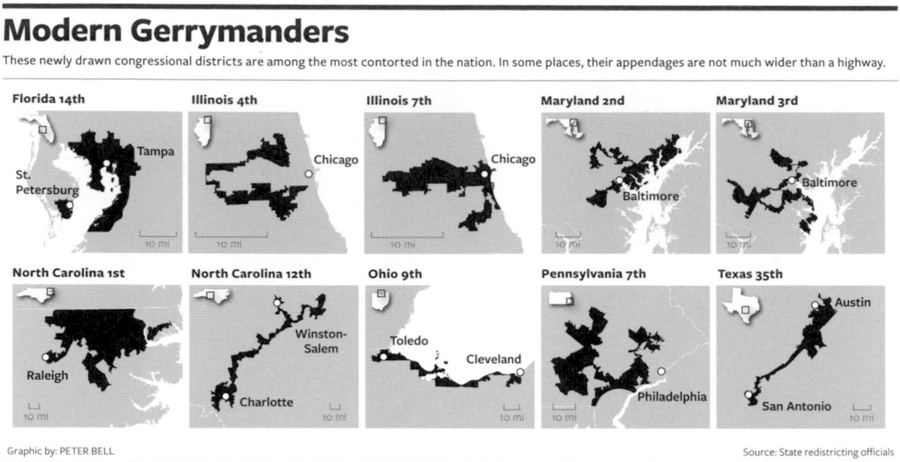


**插圖 9.11**　美國各州執政黨採「傑利蠑螈」方式重劃國會選區，這樣做只是為了保障執政黨的當選代表人數極多。此名是因為這種重劃的選區形似蠑螈。

**插圖 10.1**　1992 年我所居住的洛杉磯發生羅德尼．金恩暴動：主要是源自經濟不平等和美國社會中的絕望感。

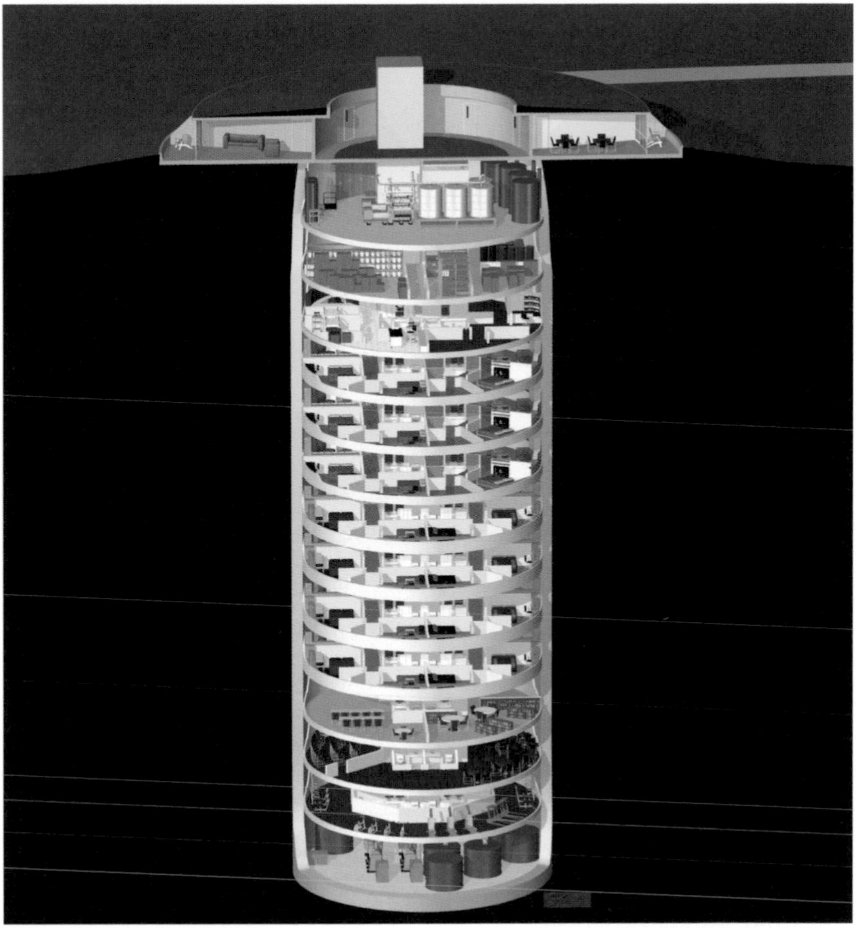

**插圖 10.2** 有錢有勢的美國人對美國社會廣大問題的反應：不是設法解決，而是逃避，把廢棄的地下飛彈發射井改造為豪華的防禦地堡自保。

**插圖 11.1** 當今世界面臨的重大問題之一：使用核武的風險。

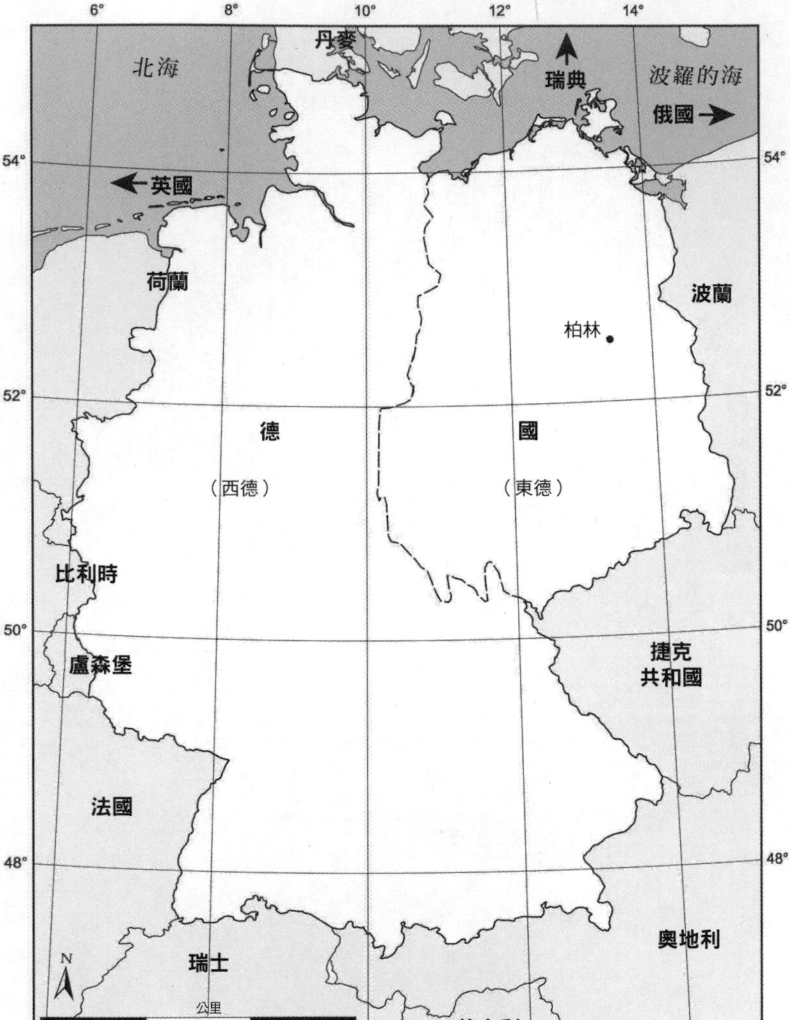
北海
丹麥
瑞典
波羅的海
俄國
英國
荷蘭
波蘭
柏林
德
國
（西德）
（東德）
比利時
盧森堡
捷克
共和國
法國
奧地利
瑞士
義大利
公里
0
300
N
6°
8°
10°
12°
14°
54°
52°
50°
48°

〈圖 6〉德國地圖

▼第六章

# 重建德國

一九四五年的德國——一九四五至六一年——

審判德國人——一九六八年——一九六八年的餘波——

布蘭特與重新統一——地理限制——

自憐？——領導人和現實主義——

危機框架

一九四五年五月七日和八日，德國宣布投降，二次大戰在歐洲終結。當時德國的情況如下。

納粹領導人希特勒、戈培爾（Goebbels，納粹宣傳部長）、希姆萊（Himmler，納粹武裝親衛隊首領）和博爾曼（Bormann）不是已自殺就是即將自殺。德國軍隊在征服歐洲大部分地區之後，被趕回原地並遭擊敗。約七百萬名德國人被殺，包括士兵、被炸彈炸死的百姓，或在逃離時被殺害的難民；特別是從東邊進犯大開殺戒的蘇聯軍隊，報復了德軍對蘇聯人民的恐怖行徑。

倖存下來的數千萬德國人，則遭受大轟炸帶來的創傷（插圖6.1）。實際上，德國所有的大城都因轟炸和戰鬥而化為瓦礫（插圖6.2），德國各城市約有四分之一到半數的房屋遭到摧毀。

德國原有的領土裡，四分之一被併入波蘭和蘇聯，剩下的區分為四個占領區，最後變成兩個分離的國家。

約有一千萬德國人成了無家可歸的難民。數以百萬計的德國人尋找著失散的家人，其中有些在多年後，奇蹟般地存活出現，但大多數則音訊全杳，而且，許多人死亡的時地和情況，將永遠無法得知。我的第一位德語老師於一九五四年流亡，他提到他有個兒子。我天真地問他兒子的情況，老師難掩沉痛地說：「他們把他帶走了，我們一直都沒有他的消息！」我認識這位老師時，他和師母已經承受了十年兒子生死未卜的情況。我後來結交的兩位德國朋友則算「幸運些」：其中一人在得知父親最後的消息後「僅僅」一年，就接獲父親可能去世的消息；另一位則是在兄弟死後三年，即獲悉這個噩耗。

一九四五年時，德國經濟已經崩潰，德國貨幣因通膨而迅速貶值。德國人民已受納粹統治十二年，幾乎所有的政府官員和法官，都是納粹分子或同謀，因為他們必須發誓效忠希特勒，才能擔任公職。當時的德國是專制社會。

如今，德國是自由民主國家、舉世第四大經濟體、世界主要出口經濟國，以及俄羅斯以西，最強大的歐洲國家。它建立了自己的穩定貨幣（德國馬克）；之後又建立歐洲共同貨幣（歐元），並成立歐盟，與它不久前才攻擊的國家，而今在歐盟和平相處。德國在很大的程度上，處理了它的納粹過去，德國社會也不再如以前那樣專制。

一九四五年五月迄今，到底發生了什麼，導致這些變化？一九五九年，我初訪德國，一九六一年，我在那裡生活了大半年，此後也經常往返。現在，我將討論我所目睹戰後德國的五個變化，其中兩個（分區和西德經濟復甦）在我住在德國時差不多已完成；另外兩個（面對納粹主義包袱的德國，和德國的社會變遷）已在加速進行；還有一個（重新統一）則發生在幾十年後，而這對一九六一年的我和德國友人而言，簡直不可思議。由本書的危機與改變框架來看，德國在它所面對的危機方面，代表的是極端例子，包括其地緣政治的限制，和獨特的好、壞領袖角色。最重要的是，德國在它所面臨危機的程度上，象徵一個極端。明治時代的日本僅受到攻擊的威脅；芬蘭和澳洲遭到攻擊，但並未被占據；可是一九四五年的德國和日本，不僅遭到攻擊、被征服、被占領，且情況比本書所討論的任何國家都要嚴重得多。

※　※　※

二戰後，勝利的盟軍把德國劃分為四個占領區：美國占據南部，法國占據西南，英國占據西北部，蘇聯占據東部。雖然首都柏林位於蘇聯占領區的中央，同樣也劃分為四大強權區，就像位於蘇聯占領區內的非蘇聯島嶼。一九四八年，蘇聯對美、英、法國實施陸上封鎖，禁止它們由陸路進入柏林，以迫使這三個盟國放棄他們的飛地。[1] 盟軍以空運物資到柏林作為回應，時間長達近一年，直到蘇聯在一九四九年放棄計畫，解除封鎖。

同樣在一九四九年，西方盟軍把他們的占領區合併為一個實體，稱為德意志聯邦共和國，也就是西德，或稱「Bundesrepublik Deutschland」。蘇聯占領區則自成另一個實體，稱為德意志民主共和國，也稱東德，或按其德文首字母縮寫為DDR。今天，一般都認為東德是失敗的共產獨裁統治體，最後瓦解，被西德吸收。「德意志民主共和國」一詞被視為天大的謊言，與北韓稱為「朝鮮民主主義人民共和國」沒兩樣。今天，我們很容易忘記，促成東德的不僅是蘇聯的蠻力，也包括德國共黨理想主義的貢獻。許多德國知識分子出於自己的**選擇**，從西德或結束流亡海外移居到東德。

然而，東德的生活水準與自由度，最後遠遠落後西德。當美國的經援湧入西德時，蘇聯卻對所占領的區索取經濟賠償，它拆除整座工廠運回俄羅斯，並重組東德農業為集體農場。接下來的兩個世代，直到一九九〇年重新統一前，成長於此階段的東德人，無法學習到西方民主國家人民那種積極努力工作，以改善自我生活的動力。

結果，東德人民開始逃往西德。一九五二年，東德封鎖了通往西德的邊界，但東德人仍然可以由東柏林進入西柏林，接著由西柏林飛往西德。戰前柏林的公共交通系統（地鐵 U-Bahn 和快鐵 S-Bahn）含括連接東、西柏林的路線，任何在東柏林的人都可以乘坐火車進入西柏林。一九六〇年，我首次訪問柏林時，便和其他西方遊客一樣，乘坐地鐵前往東柏林參觀，並坐回西柏林。

一九五三年，東德人因不滿而爆發罷工，演變成暴亂，最後遭蘇聯軍隊鎮壓。內心懷抱不滿的東德人，持續利用柏林公共運輸系統逃到西柏林。結果，在一九六一年八月十三日晚上，東德政權突然關閉東柏林地鐵站，並在東、西柏林間，豎立一道牆，由衛兵巡邏，開槍射殺試圖翻牆的人（插圖 6.3）。當時，我人就在德國，我還記得我的西德友人在圍牆豎起的次日早晨，滿心的疑惑、震驚與憤怒。東德據理以稱，這道圍牆是為了保護東德免受西德滲透者和罪犯的傷害，對於防止不滿的東德人民逃往西德的意圖全然不認。西方盟軍不敢破壞這道圍牆，因為他們知道，西柏林受到東德和俄羅斯軍隊的包圍，對此他們無能為力。

那時起，東德便保持獨立國家狀態，而對於想逃往西德的人，在邊界被殺的可能性很高。（逾千名德國人因此死亡。）一邊是蘇聯和共產東歐集團，另一邊是美國和西歐，兩極端下，德國根本沒有統一的希望。這就好比美國由密西西比河一分為二，一邊是共

1 指某個地理區內，有一塊隸屬他區的區域。

產的美東，另一邊是民主的美西，在可預見的未來裡，看不到重新統一的指望。

至於方才歷經二戰結束的西德，獲勝的西方盟軍對它的政略之一是，根據所謂的摩根索計畫（Morgenthau Plan），防止重工業重建，迫使它在經濟上重回以農立國，並收取戰爭賠償，如同盟軍在一戰後，以及蘇聯目前正對東德所做的。這個策略是起於盟軍對德國的普遍觀點，認為德國不僅在希特勒統治下挑起二次大戰（廣泛同意），也在威廉二世（Kaiser Wilhelm II）執政下，挑起一次大戰（這個歷史問題引起廣泛的爭議），如果允許德國重新工業化，可能導致另一場世界大戰。

使得盟軍觀點改變的原因是冷戰的發展，以及認知到，另一場世界大戰潛在的真正風險並非來自德國，而是蘇聯。正如第四章中談到的，美國對智利的政策一樣，二戰後的數十年左右，美國外交政策的主要動機是出於恐懼。共黨接管了被蘇聯軍隊占領的所有東歐國家，蘇聯製造了原子彈，之後又研發了氫彈，並企圖在一九四八至四九年間，封鎖、扼殺西柏林，況且，即便西歐民主國家也存有共黨勢力（尤其是義大利），這都使得西歐成為冷戰時期，最有可能爆發另一場世界大戰的地方。一直到一九六一年，在我即將前往德國生活時，我（在美國）父親十分嚴肅地建議我，只要歐洲一出現危險跡象，就要趕快前往瑞士避難。

由這個角度來看，位於歐洲中心，且與共產東德和捷克相接壤的西德，對於西歐的自由至關重要。西方盟國需要西德再度強大，作為反共的堡壘。他們希望德國強盛的其他動機，是為了降低積弱不振的德國再次陷入政治極端主義（如一戰後那樣）的風險，以及減少盟國不得不繼續餵養和支持經濟脆弱的西德，所需付出的經濟成本。

一九四五年後，花了幾年的時間，西方盟國的觀念才臻至成熟，而這段期間，西德的經濟則持續惡化。最後於一九四八年，美國將一九四七年實施、提供其他西歐國家經援的馬歇爾計畫，擴及西德。同時，西德以新貨幣德意志馬克取代了弱勢且通膨的貨幣。當西方盟國把占領區合併為單一的西德時，他們保留了對其立法的否決權。然而，西德的第一任總理康拉德·阿登納（Konrad Adenauer），善加利用美國人對於共黨攻擊的恐懼，以爭取盟國的默許，把更多的權力交給西德，而非盟國。阿登納的經濟部長路德維希·艾哈德（Ludwig Erhard），採取了改良的自由市場政策，並利用馬歇爾計畫的援助，促成極其成功的經濟復甦，稱之為「Wirtschaftswunder」或「經濟奇蹟」。配給制被廢除了，工業生產和生活水準飆升，西德人買車、買房的夢想成真了。

從英國搬到西德時，我感受到更加繁榮和愜意的氛圍。請注意其中的諷刺；我的英國朋友常酸溜溜地說：**德國**在二戰落敗，**英國**獲勝，但接下來創造經濟奇蹟的是西德而非英國。政治上，到了一九五五年，西德已重獲主權，二戰後的盟軍占領時期正式告終。在盟軍參與兩次世界大戰，解除德國武裝後，西德重新開始武裝，並重建軍隊——而且並不是出於主動，而是（教人難以置信！）在西方各國的敦促下，且違反德國議會本身投票的結果，讓西德不得不與同盟國一同分擔保衛西歐的重任。透過一九四五年的角度來看，這相當於美、英和法國對德政策中，最驚人的改變。

西德經濟的特點是，勞資關係相對較好，不常罷工，就業條件有彈性。勞資雙方對於勞方不罷工的共識心照不宣，以促進企業繁盛，資方也會將得來的利潤和勞方分享。德國工業發展出一套學徒制，沿用至今，到公司擔任學徒的年輕人，在專業學習階段便予以支薪，待受訓期間結束，就直接轉任正職。時至今日，德國已成為全歐洲最大的經濟體。

❊ ❊ ❊

二戰結束時，盟軍在紐倫堡以戰爭罪，起訴了二十四名倖存的納粹頭目，十人被判處死刑，其中最高階的是納粹外交部長姚阿辛・馮・里賓特洛甫（Joachim von Ribbentrop），和空軍總司令赫爾曼・戈林（Hermann Goring）。（後者在預定執行死刑前夕，服毒自殺。）其餘七人被判長期或終身監禁。紐倫堡法院對許多階級較低的納粹分子，也予以審判，並處以較短的刑期。同盟國還讓為數眾多的德國人接受「去納粹化」（denazification）行動（清除納粹主義影響德國之運動），包括檢查他們的納粹過往，和重新教育他們。

但紐倫堡的審判和去納粹化運動，並沒能解決德國人的納粹主義遺禍。數以百萬低階層的德國人，雖經確認為納粹，或曾遵從納粹的命令，卻未被起訴。由於審判是由同盟國而非德國人自己執行，因此，整件起訴不具有德國人為德國人的行為負責之意涵。在德國，這些審判被譏為「勝利者的正義」（Siegerjustiz）：只不過是勝利者對被征服者的報復。西德自己的法院體系也自行起訴，只是最初一開始的範圍是有限的。

同盟國和德國人自己，在成立戰後德國政府時的一個實際問題是，任何政府都需要經驗豐富的官員。然而，在一九四五年，絕大多數有公職資歷的德國人，其經驗皆來自納粹執政下的政府，這意味著所有戰後德國的政府官員（包括法官），如果不是堅定的納粹，至少也與納粹合作過。僅有的例外是，流亡或被納粹送去集中營的德國人，他們也無法獲得管理的經驗。例如，戰後西德的第一任總理阿登納並非納粹，他原是科隆（Cologne）的市長，納粹撤掉他的職位。阿登納總理的政策被稱為「大赦和整合」，這是委婉的說法，意指不過問德國人在納粹時代做過什麼。政府取而代之的重點是，為糧食不足和無家可歸的德國人提供溫飽，重建德國遭炸毀的城市和被破壞的經濟，並於納粹專政十二年後，重組民主政府這些緊急的任務。

結果，大多數德國人開始認為，納粹罪行只是一小群邪惡領袖個人的錯，絕大多數德國人都是無辜的，曾和蘇聯英勇戰鬥的一般德國士兵是無罪的，而且（到一九五〇年代中左右）對納粹罪行已無重要調查需要進行。進一步造成西德政府未能起訴納粹分子的原因是，戰後政府的檢察官中也有不少納粹分子：例如西德聯邦刑事調查局

（Bundeskriminalamt）的四十七名官員中，有三十三名是前納粹狂熱組織親衛隊（ＳＳ）的領導人，西德情報部門的許多人亦然。在我一九六一年居留德國期間，偶爾會聽到一些德國老人對納粹的辯詞，他們在納粹時代約為三、四十歲，我和他們很熟，這些話是他們私下告訴我的。例如與我合奏大提琴和鋼琴奏鳴曲的音樂家，她先生就對我說：數百萬猶太人遭處決的說法，在數學上不可能，這是有史以來最大的謊言。另一位年紀較長的德國友人，播放了希特勒的錄音演說給我聽，聽的時候她滿心歡喜愉悅。

一九五八年，西德各州的司法廳長，終於成立了中央辦公室，合力起訴於西德境內，甚至境外的納粹罪行。檢察當局的靈魂人物是猶太裔律師弗里茨．鮑爾（Fritz Bauer），他曾是反納粹的社會民主黨員，在一九三五年被迫逃往丹麥。一九四九年，他回到德國後，隨即著手辦案，從一九五六到六九年去世為止，一直肩負著黑森州（Hessen）檢察長的職務。鮑爾職業生涯的核心原則是，德國人應該審判自己，這意味起訴一般德國民眾，而不僅僅是同盟國起訴的納粹領導人。

鮑爾最初是以在德國稱為「奧斯威辛審判」而聞名，在這些審判中，他起訴了位於納粹最大的集中營裡——奧斯威辛集中營，活躍的低階德國人員。被起訴者，包括官階很低的官員，如服裝室經理、藥劑師和醫師。接著，他又起訴低階的納粹警察；曾對猶太人或反抗納粹的領袖做出不利判決或判處死刑的德國法官；曾經迫害猶太商人的納粹分子；參與納粹安樂死的人，包括醫師、法官和執行安樂死的人員；德國外交部官員；

而最令德國人感到不安的是，犯下暴行的德國士兵，特別是在東部戰線——之所以不安，是因為德國人普遍認為，暴行是親衛隊等狂熱團體而非普通士兵所犯。

除了這些起訴外，鮑爾還追查戰後失蹤，最重要且最邪惡的納粹分子：希特勒的副手馬丁．鮑曼（Martin Borman）；在囚犯身上做醫學實驗的奧斯威辛集中營醫師約瑟夫．門格勒（Josef Mengele）；和負責圍捕猶太人的阿道夫．艾希曼（Adolf Eichmann）。鮑爾沒有成功追蹤到門格勒和鮑曼，門格勒最後於一九七九年死於巴西，後來則證實，鮑曼已於一九四五年，約與希特勒同時間自殺。

但鮑爾確實收到了有關艾希曼的下落——他逃往阿根廷。鮑爾認為他不能把這個消息傳遞給德國情報局，要他們緝捕並懲罰艾希曼，因為他擔心，他們會向艾希曼通風報信，讓他逃走。因此，他把消息交給以色列特勤單位，在阿根廷綁架了艾希曼，搭以色列航空的飛機將他悄悄帶回以色列，讓他接受公開審判，最後把他吊死。這場審判引起全球關注，不僅僅是為了艾希曼，而是為了個人對納粹罪行該負什麼責任的整個議題。

鮑爾的起訴，引發德國人廣泛的關注。最重要的是，它們向一九六〇年代的德國人，揭露了一九三〇和四〇年代的德國人在納粹時代的所作所為。鮑爾所起訴的納粹被告，幾乎都有相同的藉口：我只是服從命令；我遵守當時社會的標準和法律；我對被害者沒有責任；我只是安排將猶太人送往集中營的鐵路運輸；我只是奧斯威辛集中營的藥劑師或警衛；我並沒有親自殺死任何人；我被納粹政府宣稱的權威，以及意識型態的信念，蒙蔽了雙眼，使得我無法辨識我所做的事情是錯的。

鮑爾在審判期間以及公開場合，皆一再闡述以下的回應。他起訴的那些德國人，犯下的是違反人性的罪行，納粹德國的法律是不合理的，不能以服從這些律法為藉口來作為辯護。沒有任何法律，可以開脫危害人類的罪行。每個人，都必須有自己的是非道德觀，並遵守它，不管國家政府怎麼說。任何參與鮑爾所謂「謀殺機器」的人，即形同奧斯威辛集中營的屠殺器械，必須承擔犯罪的責任。此外，有證據顯示，許多由他起訴，並以受迫做為罪行藉口的被告，他們的作為並非出於強迫，而是出於自己的信念。

實際上，鮑爾起訴的許多、或許是大多數的案子，都敗訴了：即使在一九六〇年代，被告也經常被德國法院無罪開釋。鮑爾往往成為口頭攻擊、甚至死亡威脅的目標。他工作的意義在於，一個在德國法院的德國人，一次又一次地以令人痛苦的細節，向德國民眾證明，德國人在納粹時代的信念和行為。納粹的惡行，不僅止於一些惡劣領導人的作為；反而是大批德國士兵和官員，包括今天許多的西德政府高級官員，他們都曾執行納粹的命令，犯下違反人道的罪行。鮑爾的努力，奠定了一九六八年，德國學運的基本背景，下文將再作討論。

一九八二年，在我離開德國的二十一年後，德國對納粹時代的看法有了轉變，且極其明顯地呈現在我面前。那一年，內人瑪麗和我赴德國度假，我們沿著高速公路行駛，快到慕尼黑時，看到一個出口通往名為達豪（Dachau）的郊區，那是前納粹集中營（德文縮寫為ＫＺ）的所在，現今已改為博物館。我們倆之前都沒去過ＫＺ，然而，我們都沒有預料到的是，「只不過是」博物館的展覽，竟會對我們產生影響，畢竟透過瑪麗雙親（ＫＺ倖存者）的經歷，和我兒時看到的新聞短片，我們早已知道ＫＺ的情況，更出乎我們意料的是，德國人如何解釋（或辯白）他們的集中營對我們所造成的影響。

事實上，參觀達豪對我們而言是極具震撼的經歷，至少和我們隨後參訪的，規模更大、更聲名狼藉的奧斯威辛集中營，所受到的震撼一樣強烈。奧斯威辛集中營也是博物館，但不隸屬於德國，因為它位於波蘭境內。有關達豪ＫＺ的照片、德文的資料，生動地描述並解釋了集中營及其背景：納粹的掌權始於一九三三年，一九三〇年代，納粹對猶太人和非納粹德國人的迫害、希特勒的戰爭步驟、達豪ＫＺ本身的運作、其他納粹集中營的運作。這個展覽並沒有逃避德國人該負的責任，而是發揮了鮑爾的格言「德國人對自己的審判」。

內人和我當時在達豪所看到的，是所有德國兒童自一九七〇年代以來，所見的一部分。他們在學校裡接受的教育，詳細地說明了納粹的暴行，許多學生被帶去前ＫＺ的所在，進行校外教學郊遊，許多集中營也和達豪一樣，變成了展覽品。這種舉國上下、共同坦然面對過去罪行的作法，絕非理所當然，據我所知，沒有哪個國家像德國這樣，嚴肅地面對這種責任。印尼的學童迄今仍未接受關於一九六五年大屠殺（第五章）的教育；我認識的日本青年告訴我，他們對於日本的戰爭罪行（第八章）一無所知；在美國，教導學生有關美國在越南、對北美原住民和非裔奴隸罪行的細節，也非國家政策。一九六一年時，我所見到的情況是，願意承認國家陰暗過去的德國人，遠比後來少得多。若要把哪一年看作德國在這方面的象徵性分水嶺，那就是一九六八年，如下所述。

※※※

一九六〇年代，叛亂和抗爭活動在自由世界延燒，尤其是學運。這些行動，始於美國的民權運動、反對越戰的抗議活動、柏克萊加大的言論自由運動，以及「學生民主聯盟」（Students for a Democratic Society）運動。學生的抗爭活動一路蔓延至法、英、日本、義大利和德國。與美國一樣，在這些國家的抗議活動中，有一部分代表的是年輕世代對老一輩的反抗。只是有兩個原因，使得德國的世代衝突格外激烈。首先，老一代德國人和納粹的牽連，意味著老少二代間的隔閡，比美國要深得多；第二，傳統德國社會的威權態度，造成老少世代更加蔑視彼此。一九六〇年代，追求解放的抗議活動在德國不斷增長，到了一九六八年終於爆發（插圖6.4）。為什麼是一九六八年？

不僅在德國，在美國也一樣；不同的世代有不同的經歷、不同的名稱。在美國，我們談到廣義的世代：嬰兒潮、X世代、千禧世代等等。可是在德國，每年的變化都更迅速且深刻。在美國，當你認識新的美國朋友，彼此談到各自的人生時，你可能不會這樣打開話題：「我生於一九四五年，光是這個事實，不用我說明，你應該就很清楚我的生活和態度。」但德國人初相識時，卻是這樣介紹自己，舉個例來說，「Ich bin Jahrgang 1945」，即「我的出生年分是一九四五年」。此乃因所有的德國人都明白，他們的同胞各有截然不同的生活經歷，全取決於他們出生和成長的時間。

出生於一九三七年左右，和我同齡的德國友人之經驗，就是一個例子。他們都不是在我們美國人、或現代年輕德國人所認為的正常生活環境中長大。由於戰爭，他們幼時都遭遇過不幸。譬如一九三七年左右出生，我的六個最要好的德國友人中，有位女性友人擔任士兵的父親被殺死；另一位從遠方看著父親所居住的地區遭空襲，儘管他的父親倖存下來；一位女性朋友打從一歲起就和父親分離，直到她十一歲為止，因為父親的戰俘身分；另一位朋友在戰爭中，失去了兩個哥哥；一位友人童年時期都在戶外的橋下過夜，因為他住的城鎮每夜都遭轟炸，睡在屋內不安全；另一位的母親，每天要他去鐵路調車場偷煤，以供全家取暖。因此，這些生於一九三七年左右的德國朋友們，年紀已大到足以因戰爭的記憶而產生創傷，或者記得戰後的貧困、混亂與學業中斷，卻沒大到足以接受納粹青年組織（Hitler Jugned）灌輸他們的納粹思想。他們大多數還太年輕，無法加入一九五五年成軍的新西德軍隊；一九三七年生的人（Jahrgang）是不再徵兵、教召前的最後一年。

出生於不同時代的德國人，生活經驗各異的這些論據，有助於解釋一九六八年，德國為什麼會經歷一場激烈的學運。一九六八年的這群德國抗議者，平均來看，應是出生於一九四五年戰爭剛結束時。他們年輕到沒有經歷過納粹的統治和戰爭，對於戰後混亂而貧窮的歲月也毫無記憶。他們大多成長於德國經濟復甦之後，處於經濟寬裕的時代。他們無需掙扎求生存；享有足夠的休閒和保障，可以將時間和精力花在抗議上。一九六八年，他們約二十出頭。在一九五〇和六〇年代初，鮑爾揭露他們父母那代德國百姓的納粹罪行時，他們還是青少年。一九四五年出生的抗議者，其父母多半生於一九〇五至二五年，這表示一九四五世代的德國父母，在子女眼中就是投票給希特勒，為希特勒而戰，受希特勒青年團學校組織灌輸納粹信仰的德國人。

所有的青少年都會批評並挑戰他們的父母。一九六〇年代，鮑爾揭露他的發現之時，大部分於一九四五年出生的德國青少年之父母，皆避談納粹時代的經歷，退守他們的工作崗位，創造戰後經濟奇蹟。如果有小孩子問：「爸爸媽媽，納粹時期**你們**在做什麼？」這些父母的回答，與老一輩德國人在一九六一年回答我的相似：「年輕人，你根本不知道集權國家的生活是什麼樣子。我們不能憑自己的信念行事。」當然，這樣的藉口並不能讓年輕人滿意。

結果就是，一九四五年左右出生的那一輩德國人，不信任他們的父母，懷疑上一代都是納粹分子。這解釋了為什麼二戰中的另兩個侵略國義大利和日本，學生抗議同樣以暴力形式出現。相較之下，在美國，一九四五年這一代美國人的父母，並未被視為二戰的戰犯，而是戰爭英雄。這並不表示一九六〇年代的美國青少年，或者其他任何地方的青少年不會批評父母，僅表示他們不把父母看作戰犯而不屑一顧。

許多人記得一九六八年德國的一個象徵性時刻，一名年輕的德國非猶太婦女畢亞提．柯拉絲菲德（Beate Klarsfeld）的作為（她比一九四五年那一輩年輕人大幾歲），一九六三年，她嫁給一名父親死於奧斯威辛集中營毒氣室的猶太青年。一九六八年十一月七日，她對著西德總理庫爾特．基辛格（Kurt Kiesinger）大喊「納粹！」，並且賞了他一巴掌，因為他曾是納粹黨員。雖然出生於一九四五年左右的德國人，因上一代和納粹同謀的罪行而特別容易鄙視父母，但納粹的過往卻非一九六八年德國學運的唯一原因。德國學生所抗議的，更類似美國學生和「嬉皮」在一九六八年所抗爭的事物：越戰、威權、中產階級生活、資本主義、帝國主義，以及傳統道德。德國的一九六八世代，視當代資本主義的德國社會等同於法西斯主義，而保守的德國長者則反之，視激進的年輕左翼反叛者為「希特勒的孩子」——暴力狂熱的納粹衝鋒隊和親衛隊組織轉世。許多抗爭者都是極端的左派；有些人甚至遷往東德，而東德也提供西德的支持者金錢和證件。西德老一輩的反應就是告訴反抗者：「好吧，要是你不喜歡這裡，那就去東德！」

一九六八年德國的激進派學生相形於同時代的美國激進派學生，更為暴力，其中有些人去了巴勒斯坦，接受恐怖分子的訓練。最有名的德國恐怖組織，自稱為「紅軍派」（Rote Armee Fraktion，縮寫為ＲＡＦ），也被稱為巴德—梅因霍夫集團（Baader-

Meinhof gang），這個名稱來自其兩名特別惡名昭彰的領導人，烏利克・梅因霍夫（Ulrike Meinhof）和安德里亞斯・巴德（Andreas Baader）。這些恐怖分子縱火攻擊商店，綁架、投擲炸彈和殺人。多年來，他們綁架或殺害的受害者包括德國「機構」的領導人，如西柏林最高法院的院長、西柏林市長候選人、德國聯邦檢察官、德意志銀行總裁，和西德僱主協會的會長。最後，連大多數的德國左翼分子也愈來愈感受到激進左派暴力的威脅，不再支持他們。西德恐怖主義盛行於一九七一至七七年，並在一九七七年達到巔峰。巴德和其他兩名紅軍派領導人，企圖劫持漢莎航空公司的飛機，以釋放被監禁的恐怖分子，以失敗告終，兩人最後在獄中自殺。那之後，又有兩波恐怖主義浪潮，直到一九九八年紅軍派宣布解散。

❊ ❊ ❊

一九六八年的德國學運，有時被形容為「一次成功的失敗」，意思是，學生極端分子雖未能實現以不同經濟制度取代資本主義和推翻西德民主政府的目標，但他們確實間接地達到了一些目的，因為西德政府接受了他們部分的政治理念，德國主流社會採納了許多他們的想法。也因此，有些一九六八年的激進分子，後來在西德綠黨（Green Party）中被拔擢至領導政治的地位，比如會投擲石塊的激進派約施卡・費舍爾（Joschka Fischer），日後培養出對高級西裝和葡萄酒的品味，成了西德的外交部長和副總理。

傳統的德國社會在政治和社會上皆專制，這些特質早在希特勒之前就已存在，在納粹社會，更由於它強調 Führerprinzip（字面上的意思是「領袖原則」）而益發明顯。希特勒不僅是正式的 Führer（國家元首），也是所有德國人誓言在政治上絕對服從的對象；在納粹統治下，社會和政治上對領導者的服從，在其他生活領域和層面上也同樣被要求。

儘管德國在二戰的慘敗，使專制的德國政府受到質疑，但老一輩的精英和他們的思想，在二戰後依然存在。以下是一九六一年，我在德國時遇到的一些和政治無關的例子。當時體罰兒童還很普遍，不僅僅准許，且通常被視為是父母的義務。我在一家德國科學研究機構工作，那裡的主任全權掌控機構裡一百二十位科學家的職業生涯。比如，要在德國的大學任教，除了要有博士學位之外，還需要稱作「Habilitation」（任教資格）的學位。但是，我的主任每年只允許一百二十位科學家中的一位，取得該資格，並由他親自挑出人選。無論走到哪兒——街道、草坪、學校、私人和公共建築，都有告示牌禁止（verboten）某些事物，並指示該或不該怎樣表現。某天早上，我的一位德國同事氣呼呼地來上班，因為前一晚，他回到家時發現家裡公寓外，孩子遊戲的草坪被有刺的鐵絲網給圍住（在德國，它與集中營有不可磨滅的連結）。當他去找公寓經理理論時，對方毫無歉意：「明明禁止踐踏草皮，但那些被寵壞的小孩卻在草地上行走，所以我認為我有權裝設鐵絲網，防止他們繼續這麼做。」

回想起來，在我一九六一年赴德之時和之後，德國的專制行為和態度已開始改變。有個著名的例子是一九六二年的「明鏡事件」（Spiegel Affair）。在當時經常抨擊國家政府的《明鏡週刊》（*Der Spiegel*），發表了一篇質疑德國軍隊（Bundeswehr，聯邦國防軍）實力的文章，總理阿登納麾下的國防部長弗朗茨．約瑟夫．史特勞斯（Franz Josef Strauss），以專制傲慢的態度作為回應，逮捕了《明鏡週刊》的編輯，以涉嫌叛國扣押他們的檔案。結果引起社會大眾的強烈抗議，迫使政府放棄壓迫，史特勞斯也因此下台。儘管如此，史特勞斯仍然保有強大的權勢，他在一九七八至八八年擔任巴伐利亞州長，並於一九八〇年參選德國總理（落敗）。

一九六八年後，已經開始的解放趨勢變得更強。一九六九年，這股力量導致已持續統治德國二十年的保守黨競選失利。如今的德國社會比一九六一年更自由。體罰兒童的事件不再發生；事實上，法律已明禁這種行為！一般人的穿著更加隨意，女性的角色更加平等（長期擔任總理的安吉拉．梅克爾即為一例），以及更常使用非正式代名詞的「Du」，取代正式代名詞的「Sie」，來表示「你」。

只是每次我赴德時，仍不免因這些「verboten」的禁止標誌而苦惱。有美國經驗的德國朋友們對於當今德國的看法則互異，有的認為今天的德國跟美國一樣，不再那麼專制，也有的告訴我，當前德國以階級制度行事的可怕故事。反過來說，如果我問的是赴德的美國訪客，他們是否認為德國專制，依我所詢問的對象年齡會得出兩個答案。出生於一九七〇年代或之後的年輕美國訪客，沒有經歷過一九五〇年代的德國，本能地比較當今的德國與美國，會認為德國社會仍屬專制。而像我這樣較年長的美國訪客，在一九五〇年代（後期）曾參訪過德國，兩相比較一九五〇年代與今日的德國，會認為今天的德國不像以往那麼專制。這兩種比較結果，在我看來都沒錯。

＊＊＊

在西德總理威利．布蘭特（Willy Brandt）的領導下，和平政府加速實現了一九六八年學運的許多目標。生於一九一三年的布蘭特，由於政治觀點和納粹不同，被迫逃往國外，在挪威和瑞典度過了戰爭歲月。一九六九年，身為社民黨領袖的他，成為西德第一位左派總理，打破了阿登納領導的基民黨二十年來，由保守派總理長期執政的局面。在布蘭特治理下，德國開始了社會改革，政府追求與學生同樣的目標，比如讓德國不再那麼專制，並促進女性的權利。

不過，布蘭特最大的成就則是對外的關係。之前，在西德的保守派領導下，西德政府甚至拒絕承認東德政府的合法存在，堅持西德是德國人民唯一的合法代表。除了蘇聯外，它與任何東歐共產國家都沒有外交關係，並拒絕承認德國在奧得－尼斯河線（the Oder and Neisse Rivers）以東，領土的實際損失：東普魯士給了蘇聯，其餘給了波蘭。

布蘭特採行了新的外交政策，扭轉了所有的拒絕態度。他和東德簽訂條約，與波蘭和其他東歐集團國家建立外交關係。他承認奧得－尼斯河線為波蘭／德國之邊界，故此接受該線以東，原屬於德國的領土不可挽回之損失，也包括長久以來，一直屬於德國且是德國認同核心的地區：西里西亞（Silesia）和普魯士及波美拉尼亞（Pomerania）的部分區域。宣告放棄領土是重大的一步，這對德國保守的基民黨是難以接受的苦果，因此，該黨宣布假使在一九七二年的選舉後重新掌權，將否決這些條約。然而事實上，德國選民支持布蘭特吞下這顆苦口良藥。布蘭特的政黨最後以更加多張的選票，贏得了一九七二年的選舉。

布蘭特生涯中，最戲劇性的一刻發生在一九七〇年，他訪問波蘭首都華沙期間。波蘭是二戰期間，人口死亡比例最高的國家。最大的納粹集中營也設在波蘭。波蘭人有充分的理由厭惡德國人，這些不思悔改的納粹分子。一九七〇年十二月七日，布蘭特訪問華沙時，到了猶太區，這是一九四三年四月和五月猶太人反抗納粹占領未成功的所在地。當著波蘭民眾的面，布蘭特自發地屈膝跪下，承認有數百萬名受害者遭納粹屠殺的事實，並請求對希特勒獨裁統治和二次世界大戰帶來的傷害予以寬恕（插圖6.5）。即便始終不信任德國人的波蘭人，都不得不相信布蘭特的舉動，事先並無計畫，乃出於真誠、發自內心。在今日措詞精心、不帶感情聲明的外交舞台，布蘭特在華沙猶太區的下跪，是一名國家領袖向另一個深受折磨國家的人民，由衷致歉的獨特作為。相較之下，想想其他許多沒有下跪道歉的領袖：美國總統對越南人民，日本首相對韓國和中國人民、史達林對波蘭和烏克蘭人民，戴高樂對阿爾及利亞人民，還有其他的。

布蘭特此舉一直到他訪華沙猶太區的二十年後，才為西德政治帶來回報，也是在布蘭特於一九七四年辭去總理一職後，很久才出現。在一九七〇年和八〇年代，對於如何統一東、西德，西德總理始終無技可施。布蘭特之後的兩位總理，社民黨的赫爾穆特．施密特（Helmut Schmidt）和基民黨的赫爾穆特．柯爾（Helmut Kohl），皆接續執行布蘭特的政策，與東德交易，尋求與東歐國家的和解，以及在鐵幕兩側主要國家的領導人間，維持良好的個人關係。美國和西歐認為，可以信賴西德是民主國家與可靠的盟友。蘇聯及其東歐集團的夥伴，則視西德為主要的貿易夥伴，不再擔心它存在軍事或領土上的威脅。

布蘭特的兩德條約，以及施密特和柯爾接下來的兩德協議，使得成千上萬的西德人民能夠造訪東德，以及少數東德人民能夠赴西德。兩德間的貿易不斷成長，愈來愈多的東德人可以看到西德的電視頻道，他們因而能夠自行比較，西德持續提升和東德持續下降的生活水準。蘇聯在經濟和政治方面也日益困難，因此，也愈來愈難強迫其他東歐集團國家按它的意思行事。在如此背景下，東德的末日揭開了序幕，這一步完全落在東、西德的掌控外：一九八九年五月二日，匈牙利，一個東方集團國家，和東德間夾著另一個東方集團國家（捷克），於是，它決定移除隔離它和西德接壤的西方民主國家奧地利之間的柵欄。四個月後，匈牙利正式開放了那個邊界，成千上萬的東德人抓住機會，從捷克和匈牙利逃往西方。（正式的邊境開放日期是九月十一日，恰巧也是皮諾契特一九七三年在智利發動政變，以及二〇〇一年世貿大樓在美國遭到恐襲的日期）。很快地，數十萬東德人民走上了萊比錫街頭抗議政府，跟著，又擴及其他東德城市。東德政府打算宣布，以將發放直通西德的許可證作為回應，然而，由於官員在電視上宣布此消息時，一時口誤，說成政府「立刻」允許人民前往西德。當天晚上（一九八九年十一月九日），成千上萬的東德人當下趁機進入西柏林，且未遭邊防警衛阻撓。

雖說當時的西德總理柯爾並未創造這個契機，卻確實很懂得如何謹慎地運用它。一九九〇年五月，他締結了兩德經濟和社會福利統一條約（但尚未實現政治統一）；並巧妙地努力化解西方國家和蘇聯不情願兩德重新統一的情緒。比方說，一九九〇年七月，他在與蘇聯總統戈巴契夫的關鍵會面中，向蘇聯提出重大的經援計畫，並說服戈巴契夫不僅容忍兩德重新統一，也容忍重新統一的德國繼續留在北約。一九九〇年十月三日，東德解體，納入（西）德國，成為新的聯邦州（Bundesländer）。

❊ ❊ ❊

我們是否可以比照第二至五章裡，那四個國家的框架，討論本章所述的戰後德國歷史？戰後德國的歷史似乎非比尋常。第二至五章所述的四個國家歷史，都是單一危機在某天突然爆發：美國海軍准將培里在一八五三年七月八日抵達日本港口，蘇聯在一九三九年十一月三十日襲擊芬蘭，智利皮諾契特在一九七三年九月十一日的政變，以及印尼在一九六五年十月一日的政變未遂。相較下，戰後德國並沒有壓倒性的主要爆發事件，似乎是由一九四五年到九〇年，數次重疊且逐漸展開的動盪經歷所取代。我們將在下一章（第七章）中看到澳洲的戰後事件，也和漸進的德國模式一樣，與我們在第二至五章中看到的爆發模式不同。如果把「危機」從爆發式的案例帶到漸進式的案例，是否誤導？

其實，這兩組案例間並沒有明顯的分界線：它們之間的差異只在於程度。德國確實經歷突然的打擊，而其中三個並非單單一擊。首先，德國在一九四五年五月七日和八日投降時，慘遭嚴重摧毀，它所面臨的危機情況是本書所討論的各國中，最為嚴重的。一九六一年八月十三日豎立的柏林圍牆，和學生在一九六八年發動延續數月的暴動，則代表兩個進一步的危機。相反地，培里抵達日本，和皮諾契特在智利的政變，並非單日發生的意外獨立事件，而是已延續發展數十年事件的最終高潮，解決它（部分）尚須接下來數十年才能完成：這兩個陳述也適用於戰後德國史。接下來的段落裡，我們將看到第二至五章所謂的「急性國家危機」因素，和本章及下一章所說的「漸進國家危機」因素如何相似。

因此，我發現在同樣的框架中，同時考量這兩組歷史有其用處。特別是，戰後德國史不僅說明了框架裡大部分的因素；更將其中四個因素闡述得淋漓盡致。讓我們從這四個特色開始討論，再談其他幾個不那麼極端，卻仍然很重要的特徵。

德國處於極端狀態的第一個方面是，在地理限制下成功展開獨立行動的能力（表1.2，因素＃12）；因此，它必須等待其他國家的行動，帶來的有利機會。在第二至七章所討論的六個國家中，只有芬蘭在獨立行動能力的限制方面可與德國相比。對非德國人而言，這個想法乍看之下或許荒謬，普遍的看法是，二十世紀的德國絕不會克制自己，不採取獨立行動，相反地（在德皇威廉二世和希特勒統治下），他們採取大膽的軍事行動，導致兩次世界大戰。但事實上，這兩次大戰反而支持了我的論點：兩次行動都為德國帶來災難性的結局，就是因為威廉二世和希特勒，並未等待有利的機會就採取行動，才導致可怕的後果。

要了解德國行動的地理限制，請看（第226頁）現今的德國地圖，以及最近的歐洲歷史地圖。如今，德國與九個國家（荷蘭、比利時、盧森堡、法國、瑞士、奧地利、捷克、波蘭和丹麥）相接壤，而它在北海和波羅的海的海岸，則隔著海洋敞開在另外八個國家（英國、挪威、瑞典、芬蘭、俄羅斯、愛沙尼亞、拉脫維亞和立陶宛）前。此外，一九三八年德國兼併奧地利時，還加上了另外三個陸地鄰國（義大利、南斯拉夫和匈牙利），一九一八至三九年間，又添了一個陸地鄰國（立陶宛）。其中，有些國家到一九一八年都還是兩大陸地鄰國的一部分（俄羅斯和哈布斯堡帝國），這樣算起來，德國近代史上的鄰國共有二十個（如果每個歷史實體僅計算一次，而非雙重計算水陸鄰國，或先前的國家和現在的繼承國）。這二十國中，有十九國（瑞士除外）在一八六六年到一九四五年間，都曾從海上攻擊入侵德國，或遭德國派遣軍隊駐紮或過境（瑞典）入侵。二十個鄰國中，有五個是過去或現在的強國（法國、俄羅斯、哈布斯堡帝國、英國和前瑞典）。

不只德國有鄰國，大部分國家也有鄰國，而相鄰國家的邊界往往與地理屏障相吻合。可是德國北部屬於平坦的北歐平原（插圖6.6），沒有任何天然防禦屏障可分隔：沒有山脈（不像庇里牛斯山脈，分隔西班牙與法國，或者環繞義大利的阿爾卑斯山），只有狹窄的河流，在歷史上，很容易被大軍穿越（就連萊茵河，對軍隊來說也不算多險峻的障礙）。美籍波蘭裔的內人瑪麗，和我由柏林飛往華沙時，瑪麗秉持波蘭人面對自身歷史時保有理智的黑色幽默，從機窗俯瞰德國和波蘭無形交融在一起的平原，評論說：「多棒的坦克戰地形啊！」她當時想到的是一九三九年，希特勒的坦克進入波蘭。而具歷史意識的德國人則會想到，所有從東西兩方進入德國北部的軍隊，包括二戰時蘇聯和同盟國的軍隊；兩個世紀前拿破崙的軍隊，以及在那之前的其他軍隊。

在我看來，德國地處眾鄰國包圍的中心地理位置，對德國的歷史而言，堪稱最重要的成因。當然，這個位置並非沒有優勢：它讓德國成為貿易、技術、藝術、音樂和文化的十字路口，諷刺的說法是，德國的位置也使它在二戰時更容易入侵許多國家。

可是德國的位置卻十分不利於政治和軍事。十七世紀的西歐和中歐大國大都參與的宗教和權力鬥爭——三十年戰爭，主戰場就是德國的領土，造成當地減少高達五〇%的人口，導致嚴重的經濟和政治倒退，這苦果持續了兩個世紀之久。德國是西歐大國中最後一個統一的國家（一八七一年），而且，這個統一還得仰仗手腕高明的外交官（俾斯麥）的領導，他所擁有的獨特能力，可以預先考量到其他許多歐洲強權可能會有的反應。統一後的德國所面對的軍事夢魘是，與西邊鄰國（法國）和東邊鄰國（俄國）兩方的戰爭風險。這個夢魘後來成真，導致德國在兩次世界大戰中都遭擊敗。二戰後，三個鄰國再加上美國，共同瓜分了德國。西德政府無法直接採取行動，重新統一德國：它必須等待其他國家的事件創造出有利的機會。

不同於一般的地理限制，突顯了領導無方對德國帶來的惡果，比地理限制較少的國家更為嚴重。比如德國皇帝威廉二世及其大臣即因常出紕漏、不切實際，而惡名昭彰。領導無方，並非德國的專利：美、英國與其他國家也都各自有份。但美、英四周有海洋保護，即使領袖無能做了蠢事，也不致造成國家的災難，但威廉及大臣的無能，確實在一戰時讓德國深陷災難。

德國政治家在外交政策上的成功指導原則，可以俾斯麥的比喻做總結：「應該時時留意，上帝在哪裡跨越世界的歷史，以及祂朝什麼方向前進。然後，躍入其中，跟在祂身後前進，能跟隨得愈遠愈好。」那也是總理柯爾在一九八九至九〇年間的策略，東德和蘇聯的政治發展，終於為德國重新統一創造了契機。美式足球裡有種類似的策略，就是「為機會而戰」（Play for the breaks）。這樣的哲學，在當年帝國力量尚處於高峰的英國看來，固然不可思議，即便對今日的美國而言，依舊難以想像（外交政策上，而非足球）。相反地，當年的大英帝國和當今的美國，皆主張應該採取積極行動，才能夠實現他們的目的。

※ ※ ※

德國作為極端個案研究的另一個層面，和自憐及受害感有關（因素#2）。這課題特別發人深省，值得討論，因為德國並非只是一個極端，而是兩個相反的極端：它在一次和二次世界大戰中，展現了懸殊的反應。

一九一八年十月，一戰結束前不久，德國在西部戰線上的最後一次軍事進攻失敗了，盟軍正在挺進，美國增加了百萬新的生力軍，德國的失敗只是時間問題。然而，德國軍隊的撤退始終井然有序，而盟軍尚未抵達德國邊界。由於德國艦隊的叛變，以及境內爆發的武裝叛亂，停戰談判因此匆匆達成。這讓戰後的煽動者——尤其是希特勒可以宣稱，德國並未在軍事上被擊敗，而是遭到狡詐平民政客「扯後腿」的背叛。獲勝的協約國強迫德國接受《凡爾賽條約》，其中包括惡名昭彰的「戰爭罪責條款」，指責德國是侵略者，需對戰爭負責，引發了德國人民更深的怨恨。因此，雖然戰後許多德國史學者分析了戰前德國的政治錯誤，導致德國在戰爭中陷入不利的局勢，然而，戰後德國民眾的普遍觀點是，德國是受害者，而領導人並沒有對國家的不幸負責。

現在，將一戰後德國的受害感，與二戰後德國的戰後觀點兩相比較。一九四五年五月，德軍在所有戰線上皆敗陣，全境都遭盟軍征服，德國無條件投降。不論德國人或非德國人皆不否認，發生在歐洲的二戰完全出於希特勒的意圖。德國人漸漸地知道，在德國政府的政策下，在集中營及德軍於東方戰線所上演的慘絕人寰的暴行。德國人民也身受其害：尤其是漢堡、德勒斯登及其他德國城市所遭受的轟炸，德國人民趕在蘇聯軍隊推進前，成群遷徙逃亡，以及戰爭結束時，遭波蘭、捷克和其他東歐政府驅逐的前東德領土、現為東歐土地上的所有德裔居民。蘇聯的推進並驅逐德國人民，造成約一千兩百萬德國人民流離失所，其中兩百多萬人死亡，百萬名德國婦女遭到強暴。

德國人民的痛苦，在戰後的德國得到了關注。可是二戰後，自憐和受害感並未像一戰後那樣主導著德國人的觀點。部分原因是，德國承認俄國、波蘭和捷克政府施加在德國百姓身上的恐怖行徑，來自於德國不久前對這些國家的作為之反噬。但是，我們不該認為德國人在二戰後拒絕受害者的角色和羞恥，因為，這與一戰後德國人自己、以及日本人在二戰後對受害者角色的假設（第八章），形成鮮明對比。這種面對過去的痛苦清算，對今日的德國有益，相較於一戰後的德國或當今的日本，具備了更多的安全性，與前敵國也締造出更好的關係。

＊　＊　＊

德國另兩個符合極端案例討論的情況，其效用互有相關：領導角色，和誠實（或缺乏誠實）的自我評價（因素＃7）。由於德國在中歐的地理位置，使它長期以來，比擁有海洋屏障的英、美面臨更多的困難和危險，有鑑於此，領導能力的優劣，與英、美相形下造成的影響更加明顯。

造成不良影響的領袖者中，希特勒榮登近代世界史榜首。當然，可以提出來辯論的是，在《凡爾賽條約》、一九二三年德國的貨幣崩潰，以及一九二九年起的失業和經濟蕭條結合下，是否會促使德國即便在沒有希特勒的情況下，仍然發動戰爭，推翻此條約。還可以辯稱，在沒有希特勒的情況下，德國發起的二次大戰將大為不同。同時代的其他德國修正派領袖，並不像希特勒那樣有著非比尋常的邪惡心態、個人魅力、大膽的外交政策作風，或者做出將猶太人滅種的決定。儘管他最初的軍事行動成功，但不切實際的評估，使他一再無視麾下將領的意見，最終導致德國的慘敗。不切實際的致命決定包括，一九四一年十二月在已與英國及蘇聯開戰的情況下，又無端對美國宣戰，以及一九四二至四三年期間，不顧手下將領的請求，拒絕撤出被圍困於史達林格勒的德國軍隊。

在近代德國史上，僅次於希特勒的拙劣領導人是威廉二世，三十年的統治，以退位和德國在一次大戰的戰敗告終。可以再次爭辯的是，如果沒有威廉二世，是否還會有一戰，不過就算有，這場戰爭也同樣可能會有不同的形式，因為威廉二世跟希特勒一樣不尋常，差別只在方式上。雖然威廉二世的權力比希特勒小得多，卻還是能任命、解職首相，他擁有大多數德國人的忠誠，並掌控德國的軍隊。雖然稱不上邪惡，但他情緒不穩定、不切實際、判斷力差，並且在眾多場合欠缺分寸，為德國帶來不必要的問題。他的眾多政策，導致德國在不利的情況下參與一戰，最後落敗，其中之一是，他沒有續簽俾斯麥的《德俄互保條約》，致使德國暴露在先前所提，因地理位置而產生的軍事夢魘：得同時對抗俄羅斯和法國兩道陣線。

布蘭特則提供了德國成功領導者和現實評估的典範。他承認東德和其他東方集團國家，和波蘭及俄羅斯簽訂條約，並接受奧得－尼斯河線以東德國領土的損失，逆轉了前二十年的西德外交政策。隨後的西德總理蕭規曹隨，可說明他的領導力發揮了作用。接下來的幾年，反對黨基民黨依舊反對這些政策；布蘭特接受奧得－尼斯河線，需要有他的幾位前任所缺乏的認清現實的態度和過人的政治勇氣；而他的繼任者，則缺乏他訪問華沙時，那種教人信服、難忘的魅力。二戰以來的德國總理中，阿登納、施密特和柯爾也都深具才華。整體而言，身為美國人的我，十分驚訝於二戰以來，西德諸位總理一貫的良好判斷力，同時期的美國，卻因數次的失敗或總統的平庸而受害。

德國另一個因成功領導而扭轉乾坤的例子是俾斯麥，他一開始擔任普魯士首相，後來成為德意志帝國宰相，於一八七一年達成德國的統一。這個統一面對了種種難以應付的阻礙——值得注意的是，來自普魯士外、較小的德意志王國的反對，遠大於哈布斯堡帝國和法國等鄰國的反對，唯有以戰爭為手段，才能解決更遠的俄羅斯和英國的潛在反對，以及哪些德意志人口實際上可以被納入統一的德國等棘手問題。俾斯麥是極端的現實主義者，他熟悉德意志各邦國一八四八年革命失敗的原因，覺察德意志內外對德國統一的反對，並習慣逐步進行，由小的措施開始，只有在較小的措施失敗時，才採取更強烈的作法。他清楚普魯士發起重大事件的能力受到地緣政治的限制，他的政策必須等待有利的機會，並迅速行動。和他同時代的德國政治人物，政治手腕都不及他。俾斯麥常因未能培養合適的接班人，以及未能解決他下台後二十四年到一戰時，達到頂點的德國問題而飽受批評，可是在我看來，為威廉二世以及他所任命的大臣們的昏庸愚蠢而批評俾斯麥，並不公平。俾斯麥也被批評好戰，但若沒有他的三場戰爭，很難讓德國在諸多反對中統一，何況其中兩場戰爭費時極短。（義大利經過四場戰爭才統一，卻沒被貼上好戰標籤。）一八七一年，德國一旦統一，儘管還有數百萬的德語民眾尚處於國境外，俾斯麥卻很實際地了解到，他已盡其可能達到最大的領土成就，其他國家不會容忍德國進一步擴大版圖。

德國符合框架的其他部分，可以較簡要地說明。二戰以來，德國確實展現了選擇性的變化（因素＃3）。在本書中所討論的所有國家中，德國的政治邊界變化最大。它徹底重新評估了其納粹過往，做了一些重大的社會改變，特別是改變了以往的威權主義和婦女的地位。不過，傳統德國社會的其他許多核心價值觀仍然沒有多少變化，包括政府對藝術的支持，政府資助個人的醫療和退休福利，以及強調社區價值甚於不受約束的個人權利。每當身為美國人的我回訪德國，都會又一次興奮地發現，即便是德國的小城鎮也有歌劇院，年紀較長的德國友人退休後，仍可以舒適地生活，各地的村落都保留了當地的顏色（分區法規定，房屋屋頂的風格，必須配合當地要求的式樣）。

在德國近代史上，來自其他國家的支持因時地不同而異（因素＃4）。西德明智地運用美國馬歇爾計畫的援助，使得西德的經濟奇蹟在一九四八年後得以實現。相反地，負面的經濟援助——戰敗賠款，削弱了一戰後的東德和一戰後的威瑪共和國（Weimar Republic，一九一八至三三年採用共和憲政政體的德國）。

堅定的民族認同，是德國能在被破壞、占領和分裂的創傷中倖存的因素（因素＃6）。（有些非德國人會進一步認為，德國的國家認同過於強烈。）這種國家認同和自豪，尤其根源於德國舉世聞名的音樂、藝術、文學、哲學和科學；馬丁路德的《聖經》

譯本成了德語的典範，凌駕了各地不同的德語方言；以及共同的歷史記憶，讓德國人儘管面對了幾個世紀的政治分裂，始終認同自身的單一民族歸屬。

德國演示了經歷過去的挫折和最初失敗所產生的耐心（因素#9），以及基於過去成功所產生的信心（因素#8）。它從兩次大戰的失敗中恢復，它的成功需要耐心，包括面對諸多困難於一八七一年統一，同樣地，一九九〇年也是在重重阻礙下，再次重新統一，以及創造戰後的經濟奇蹟。

德國在戰後的發展，包括內外觸發的成因。內部因素，促使德國面對其納粹過往，造成一九六八年的學運。外部因素，譬如匈牙利於一九八九年開放與奧地利的邊界，以及蘇聯的式微，啟動重新統一的契機。

在與個人危機無密切對比的國家危機中，德國比之前討論的所有國家所達到的和解程度都更了不起。德國對其納粹過往的承認，可以布蘭特在華沙猶太區的一跪作為象徵，因此，與鄰國波蘭和法國才能建立相對平穩和真誠的關係——遠超過日本與韓國和中國的關係（見第八章）。另一個和國家危機相關的具體問題，則是劇烈的變化是由革命或演進而來。現代德國經歷了三次革命或起義，其中兩次立即失敗：一八四八年，革命性的統一和民主化嘗試失敗；一九一八年的革命，確實推翻了德國的國王和皇帝；以及一九六八年，試圖以暴力改革德國社會、經濟制度和政府組成的學運。其中一個目標後來演進實現：一九六八年後，和平地達成了學運的許多目標。一九八九至九〇年，透過和平的手段重新達成統一的劇變。

有趣的是，近代德國史對於慘敗及針對慘敗所引發的爆炸性反應，提供了四個間隔二十一至二十三年的例子，分別是：一八四八年革命性統一失敗，到一八七一年成功統一的二十三年間隔；一九一八年一戰慘敗至一九三九年二戰爆發，尋求局勢扭轉失敗，最終仍未能成功的二十一年間隔；一九四五年二戰慘敗，和一九四五年左右出生的學生於一九六八年發動學運的二十三年間隔；以及一九六八年學運，至一九九〇年兩德統一的二十二年間隔。當然，這四組事件之間有很大的差異，外在因素也對這些時間的間隔有所影響，尤其是一九六八和九〇年間的間隔。可是我認為，這些對比依舊有重大意義：二十一至二十三年，大約是人類的一個世代。一八四八、一九一八和一九六八年，對於當時的德國年輕人造成決定性的經驗，二十年後，他們成為國家的領導者，並且終於發現自己處於完成（一八七一年，一九九〇年）或逆轉（一九三九年）他們年輕時決定性體驗的位置。一九六八年學運的領導人和參與者，並非四、五十歲的政壇老手，而是年紀二十多歲，毫無經驗的激進分子。誠如一位經歷過一九六八年學運的德國友人所言：「沒有一九六八年，就不會有一九九〇年。」

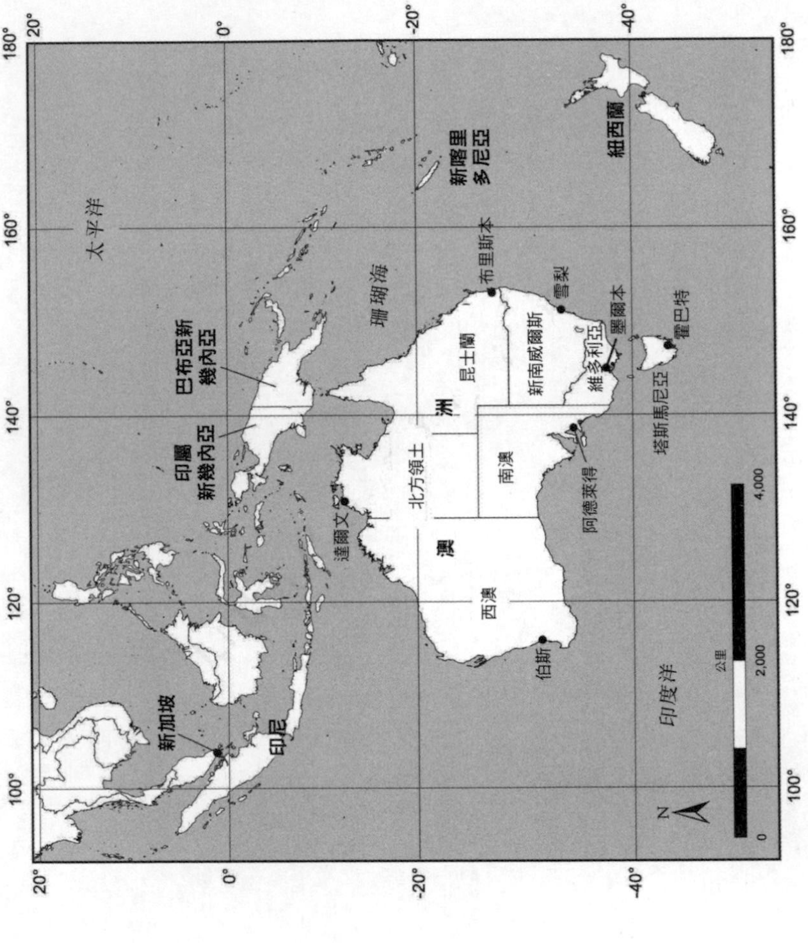

太平洋
巴布亞新幾內亞
印屬新幾內亞
新加坡
印尼
珊瑚海
新喀里多尼亞
紐西蘭
布里斯本
昆士蘭
新南威爾斯
雪梨
維多利亞
墨爾本
塔斯馬尼亞
霍巴特
澳洲
北方領土
達爾文
南澳
阿德萊得
西澳
伯斯
印度洋
公里
0
2,000
4,000
N
20°
0°
-20°
-40°
100°
120°
140°
160°
180°


〈圖 7〉澳洲地圖

第七章

# 澳洲：我們是誰？

拜訪澳洲——第一艦隊和原住民——
早期移民——邁向自治——
聯邦——把他們隔離在外——一次大戰——
二次大戰——鬆開聯繫——
白澳結束——危機框架

一九六四年，我首次造訪澳洲，當時的我才剛在英國生活了四年。澳洲給我的印象是比英國更英國——像是幾十年前的英國凍結在時空裡。澳洲第一大城雪梨的街景，無論哪一隅都讓我想到英國，雪梨自己的海德公園、國王十字車站（King's Cross Station）和牛津街，都讓我宛如置身倫敦般。澳洲人的祖先不只大多是白人；而且大多是英國白人。澳洲的食物，即乏味的傳統英國食物：週日的傳統烤肉，處處可見的炸魚和薯條店，以及仿製英國早餐麵包上必塗的馬麥醬（Marmite）和維吉麥醬（Vegemite）。處處可見英國風格的酒吧，其中一廳限定男性使用，另一廳（所謂的「女士酒吧間」）則不限男女，營業時間與當年的英國酒吧相似。傳統英國食物外，只有義大利、希臘餐廳，偶爾也可見到中國餐館。

自那次到訪後，我又回訪澳洲數十次，親眼見到澳洲的改變。我在二〇〇八年的經驗正好作為這些改變的象徵；當時，我帶著兒子約書亞來到澳洲，在布里斯本的昆士蘭大學度過一個學期。走在校園裡時，我感覺不到身處澳洲，反倒像是在我所任教的洛杉磯加大，因為有許多的亞裔學生。澳洲，不再是以英國人為主的白人國家。

一九六四年，澳洲社會的基本現實面，照舊不脫離澳洲的地理位置、以及人口組成與情感文化連結上，兩者之間的矛盾。澳洲的人口和國家認同，大半歸屬於英國（插圖7.1）。可是，澳洲和英國幾乎隔了半個地球：它位於英國東方，相隔八至十個時區，且是在南半球，而非北半球。澳洲的袋鼠、生蛋的哺乳動物、笑翠鳥（kookaburras）、大蜥蜴、尤加利樹和沙漠等，是人類所居住大陸中景觀最獨特（也最不英國）的（插圖7.2）。由地理位置來看，澳洲離中國、日本和其他東亞國家，比離歐洲更近，澳洲和印尼的距離，比澳洲和英國的距離近五十倍。然而，一九六四年我在澳洲的街道上行走時，卻感受不到分毫它與亞洲相似的跡象。

四十四年後，我帶著約書亞到布里斯本時，大量的亞裔人口（插圖7.3）以及日本、泰國和越南餐廳，已明顯展露澳洲和亞洲的近距離。官方禁止亞洲移民的白澳政策，以及阻止非英國歐洲白人移居的非正式政策，已然消失。但澳洲的語言仍然是英語，英國女王仍然是澳洲名義上的領袖，澳洲國旗上仍然含有英國國旗。這是個美好的國家，一貫被列為舉世最令人嚮往的居住地之一，擁有最知足的人口，和預期最長的壽命。這是我認真考慮移民的兩個國家之一。它雖有英國味，卻不是英國。在我訪問澳洲的這幾十年中，發生了哪些選擇性變化？

在接下來的篇幅中，當各位與我一同瀏覽澳洲的歷史時，想想澳洲在之前危機討論的五個國家中處於哪個位置。就像上一章討論的德國，與第二至第五章的四個國家不同，澳洲經歷的危機並非在一天之內瞬間爆發。（不過，在一九四一年至四二年的七十一天內，發生的三次軍事衝擊自有其重要性。）相對地，澳洲的危機如同德國的危機一樣，部分是對二戰歲月展開的回應。對德國和澳洲來說，這場戰爭證明了傳統的國家解決方案不再有效，不過，跟澳洲相較起來，在慘敗德國所見到的證據更具災難性、更快讓人信服。對澳洲人來說，基本問題在於國家認同：**我們是誰？**這個問題對澳洲來說，比書中討論的任何國家公民都更重要。澳洲人長久以來的自我形象，都是半個地球外的第二個英國，然而，二次大戰卻讓這種想法的不合時宜性浮現出來，可是僅靠戰爭，並不足以讓大多數澳洲人擺脫這種自我形象。

即使是個人，想要為「我是誰」這個問題制定新答案，也需要一些時間。而一個國家，是由數以百萬的個人組成的團體，對自己的國家認同看法互異，則需要花更長的時間才能弄明白：**我們是誰？**因此，澳洲人至今仍在與這個問題角力，也就不足為奇。矛盾的是，雖然澳洲解決危機的速度很慢——慢到許多澳洲人根本不知道曾遭逢危機，但澳洲卻是本書的六個國家中，在最短時間內經歷一連串最廣泛變革的國家，在一九七二年十二月的十九天內完成。上述種種和其他發展，是現代澳洲的歷史中最令人著迷的部分，現在，就讓我們來深入探究。

＊＊＊

在澳洲原住民的祖先定居澳洲大約五萬年後，第一批歐洲移民於一七八八年一月，搭乘從英國出發、由十一艘船所組成的船隊，抵達澳洲。英國政府派出這支艦隊，並不是因為認為澳洲是能吸引英國殖民者的好地方，而是因為英國的罪犯數量太多，必須發放到遠處。澳洲和屬熱帶的西非，雖都被視為合適的偏遠地點，很明顯的是，西非的熱帶疾病對歐洲人健康不利，澳洲則具有多種優勢：它比西非遙遠得多；據當時的認知，不會危害歐洲人的健康（但事實證明並非如此）；它可作為英國海軍船艦、商人、捕鯨者，以及木材和亞麻供應商，位於太平洋的潛在基地。基於這些理由，他們選擇落腳澳洲——說得精確點，即後來的雪梨市郊。

第一艦隊（The First Fleet）由七百三十名罪犯、警衛、行政人員、工人，和擔任總督的英國海軍軍官組成。隨後，又有更多的艦隊和船隻抵達，把更多的罪犯帶來雪梨，跟著再分散到澳洲大陸的其他四個地點。很快地，英國的自由移民（free settlers）也加入了罪犯及其守衛的陣容。然而，三十二年後，一八二〇年澳洲的歐裔人口仍然有八四％是罪犯和前罪犯，直到一八六八年，從英國遣送罪犯到澳洲的作法才宣告終止。在澳洲偏遠地區生存很困難，且不易發展，因此，祖先是罪犯的現代澳洲人對此引以為傲，而非感到羞恥——就像一六二〇年登上五月花號的開墾者們，他們現今定居美國的後裔所感到的那種自豪。

他們（正確地）預想到，罪犯和開墾者需要很長的時間，才能了解如何培育出足夠的食物養活自己。因此，第一艦隊攜帶了糧食，英國也持續運送食品過去，直到一八四〇年代為止。數十年後，澳洲人已能反出口大量產品到英國：起初，只有捕鯨和獵海豹產出的商品；一八三〇年代開始，加入綿羊產出的羊毛；一八五一年掀起的淘金熱，讓黃金也成了出口品；到了一八八〇年代，船隻有了冷藏設備，讓易腐的肉類和奶油等食品，也能飄洋過海運往英國。今天，全世界三分之一的羊毛皆來自澳洲大量的羊群，平均每一個人有五頭羊。不過二戰以來，澳洲的經濟始終以礦產為主，這塊大陸蘊藏豐富的天然資源：澳洲是世界數一數二的鋁、煤、銅、金、鐵、鉛、鎂、銀、鎢、鈦和鈾的出口國。

這段從一七八八年以來對歐裔澳洲墾殖地的簡略介紹，遺漏了較早前即定居在當地的原住民所發生的事情。在美國、加拿大、印度、斐濟和西非等其他的英國殖民地，英國開拓者面對原住民的方式，不是與其酋長或親王和平談判，就是派遣英國軍隊對抗當地軍隊或龐大的部落勢力。但這些方法在澳洲行不通，因為澳洲的原住民非由軍隊、酋長或親王的小群體組成。原住民採游牧生活型態，沒有固定村落。在歐洲開拓者看來，這意味原住民不算「擁有」土地。

因此，歐洲移民並未談判或付款，就直接取得原住民的土地。他們並沒有和原住民的軍隊戰鬥：只有遭受或發動對小群原住民的攻擊，有時是因原住民宰殺綿羊而造成，因為他們認為，綿羊與他們慣常狩獵的袋鼠和其他野生動物並無兩樣。歐洲移民於是殺害原住民報復；最後一次的大規模屠殺（三十二名原住民遇害），就發生在最近的一九二八年。當時的英國總督下令審判，並吊死殺害原住民的歐洲移民，但澳洲民眾卻大力支持兇手，倫敦的殖民地事務部明白，它無力阻止遠在澳洲的英國官民的為所欲為——像是殺害原住民。

由於原住民是狩獵採集者，而非定居的農民，澳洲白人因而視其為未開化之人。至今仍教我驚訝的是，這種廣泛的輕蔑態度，即便受過良好教育的澳洲人也不例外。有名澳洲參議員說：「沒有科學證據證明他們（原住民）是人類。」由於疾病、殺戮和土地掠奪，原住民的人口數因而下降，澳洲白人認為原住民即將消亡。一位澳洲主教寫道：「原住民正在消失。頂多只要一、兩個世代，澳洲最後一個黑人（即原住民），就會把他的臉轉向溫暖的大地之母……傳教的工作，就只剩下撫平垂死種族的枕頭。」

未經政府同意，原住民不得與非原住民通婚。一九三〇年代，澳洲政府又制定了一項備受爭議的政策，強制將原住民/白人的混血兒，甚至原住民家庭的原住民，送到特定機構或寄養家庭中撫養（據稱是為了他們好），但遭到一九九〇年代起所發動，澳洲白人向原住民道歉的運動之強烈抗議。總理陸克文（Kevin Rudd）確實在二〇〇八年正式道歉，但前總理約翰·霍華德（John Howard，一九九六至二〇〇七年擔任澳洲總理）表示：「這一代的澳洲人，不該被迫感到內疚與接受指責，過去的行動和政策不是他們能控制的。」

簡而言之，英屬澳洲的白澳政策不僅針對來自海外的非白人潛在移民，也針對非白人的澳洲原住民。英國白人開拓者移居這塊原住民的土地，剝奪他們對這些土地的權利，而且還（許多白人移民）希望原住民能快些滅絕。

✻ ✻ ✻

在澳洲成為殖民地的最初幾十年裡，自由定居的移民和罪犯由英國前來（包括當時仍屬英國的愛爾蘭）。一八三六年，第一批大量的非英國移民開始抵達南澳洲。這塊殖民地並非為了收容罪犯而建立，而是由一家土地開發公司精挑細選來自歐洲的開墾者。在那些開墾者中，德國路德教徒為尋求宗教自由而前來的移民動機，在美國早期歷史上，比在澳洲更顯著。那些德國移民是具專業技能的白人，他們開發了果菜農場和葡萄園，很快就適應了澳洲，也很少有反對他們的聲浪。較有爭議的是一八五〇年代，成千上萬中國人（與許多歐洲人和美國人），受澳洲第一股淘金熱吸引前來。這次的人潮湧入，導致英國最後一次在澳洲動用軍隊，以平息群毆、搶劫、甚至剪斷中國人髮辮引發的騷亂。

一八六〇年代，第三波非英國移民開始在昆士蘭開發甘蔗園。種植工人是來自新幾內亞、其他美拉尼西亞群島和波里尼西亞的太平洋島民。儘管其中有些人是自願招募而來，但更多人是在故鄉遭受伴隨殺戮的襲擊，被綁架而來，這種作法俗稱「黑鳥」（Blackbirding，即綁架販賣黑奴，因為島民是黑皮膚）。當之後的德屬和澳屬新幾內亞進行開發種植（尤其是椰子園）時，也以同樣的澳洲模式，把太平洋島嶼的工人帶到新幾內亞進行種植工作。這種招募工人的作法一直持續到二十世紀：一九六六年，我在澳洲統治的新幾內亞遇到一名澳洲人，他告訴我他是一名勞務招聘人員，且費盡心力向我解釋，他只招募自願的勞工，並支付現金獎金給他們。他自豪地表示，自己並沒有綁架「黑鳥」（他仍然使用這個詞），但他的競爭對手、其他的招募人員仍然以綁架為主。一八六〇年起的澳洲種植園裡，無論黑皮膚工人是自願或非自願前來，對澳洲的常住人口而言，皆無太大影響，因為他們簽訂了固定期限的合約，在工作期限結束時就會被驅逐出境。

還有另一小群非英國移民來自英國殖民地，印度。儘管有這些為數不多不少的德國人、中國人、太平洋島民和印度人來到這裡，澳洲依然維持絕大多數為英國人和白人的政策，直到二戰結束。

❊ ❊ ❊

對於英國的美洲與澳洲殖民地，脫離英國的過程差異如此之大，讓熟悉美國歷史的美國人不免訝異。美國殖民地宣布獨立、加入邦聯和英軍激烈對抗，歷經七年的革命戰爭才切斷與英國的所有政治關係。每年的七月四日是美國獨立宣言紀念日，也是美國人歡慶的國慶日，這是美國人的四大節日之一。相較下，澳洲不承認也不慶祝獨立日，因為他們沒有這個日子。澳洲殖民地在英國不反對的情況下實現了自治，也從未徹底切斷與英國的關係。澳洲仍然與英國同屬大英國協，仍然承認英國君主是澳洲的國家元首。

為什麼英國在放寬或切斷對澳洲和對美國的關係時，表現截然不同？

有幾個原因。一個是美國革命讓英國付出高昂的代價，英國汲取了這次失敗的教訓，改變對白人殖民地的政策，並立即授予加拿大、紐西蘭及其澳洲殖民地自治權。其實，在澳洲人提出任何要求前，英國已賦予澳洲許多自治政府的特徵。第二個原因是，從英國到澳洲的航行距離，遠遠大於由英國至美洲東岸的距離。第一艦隊花了八個月的時間才抵達澳洲，之後，十九世紀初的航行時間從半年到一年不等。緩慢的交通方式造成倫敦的英國殖民地事務部無法嚴密控制澳洲；一開始，必須把決策和法律委派給總督，之後則交給澳洲人民自己。舉例來說，從一八〇九至一九整整十年間，澳洲殖民地新南威爾斯的總督，根本懶得通知倫敦他採用的新法律。

造成澳洲和美國歷史差異的第三個原因是，英國殖民政府必須在美國殖民地駐紮大批軍隊，支付軍餉。這些軍隊的目的是捍衛殖民地，對抗總部位於加拿大的法國軍隊，和他們爭奪北美控制權，另外，還要對抗眾多由酋長統治的美洲印第安人部落，他們武裝雖少，軍力卻仍然強大。相比之下，沒有任何歐洲大國和英國競爭殖民澳洲大陸，且原住民很少，沒有槍械，也沒有集中領導。所以，英國沒必要派遣龐大軍隊駐澳，也無須徵收讓人反感的稅款來養軍隊；英國在未諮詢美國殖民地的情況下，對美國殖民地徵稅正是美國革命的導火線。英國乃出於主動，於一八七〇年撤回駐澳的最後一小支軍隊，而非受到澳洲的壓力。還有一個因素是，比起美國殖民地，澳洲殖民地對於英國太過無利可圖、無關緊要，不值得關注。美國殖民地富裕，並被認定負擔得起英國的稅收。對英國來說，加拿大、印度、南非和新加坡等殖民地提供的利益，都比澳洲更大、更重要。最後，正如接下來要說明的，長期以來英國在澳洲的殖民地都是各自為政，幾乎沒有政治上的統合。

澳洲殖民地的自治過程如下。一八二八年，即第一艦隊抵澳四十年後，英國在澳洲最古老的兩個殖民地——新南威爾斯和塔斯馬尼亞，任命（非選舉產生）立法委員會。

一八四二年，這些任命的立法委員會，部分由首次經選舉產生的澳洲殖民政府代表（新南威爾斯）所取代。一八五〇年，英國為澳洲殖民地制定了憲法，但殖民地之後可自由修訂這些憲法，這同時意味他們可以自行規劃自己的政府。一八五〇年，憲法和隨後修訂版的憲法，確實「保留」英國在一些澳洲事務上的決定權，如國防、叛變和歸化入籍，並讓英國保有理論上否決任何殖民法的權力。然而實際上，英國鮮少行使這些保留權利。到了一八八〇年代晚期，唯一保留給英國的大權是，澳洲外交事務的控制權。

英國除了那些專屬的保留權利外，整個一八八〇年代也持續提供澳洲重要的服務，澳洲若是獨立，就必須自行承擔這些事務。其中一項是英國軍艦的軍事保護，而一八八〇年代後期，其他歐洲國家、日本和美國在太平洋地區的態度愈趨強硬。另一項則是英國派往澳洲殖民地的總督。這些總督並非英國以強權逼迫澳洲殖民地接受，是令人憤恨抗拒的暴君；他們反而在經常陷入僵局的澳洲自治政府中，扮演了公認為不可或缺的角色。這些派任的英國總督時常得解決殖民地議會上下院的爭議，居中斡旋以促成議會的聯盟，並且必須決定何時解散議會、召集選舉。

❊ ❊ ❊

目前為止，我在談澳洲殖民地的歷史時，彷彿它們是今天已完成統一的澳洲前身。

實際上，澳洲共有六個獨立的殖民地——新南威爾斯、塔斯馬尼亞、維多利亞、南澳、西澳和昆士蘭；彼此的聯繫遠不如後來成為美國各州的美國殖民地。澳洲各殖民地的接觸有限乃基於地理因素，它是少數生產性景觀（productive landscape）被大片沙漠和其他類型的非生產性景觀所分隔的大陸。直到一九一七年，澳洲大陸的五個首府才透過鐵路串聯起來。（第六個首府塔斯馬尼亞的荷伯特（Hobart）則從未連結，因為塔斯馬尼亞島距澳洲大陸一百三十哩。）每個殖民地採行不同的鐵路軌距（軌道間距），從三呎六吋到五呎三吋都有，導致火車不能由一個殖民地直接駛進另一個殖民地。各殖民地形同獨立國家，互相收取保護性關稅，並在殖民地邊界設置海關，徵收進口關稅。一八六四年，新南威爾斯和維多利亞在邊境發生近乎武裝衝突。因此，直到一九〇一年，即第一艦隊抵澳後一百一十三年，這六個殖民地才聯合組成單一的國家。

最初，各殖民地對統一沒什麼興趣。移民起先自認為海外英國人，後來，則認為自己是維多利亞人或昆士蘭人，而非澳洲人。直到一八〇〇年代後半期，隨著日本軍事力量增強，以及美、法和德國在太平洋擴張，併吞一群又一群太平洋島嶼，對英國在太平洋的殖民地構成潛在性威脅，澳洲才開始考慮成立聯邦。然而，這些英國殖民地聯盟會有什麼樣的領土限制，最初並不清楚。一八八六年，第一次的「南島」（Austronesia）聯邦議會，尚包括紐西蘭和距澳洲很遠的斐濟等英國殖民地代表，不過，組成當今澳洲的六個殖民地中，當時卻只有四個代表出席。

雖然澳洲聯邦憲法的初稿是在一八九一年所完成，但統一的澳洲聯邦卻直到一九〇一年一月一日才成立。聯邦憲法的序言宣布，同意「在大不列顛及愛爾蘭聯合王國的王權下，聯合成為不可分割的聯邦」。由英國任命聯邦總督，並規定澳洲高等法院的判決，可向英國樞密院（相當於英國最高法院）提出上訴。試想一下，這樣的條款出現在美國憲法裡會怎樣！澳洲憲法說明了澳洲人仍然效忠於英國王室，意即「接受共同的價值觀——法律的裁決、新聞自由、個人自由的保障、享有由當時強權所提供的皇家海軍保護，共享日不落國的驕傲，甚至是對維多利亞女王的情感」（法蘭克．威爾斯（Frank Welsh），《澳洲》（*Australia*），第337頁）。當時，在英國國旗（米字旗）外圍繞著南半球的南十字星座（插圖7.4）構成的旗幟，如今也仍是澳洲國旗。

＊　＊　＊

澳洲人在辯論聯邦憲法時，對許多項目都有歧見，卻一致同意把所有非白人種族都排除在外。以下引言說明了當時澳洲對白澳政策的觀點。一八九六年，《墨爾本時代報》（*Melbourne Age*）寫道：「我們希望看到澳洲成為偉大的單一高加索種族家園，徹底擺脫使美國陷入內戰的問題……如果我們承認貧民，就無法保護我們的勞工，免受遠東貧困勞工的影響。」一九〇一年，新澳洲聯邦最先採取的行動，就是制定移民限制法

（Immigration Restriction Act），各政黨協議一致通過，旨在確保澳洲維持白人天下。該法案禁止妓女、精神病患、讓人敬而遠之的疾病患者，以及罪犯移民澳洲（儘管澳洲的起源是流放罪犯之地），更立法明定不准接納任何黑人或亞洲人，澳洲人應該是「單一種族，並維持不與其他種族混合」。一名澳洲勞工領袖認為：「這些湧入的外國人會降低社區的整體水平，讓社會立法在短時間內失效。但是，如果我們保持種族的純粹，塑造民族性格，就能成為高度進步的民族，生存得愈久就愈強大，英國政府也會以我們為傲。」

關於澳洲聯邦當時的其他觀點，還有一些例子：「有色人種不該出現在澳洲的偏僻灌木叢中」；不能指望任何一個中國人「達到澳洲幾個世紀以來，所繼承的文明度」；還有，「穿著漂亮的女士們……上教堂時，如果得知她的座位，之前或許是被一名從橫濱帶來各種病菌的（猥褻）大胖子坐過，肯定花容失色。」甚至澳洲的第一任聯邦總理埃德蒙·巴頓（Edmund Barton）也寫道：「沒有種族平等這回事。與白種人相比，這些（非白人）種族……低劣程度望塵莫及。人類平等的信條，絕不適用於英國人和中國人之間。無論用培養、改進或其他任何方法，都不能讓某些種族和其他種族平等。」另一位總理阿弗列德·狄金（Alfred Deakin）則宣稱：「種族統一對澳洲的團結攸關緊要。」

英國的「殖民地大臣」（Colonial Secretary）反對澳洲聯邦明確提及種族議題，部分原因在於英國正要與日本進行軍事聯盟，這種作法造成了障礙。因此，澳洲聯邦採取另一種不提到種族的方法，同樣達到基於種族而採取的移民管制目標——要求入境的移民進行聽寫測驗——未必是英語，而是由管轄的移民官員決定任何的歐洲語言。當一整船族裔混合的地中海英國殖民地馬爾他的工人抵達澳洲時，原本有可能通過英語聽寫測驗，然而，移民官卻要求他們以荷蘭語做測驗（這種語言在馬爾他和在澳洲一樣，沒人聽得懂），作為驅逐他們的手段。至於已入境澳洲的勞工族裔，聯邦政府驅逐了太平洋島民、中國人和印度人，唯獨允許兩小族群的專業勞工（趕駱駝的阿富汗人，和日本的採珠人）留下。

這些阻礙移民背後的動機，主要出於當時的種族主義，部分也因為澳洲工黨希望阻止廉價勞工移民，以保障澳洲工人的高工資。不過，我並沒有中傷澳洲人的意思，指稱他們特別種族歧視。相反地，他們只是和世界各地一樣，普遍存在種族主義的觀點，最主要的不同在於，他們把這些觀點化為基於種族主義、藉以排斥移民的政策，卻又因為澳洲人口密度低，而同時鼓勵英國人移民。當代的英國和歐陸國家並不鼓勵或接受移民。二戰後，當許多非裔終於從英屬西印度的殖民地抵達英國，帶來的結果是，一九五八年英國諾丁罕（Nottingham）和諾丁山（Notting Hill）的種族騷亂。日本迄今仍不接受大量移民。美國拒絕與澳洲一樣的英國身分認同，最終，卻接受了來自歐洲、墨西哥和東亞的大批移民，但也面對了極大的抵制。

＊　＊　＊

二戰後，情況開始有所轉變前，英國臣民是澳洲人身分認同的核心。最明顯的反映就是在英國的戰爭中，澳洲非常熱忱地與英國軍隊並肩作戰，儘管這些戰爭對澳洲的利益並無直接相關。第一個例子是，一八八五年新南威爾斯的殖民地（早在澳洲成為聯邦之前）即派遣軍隊，與英軍一起對抗蘇丹的叛亂分子，但蘇丹距澳洲千里之遙，毫無干係。在一八九九年的波爾戰爭中，澳洲再次加入英軍，對抗南非的荷蘭殖民者後裔，這回同樣無關澳洲利益。澳洲士兵在波爾戰爭中表現優異，共贏得五枚維多利亞十字勳章（英國表彰在戰場上表現英勇的最高獎章），萬分榮耀外，並獲得英國忠誠臣民的美譽，只不過犧牲了約三百名澳洲士兵而已。

一九一四年八月，英國在一戰開始時並未特別諮商澳洲或加拿大，就向德國宣戰。英國任命的總督，僅將英國宣戰的訊息傳達給澳洲的民選總理，澳洲人卻毫不猶豫地支持英國作戰，其規模遠大於波爾戰爭或蘇丹戰爭。一名澳洲記者寫道：「我們必須保護我們的（原文如此！）國家。我們必須保持為神聖而戰的傳統，不受武力（即德國）影響。」這次的戰爭，的確對澳洲的利益有些微影響：它給了澳洲軍隊占領新幾內亞東北的德國殖民地、以及俾斯麥群島的藉口。只不過，澳洲對一戰的主要貢獻是一支龐大的志願軍——四十萬名士兵，在澳洲不到五百萬的總人口中，占了澳洲具服役資格男性的一半以上——捍衛遠在澳洲、法國和中東等地另一端的英國利益。超過三十萬人被派往海外，其中三分之二的人傷亡。幾乎每個澳洲小鄉鎮的市中心，都立有紀念碑，列載於戰爭中捐軀的當地男性姓名。

澳洲在一戰中，最為知名的戰事是澳紐軍團（澳洲和紐西蘭陸軍部隊，ANZAK）對掌控加里波利半島（Gallipoli Peninsula，插圖7.5）的土耳其軍隊發動的攻擊。澳紐軍團部隊於一九一五年四月二十五日登陸，由於指揮行動的英國將軍領導無方，造成極大的傷亡，英國認定行動失敗，並於一九一六年撤軍。此後，澳紐軍團紀念日（ANZAK Day，四月二十五日）就成為澳洲最重要、最激動人心的國定假日。

在非澳洲人眼裡，將澳紐軍團日作為澳洲的國定假日，此舉很難讓人理解。那些年輕人在世界另一端的半島上，遭到英國領導人背叛，為了無關澳洲國家利益的理由和土耳其蘇丹對抗。為什麼會有國家慶祝他們的年輕人為此被屠殺？但是，我學會三緘其口，不要問這種理性的問題，因為直到今天，我的澳洲友人談起一個世紀前的加里波利登陸，仍然會落淚。其解釋是，再沒有比澳洲青年在加里波利遭屠殺，更能說明澳洲人願為母國英國犧牲的意願。加里波利之役，被視為澳洲這個國家誕生的時刻，反映了任何國家的誕生都必須拋頭顱灑熱血的觀點。加里波利的屠殺，象徵澳洲人的民族自尊，他們以澳洲人的身分為祖國英國戰鬥——而非維多利亞人，或是塔斯馬尼亞人、南澳人——加里波利之役也是澳洲人公開表現自己是英國忠實臣民的情感奉獻。

一九二三年，澳洲再次強調這種自我認同。當時，大英帝國成員國開會，一致同意英國自治領地（dominions，自治或半自治的英國殖民地）此後可以自行任命大使或外交代表駐外，不必由英國大使代表。加拿大、南非和愛爾蘭隨即指派了自己的外交代表。可是澳洲並沒有這樣做，理由是，澳洲民眾對於脫離英國獨立，並無顯示熱情的跡象。

然而，澳洲對英國的關係並非只是順從的子國，尋求尊敬的母國之認可，也夾雜愛/恨的糾纏。有件個案是，我有位朋友在澳洲屠宰場工作，屠宰場有些產品提供國內銷售，其他產品則冷凍出口到英國。在裝箱出口英國的羊肝時，我的朋友和他的同事偶爾會丟進膽汁苦到教人難忘的羊膽囊。澳洲對英國的仇恨情結還有更嚴肅的例子，即二戰後，澳洲總理公開表達的觀點，容我在後面引用說明。

❊ ❊ ❊

二戰對澳洲的意義，與一戰截然不同。除了澳洲本身在二戰時遭到攻擊外，激烈的戰事就活生生在澳洲附近的島嶼上開演，並非遠在地球的另一方。而英國人在新加坡的大型海軍基地向日軍投降，則常被視為澳洲自我形象演變的轉折點。

在一戰結束後的二十年間，日本建立了陸軍和海軍，雖未對中國宣戰，卻不斷入侵，對澳洲也成了威脅。作為澳洲保衛者的英國，對此的反應是加強在馬來半島一角的新加坡基地，儘管該基地距離澳洲有四千哩遠。澳洲仰仗這座偏遠的英國基地，以及集中在大西洋和地中海這些更偏遠區域的英國艦隊保護。不過，新加坡戰略最後失敗，不該只歸咎於英國，因為澳洲也疏於防禦自己。一九三〇年，澳洲廢除徵兵制，僅存小規模的空軍和海軍，後者更缺乏大型航空母艦、戰艦，或是比輕型更大些的巡洋艦，難以保護澳洲及其國際海域抵禦日本的攻擊。與此同時，英國正面臨來自德國更嚴重且直接的威脅，來不及備戰日本。

英國於一九三九年九月三日再度向德國宣戰，與一次大戰開打時一樣，澳洲總理連諮詢議會都沒有，便迅速宣布：「英國已宣戰，因此，澳洲也處於（與德國）戰事中。」如同一次大戰歷史重演般，澳洲和遠在半個歐洲之外，德國對抗波蘭、英國、法國和其他西歐國家的歐洲戰場無直接相關。然而，也如同一次大戰，澳洲派出部隊參與北非和克里特島的歐洲戰事主要戰場。隨著日本襲擊的風險增加，澳洲政府要求撤回這些部隊，回防澳洲本土。英國首相邱吉爾向澳洲人保證，英國及其艦隊會發揮新加坡的戰力來保護澳洲免受日本入侵，並對抗任何出現在澳洲海域的日本艦隊。事後證明，這些承諾全是空話。

一九四一年十二月七日，日本首先襲擊了美、英、澳洲和荷屬東印度群島。十二月十日，就在日本宣戰後第三天，日本轟炸機擊沉英國布局在遠東地區、用以保衛澳洲僅有的兩艘大型戰艦：「威爾斯王子號」（Prince of Wales，插圖7.6）和「反擊號」（Repulse）戰鬥巡洋艦。一九四二年二月十五日，英國駐新加坡指揮官向日軍投降，使得十萬名英國和大英帝國將士被關進戰俘營——這是英國史上最嚴重的軍事失敗（插圖7.7）。令人遺憾的是，投降的部隊中包括兩千名在一月二十四日，亦即三週前方抵達新加坡，知其不可為而為之的澳洲士兵。澳洲在沒有英國船艦保護的情況下，一九四二年二月十九日，炸毀美國珍珠港海軍基地的同一艘日本航空母艦，轟炸了澳洲城市達爾文（插圖7.8）。這是日本空襲澳洲六十多次中的第一次，此外，還有一艘日本潛艇試圖突擊雪梨港。

對於澳洲人來說，新加坡淪陷不僅教人震驚，也是令人恐懼的軍事挫折：它被視為英國母國對澳洲的背叛。就在日本入侵新加坡之際，澳洲總理約翰．柯廷（John Curtin）發電報給邱吉爾提到，英國一直保證新加坡基地堅不可摧，如果英國撤離新加坡，就會成為「不可原諒的背叛」。但是，新加坡還是淪陷了，因為英國在歐洲戰區和遠東地區的軍力過於分散，也因為發動攻勢的日軍在戰術上，優於數量占上風的英國精衛隊和大英帝國軍隊。

澳洲本身雖也犯了疏於防衛之過，但澳洲對英國的怨恨卻持續了很長的時間。一九九二年，新加坡投降後五十年，澳洲總理保羅．基廷（Paul Keating）嚴詞譴責英國，並在對澳洲國會的演講中，表達了他的憎恨：「在學校……我學到的是對澳洲的自重和自愛——而不是對決定不捍衛馬來半島、只顧慮新加坡，不讓我們的部隊回防免受日本攻擊的國家卑躬屈膝。就是你們這些人（澳洲國會議員分屬兩個保守黨派）把自己託付給這樣的國家……即便它拋棄你。」

二次大戰帶給澳洲的教訓是雙重的。首先、也是首要的，英國無力保衛澳洲，澳洲的防禦反而得仰賴美國在澳洲建立的總部，由麥克阿瑟將軍所指揮、大規模部署的軍隊、船隻和飛機。麥克阿瑟多半是憑己意指揮軍隊，包括涉及澳洲軍隊的行動：美、澳之間並沒有提議建立平等合作關係。雖然有人擔心日軍可能會登陸澳洲，但後來這個憂慮並未成真。不過，顯而易見的是，針對日軍登陸的防禦行動全是美國所為，而非英國。隨著對日戰爭緩慢展開，澳洲軍隊四年來在新幾內亞、新英格蘭島、所羅門群島以及最後的婆羅洲島上與日軍作戰。一九四二年，日本企圖經由科科達小徑戰役（Kokoda Trail），攻占澳洲新幾內亞殖民地的首府莫茲比港（Port Moresby），置身前線的澳洲軍隊扮演了讓日軍撤退的至關重要角色。只是此後，麥克阿瑟讓澳洲軍隊參與的都是遠離前線的次要行動，結果，雖然澳洲在二戰中受到直接攻擊，在一戰中並沒有，但澳洲在二戰中傷亡的人數，竟不到一戰的一半。

第二，二戰讓澳洲領悟到，儘管兩次大戰澳洲軍隊都在遙遠的歐洲戰場作戰，但實際上，澳洲周邊就潛藏來自亞洲的巨大風險。澳洲現在有充足的理由認定，日本正是這個敵人。二戰期間，遭日本人俘虜的澳洲將士約二萬二千名，他們在日本戰俘營裡遭受非人的待遇，其中，有三六％的澳洲戰俘死亡：遠遠超過英、美士兵在德國戰俘營的死亡比例一％。最教澳洲人震驚的是山打根死亡行軍（Sandakan Death March），兩千七百名被日軍俘虜、監禁在婆羅洲島山打根的澳洲和英國將士，被強制挨餓跨島行軍並遭毆打，少數倖存者則被處決，最後戰俘幾乎死亡殆盡。

二戰結束後，澳洲與英國的關係逐漸疏遠，澳洲人原本的身分認同：「在澳洲的忠誠英國人」也起了轉變，從而導致白澳政策的解除。即便是對澳洲沒有特別興趣的史學家，這些轉變也足以為變化中國家的「我們是誰？」這一個議題，提供了一個模型。對於由不同利益群體組成的國家來說，這些變化發生的速度不如對個人來得快。在澳洲，這些變化已經持續了數十年，而且今天仍在進行。

二次大戰對澳洲的移民政策產生了直接影響。早在一九四三年，澳洲總理便認定，澳洲人口太少（一九四五年時，尚不到八百萬人），無法抵禦來自日本（當時人口上億）、人口近兩億的印尼（且僅距離兩百哩遠）和中國（人口十億）的威脅。與日本、爪哇和中國的高密度人口相比，空盪盪的澳洲很容易招來亞洲國家的入侵——澳洲總理雖這麼想，但亞洲人並未作如是觀。之所以開放更多移民的另一個論點是，誤以為擁有大量的人口，是任何一個國家發展成世界第一經濟強國的必要條件。

以上兩個論點都說不通。澳洲的人口密度，向來遠低於日本或爪哇島，迄今依然，自有其原因。日本和爪哇全境氣候多雨，土壤肥沃，這些島嶼上大部分的區域都適合高產能的農業，而澳洲大部分地區都是荒蕪的沙漠，只有很小一部分是可耕作的農田。至於需要大量人口才能建立世界第一經濟強國的說法，丹麥、芬蘭、以色列和新加坡，每一個的國家人口數都只有澳洲的四分之一，然而，它們經濟上的表現卻有聲有色，說明了質重於量。事實上，如果澳洲的人口比現在更少，反而會更富裕，因為可以減少人類對澳洲脆弱的景觀造成衝擊，並增加自然資源與人口的比例。

但是一九四〇年代的幾位澳洲總理，既非生態學家也非經濟學家，因此，戰後澳洲確實展開了鼓勵移民的應急計畫。可惜，首選的移民標的——英國和愛爾蘭，申請移民澳洲的人數太少，不足以達到澳洲移民數量的目標，可是，白澳政策又讓澳洲畫地自限。勸使曾在澳洲駐紮過的美軍留下來，變成不是有吸引力的選項，因為他們之中大多都是非裔。反而一開始列為「第二選擇」（排在英國和愛爾蘭後）的移民，一躍成為澳洲戰後鼓勵移民的首選地區——北歐。第三選擇是南歐，這就是我在一九六四年赴澳時，有許多義大利和希臘餐館可光顧的原因。澳洲移民支持者宣布了令人驚訝的發現：「透過適當的篩選，義大利人是成為優秀公民的最佳人選」（!!）。被帶到澳洲的義大利和德國戰俘獲准留下來，成為朝這個方向邁進的第一步。

澳洲移民部長亞瑟．卡維爾（Arthur Calwell），於一九四五至四九年間公開支持種族主義。他甚至禁止娶日本、中國或印尼婦女為妻，不愛國的澳洲男性，將這些戰時新娘或子女帶回澳洲。卡維爾寫道：「任何日本女性或混血兒都不准入境澳洲；澳洲不需要、且永遠不歡迎他們……雜種澳洲絕不可能發生。」卡維爾認可三個波羅的海共和國（愛沙尼亞、拉脫維亞和立陶宛）作為英國外的另一個移民來源，俄羅斯併吞了這些國家，致使數千名教育程度良好的白人產生移民出走的動機，他們的眼睛和頭髮顏色都與英國人相似。一九四七年，卡維爾參觀了戰後歐洲的難民營，發現那裡是「超棒的移民來源」。他肯定波羅的海三個共和國的人民：「他們的人民中，許多都是紅髮藍眼，還有許多天生金髮的男性和女性。」選擇性鼓勵移民的結果是，從一九四五年至五〇年，澳洲接收了約七十萬移民（數量幾乎等同它在一九四五年人口數的一〇%），其中半數是可靠的英國人，其餘的則來自其他歐洲國家。一九四九年，澳洲甚至讓步，允許日本新娘居留。

白澳政策崩毀，使得我在二〇〇八年的布里斯本街頭，能看到許多亞裔移民和亞洲餐館的原因有五個：軍事保護、亞洲政治發展、澳洲貿易重心的轉移、移民本身的轉變，以及英國政策。在軍事考量上，二戰已證明英國不再是太平洋的軍事強權；相反地，澳洲的軍事與美國息息相關。一九五一年，在英國未參與的情況下，美國、澳洲和紐西蘭三方簽訂了太平洋安全保障條約（ANZUS security treaty），正式承認了這點。韓戰、共產主義在馬來亞和越南的崛起，以及印尼對荷屬新幾內亞、馬來西亞婆羅洲和葡萄牙屬帝汶的軍事干預，都讓澳洲警覺到周邊的安全問題。一九五六年發生蘇伊士運河危機，英國未能推翻埃及總統納賽爾（Nasser），並被迫屈服於美國的經濟壓力，暴露出英國在軍事和經濟上的頹勢。令澳洲人震驚的是，一九六七年，英國宣布有意撤回蘇伊士運河以東的所有軍隊，這標示著英國長期作為澳洲保護者的角色，正式結束。

至於亞洲方面的政治發展，亞洲的前殖民地、保護區及託管地，紛紛成為獨立國家，包括印尼、東帝汶、巴布亞新幾內亞、菲律賓、馬來西亞、越南、寮國，柬埔寨和泰國。這些國家鄰近澳洲：巴布亞新幾內亞距離澳洲只有幾哩遠，印尼和東帝汶也僅距離兩百哩。他們制定了自己的外交政策，不再遵循前宗主國的外交政策。他們的經濟情況也蒸蒸日上。

貿易方面，英國以前是澳洲最大的貿易夥伴，占澳洲進口的四五％，出口的三〇％，甚至到了一九五〇年代初也是如此。澳洲克服了種族歧視，消除因二戰對日本萌生的敵意，雙方貿易進而迅速成長。一九六〇年，澳洲取消出口鐵礦到日本的禁令。到了一九八〇年代，澳洲的主要貿易夥伴即為日本！其次是美國，英國則遠遠落後。一九八二年，澳洲有二八％的出口商品都是銷往日本，美國占一一％，英國僅占四％。然而，明顯的矛盾是，澳洲一邊告訴日本和其他亞洲國家急須他們的貿易往來，一邊又告訴他們，日本和其他亞洲人不適合在澳洲定居。

破壞親英白澳移民政策的倒數第二個因素是，澳洲移民本身的轉變。二戰後，移入澳洲的義大利人、希臘人、愛沙尼亞人、拉脫維亞人和立陶宛人雖是白人，但不是英國人。他們沒有澳洲人自認是英國忠實臣民的傳統形象包袱，也沒有像一直到一九五〇年代晚期，英國和澳洲普遍存在對亞洲人的強烈種族偏見。

最後，不只是澳洲推開英國；英國也疏離了澳洲。和澳洲一樣，英國的利益也發生了變化，其自我形象愈來愈過時。早在澳洲政府之前，英國政府就認知到這些殘酷的現實，只是承認它們對雙方都非常痛苦。一九五八至六二年，我住在英國期間，它的變化達到巔峰。基於英國血統，以及貿易與軍事保護支援的雙重事實，澳洲人傳統上視自己為大英帝國的英國公民，而這一切都在改變。與此同時，英國傳統上的自我認同，乃建立在擁有史上最大的帝國（「日不落國」）以及大英國協的領導地位上。大英帝國，以及後來的大英國協，一直都是英國主要的貿易夥伴，也是軍隊的主要來源：想想兩次大戰中，與英國軍隊一起陣亡的澳洲、紐西蘭、印度和加拿大將士。但英國與大英國協會員國的貿易逐漸減少，轉向歐洲，正如澳洲對英國的貿易逐漸減少，轉向亞洲和美國。英國的非洲和亞洲殖民地紛紛獨立，發展出自己的國家認同，即使在大英國協內，仍制定了自己的外交政策，而且，也因南非採行種族歧視的種族隔離政策，（不顧英國的反對）迫使南非退出大英國協。如同澳洲遭受到壓力，必須在英國、亞洲和美國之間做出選擇，英國同樣承受著壓力，得在大英國協和歐洲之間做出選擇。

一九五五年，英國決定退出六個西歐國家（法、德、義大利、比利時、荷蘭，以及盧森堡）的談判，去組成歐洲經濟共同體（European Economic Community，ＥＥＣ，當今歐洲共同市場的前身）。然而，出乎英國人於一九五五年的預料，一九五七年這六國在沒有英國參與的情況下，自行成立了ＥＥＣ。一九六一年，英國首相哈洛德·麥克米倫（Harold Macmillan）認清英國的利益已有所改變，不論在經濟和政治上歐洲對英國的影響，都更重要於大英國協的影響，因此，英國申請加入歐洲經濟共同體。這項申請及其後續撼動了澳洲和英國的關係，甚至比新加坡淪陷更劇烈，只是後者更戲劇性，且具象徵意義，這亦是澳洲人對英國人的怨恨至今延燒的重大原因。

英國申請加入歐洲經濟共同體，造成英國和澳洲之間不可避免的利益衝突。西歐六國正在對非EEC的進口商品設立共同的關稅壁壘，英國若要加入，就必須接受這些壁壘。這些壁壘將適用於澳洲食品和精煉金屬，而英國仍是這些澳洲出口商品的主要市場。澳洲對英國的食品出口，如今將被法、荷蘭、義大利和丹麥的食品所取代。麥克米倫首相，以及澳洲總理羅伯特·孟席斯（Robert Menzies）都清楚這個殘酷的現實。麥克米倫向澳洲和其他大英國協成員國承諾，英國和EEC談判時，會捍衛大英國協的利益。不過，他能否成功卻讓人存疑，況且，事實上這六國拒絕對澳洲的利益做重大讓步。

澳洲人對英國申請加入歐洲經濟共同體的反應，讓人聯想到他們對新加坡淪陷的反應。他們譴責這項申請不道德、不誠實，打從心底發出不滿——這是對加里波利、對澳洲為祖國英國這一個世紀來所做的其他犧牲，以及對澳洲傳統國家認同的背叛。也就是說，這種衝擊不但是物質的，也是象徵性的。更糟的是，象徵性衝擊接踵而至。英國在一九六二年頒布的「大英國協移民法」，雖然實際上是為了阻止來自西印度群島和巴基斯坦的大英國協移民，但是為避種族歧視之嫌，因此終止**所有**大英國協公民（包括澳洲人）自動入境與居留英國的權利。英國在一九六八年頒布的「移民法」則規定，若沒有至少一位祖父、母是在英國出生，則禁止所有**外國人**（澳洲人現在成了外國人！

FOREIGNERS）自動進入英國的權利，排除了一大部分的澳洲人。一九七二年，英國宣布澳洲人為**異國人**（ALIENS！）。多羞辱啊！

簡而言之，眼前並非母國英國的澳洲兒女們宣布獨立。相反地，母國逕自宣布了自己的獨立，疏遠與大英國協的關係，斷絕與子女的關係。

英國／歐洲的談判，痛苦而緩慢地展開，過程拖拖拉拉。法國總統戴高樂（de Gaulle）於一九六三年，否決了英國加入歐洲經濟共同體的第一次申請，又在一九六七年否決了英國的第二次申請。在戴高樂辭職、去世後，英國於一九七一年提出第三次申請，獲得歐洲六國的批准，以及英國公民全國公投的通過。此時，英國僅占澳洲出口的八％。澳洲政界人士已體認到，加入歐洲符合英國的重要利益，澳洲不應該、也不能阻礙英國的利益，澳洲先前與英國的關係已是過眼雲煙。

※ ※ ※

從澳洲的角度來看，澳洲的身分認同，在一九七二年似乎突然發生全面性的變化，當時，澳洲總理高夫·惠特蘭（Gough Whitlam）領導的工黨二十三年來首次掌權。他初上任的頭十九天，甚至在任命新內閣前，便與副手展開澳洲選擇性變革的速成計畫，其速度和全面性，當代各國望塵莫及。這十九天的變化包括：軍事草案（停止國家徵兵）；

由越南撤出所有澳洲軍隊；承認中華人民共和國；宣布國聯和聯合國交給澳洲託管半個多世紀的巴布亞新幾內亞獨立；禁止以種族選擇來澳參賽的海外運動隊（特別針對南非的白人隊伍而立的規則）；廢除英國榮譽制度（騎士、官佐勳章（OBE）、爵級騎士勳章（KCMG）等）的提名，並以新的澳洲榮譽制度取而代之；還有——正式拒絕白澳政策。惠特蘭的內閣人選獲得同意，就立即在速成計畫中採取更多措施：投票年齡降為十八歲；提高最低工資；賦予北領地和澳洲首都領地，在聯邦參議院中的代表權；在上述兩個領地成立議會；要求工業開發提供環境影響聲明；提高對原住民的預算；女性同工同酬；准許無過錯離婚；全面的醫療保險計畫；教育方面的重大變化，包括廢除大學費用，增加對學校的經濟贊助，以及把贊助高等教育的責任由各州轉到澳洲聯邦。

惠特蘭正確地描述他的改革是「承認已經發生的事」，而非憑空而起的革命。實際上，澳洲的英國身分已逐漸褪去。一九四二年，新加坡淪陷帶來首次的大震撼；一九五一年，太平洋安全保障條約代表了初步的覺醒，共產主義威脅東歐和越南則是警告。不過，在新加坡淪陷後許久，澳洲仍然對英國懷抱期待和支持。一九四〇年代後期，澳洲軍隊在馬來亞與英軍並肩作戰，對抗共黨叛亂分子，一九六〇年代初，他們也在馬來西亞屬的婆羅洲，與印尼滲透分子作戰。一九五〇年代後期，澳洲允許英國在偏遠的沙漠區測試英國原子彈，以維持英國作為獨立於美國之外的軍事強權。一九五六年的蘇伊士危機，英國攻擊埃及，遭到國際譴責，澳洲是少數幾個支持英國的國家之一。

一九五四年，英國伊麗莎白女王首次訪問澳洲，受到親英民眾的熱情歡迎：七五％以上的澳洲人民走上街頭，為她歡呼（插圖7.9）。可是，一九六三年，當女王再次訪問澳洲，亦即英國首次申請加入歐洲經濟共同體的兩年後，澳洲人對她和英國的愛戴已不復見。

在惠特蘭正式宣布之前，澳洲的白澳政策也開始類似地分階段解體。一九四九年，准許日本的戰時新娘入境，是第一階段。根據可倫坡亞洲發展計畫（Colombo Plan），一九五〇年代澳洲總共收了一萬名亞洲學生。一九五八年，取消鄙視移民的聽寫測試，同年的移民法，允許「傑出優秀的亞洲人」移民。因此，一九七二年，當惠特蘭宣布廢除白澳政策，並否決所有官方形式的種族歧視時，引發的抗議遠低於廢除已實行一世紀的政策所會有的反應。一九七八至八二年，澳洲收容中南半島難民人口的比例，超過舉世任何國家。一九八〇年代晚期，近一半的澳洲人不是在國外出生，就是雙親之一在國外出生。一九九一年，亞洲人已占澳洲移民的五〇％以上。時至二〇一〇年，實際出生在海外的澳洲人比例（二五％以上）乃排名世界第二，僅次於以色列。這些亞洲移民的影響力，遠遠超過他們的數量：雪梨的頂尖院校七〇％以上都是亞裔學生，二〇〇八年，我在昆士蘭大學校園內看到的亞裔學生，似乎占學生數量的絕大部分，現在澳洲醫學院學生中，有一半以上都是亞裔和其他非歐洲裔。

在政治和文化上，澳洲也有其他改變。一九八六年，澳洲終止了英國樞密院的終審權，進而廢除英國主權殘存的痕跡，澳洲終至完全獨立。一九九九年，澳洲高等法院宣布英國為「外國」。文化方面，一九六〇年代在澳洲獨領風騷，以肉派和啤酒為代表的英國烹飪，已廣納樣化的國際料理，大大擴展了美食風格，而非僅是一九六〇年代的義大利、希臘，以及偶見的中國餐館。有些澳洲葡萄酒，今天也榮登世界頂級之殿堂。〔提示：我特別推薦一款很棒，但價格實惠的甜酒，迪伯多利酒莊（De Bortoli）的Noble One；好喝，但價格不那麼親民的佳釀，奔富酒莊（Penfolds）的Grange紅酒；還有價格實惠，添加白蘭地的莫里斯酒莊（Morris）Rutherglen Muscat的加度葡萄酒。〕一九七三年揭幕的雪梨歌劇院（插圖7.10），如今成為澳洲的象徵，也是世界現代建築的偉大成就，由丹麥建築師約翰．伍重（Jørn Utzon）所設計。

**我們是誰**的論題，不僅關於澳洲的現實身分，也包括每一個可能的象徵身分。澳洲的貨幣是否應該像英國一樣，採非十進制稱作鎊，或應該有澳洲自己的獨特稱號，例如roo（「袋鼠」kangaroo的縮寫）？（最後的決定是放棄澳鎊，改用十進制貨幣，採用美國或國際名稱的「元」。）澳洲的國歌，是否應該沿用〈天佑女王〉（God Save the Queen）？〔一九八四年，英國國歌終於被〈前進，美麗的澳大利亞〉（Advance Australia Fair）所取代。〕澳洲的國旗是否仍該保留英國的米字旗為基底？（現在仍然保持如此。）一九一五年，英勇的澳洲士兵在加里波利對抗土耳其軍，捍衛英國利益的事件，是否仍該做為澳洲最大的全國性慶祝活動？還是應該改由一九四二年，英勇的澳洲人在新幾內亞的科科達小徑上對抗日本人，保護澳洲利益並獲得勝利來取代？（目前依舊是紀念加里波利戰役的澳紐軍團日。）以及澳洲是否應該以英國女王為元首，還是該成為共和國？（仍然奉女王為元首。）

❊ ❊ ❊

澳洲如何融入我們探討的危機和選擇性改變的框架？

比起我們所討論的任何國家，澳洲的中心問題始終是關於國家身分，和核心價值觀的爭論（因素#6和11，表1.2）：我們是誰？澳洲是否為英國白人的前哨基地，靠近亞洲，卻對亞洲鄰國一無所知？澳洲人是否為忠誠的英國臣民，需要英國的認同才有自信，得依賴英國保護，認為自己的國家在他國不需要自己的大使，且為了表現對英國母國的忠誠，自願送大批人到對英國有戰略重要性，卻與澳洲不相干的偏遠他方赴死？又或者，澳洲是否為鄰近亞洲的獨立國家，有自己的國家利益、外交政策和大使，與亞洲而非歐洲的關係更密切，且傳承自英國的文化內涵是否與時俱減？直到二戰後，這個論題才開始變得認真，且持續至今日。就在澳洲爭論自己作為大英帝國海外前哨基地的身分時，英國也在爭論著自己身為該（正在衰落的）帝國的驕傲中心之身分，並努力爭取新的身分——和歐洲大陸密切相關的非帝國強權。

二戰以來，澳洲愈來愈展現出誠實自我評價（因素#7）的議題特性，因為澳洲人已開始體認到澳洲在現代世界情勢中的變化。澳洲人不得不認清，他們以往最親密的貿易夥伴英國，而今只是一個小貿易夥伴；他們先前最大的敵人日本，現在卻成了他們最重要的貿易夥伴，而且，澳洲作為英國白人在亞洲周邊的前哨基地，這種策略也不再可行。

澳洲變革的動力部分來自外在，部分則來自內部。部分動力來自英國國力衰退，英國海外帝國的終結，以及日本、中國和其他亞洲國家的崛起。同時，部分動力來自國內，因為移民使得澳洲的人口不再以英裔為主，轉而為與日俱增的亞裔，以及非英裔的歐洲裔，隨著人口結構的改變，政策的抉擇也有所不同。

澳洲非常明顯地闡釋了選擇性改變和建立圍籬（因素#3）。重大的變化包括：澳洲人怎麼看待自己有了轉變；制定獨立的外交政策，不再交給英國決定；愈來愈多元化的族裔和文化（在城市比在鄉村地區明顯）；以及在政治和經濟定位上朝向亞洲和美國。但另一方面，其他重大事項並沒有改變。澳洲政府仍然是議會民主國家，仍然與英國保持重要的象徵性關係，例如英國女王照舊是澳洲的國家元首；澳洲的五元鈔票及硬幣上，仍保有女王的頭像；澳洲國旗上，依舊可見英國的米字旗；澳洲按例保持高度平等的社會價值觀和強烈的個人主義。澳洲社會的澳洲風格依舊鮮明，例如對運動的熱忱：尤其是採澳洲規則的澳式足球（澳洲發明，只適用於澳洲）、游泳，以及英國的板球和橄欖球。澳洲的領導人們也參與這種全國性的休閒活動，即便有危險性：總理哈洛德．霍特

（Harold Holt）一九六七年在任時，在水流強勁的海域游泳時，不幸溺斃。

大部分國家在做出許多選擇性改變時，都是經年累月，單獨進行不同的改變。澳洲總理惠特蘭，卻在一九七二年十二月一日至十九日，為期十九天之內旋風式推動多項改革，是少數以單項計畫同時進行多項變革的例子之一。

擺脫地緣政治的約束（因素#12），對澳洲非常重要，而這種自由（或缺乏這種自由）則隨著時間起了變化。二戰以前，海洋保護澳洲免受任何實際的攻擊風險，正如美國獨立後也依靠海洋的保護，直到二〇〇一年九月十一日，世貿中心遭到恐怖攻擊為止。自一九四二年二月十九日，日本轟炸達爾文以來，澳洲人已經意識到，他們的國家不能再免於外在限制。

然而，即使在一九四二年之前，歐洲主導的澳洲社會，也必須依賴友邦的協助（因素#4）：最初是英國，在第一艦隊抵澳之後的幾年裡，英國甚至提供食物，後來又提供防禦；但是從二戰起則仰賴美國。雖然澳洲在達爾文遭襲前，從未面臨直接攻擊的風險，不過從十九世紀下半葉開始，法、德、美國和日本的軍事和殖民擴張到太平洋島嶼，確實造成澳洲人的隱憂。澳洲太過仰賴英國艦隊的保護，導致一九三〇年代末盡自我防禦之責（因素#2），並任由軍隊萎縮。

這七十年來，澳洲的改變並非針對迫切的危機，而是出於二戰以來，長期發展的漸進過程，而澳洲的英國認同從現實反轉為虛無神話，致使這個過程加速。雖然澳洲人可能不會在自己身上使用「危機」一詞，我認為，把澳洲視為經歷了一場緩慢進行的危機有其用處，因為澳洲的選擇性改變問題，與其他因應突發危機的國家所面對的問題相類似。在這方面，澳洲最近的變化，和德國同一個十年的變化（第六章）雷同，當時德國也發生了緩慢的變化。在澳洲一系列的緩慢發展中，當然有一些值得注意的時刻：特別是「威爾斯王子號」和「反擊號」的沉沒、新加坡投降，以及達爾文的空襲，這幾件事都發生在七十一天內。只是澳洲的危機和變化，並不像一八五三年七月八日培里准將率軍艦抵達明治時期的日本；一九三九年十一月三十日，俄羅斯襲擊芬蘭；一九七三年九月十一日，皮諾契特政變和阿言德死亡；以及一九六五年十月一日，印尼的政變，和隨後種族滅絕般驚天動地的打擊。

澳洲重新評估其核心價值，及其進行的一連串選擇性改變，肯定尚未結束。一九九九年，澳洲公投是否該放棄以英國女王作為國家元首，變身共和國。儘管公投以五五%比四五%的票數未過關，不過換作幾十年前，連要舉辦這項公投，都會讓人有無法想像之感，甭說有四五%投「否」的可能性了。生於英國的澳洲人比例正迅速下降中；看來，澳洲再次舉辦是否成為共和國的全民公投，只是時間問題而已，況且，這回投「是」的可能性會更高。在十年或二十年之內，亞裔人口可能會占澳洲人口及國會議員的一五%以上，也會占澳洲頂尖大學學生五〇%以上。澳洲遲早會選出亞裔總理。（在我撰寫本文之時，一名來自越南的移民已經是南澳洲的總督。）隨著這些變化的展開，澳洲保留英國女王作為國家元首，貨幣上印有她的肖像；國旗上還看得到英國國旗，豈非太不協調？

# 第三部

# 國家和世界：醞釀中的危機

# 第八章 日本面對什麼樣的未來？

當今的日本——經濟——優勢——
政府債務——婦女的角色——嬰兒——
老年和人口衰退——移民——中國和韓國——
自然資源管理——危機框架

截至目前，我們已討論了六個國家過去遭逢的危機。頭四個國家，危機是突然爆發於一百六十六年前（明治日本）和四十六年前（智利）之間。接下來談的兩個國家，危機則是逐漸顯現，於半個世紀前達到巔峰。雖然我們不能說這些危機中的任何一個已經完全解決（或者完全陷入僵局），不過自每個危機發生迄今，都已經過好幾十年，因此我們可以確實地討論其結果。

在剩餘的四章中，我們將討論此刻似乎正在醞釀的危機，唯有未來才能揭曉，它們是否確實構成重大危機，其結果目前尚無法確定。這些篇幅會討論的國家，包括當代日本、美國和整個世界。

談到過去的危機時，曾論及明治時期的日本，現在讓我們再度由日本開始，展開對目前醞釀中危機的討論。（本章僅考慮日本獨有的問題，但日本當然也面臨著將在第十一章討論的世界性問題。）我的日本親友以及一般日本人都承認，他們對於幾個國家問題有所擔心，日本另外還有其他問題教我擔心，但日本人自己卻不以為意，或予以忽視。對於日本有多討論不是肆意抨擊，就是極端地歌功頌德，因此，在討論現代日本的問題之前，不妨先談談它的優點。我們將會看到，與其他國家一樣，日本的一些優勢與自身的某些問題息息相關。下面要討論的優勢包括日本的經濟、人力資本、文化和環境。

❊ ❊ ❊

日本為當今世界第三大經濟體，且是在近幾年才被中國超越。日本約占全球經濟產能的八％，幾乎是全球最大經濟體（美國）的一半，以及另一個高生產力國家——英國的兩倍之多。一般而言，國民經濟產出是兩個數字的乘積：國家的人口數，乘以每人的平均產量。日本的國民產出很高，是因為日本人口眾多（在富裕民主的國家裡僅次於美國），也因為它的平均個人產量很高。

雖然日本龐大的內債引起了許多關注（下面會再討論），但日本仍是世界上主要的債權國。它擁有舉世第二高的外匯存底，且與中國互有先後作為美國的最大債權國。

這種經濟實力背後的一個重要因素是，日本為推動創新在研發上的高支出。日本於研發上的絕對年度投資，僅次於人口多得多的中、美兩國，位居世界第三。相對而言，日本用於研發的國內生產總值（GDP）比例為三．五％，近乎美國（僅一．八％）的兩倍，也遠高於其他兩個以研發聞名的國家比例——德國（二．九％）和中國（二．〇％）。

每年，世界經濟論壇都會向世界各國提出「全球競爭力指數」（Global Competitiveness Index），這個指數整合了十幾組會影響國家經濟生產力的數字。多年來，日本的這個指數一直都名列世界前十；日本、新加坡和香港，是西歐和美國外僅有的三個排名前十的經濟體。在一般人眼裡，日本排名居前有兩個顯而易見的原因：日本傑出的基礎設施和交通網，像是舉世最佳的鐵路；及其健康、受過良好教育的勞動力，尤其精通數學和科學（下一節將詳細介紹）。在一長串名單上的其他理由雖不是那麼直接，然而與日本做生意的外國人仍然很熟悉這些特點，包括：掌控通貨膨脹；團結的勞工／員工關係；競爭力高的當地市場；高品質的研究機構培育了許多科學家和工程師；大型國內市場；低失業率；平均每人每年提出的專利數量超過世界其他國家；保護財產權和智慧財產權；快速地吸收科技；精明的消費者和商人；和訓練有素的業務員。這張名單既長且難以消化，傳達的訊息卻很明晰：日本企業能在世界市場上具有競爭力，乃基於多重因素。

最後，我們不要忘記日本經濟的一個特點，今天它雖然帶來了巨大的經濟利益，未來卻可能造成問題。全球僅有兩個國家在經濟上超越日本：美國和中國，只是他們的預算有很大部分用於軍事開支。歸功於美國強加於一九四七年的日本憲法條款（很多日本人現今同樣支持），將日本武力最低化，因此日本保留了這方面的花費。

❊　❊　❊

除了上述的經濟因素外，日本的第二組優勢是其「人力資本」，即其人口優勢。日本人口總數逾一・二億，他們身體健康，受過高等教育。日本人的預期壽命全球最長：男性八十歲，女性八十六歲。導致大部分美國人機會受限的社會經濟不平等現象，在日本大為少見：收入分配上，日本是世界上第三大平等的國家，僅次於丹麥和瑞典。這和日本政府的學校政策息息相關：相較於富裕地區，社會經濟貧乏區域的學校班級編制較小（教師／學生的比例較高），使得貧困家庭的孩子更容易迎頭趕上。（反之，美國學校體系在貧困地區會讓班級招收更多學生，往往加劇不平等現象。）日本的社會地位較常取決於教育，而非遺傳和家庭關係：這點也和美國的趨勢相反。簡言之，日本不僅僅投資於一小部分民眾，而是投資於所有人民——至少是所有的男性公民。（下面會再述及日本女性的情況。）

日本的識字率和最高學歷近乎全球最高。雖然政府並未強制，但日本兒童普遍就讀幼稚園與中學。世界各國的學生測驗中顯示，日本學生在數學和科學素養能力上排名第四，領先歐洲各國和美國。日本成人擁有高中以上學歷的比例將近五〇%，僅次於加拿大。來自日本人自身的經常性批判，抵銷了日本教育上的這些優勢，亦即對學生施加太多壓力，要求他們著重考試成績，對於自我激勵和獨立思考上的重視不足。結果日本學生一旦逃出高中這個壓力鍋，進入大學，對學習的熱忱便會下降。

儘管文化力量、國家認同和生活品質難以衡量，但關於日本的這些特徵，有許多軼事可佐證。到日本旅遊的外國觀光客很快會察覺，其首都東京堪與新加坡相媲美，皆為亞洲最清潔的城市，也是世上最乾淨的城市之一。那是因為日本兒童學會一件事，保持清潔和清理打掃是他們保護日本、且需傳承給下一代的責任。（在日本考古遺址的介紹中，有時會驕傲地指出日本在古代就很清潔的證據。）觀光客也會留意到日本城市的安全與低犯罪率。日本的囚犯人數遠遠少於美國：約八萬人相對近二百五十萬人。暴動和搶劫在日本很少見。由於日本的種族同質，和非常少量的少數民族，與美國和歐洲相較下，種族之間的緊張程度較低。（如下所述，這是另一個優勢與劣勢並存的例子。）

最後，日本的優點也包括環境上的莫大優勢。日本在農業上擁有高生產力，因為日本氣候溫和，沒有熱帶農業的蟲害，高降雨量集中在夏季農作物的生長季節，並且有肥沃的火山土壤。儘管日本在工業世界中平均人口密度最高，按日本人口和農業集中的土地面積（一二％）計算，糧食依舊足以供應。（日本大部分區域由陡峭的森林和山脈組成，幾乎無法耕種，僅能供應少數人口。）土壤肥沃的養分流入水裡，滋養了日本河流和沿海水域的魚類、貝類、食用海藻和其他水生植物。日本是舉世第六大海產生產國，以往只在日本沿海水域捕撈，現在則由日本遠洋漁船隊到世界各地捕獲。由於上述所有環境優勢，日本在古代世界中，因而不凡，在採行農業前至少一萬年，日本的狩獵採集者就已建立村莊定居，並製作了陶器，他們過的並非幾乎沒有物質財產的游牧生活。直到上一個半世紀日本人口爆炸前，日本的糧食皆自給自足。

❊　❊　❊

現在，讓我們從日本的優勢轉到它的問題上。當被問及日本最嚴重的問題時，經濟學家的答案可能是：「政府的巨額國債。」日本目前的債務約為其年度GDP（國內生產總值）的二·五倍，GDP乃是日本一年中所生產一切產品的價值。這意味著即便日本全體國民把所有的收入和精力都用來償還國債，不為自己生產任何東西，仍需要兩年半的時間才能償清債務。更糟的是，其國債多年來持續上升。對照下，雖然美國的財政保守派極其關切美國的國債，它還「僅」占約美國GDP的一倍。希臘和西班牙是兩個因經濟問題而惡名昭彰的歐洲國家，但日本的債務與GDP比率是希臘的兩倍、西班牙的四倍（截至本書截稿為止）。日本政府的債務與整個歐元區的十七個國家相當，而歐元區總人口是日本的三倍。

為什麼日本政府並未在很久之前即因這個負擔而崩潰或違約？首先，大部分債務的對象並非外國債權人，而是持有債券的日本個人、日本企業和退休基金（其中許多是政府自己所擁有），另外還有日本銀行，當中沒有任何一個會對日本政府採取強硬的態度。相較之下，希臘大部分的債務對象都是外國債權人，他們確實採取了強硬的立場，迫使希臘改變其財政政策。儘管日本政府欠日本人民債，之於其他欠債日本的國家，日本卻是淨債權國。其次，政府政策維持日本的低利率（低於一％），以限制政府支付利息。最後，日本和外國債權人始終對政府的償債能力充滿信心，因此繼續購買政府債券。事實上，這是日本個人和公司投資儲蓄的主要方式。但沒有人知道債務要增到多高，日本債權人才會失去信心，政府才不得不違約。

儘管利率低，但債務規模以及日本老年人和退休人口的數量增加，意味著債務利息、健康與社會保障成本消耗了政府大部分的稅收收入，這減少了政府原本可用於教育、研發、基礎設施，以及可能刺激其他稅收的經濟成長引擎。按已開發國家的標準，日本政府的低稅率和低政府收入，加重了這個問題。最終，這些債務主要由日本老年人持有，他們直接（透過購買政府債券）或間接（由大筆投資政府債券的養老基金中領取養老金）投資，而最末支付債務利息的，主要是仍在工作和納稅的日本年輕人。因此日本的債務實際上是由日本年輕人付給日本老年人，構成了世代之間的衝突，是以日本的未來作抵押。這種抵押貸款正在增加，因為日本的年輕人口正在萎縮，而老年人口則在成長中（見下文）。

減少債務的解決方案包括提高稅率，削減政府支出，和裁減日本老年人的養老金。這些以及其他所有的解決方案都窒礙難行。因此日本的政府債務在國內是公認的大問題，這個問題已經存在了很長一段時間，多年來一直在惡化，而且眼前尚未達成解決方案的協議。

❊ ❊ ❊

日本人自己最常承認的其他基本問題包括婦女的角色、持續下降的低生育率、人口減少，以及人口老化等四個相關問題。我們先從女性的角色談起。

理論上，日本女性和男性具有相同的地位。一九四七年，由美國占領政府時起草，迄今依然有效的日本憲法載有兩性平等條款（由一位美國女性起草）。這項條款在日本政府的激烈反對下通過，有些日本國會議員至今仍企圖改變這項條款。

實際上，日本女性面臨許多關於平等的社會阻礙。當然，我即將描述的阻礙也存在日本以外的國家，但這些阻礙在日本更形嚴重——在健康、教育、勞動力和政治參與方面的性別差距，比任何富裕的工業國家都要來得大，南韓除外。我推測，這是因為在日本這個富裕的工業國家，女性的角色向來都是最低下和刻板的。譬如在公共場合散步時，傳統的日本婦女得落後丈夫三步。簡潔起見，我將概括描述女性的社會阻礙，當然，這些阻礙的影響程度，會根據地點和年齡而有不同：例如農村地區比東京更嚴重，年長者的情況更甚於年輕的日本人。

在家裡，日本已婚夫婦的性別分工常被稱為「婚姻包袱」（marriage package），普遍現象是缺乏效率的分工，丈夫在外工作的時間相當於兩人份，因此犧牲了在家和兒女相處的時光，而留在家中的妻子，則犧牲了或可施展抱負的事業生涯。雇主希望員工（主要是男性）在辦公室留到很晚，下班後一起出去喝酒。因此日本丈夫即使願意，也很難和妻子一起分擔家務。與其他富裕工業國的丈夫相比，日本丈夫的家務勞動少：例如日本丈夫每週花在家務上的時間只有美國丈夫的三分之二。配偶在上班的日本男性，做家務的時間也沒有多於全職家庭主婦的丈夫；相反地，主要還是妻子在照顧小孩、丈夫、年邁父母和公婆，而且還得利用剩餘的空檔管理家庭財務。今天，許多日本人妻發誓，她們將是背負這些責任的最後一代日本女性。

在職場上，日本女性人數少，工資低。隨著工作責任提高，婦女參與率急劇下降。雖然日本大學生中，女性占四九％，低階工作職位中，女性也占四五％，然而大學教職員中，她們只占一四％（美、英、德和法國的比例為三三％至四四％），中、高階的管理職，日本女性僅占一一%，董事會職僅二%，業務執行委員會成員僅一%，執行長則不到一%。在較高的職位上，除了南韓外，日本（再一次地）落後所有的主要工業國。從政的日本女性少之又少，日本也從未有過女性總理。在三十五個富裕工業國中，日本全職員工的男／女薪資差距為第三高（僅次於南韓和愛沙尼亞）。日本女性員工的薪資僅同級別男性員工的七三%，而一般富裕工業國為八五%，紐西蘭則高達九四%。婦女的工作阻礙包括工作時間長，公司對員工下班後參與社交的期望，如果在職媽媽必須參加社交活動，假使她的丈夫沒空或不願意照顧小孩，那麼小孩要交給誰照顧？

托兒是日本在職媽媽的一大問題。理論上，日本法律保障婦女享有產前四週和產後八週的產假；有些日本男性也享有陪產假；一九九二年立法賦予父母一整年無薪育嬰假的選擇權利。但實際上，幾乎所有日本父親和大多數日本母親都沒有使用他們的育嬰假。相反地，一旦第一個孩子出世，七〇%的日本職業女性就會辭職，而且大多數婦女即使重返職場，也是多年以後。日本雇主強迫為人母者辭職，名義上雖違法，但日本媽媽們確實遭受到壓力。分別不同於美國和北歐兩地情況的是，移民婦女提供私人托兒服務的缺乏（見下文）、私人或政府的托兒中心很少，使得日本的在職媽媽幾乎找不到托兒服務。一般日本人都認為，身為母親應該留在家裡照顧孩子，不該出外工作。

結果是在職場的日本女性陷入兩難的困境。一方面，很多或甚至大部分日本婦女既想要工作，也想要生兒育女，並且親身照顧小孩。另一方面，日本公司投入大量資金培訓員工，提供終身職，自然期望員工能每天花長時間上班，並終身服務公司。公司不願聘用、培訓女性，因為她們可能想要陪伴孩子，不想耗費長時間在工作上，也可能生了孩子後就不再重返工作崗位。因此日本公司往往不會提供全職高階職務給女性，即便提供，日本婦女也往往不會接受。

日本現任總理安倍晉三是保守派，對於婦女問題他向來不表興趣。然而，最近他卻改弦更張宣布，想要協助為人母者找到重回職場的方法——許多人疑心並非他突然開始關心女性，而是由於日本人口萎縮，使得勞動力降低（見後文）。半數的日本人口，尤其是半數的日本大學畢業生，皆為女性。因此日本婦女未能充分就業便會折損日本一半的人力資本。安倍提議，在職媽媽應享有三年的育嬰假，並保證日後能予以復職，政府也應擴大公立育兒中心，聘雇女性的企業應獲得財務上的獎勵。但是許多日本女性，包括我的一些受過大學教育、且有海外經驗的日本女性友人都反對安倍的提議，她們懷疑這又是政府企圖讓日本女性待在家的陰謀！

＊＊＊

下一個與日本人口相關的問題是低出生率，且逐步下降中。日本人清楚這個問題的嚴重性，卻不知該如何解決。

低出生率與下降的情況是整個第一世界的趨向，但日本的出生率堪稱舉世最低：每一千人中每年只生七個，美國為十三個，全球平均為十九個，有些非洲國家逾四十胎。再者，已經很低的日本出生率仍在持續下降。如果近年有人把這種下降的趨勢做了年度線性推算，就會預測到二〇一七年，日本的出生率將觸底至零，日本將不會再有嬰兒出生！顯然情況並沒有那麼糟糕，但已經很低的日本出生率確實仍在下降中。

另一種表達出生概況的方法是所謂的總生育率：即一般婦女一生中所生的嬰兒總數。全世界的平均總生育率為二．五名嬰兒；至於第一世界裡經濟規模最大的國家，約落在一．三至二．〇個之間（例如美國為一．九）。日本的數量僅一．二七個，居整個範圍的最低點；南韓和波蘭是少數幾個數量更少的國家。不過為了保持人口的穩定，女性必須生育的嬰兒平均數量——即所謂的「人口替代率」（replacement rate）卻是略高於二。日本和其他一些第一世界國家的平均總生育率皆低於人口替代率。對其他第一世界國家而言，這不構成問題，因為儘管生育率低，但移民能讓人口規模保持不變，甚至成長。可是日本的移民幾近於零，意味著日本人口實際上正在下降——如下之討論。

日本出生率下降的部分原因，是日本的初婚年齡一直在提高：現在男性和女性都在三十歲左右。這代表著婦女停經前可受孕的時間更短。導致出生率下降的更大原因是日本的結婚率（即每年每千人的結婚數量）在迅速下降。或許有人會有異議，認為結婚率在大多數已開發國家也在下降，卻並未造成日本正在經歷的出生率災難性下降，那是因為許多分娩者都是未婚媽媽：美國有四〇%，法國五〇%，冰島六六%。只是這種緩解狀況並不適用於日本，日本的出生率中，未婚媽媽的比例微不足道：僅二%。

為什麼愈來愈多日本人不願結婚生子？受訪的日本人對這個問題提供了幾個理由。原因之一就是經濟問題：比起搬出去、結婚、必須支付自己的公寓以及孩子的費用，保持單身、和父母一起住在家裡更便宜且舒適。尤其對女性而言，結婚生子讓她們很難獲得或保住工作，可能造成在經濟上的災難。另一個原因是單身的自由，尤其是那些不想承擔照顧家庭、丈夫、子女、自己年邁雙親和年老公婆的女性。還有一個原因是許多現代日本人，男女比例相當，皆認為就美滿的人生而言，婚姻是「不必要的」。

儘管有這些反對意見，七〇%的未婚日本男女仍表示有結婚的意願。那麼為什麼他們找不到合適的伴侶？按傳統，這事不必他們費心，因為日本婚姻是由媒人（稱為nakoudo）安排正式的相親，讓年輕的未婚人士與可能成為伴侶的對象會面。直到一九六〇年，這仍是主導日本婚姻的形式。也是自那時起，媒人的數量減少，加上西方戀愛婚姻觀的興起，使得媒妁之言的包辦婚姻比例降至所有婚姻的五%。但許多現代的日本年輕人忙於工作，缺乏約會經驗，或太過笨拙，難以發展戀愛關係。

尤其近幾十年來，日本媒妁婚姻的逐步淘汰、又與電子郵件、簡訊和手機等非面對面電子通訊軟體的興起同時發生，隨之而來的問題是社交技巧低落。有個深刻的例子，我的一位日本友人在餐廳用餐時，見到鄰桌一對打扮整齊的年輕男女，他們尷尬而沉默地彼此對坐，兩人都低著頭，盯著自己的膝蓋。我朋友發現他們膝上都握著手機，兩人交替敲打著手機。最後我的朋友突然了悟：這對男孩和女孩拙於與對方直接交談，所以在桌前來回發簡訊。這可不是培養浪漫關係的好辦法！當然，年輕的美國人也沉迷於電子通訊軟體，但他們（和日本同齡者不同）還是很熟悉傳統的約會文化。

✻ ✻ ✻

日本的低出生率和婚姻率仍在持續下降，直接導致了日本廣為人知的兩大問題：人口下降以及人口老化。

日本的出生率多年來一直低於人口替代率的水平，很明顯地，日本的人口終會停止增加，並開始減少。儘管如此，當人口普查數字證實了這個可怕的時刻已經到來時，還是讓人震驚。二〇一〇年公布的五年人口普查顯示日本人口為一億二千八百零五萬七千三百五十二人，二〇一五年的人口普查數字則為一億二千七百一十一萬人，減少近一百萬人。根據當前日本人口的趨勢和年齡分布，可預測到了二〇六〇年時，人口會更進一步下降約四千萬，僅剩八千萬人。

日本人口減少及由農村移往城市的後果已經浮現。日本以每年約五百所的速度關閉學校。農村人口的減少導致村莊和小鎮的廢棄。有人擔心，少了人口增長作為推動經濟成長的驅力，那麼人口減少的日本在世界舞台上將變得更窮、更弱。一九四八年，日本是世上人口第五多的國家；到了二〇〇七年，它成為人口第十大，落後奈及利亞和孟加拉；目前的預測是，幾十年內日本的人口甚至會少於剛果和衣索比亞這種貧弱國家。有個心照不宣的假設是，一個人口比剛果少的國家，國力自然比剛果更弱、也更不重要，這被認為是一種羞辱。

因此，二〇一五年日本首相安倍宣布，藉由嘗試把每名婦女的平均總生育率由一．四個小孩提高到一．八個，以維持日本人口至少一億人的目標。可是提高嬰兒數量的決定權在於日本年輕人，而非安倍。我已經討論過為什麼日本的年輕人，無論是否認為擁有更多的嬰兒對國家有利，而選擇不自己多生這些嬰兒的原因。

人口減少對日本算是「問題」嗎？許多國家的人口比日本人口少得多，仍是世界舞台上富裕且重要的角色，包括澳洲、芬蘭、以色列、荷蘭、新加坡、瑞典、瑞士和台灣。當然這些國家並非世界軍事領袖，但基於日本的憲法和普遍的日本和平主義，今天的日本也非軍事強權。在我看來，人口減少的日本非但不會變糟、反而會更好，因為這代表對國內資源和進口需求的減少。我們稍後會看到，資源壓力一直是日本近代史上的禍根之一，至今仍舊是，且日本人也認為自己的國家資源匱乏。因此，我認為日本人口的減少是其最大優勢之一，而非問題。

甚至那些擔心國內人口減少的日本人也同意，日本人口老化才是更大的問題。日本已是全球預期壽命最長的國家（八十四歲，美國為七十七歲，許多非洲國家只有四十至四十五歲），且這些人口中，老年人比例最高。目前日本有二三％的人口超過六十五歲，六％的人口超過八十歲。到了二〇五〇年，這兩個數字估計將分別接近四〇％和一六％。（非洲國家馬利的數字僅為三％和〇．一％。）到那時候，八十歲以上的日本人數將凌駕十四歲以下的兒童，六十五歲以上和兒童的人數比將超過三比一。

請注意，我個人對八十歲以上的人並沒有意見（那會構成自我厭惡，我已經八十二歲了），但老年人數量太多確實沒有太多好事。過多的老年人會形成全國醫療保健系統的負擔，因為老年人比年輕人更容易患病：尤其是慢性病、不治之症、難以治療或治療費用昂貴的疾病，如心臟病和失智症。隨著六十五歲以上人口的百分比增加，退休人口的比例也在增加，而勞工比例下降。這意味著愈來愈多的退休老人，最後得仰仗日益減少的年輕勞工來支持：無論是透過家庭內的經濟支援和個人照護的直接支持，或透過年輕勞工繳納的稅收作為政府養老金和老年人醫療保健系統經費的間接支持。日本勞工與退休人員的比例一直在急劇下降：從一九六五年的每一名退休人員對九名勞工，到如今的二．四人，再到二〇五〇年預估的一．三人。

但你可能會提出異議，日本並非唯一一個面對出生率下降、人口老化，以及養老金和社會保障體系負擔加重等問題的國家。整個已開發世界皆存在同樣的問題；只是這些問題在日本已臻至極端。美國人也擔心社會保障體系未來會出現資金不足的狀況，所有西歐國家的出生率也都低於人口替代率，其中兩個國家的出生率甚至比日本還低。但歐美並不像日本那樣擔心這些問題，因為它們並沒有陷入人口萎縮和老年人口多於年輕人口的困境。為什麼它們沒有？它們又是如何避開這些陷阱？

答案涉及我認為日本剩下的三個主要問題中的第一個：這三個問題在日本國內並未被視為問題。第一個問題是日本缺乏移民。

❊ ❊ ❊

日本以身為世上種族最單一、人口最多的富裕國家而自豪。它不歡迎移民，任何打算移民日本的人都得面對重重難關，即使有人移民成功，也難以取得日本國籍。從國家總人口的百分比來看，移民及其子女占澳洲人口的二八％，加拿大的二一％，瑞典的一六％和美國的一四％，但僅占日本的一．九％。對於尋求庇護的難民，瑞典接受九二％，德國接受七〇％，加拿大接受四八％，但日本只接受〇．二％。（例如二〇一三年和二〇一四年，日本僅分別接受六和十一名難民。）外籍勞工占美國勞動力的一五％，德國的九％，但僅占日本的一．三％。日本確實接納臨時外國勞工（稱為「客工」（guest worker）），他們因具備較高的專業技能（例如造船工人或二〇二〇年東京奧運的建築工人），而取得一至三年的工作簽證。但這類外國人很難取得日本的永久居留權或公民身分。

二次大戰前和二次大戰期間，韓國當時是日本的殖民地，那是日本近年來唯一一次接受數百萬的大批韓國移民。然而這些韓國人中，許多或大多數都是作為進口的奴工而非自願移民。譬如不是很多人知道的事實，第一顆原子彈投在廣島時，一〇%的罹難者是在當地工作的韓國勞工。

最近幾位日本內閣部長呼籲增加移民。例如，地方創生擔當大臣石破茂說：「曾經，日本本地人移居到南北美，設法與當地人融合，同時保有身為日本人的驕傲……當我們的人民在海外這麼做時，沒有道理對來日本的外國人說『不』。」秘魯曾有過日裔總統，美國也有過日裔參議員、國會議員和大學校長。但日本政府目前並未重新討論反對移民的政策。

政府的反對態度，也反映在日本人民於許多民意調查中所表達對移民的負面觀感，日本人的觀點和其他富裕國家的觀點恰好形成極端。反對增加外國居民人數的日本人比例為六三%；七二%的人認為移民會使犯罪率提高；八〇%的人否定移民會引進新思想，改進社會，不同於五七%至七五%的美國人、加拿大人和澳洲人認為移民會強化社會。反過來說，只有極少數日本人（〇．五%）認為移民是日本當前最重要的課題，反之，高達一五%的美國人、法國人、瑞典人和英國人則如此認為。

要澄清的一點是：我並非指稱日本人抵制移民是「錯誤」，且應該改變。在每一個國家，移民衍生問題的同時也帶來利益。每個國家都需要權衡這些利弊，擬定自己的移民政策。日本長久以來處於孤立，歷史上沒有過移民，又是單一種族的國家，因此高度重視其種族同質性也就不足為奇，而美國是種族多元的國家，幾乎所有的公民都是近代移民的後代，沒有種族同質性需要去珍視。日本的困境在於，它忍受著其他國家可以透過移民來緩解的公認問題，但日本尚未尋求出如何不訴諸移民的解決方案。

這些問題中的最大問題是與上面討論相關的，包括出生率下降、人口老化，以及由此產生的經濟負擔，即人數愈來愈少的年輕健康勞工，納稅作為健康問題日益嚴重、數量日漸增多的退休人士之退休基金和醫療保健費用的經濟來源。儘管美國、加拿大、澳洲和西歐也和日本一樣，面對出生率下降和本土人口老齡化，但這些國家藉由容許大量年輕移民勞工來緩解這些問題。日本無法以聘用更多受過教育但未在職的媽媽，來消除勞動力的下降問題，因為在日本，像美國在職媽媽聘雇大量移民婦女協助育兒的情況幾乎很少見。在美國有大量的移民男女填補照顧老年人和醫院護理師及其他醫院員工的工作，這在日本也不存在。（在我書寫本文時，才剛從一位身患絕症的日本親戚的可怕死亡經歷中復原，一般認為在她住院期間，她的家人理當提供她三餐，為她清洗貼身衣物。）

從授予日本發明家的大量專利來看，日本在創新方面相當活躍，日本人擔心的是，相較於在研發上投入的大量資金，日本人的突破創新不如預期，這反映在獲頒諾貝爾獎的日本科學家數量較少。大部分美國諾貝爾獎得主不是第一代移民，就是他們的後代。

然而與日本人口問題一樣，日本科學家中，罕見移民及其子孫。如果考量到願意冒險和嘗試全新事物的意願，是接納移民和達到最高程度創新的先決條件，對於移民和諾貝爾獎的關聯就不致感到訝異。

短期內，日本並不願意藉由移民來解決這些問題。長遠來看，日本人是否會繼續忍受這些問題的困擾，或願意藉著改變移民政策來解決這些問題，又或找出移民外的其他解決方案，還不得而知。假使日本確實決定重新評估接納移民的可能，或許加拿大的政策會是適合日本的模式，根據對加拿大的潛在價值，對移民申請者進行評估。

❊ ❊ ❊

移民問題外，另一個被忽略的重大問題是二戰時，日本對於中、韓兩國的行徑，對現今它與這兩國關係的影響。二戰期間與之前，日本對其他亞洲國家人民的作為令人髮指，特別是中、韓兩國。早在一九四一年十二月七日「正式」宣戰前，日本已於一九三七年展開全面侵華，殺害了數百萬中國人，方式野蠻，例如捆綁中國囚犯做刺刀練習，以加強日本士兵的意志，一九三七年十二月至一九三八年一月間，在南京屠殺了數十萬中國百姓，並為了報復一九四二年四月美國空襲東京（Doolittle Raid，由杜立德中校策畫，故名杜立德空襲），而殺死了其他許多人。儘管今天日本境內一概否認這些屠殺，但是當時的檔案皆被完整保留下來，不只中國人和外國觀察家有記錄，日本士兵本身也拍下照片。（在史詠和尹集鈞的《南京大屠殺：歷史照片中的見證》（*The Rape of Nanking: An Undeniable History in Photographs*，一九九九年出版）一書中，即收有四百多張這樣的照片。）日本於一九一〇年兼併韓國，在三十五年的占領期間強迫韓國學校使用日語而非韓語，迫使大批韓國和其他國籍的婦女作為日本軍中妓院的慰安婦，並強制大批韓國男子擔任日本軍隊的奴工。

因此當今的中、韓兩國遍布仇日情結。在中、韓兩國人眼裡，日本對其戰爭暴行並沒有充分承認、道歉或表示懊悔。中國的人口是日本的十一倍，而南、北韓的人口總數也超過日本的一半。中共和北韓都擁有核武。中國和兩韓都有配備精良的大型軍隊，而美國人制定的日本憲法加上日本盛行的和平主義，使得今天日本的武裝部隊微不足道。北韓不時試射飛彈飛越日本領空，展示輕易到達日本的能力。而日本又與中國、南韓為了無人居住的小島起了領土紛爭，這些島嶼本身雖無價值，卻因各島領海內的漁獲、天然氣和礦產資源而變得重要。在我看來，這些事件長遠下來對日本是很大的危險。

擔任新加坡總理數十年，對日本、中國、韓國及其領導人都很熟悉，同時也是敏銳觀察家的李光耀，他從亞洲人的角度看日本對待二次大戰的觀點是：「和德國人不同，日本人並沒有排解並去除他們體制內的毒素。他們沒有教導他們的年輕人：二戰時他們做了什麼錯事。橋本龍太郎（一九九六至九八年擔任日本首相）在二戰結束五十二週年

（一九九七年）時[illegible]『最深切的遺憾』，一九九七年九月訪問北京期間也表示『深深的悔恨』。然而，他並沒[illegible]韓兩國人民所期望的以日本領導人身分致歉。我不懂為什麼日本人如此不願承認過去[illegible]為此道歉，接受現實往前走。出於某些原因，他們不願道歉。道歉等於承認做錯事；[illegible]或懊悔，就只是他們目前的主觀感受。他們否認南京大屠殺；否認韓國、菲律賓人、[illegible]及其他婦女在戰時被綁架或遭逼迫成為日本士兵的『慰安婦』（性奴隸的委婉說法）[illegible]對中、韓、蒙古、俄羅斯和其他滿洲國的囚犯進行殘酷的活體生物實驗。上述事[illegible]從他們自己的記錄中看到無可辯駁的證據後，他們才會不情願地承認。這引發[illegible]本未來意圖的懷疑。日本眼前的態度是未來表現的跡象。如果他們對自己的過去感[illegible]就比較不會重蹈覆轍。」

每年，我在洛杉磯加大的教學課程都有日本留學生，他[illegible]談起他們在日本受的學校教育，以及他們來到加州的體驗。他們告訴我，日本學校的歷史[illegible]談到二戰（因為這場戰爭在幾千年的日本歷史中僅占了幾年），很少或根本沒有提到日[illegible]略者的角色，而強調日本是受害者（兩顆原子彈造成約十二萬日本民眾死亡），因此無[illegible]百萬其他民族及數百萬日本士兵和平民的死亡負責，並指責美國以某種手法欺騙日[illegible]戰爭。（平心而論，韓、中和美國的教科書對於二次大戰都有各自偏袒的表述。）我[illegible]本學生加入洛杉磯的亞洲學生協會後，認識了韓國和中國學生，首次聽聞日本的戰爭行徑至今仍讓其他國家的學生深感憤慨時，大受震撼。

同時，我的另一些日本學生和其他日本人則指出，日本政壇人物已多次道歉，並反問：「難道日本道歉得還不夠多嗎？」答案是：不夠，因為這些道歉聽來很牽強，難以信服，且參雜撇清責任或全然否認的言論。說得更詳細點就是，比較一下日本和德國在面對它們近代史之遺禍時的相反作法，並思考為什麼德國的作法很大程度上說服了它的前敵人，而日本的作法卻沒有說服它的主要受害者中國和韓國。第六章曾說明德國領導人表達悔恨和負責的多種方式，並教導德國學童正視他們國家的作為。如果日本有類似德國的回應，中、韓兩國可能會相信日本的誠意：例如，日本總理訪問南京時，在中國民眾面前下跪，並請求原諒日本在南京的大屠殺；如果日本各地都有博物館和紀念碑及前戰俘營，展示照片，詳細描述日本戰時的暴行；如果日本學童經常被帶到日本的這些地點，以及日本以外如南京、山打根、巴丹和塞班等地進行校外教學；如果日本投入更多心力描繪戰時的非日本受害者，而不是日本的受害者。在日本，這些行動全都不存在，遑論想像，然而在德國卻是廣泛實行。在日本能做到這些前，中國人和韓國人都不會相信日本照本宣科的道歉，且會繼續憎恨日本。只要中、韓全副武裝，而日本又無力自衛，日本就會持續暴露在巨大的危險中。

※ ※ ※

全人類的生存仰賴可再生自然資源，包括樹木、魚、表土、乾淨的水和清淨的空氣。這些資源皆面臨著管理問題，科學家已累積了許多經驗。如果全球的森林和漁場都能依照最佳的建議方式來管理，便可能有取之不盡的林產和水產品，數量足以滿足當前世界人口的需求。可悲的是，眼前的實際作法依然具有破壞性且無法永續。世上大部分的森林都在萎縮，大多數漁場不是衰退，就是已經崩毀。可是沒有一個國家在所有自然資源上都能自給自足；全部的國家至少都必須進口一些資源。因此大部分國家都有政府機構、國際環境組織的分支機構〔如世界野生動物基金會（World Wildlife Fund）和保護國際組織（Conservation International）〕，與當地的環境組織努力解決這些問題。

這些問題對日本而言尤為嚴重。一八五三年之前，日本雖未對外在的世界開放，進口微不足道，可是在自然資源上能自給自足。由於必須依靠自己的森林，且在一六〇〇年代警覺到森林的減少，因此日本獨立於德國和瑞士外，率先開發科學林業法，管理自己的森林。今天，由於日本自一八五三年以來的人口爆炸、生活水準和消耗率上升、大量人口湧進狹小的區域，以及對現代工業經濟至關重要的原料需求，日本已成為舉世最大的自然資源進口國之一。不可再生資源中，石油、天然氣、鎳、鋁、硝酸鹽、鉀肥和磷酸鹽等幾乎日本所有的需求，以及大部分的鐵、煤和銅，全都必須仰賴進口。可再生自然資源中，日本在海鮮、原木、三夾板、熱帶硬木，以及紙和紙漿材料上也分居第一、二或第三名進口國。

這是日本得依賴進口的一長串重要資源。這些資源中，只要有任何一種在世界上消失，日本就會成為第一個或首批受到影響的國家。日本也是最依賴進口食品來養活人民的主要國家。當今主要國家中，日本是農產品進口與出口比例最高（二十倍）的國家，其次是南韓，比例只有六倍，而美國、巴西、印度、澳洲和其他一些主要國家都是糧食淨出口國。

因此日本人有充分的理由認為自己的國家資源貧乏。既然日本是最依賴進口資源的已開發國家，出於自身利益，想必將成為世界可永續資源開發的主要推手。特別是日本賴以生存的世界漁場和森林，合理的政策是讓日本率先對其進行可永續的開發。

矛盾的是，事實恰恰相反。身為世界野生動物基金會美國分會和保護國際組織的主任，我得知很多這兩個組織所處理的國家資源管理政策問題，也從我的日本友人和同事那兒聽到很多，特別是日本的政策。日本似乎是已開發國家中，對海外永續資源政策最不支持、反對最強烈的國家。無論是按人均計算，還是按森林產品進口總量計算，日本進口非法來源和非永續採伐的林產，遠高於美國或歐盟國家。日本也是反對審慎監管海洋捕撈和捕鯨國家中的領導者。下面舉兩個例子。

第一個例子和大西洋與地中海黑鮪魚（Bluefin Tuna）有關，日本人特別喜愛用來製作生魚片或壽司。最近在日本售出的一條大型進口鮪魚價格高得教人咋舌，超過一百萬美元。這些鮪魚由於過度捕撈，數量急劇下降，如果能透過協議達成一致可永續捕撈的量，並實行捕撈配額來保護這種寶貴的資源，是教人興奮的作法。令人難以置信的是，二〇一〇年提議把這種鮪魚列入《瀕臨絕種野生動植物國際貿易公約》（CITES，即華盛頓公約）中的，非但不是由日本發起，而且日本還阻止了這項提案，並視其為外交勝利。

我要舉的第二個例子是，當今的日本是全球主要且最堅持的捕鯨國。國際捕鯨委員會（International Whaling Commission）明訂了捕鯨配額。日本每年仍假借研究目的殺死大量的鯨魚，迴避這些配額，但他們鮮少或根本沒有對這些鯨屍進行研究，而是作為肉類販售。可是日本的公眾消費者對鯨肉的需求很低，而且還在下降，鯨肉被浪費，製成了狗糧和肥料，而非供人類食用。繼續捕鯨對日本是經濟損失，因為它的捕鯨業在幾個方面上需要政府的高額津貼：捕鯨船本身的直接津貼；護送和保護捕鯨船的更多船隻的額外費用；以及支付國際捕鯨委員會成員的非捕鯨小國所謂的「外援」，用以賄賂換取贊成捕鯨的票這種隱藏性費用。

日本為什麼要採取這些立場？我的日本友人提出了三種解釋。首先，日本人珍惜與自然和諧共處的自我形象，他們傳統上的確以可永續的方式管理自己的森林——卻不是針對他們此刻開發的海外森林和漁場。其次，日本民族的自豪感不容屈服於國際壓力之下。日本尤其不願被視為屈從綠色和平組織和海洋守護者（Sea Shepherd）協會的反捕鯨運動，以及國際上管制黑鮪魚漁場的壓力。可以形容日本是「反對反捕鯨」而非支持捕鯨。最後，對日本國內資源有限的覺醒，讓它在最近的一百四十年來，始終堅持自己有權不受限制地取用世界的自然資源——這是它國家安全的核心，外交政策的基石。在世界資源豐富、供給超過需求的過去，這種堅持是可行的政策，但是如今資源減少，這項政策已不可行。

對像我這樣欣賞日本的局外人來說，日本反對可永續利用海外資源不但可悲，也是自我毀滅。過去日本為了奪取海外資源，已經有過一次自我毀滅的行動，同時與中國、美國、英國、澳洲、紐西蘭以及荷蘭作戰，失敗是不可避免的。現在，它的失敗同樣不可避免——不是透過軍事征服，而是耗盡可再生和不可再生的海外自然資源。如果我是憎恨日本、並期望在不訴諸戰爭的情況下摧毀它的邪惡獨裁者，就會完全按照日本現在的作法去做：我會毀滅日本賴以生存的海外資源。

❊ ❊ ❊

最後，讓我們根據十二個預測因素來思索日本的未來。如果僅是作為學術練習，我們可以思考這些因素是否可以預測日本能否解決當前問題。更有實際效用的是，我們可以建議日本人在了解這些預測因素後，如何運用它們來擬定解決方案，進而克服他們現在為自己創造的一些障礙。

值得樂觀的一個原因是，日本在歷史上屢次成功地解決危機（表1.2中的因素＃8）。在近代，日本兩度以重新評估和選擇性的改變，締造國家成功的故事。最激烈的變化隨著一八六八年的明治維新展開。培里准將的艦隊在一八五三年強迫日本開放，引發了日本民眾對於日本可能和許多其他非歐洲國家一樣，被西方列強接管的恐慌。日本透過選擇性改變的應急計畫自救。它放棄了國際隔離、幕府統治、武士階級和封建制度，採行了憲法、內閣政府、國家軍隊、工業化、歐式銀行體系、新的學校體制，以及更多西方的服裝、食物和音樂。但同時，它也保留了天皇、語言、書寫方式和大部分的文化。因此，日本不僅保持了獨立，也成為第一個在財富和國力上堪與西方抗衡的非西方國家。再一次地，二次大戰後日本做出了更進一步激烈的選擇性改變，放棄了其軍事傳統和對天皇神性的信念，採行民主制度和新憲法，發展或恢復出口經濟。

另一個值得樂觀的重要原因，是日本以往的耐心表現和由失敗挫折中恢復的能力（因素＃9）。我在之前引述了新加坡總理李光耀對日本的評論，誠如他公開承認的：「儘管我在被日本占領期間的經歷，以及日本的特質讓我學會恐懼，但現在我尊重並欽佩他們。他們的團結、紀律、智慧、勤勞和樂於為國犧牲，使他們成為巨大且富有成效的勢力。他們意識到本國資源的貧乏，樂於持續以額外的努力成就無法實現的目標。由於他們的文化價值觀，不論發生任何災難，他們都會成為孤獨的倖存者。他們不時會受到不可預測的自然力量打擊——地震、颱風和海嘯，經歷死傷卻能重新振作、復原……一九九六年十一月，神戶大地震發生一年半後，我赴當地訪問，驚訝於人民的生活已恢復常態。他們從容面對這場災難，並適應了新的日常生活。」

在我的表單中，對日本有利的其他因素包括日本是群島，沒有共享陸地邊界的鄰國，因而擺脫了地緣政治的限制（因素＃12），抵消了它與中、韓過度接近的地勢特點；它有強烈的國家認同感、自豪和凝聚力（因素＃6）；除了中、韓兩國以外，許多貿易夥伴對日本都抱持友好的支持態度或至少保持善意的中立（因素＃4）；且其他國家提供了解決日本主要問題的模型——如果日本願意運用這些模型（因素＃5；見下文）。日本其他的主要優勢在於本章開頭所提及的經濟實力、人力資本、文化和環境。

抵消這些優勢是我表單上所列的三個因素。我提到它們不是為了要助長悲觀的態度，而是要說明，如果日本要解決當前的問題，必須專心著重在日本態度上的改變。一個障礙是由於環境的變化，傳統的核心價值已不合時宜（因素＃11）：日本繼續毫無節制地取用世界自然資源，彷彿它們用之不盡，而非領導國際合作，以可永續的方法獲取不斷減少的資源。另一個障礙是日本對二次大戰的闡述側重在自哀自憐，自視為受害者，不肯承擔日本對戰爭和自身行為的責任（因素＃2）。國家政治一如個人生活，否認自己的責任，就無法朝解決問題邁進。如果日本希望改善與中、韓的關係，就必須仿效德國的榜樣，承擔責任。

剩下的一個障礙是，就我看來，日本在幾個關鍵領域上缺乏真誠、真實的自我評價

（因素#7）。上文提到的進口資源問題和對二次大戰的闡述就是兩例。另一個例子是日本誤以為防止人口減少是當務之急。如果日本人口由目前的一億二千七百萬人降到二千萬人，確實會造成問題，但我認為如果只是減少為八千萬人，非但無害，反而是莫大的優勢：即減少日本對進口資源的渴求，這原是日本現代史的禍根。日本之所以強大乃因它在本章開頭所敘述的許多性質優勢，而不是因為日本目前的人口數一億二千七百萬剛好與墨西哥一樣，與德國的八千一百萬不一樣。

另一個需要日本自我評估的領域是移民。這是許多國家用來解決日本視為嚴重問題的方法：尤其是年輕勞工與退休長者的比例下降，兒童托育的選擇有限，以及老年人的看護人數不足。日本可選擇以加拿大成功的移民計畫為模型，或是取自日本人移民到美國和南美的經驗，擬定移民政策；日本的另一種選擇是繼續拒絕移民，然後將顯而易見的替代方案付諸實踐：例如消除眾所周知將女性阻擋在職場外的障礙，擴增日本本土的勞動力，大量增加照顧幼兒、護理師和看護長者等客工的定期簽證數。這些解決方案並無訣竅，各種方案都有其自身的優缺點，只要硬著頭皮，針對一個解決方案達成共識，避免目前持續的癱瘓。

在未來的十年中，日本的這些問題會如何解決？實際上，日本現在所面臨的問題，比起一八五三年其長期隔離政策驟然結束時、或一九四五年八月因戰敗而奄奄一息時所面臨的問題要小得多。日本能由上述兩個重創中恢復讓我相信，今天，日本同樣可以再次選擇重新評估其核心價值觀，拋棄不合時宜的，保留仍具意義的，並將其融合於適合現代環境的新價值觀裡。

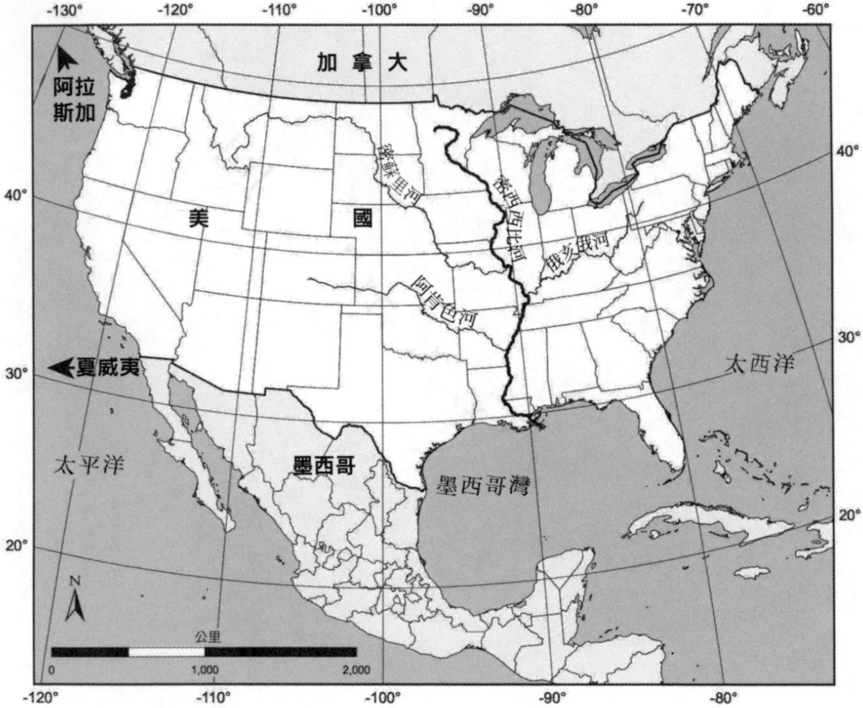

-130°
-120°
-110°
-100°
-90°
-80°
-70°
-60°
加 拿 大
阿拉
斯加
美
國
密蘇里河
密西西比河
俄亥俄河
阿肯色河
40°
30°
20°
夏威夷
太平洋
墨西哥
墨西哥灣
太西洋
N
公里
0
1,000
2,000
-120°
-110°
-100°
-90°
-80°


〈圖 8〉美國地圖

# 第九章 美國該何去何從？它的優勢和最大的問題

今日美國——財富——地理——
民主優勢——其他優勢——
政治兩極化——為什麼？——其他兩極化

撰寫本書之時，美國並無日本在一八五三年七月八日培里准將不請自來的那種急迫危機。然而大多數美國人都承認，美國確實面臨嚴重的問題。許多人會同意：我們目前的情況就像戰後的德國或澳洲，是緩慢發展的危機。我們遇到的問題包括美國社會和政治的內部問題，以及外交關係上的外部問題。

例如，在美國的對外關係問題中，許多美國人擔心中國的崛起會為美國帶來長遠的威脅，中國是僅次於美國的世界第二大經濟體，中國的人口是美國的四倍多，多年來，它的經濟成長率不僅超越美國，也超越了其他主要國家。它擁有全球最多的士兵，其軍事開支也居世界第二高（僅次於美國）；擁有核武也已逾半個世紀，在某些先進科技領域

（如替代能源發電和高鐵運輸）已經凌駕美國之上。它的獨裁政府能夠迅速達到目標，比受兩黨和分權制衡機制阻礙的美國民主制度更快速。許多美國人皆認為中國在經濟和軍事方面追上美國，只是遲早的問題。我們愈來愈常聽到二十一世紀將是亞洲的世紀這樣的說法——說得更精確一點，是中國的世紀。

我同意這些憂慮不容忽視。一方面，在我這一生中，總有些理由在每特定的十年裡，引發我們美國人歷來所面臨最棘手的問題——無論是一九四〇年代對抗日本和納粹德國的二次大戰，抑或一九五〇年代的冷戰，還是一九六〇年代的古巴飛彈危機與撕裂美國社會的越戰等等。然而，即使我告訴自己我們應該對此存疑，因為每個十年似乎都有最令人焦慮的因素，但我仍然不得不同意：二〇一〇年起當前的這十年，真的是最讓人焦慮的十年。

因此，在前一章討論了日本的未來之後，本章和下一章（第十章）接著思考美國的前景也就理所當然。如同日本那一章，我會避免單方面關注美國的問題，反之先問美國長期以來的基本優勢是什麼。對於每一個優勢，我也會簡要地評估中國在同一領域的表現，以了解我們認為長遠下來中國會超越美國的憂慮是否合乎實際。當然，除了中國以外的其他國家——尤其是北韓、俄羅斯和阿富汗，同樣為美國帶來問題，但是其他國家帶來的問題，影響範圍遠比中國製造的問題來得狹隘，就本書而言，相較於與他國相比較，進行美、中兩國之比較更為有用。接著我將闡述我眼中美國當前的基本問題——並非迫在眉睫的二〇二〇年大選相關問題，而是我認為未來十年會一直攸關緊要的問題。正如前面日本的章節，本章討論的問題是美國所特有，而第十一章也將保留給影響美國、但範圍更廣泛的世界問題。最後，我會以本書提出的十二個結果預測因素，探討在解決這些根本問題時，哪些會幫助或傷害我們。

❋ ❋ ❋

美國目前是，幾十年來也一直都是舉世最強大的國家，擁有舉世規模最大的經濟體，我對美國優勢的評估就由這個事實開始。（中國的經濟規模已接近美國，按某些標準甚至已經超越美國。）為理解美國大規模經濟體的基礎，讓我們回想前一章為了解日本的經濟規模所提到的事實。國民經濟產出或國民收入來自兩個因素的乘積：國家的人口乘以每人平均產出或人均收入。美國的這兩個因素都接近舉世排名第一，而其他所有的國家在這兩個因素中，如果有一個接近頂點，另一個就偏低。

就人口數量而言，美國（目前約為三．三億人）是世界第三多，僅次於中國和印度。但不只這兩個國家，實際上是全球人口最多的二十個國家中的十六個，人均產出或人均收入都偏低，僅為美國的三%至四〇%。（人口排名前二十的另外三個富裕國家是日本、德國和法國，其人口只有美國的二一%至三九%。）美國人口眾多的原因在於面積廣大的肥沃土地。另兩個幅員大於美國的國家：俄羅斯和加拿大，人口比美國少得多，因為它們的土地有絕大部分是北極，人煙稀少，沒有農業。

我在前一章中提到，大量的人口對日本而言並非優勢，甚至可能不利，這和我此刻的說法：美國龐大的人口是其大規模經濟體的原因之一，似乎自相矛盾。牴觸的明顯原因在於，美國資源豐富，食物和大部分原料都能自給自足，加上土地遼闊，人口密度不到日本的十分之一。而日本資源匱乏，十分依賴進口食品和原料，面積不到美國的二十分之一，十分擁擠（人口密度超過美國十倍）。也就是說，美國比日本更容易餵飽大量人口。

另一個促成美國領先全球經濟產出或財富的因素，乃其高人均產出或人均財富，下面將討論促成這個結果的地理、政治和社會優勢。衡量人均產出或收入的各種替代方法包括國內生產總值（GDP）或其他人均收入，無論購買力平價差異（purchasing power parity，即一塊錢的收入可實際買到多少商品在各國的不同）是否經過調整。在所有這些替代人均標準中，美國皆大幅領先所有其他大經濟規模且人口眾多的國家。世界上人均國內生產總值或收入高於美國的國家，不是較小（人口只有兩百至九百萬：科威特、挪威、卡達、新加坡、瑞士和阿拉伯聯合大公國），就是迷你小國（人口三萬至五十萬：汶萊、列支敦士登、盧森堡和聖馬利諾）。他們的財富主要來自石油或金融，其收入分布在少數人身上，導致人均國內生產總值或收入較高，但國民經濟總產出排名較低（相當於人均產出乘以人口）。

美國擁有舉世最大的經濟體這一事實，使它也擁有舉世最強大的軍力。雖然中國軍隊的士兵人數更多，但美國對軍事技術和遠洋戰艦（插圖9.1）的長期投資卻高出中國在士兵數量上的優勢。舉例來說，美國擁有十艘能部署全球的大型核動力航空母艦；世界上只有另一個國家（法國）建造了一艘，而且不論是否為核動力，能擁有航空母艦的國家也不多。因此美國是當今世上唯一能夠且確實干預世界局勢的軍事強權——無論我們是否同意這種干預，這都是不爭的事實。

❊ ❊ ❊

美國之所以經濟富裕、軍事強大並非偶然。除了先前提過的面積遼闊、人口眾多的優勢之外，其他原因包括地理、政治、經濟和社會的優勢。如果在閱讀下文時覺得我過度誇大美國的優勢，那麼容我事先告知：這些篇幅之後，會有更多段落是在敘述美國所面臨的重大問題。

地理上，美國很幸運能夠擁有絕佳的土地。美國本土的四十八州全都位於溫帶地區，是世上農業生產力最高的地帶，從公共衛生的角度來看也最安全。雖然中國大半也位於溫帶地區，但中國南方大部分地區屬於亞熱帶，其中還有一部分延伸到熱帶地區。更嚴重的是，中國境內有世上最大和最高的高原，農業價值低，加上大面積的高山（包括世界六大高山中的五座），除了登山旅遊和為河流供水的冰川之外，對人類沒有任何經濟價值。

溫帶地區的土壤一般比熱帶土壤肥沃，部分原因是冰河時期高緯度冰川在大地上反覆進退，磨碎岩石或產生或使新鮮土壤暴露出來。這種情況不僅發生在北美，也出現於歐亞大陸北部，為歐亞大陸帶來了肥沃的土壤。不過基於北美某個獨有的地理特徵，冰川作用在北美特別有效果，在世界各大洲更是獨一無二。只消看一眼世界地圖，用一個短句向自己描述各個大陸的形狀，就能明白這項特徵。你會發現南美洲和非洲在中段附近最寬，但到南極就變窄，而歐亞大陸和澳洲無論在高低緯度都很寬，唯有北美是獨特的楔形，在北極最寬，低緯度地區則較窄。

這種形狀對北美土壤產生了影響。在冰河時代或更新世時期，冰川在北極成形，朝南推進，這在北美洲和歐亞大陸都發生過數十次。由於北美逐漸變細的楔形地形，寬闊的高緯度地區所形成的大量的冰，朝著較狹窄的低緯度地帶推進，而隨著它的前進冰川也愈來愈重。在並非楔形的歐亞大陸，高緯度地區形成的冰量則保持同樣的寬度進入低緯度地區。南美、非洲和澳洲的大陸都在遠離南極圈之處就結束，無法產生向北行進的大冰原。於是，藉由高緯度地區冰河的進退來創造出肥沃新土的作用，在北美最有成效，歐亞大陸的效果略差，而在偏南的三大洲則影響微小，幾乎不存在。結果大平原深厚肥沃的土壤讓移民到此的歐洲農民大感驚喜，如今它們成為舉世最大、生產力最高、土地綿延的農田（插圖9.2）。因此，北美的楔形土地和過去重複冰河作用的歷史，再加上如今北美大陸大部分地區的適度降雨，便成為美國農業高生產率，是世上最大糧食出口國的根本原因。相形之下，中國的肥沃土壤較少，常遭受蟲害破壞，平均人口密度又是美國的四倍，使中國成為糧食淨進口國。

美國另一個主要的地理優勢是沿海和內陸水道，由於海運比公路或鐵路等陸路運輸便宜十至三十倍，因而節省了大筆金錢。美國的東岸（大西洋）、西岸（太平洋）和東南部（墨西哥灣）邊界由很長的海岸組成，在大西洋和墨西哥灣沿岸由許多離岸沙洲島嶼保護，因此船隻在後兩道海岸的沿海水道航行時，能受到這些島嶼的部分掩蔽。美國三大海岸都有很大的凹缺處，庇護了許多深水港（插圖9.3），如長島海灣（Long Island Sound）、切薩皮克灣（Chesapeake Bay）、德州蓋維斯頓灣（Galveston Bay）、舊金山灣（San Francisco Bay）和華盛頓州的普吉特海灣（Puget Sound）。因此美國擁有許多絕佳天然港口屏障：僅是美國東岸的港口就比墨西哥邊境以南所有美洲地區港口的總和更多。此外，美國也是世上唯一同時面向大西洋和太平洋的大國。

至於內陸水道，美國東岸有許多短途通航的河流，但最重要的內陸水道是遼闊的密西西比河水系及其龐大的支流（密蘇里河及其他河流），流布一半以上的土地，包括北美大平原的主要農地（見第334頁地圖）。一旦興建運河和水閘，去除了這些河流上的航行障礙，船隻就可以由墨西哥灣沿岸航行一二〇〇哩，進入美國中部內陸（插圖9.4）。密西西比河的源頭之上則有五大湖，是舉世最大的湖泊群，運輸量超過其他任何湖泊。密西西比河和五大湖共同構成了世上最大的內陸水道網絡。如果把沿岸水道加入密西西比河／五大湖系統，美國擁有的可通航國內水道就比世界其他地區全部加起來還多。相比之下，墨西哥根本沒有可通航的大河，整個非洲大陸也只有一條可通航到海洋的河流（尼羅河）。中國的海岸線則短得多（僅在其東側），沒有那麼優良的港口，可通航河流的陸地面積比例低得多，也沒有可與五大湖相媲美的大型湖泊系統。這些水道聯結了美國大部分地區，並藉由廉價的水運，連接美國與世界其他地區。

美國海岸的另一個優勢是能防止外侮入侵。上文才稱讚海運是運輸貨物最理想的方式，轉頭隨即又說如果是運送士兵，這是較不理想的方式，兩者似乎有所矛盾。原因在於，當在陸地上等待你的人歡迎著你來送貨時，海運確實比陸運更便宜、更安全。但如果等待你的人正瞄準著你準備射擊，海運就變得昂貴且不安全。兩棲登陸一直被視為最危險的攻擊方式：想想一九四二年八月，加拿大軍隊襲擊法國海岸的迪耶普（Dieppe），死傷達五八％，或者一九四三年十一月，美國海軍陸戰隊員攻下塔拉瓦環礁（Tarawa atoll），但傷亡達三〇％。而美國併吞夏威夷和阿拉斯加，控制了太平洋海岸的門戶，在預防外侮方面受到更進一步的保護。美國邊界沒有海岸的部分是與墨西哥和加拿大相鄰的陸路邊界，兩者人口和軍隊都太少，構不成威脅（儘管美國在十九世紀初與兩國都作過戰）。

因此美國幾乎不受外侮的威脅。自美國獨立以來，尚無任何國家嘗試侵略美國；自一八四六至四八年由美國主動挑起的美墨戰爭以來，美國本土一直沒有對外的戰爭，甚至連對美國本土的突襲也極少：只有一八一二年美英戰爭時，英國襲擊華盛頓，一九一六年墨西哥農民運動領袖龐丘．維亞（Pancho Villa）突襲新墨西哥州哥倫布市，二次大戰日本潛艇朝加州的聖塔芭芭拉海岸發射一枚炮彈，以及二戰期間六名美國平民被日本發射的氣球炸彈炸死。相較之下，上世紀所有其他主要國家不是遭到侵略（日本、中國、法國、德國、印度）、被占領（日本、義大利、韓國、德國），就是遭受即將入侵（英國）的威脅。尤其中國不僅在一九三七至四五年間遭日本大規模海上攻擊，且被大面積占領，於十九世紀也被英國、法國和日本從海上侵略；近來又與俄羅斯、印度和越南在陸地邊界作戰；過去也經常遭到中亞軍隊的侵襲，其中兩支軍隊（蒙古和滿洲人）征服了整個中國。

❊ ❊ ❊

這些是美國的地理優勢。現在讓我們考量它的政治優勢。首先，在美國立國的兩百三十年間，政府始終保持民主制度。相較之下，中國在其民族存在的二千二百四十年間，則一直都是由非民主的獨裁政府統治，從未間斷。

民主究竟有什麼優勢？——或至少有什麼潛在優勢？（我強調「潛在」，因為正如我們今日所見，我們所謂民主的美國政府因為偏離實在的民主，而失去了一些潛在的優勢。）如今我們愈來愈容易對民主感到失望，而美國人有時會羨慕中國的獨裁統治，因為能夠快速決定和實行良好的政策。毫無疑問，民主制度的決策及實行需要的時間比獨裁統治更長，因為民主的本質是查核、平衡和廣泛基礎的（因此耗時）決策。例如，中國全面採用無鉛汽油僅花了一年的時間，而美國卻花了十年的時間進行辯論和法庭訴訟，才能推行這項政策。我們羨慕中國在建設高鐵運輸網、城市地鐵系統和長途能源傳輸等方面迅速超越美國。民主懷疑論者也可以指出透過民主選舉掌權的領導人造成大災難的例子。

民主確實有這些缺點，但獨裁政權的缺點卻更嚴重，而且往往會致命。在各大洲五千四百年中央集權政府的歷史中，沒有人想得出如何確保獨裁政權所執行的令人羨慕的政策，主要都是好的政策。細想中國不也以令人羨慕的速度飛快地實施自我毀滅的政策，其後果在任何第一世界民主大國中都難望其項背。這些自我毀滅的政策包括在一九五八至六二年造成的中國大飢荒，致使數千萬人死亡，暫停其教育系統，把教師送到田裡和農民一起工作，之後又製造了全球最嚴重的空氣污染。在美國，空污程度只要達到目前中國許多大城市程度的一半，選民就會抱怨，並在下一次選舉中淘汰原本當權的政府。再想想德國和日本的獨裁政府於一九三〇年代實施不具廣泛民意基礎的政策，釀成更嚴重的自我毀滅，這兩個政府擅自發動戰爭，數百萬本國公民因而死亡（還不算其他國家逾兩千萬的公民）。難怪有人向邱吉爾解說人們對於民主弊端通常有哪些抱怨時，他嘲諷說，民主確實是最糟糕的政府形式，只是其他所有可以取代的政府形式都已試過，而且行不通。

民主政府有很多優點。民主國家的人民幾乎可以提出任何想法，並展開辯論，即便當時掌權的政府厭惡這個想法亦然。經過辯論和抗議，可能顯示出這一想法是最佳政策，然而在獨裁政府，這些想法永遠得不到辯論的機會，它的優點也永遠不會被接受。美國近代史上，最好的例子就是美國政府最後做出結束越戰的決定，當時執迷不悟的美國政府堅持執行不當的政策，引發激烈的抗議（插圖9.5）。相較之下，一九四一年希特勒決定入侵蘇聯，且在正與英國交戰的情況下還向美國宣戰，而德國人民卻沒有辯論這項愚行的機會。

民主的另一個基本優點是，人民知道政府聆聽了他們的想法，也得到了辯論的機會。他們知道即使自己的想法現在沒有被採納，在未來的選舉中還是有機會推行。沒有民主，人民益發容易感到挫折，他們對此做出的結論，也是唯一的選擇，即訴諸暴力，甚至試圖推翻政府。知識與和平的表達可以減少公民暴力的風險。一位深諳政治奧妙的朋友挖苦說：「民主最重要的，就是要有民主的**表象**。」他指的是民主的表象或許足以防止人民訴諸暴力，即使民主實際上正以一種不太明顯的方式遭受挫敗（現在美國的情況確實如此)。

民主還有一個基本優點是，妥協對於民主的運作至關緊要。妥協會減少當權者的獨裁，否則他們可能會罔顧對立的觀點。反過來說，妥協也意味著少數受挫的人同意不癱瘓政府。

另一個民主的基本優勢是，在實施選舉的現代民主國家中，所有的公民都可以投票。因此執政的政府有誘因在所有公民身上做投資，從而獲得提高生產力的機會，而不是將這些機會僅保留給一小群獨裁精英。

除了一般民主政體都有的這些優勢外，美國還因其特定形式的民主，即聯邦政府，而獲得進一步的優勢。在聯邦制度中，政府的重要功能保留給地方民主單位，而非單一中央集權國家政府的特權。美國的聯邦制由五十個州組成，實際上，這往往意味著五十個競爭性實驗，針對共有的相同問題，測試不同的解決方案，並可能因而揭示最佳解決方案。例如美國各州有的允許（奧勒岡州）、有的禁止（阿拉巴馬州）安樂死，各州徵收的州稅高（加州）低（蒙大拿州）各不相同。再舉個例子，我在美國東北部的麻州成長時，生平遇到的第一個加州人向我解釋說，加州已成為全美唯一一個立法允許汽車紅燈右轉的州，只要在十字路口先完全停下即可。在美國，各州享有交通法的自主權，非由聯邦政府管理。在一九六〇年代初的麻州及其他各州的州民看來，紅燈右轉極其危險，只有瘋狂的加州人才會想嘗試。然而在加州確實做了這樣的實驗，證明這種作法的安全性後，其他各州便能夠起而效法加州，最後所有的州都採行了這條法規（插圖9.6）。

或許你會抗議說，允不允許車輛在紅綠燈路口完全停妥後再右轉的重要性，不足以讓你相信聯邦制度的優勢。最近有另一起更重要的實驗，美國堪薩斯州州長山姆·布朗貝克（Sam Brownback，二〇一一至一八年擔任堪薩斯州長）認為，削減州稅造福該州居民，比徵收州稅作為公共教育體系的資金更為重要。因此從二〇一二年起，他降低州稅到了不得不大幅裁減公共教育預算的程度。美國其他州對於這項實驗的結果頗感興趣。但到了二〇一七年，堪薩斯州實驗的結果不佳，就連與布朗貝克州長同黨的州議員都認為削減公共教育經費並非好主意，因而投票再度提高州稅。我們的聯邦制度允許該州自行測試某個計畫，並讓其餘四十九州從其結果中學習。

這些是美國民主制度的一些優點，而中國則付之闕如。在我看來，缺乏這些優點就是阻礙中國人均收入趕上美國人均收入的最大缺陷——只要美國維持民主，而中國依舊採取非民主制度。這提醒我重申：名義上民主的國家，假使其民主受到嚴重侵犯，就會失去這些優勢；下面會有更多的討論。我也承認，民主未必是所有國家的最佳選擇；如果一個國家缺乏識字的選民，人民普遍未能接受國家認同，少了這些先決條件，民主制度就很難普及。

除了民主政府之外，我再簡述美國的另兩項政治優勢。在整個美國史中，一直都是平民領軍。在中國或大多數拉丁美洲國家則非如此，對一九三〇年代直到一九四五年間的日本而言，更是與事實嚴重不符。以世界標準而言，美國公開貪腐的程度相對較低，但仍較丹麥、新加坡和其他二十幾個國家嚴重。貪腐對國家或企業都不利，因為決策會受到貪腐政客或商界人士利益的影響，即便這項決策會危害到整個國家或企業。貪腐也會傷害企業，因為這意味著他們不能期望合約會履行。這是貪腐情況嚴重的中國其另一項重大不利因素。但美國確實有許多暗地裡的腐敗行為，像是華爾街和其他富有的政經實體及個人，常透過遊說和選舉時的獻金影響美國政府的政策和行動。雖然這些資金費用在美國具合法性，但它們達成的結果與非法貪腐導致的結果相似。也就是說，立法者或官員接受對社會大眾有害，但對捐款者有利、有時對立法者或官員也有利的政策或行動。

❊ ❊ ❊

我要提的美國倒數第二個優勢是大家最熟悉的，在想到我先前所提的地理和政治優勢之前，大多數美國人都會先述及這點。美國的社會經濟流動性很高（至少到最近為止——第十章會有更進一步的探討）。白手起家的理想和現實意味著（或者過去意味著）生在貧困之家或者來到美國時一貧如洗的移民，只要腳踏實地努力，就可發達致富。這是推動人們努力工作的一大動力，也代表著美國已充分運用其潛在的人力資本。

在美國即使是年輕人，也能輕易成功創業。（想想亞馬遜、蘋果、臉書、谷歌、微軟，以及無數不那麼引人矚目但仍有獲利的新公司。）

長久以來，美國不論是聯邦、州和地方政府以及私人都有投資教育、基礎設施、人力資本、研究開發。（直到最近，中國才開始急起直追投資這些領域。）因此，根據已發表的論文或諾貝爾獎得獎數來計，美國在各主要科學領域上皆領先世界各國相加的總和。舉世公認的十大科學研究大學和機構，有一半都屬於美國。一個半世紀以來，美國在發明、科技和創新製造方面都有很大的競爭優勢——如伊萊．惠特尼（Eli Whitney）大規模生產步槍可互換的零件；亨利．福特的汽車裝配廠；萊特兄弟的動力飛機；愛迪生的鹼性電池、白熾燈泡、電影設備和留聲機（插圖9.7）；貝爾的電話，以及更近代一點，貝爾電話實驗室的電晶體、登陸月球、手機、網際網路和電子郵件。

我們最後要談到的這個優勢，在當今許多美國人眼裡根本不視其為優勢：移民（插圖9.8）。移民當然會造成問題，這些問題此刻正積壓在我們心上。然而事實是，今天任一個美國人若非移民，便是移民的後代。大部分是在最近四個世紀裡移民至美國（我自己的祖父母是在一八九〇年和一九〇四年來到美國），即便是美洲原住民，也是於至少一萬三千年前陸續抵達的移民後裔。

要了解移民人口的基本益處，不妨想像一下，把任何一個國家的人口分成兩組：一組是平均最年輕、最健康、最勇敢、最具冒險性、最勤奮、最有抱負心，以及最具創新精神；另一組則是剩下的其他人。然後把第一組人遷移到另一個國家，而第二組人則留在祖國。這種選擇性的移居便近似於移民的決定及其成就。因此，逾三分之一的美國諾貝爾獎得主都是在外國出生，一半以上的得主本身即移民或移民子女，也就不足為奇。這是因為獲得諾貝爾獎的研究者需具備大膽、風險承受能力、勤奮、抱負和創新精神等相同的特質。移民及其後代對於美國的藝術、音樂、美食和體育也都產生了莫大的影響。

❊ ❊ ❊

本章所描述的所有內容都可歸結為：美國享有巨大的優勢。可是國家可能會浪費自己的優勢，就像阿根廷。已有警訊顯示，今天的美國似乎已在揮霍其優勢。這些警訊中有四個相互關聯的特徵，正在促使原為美國歷史優勢的民主制度崩毀。本章其餘的篇幅就用來討論這四組問題中的第一組，也是最嚴重的部分。下一章（第十章）將繼續討論「其他」三組嚴重的問題。它們被列為「其他」，僅因最大的問題使它們相形失色。

第一個問題，也是我認為威脅美國民主的基本問題中最嚴重的一個，即政治的折衷妥協加速惡化。如前所述，與獨裁政權相比，政治妥協是民主國家的基本優勢之一，因為它可以減少或阻止多數的暴政，或受挫的少數反過來癱瘓政府。美國憲法試圖制定制衡制度，創造壓力，達成妥協。例如總統領導政府政策，但國會控制政府預算，眾議院

（國會下議院）議長排定眾議院對總統提案的議程。如果國會代表本身就有歧見，如果支持某種觀點的人無法獲得足夠的票數來推行他們的想法，那麼政府在採取任何行動前，就必須先行折衷妥協，這種情況實際上經常發生。

美國史上常有激烈的政治鬥爭發生是很自然的事，偶爾也有多數暴政或少數癱瘓的情況，然而，除了因一八六一至六五年妥協破裂而導致內戰的這個明顯例外，通常都能成功達成妥協。最近的一個例子是，一九八一至八六年共和黨總統雷根與民主黨眾議院議長托馬斯．提普．奧尼爾（Thomas Tip O'Neill）之間的關係（插圖9.9）。這兩人政治手腕都很高明，兩人也都個性剛強，彼此的政治哲學及在許多或大半的政策立場上皆互相對立。他們在重大議題上意見分歧，在政壇上互相鬥爭。然而他們也互相尊重，承認彼此在憲法上的職權，並遵守章程。雖然奧尼爾不贊成雷根的經濟政策，但他認可總統提出的憲法權利法案，安排眾議院投票，並堅持預定的議程。在雷根和奧尼爾的領導下，聯邦政府發揮了作用：在最後期限前完成投票，批准預算，聯邦政府不曾關閉停擺，也罕有威脅阻撓議事的情況。雷根和奧尼爾及雙方陣營雖彼此意見不同，但他們會在政策上達成妥協，包括減稅、改革聯邦稅法、移民政策、社會安全改革、減少非軍事支出和增加軍費等。儘管雷根提名的聯邦法官通常不合民主黨的口味，其中一些被提名人因此未獲民主黨通過，但雷根仍能任命一半以上的聯邦法官，其中包括九位最高法院法官中的三位。

只是從一九九〇年代中期起，尤其是由二〇〇五年左右開始，美國政治妥協的情況一直在退化，這不僅發生在兩大政黨之間，也發生在各黨的鷹派和鴿派之間。在共和黨內部尤其如此，在任期中與民主黨妥協的溫和派共和黨議員如果遇上重選，較極端的共和黨茶黨派就會對這樣的候選人提出初選挑戰。因此，二〇一四至一六年國會通過的法案是美國史上最少，預算通過的時間落後，並造成政府停擺的風險，或真正導致政府停工。

讓我們舉個妥協破裂的例子：用阻撓議事（filibuster）的方式阻擋總統所提名的人選。「阻撓議事」是美國參議院議事規則（憲法中並未明訂）的一種戰術，由少數反對議案的參議員（甚至只需一位參議員）不停地發言（或提出這種威脅，稱作虛擬阻撓議事，phantom filibuster），以迫使對方妥協或撤回該動議。（一九六七年就有參議員以持續二十四小時以上的演說創下紀錄；插圖9.10。）參議院議事規則允許透過「結束辯論」（cloture）投票，結束阻撓議事，必須絕對多數而非僅是多數參議員（一百位參議員中要有六十位）投票通過。儘管採取投票的方式，多數派肯定勝過少數派，但意志堅決的少數派可以用「阻撓議事」的方法，強迫多數派妥協；而「結束辯論」的方式，則可讓意志堅定的絕對多數派拒絕妥協。

雖然這些作法明顯可能遭到濫用——即用「阻撓議事」癱瘓議程，或者用「結束辯論」迎來多數獨裁，但這套制度在美國史上大半都能發揮效果。少數派及絕對多數派都明白濫用這些作法的可能，因此很少使用「阻撓議事」的戰術，更少用「結束辯論」的作法。在美國前四十三位總統和前二百二十年的憲法政府中，參議院使用「阻撓議事」反對總統提名政府職位的候選人僅六十八位。但在民主黨總統歐巴馬二〇〇八年當選後，共和黨領袖卻宣布他們打算阻止他提出的任何提案，包括在短短四年內阻擋了七十九位歐巴馬提名的人選，比過去兩百二十年的總和還多。民主黨對此提出除了最高法院法官外，廢除總統提名人的絕對多數要求來作為回應，因而能夠填補政府的職缺，但也降低了不滿意的少數派洩壓之安全閥。

要阻礙總統提名的人選獲得國會確認通過，「阻撓議事」只是最極端和最少用的方法。在歐巴馬總統二〇一二至一六年的第二個任期中，共和黨控制的參議院通過總統提名法官的數量，是自一九五〇年代初以來最少的人數，所通過上訴法院（最高法院下一級）法官的人數，更是自十九世紀以降最低。最常用來阻礙提名的策略，是拒絕安排參議院委員會審議提名的會議；第二常見的方法是對參議院相關委員會批准的提名，拒絕安排參議院全面投票。例如，有一位大使人選獲提名後等待了兩年多，一直未獲參議院投票確認，最後去世未能上任。就連職位遠不如法官或大使那般具爭議或富權力也同樣受阻。我有位友人獲提名擔任國家海洋和大氣管理局的二級職位，等待了一年仍未獲確認，最後撤回了他的候選提名。

＊　＊　＊

為什麼這種政治妥協在過去二十年內加速崩解？除了它所造成的其他傷害外，它還會自我強化，因為它使得除了不妥協的理論派外，沒有人願意擔任民選代表，為政府服務。我有兩位德高望重的朋友擔任參議員多年，如果他們競選連任，應會再度當選，但他們決定退休，因為國會的政治氣氛讓他們感到非常失望。我請教了國會代表以及熟稔國會運作的人，徵詢造成此趨勢的原因，他們提出了三個解釋如下。

其一是，競選活動的花費如天文數字般上升，使得贊助人比過去愈加重要。雖然有些高階職位的候選人藉著拼湊許多小額捐款來籌募經費，但許多或大部分其他候選人卻不得不依賴少數的高額捐款。當然，捐款人之所以大手筆捐款，乃因他們對某些特定的目標有強烈的想法，因此捐款給支持這些目標的候選人。他們不會捐款給接受妥協的中間候選人。一位夢想幻滅的友人從長期政治生涯退休後，寫信告訴我：「在當今我們所面臨的所有問題中，我認為危害最嚴重的，是在政治體系和個人生活中的金錢偏差。收買政客和政治成果的規模比以往任何時候都來得大……爭奪政治資金消耗了時間、金錢和熱忱……政治時程趨於金錢化，政治語言惡化，政客只忙於往返各自的選區，彼此互不熟識。」

這位朋友提出的最後一點，也是第二個解釋：國內航空交通增加，在華府和全美各州間提供頻繁而快速的聯繫。以往各州代表平日在華府的國會服務；也得留在華府度週末，因為他們無法在週末這段時間往返選區。他們的家人必須住在華府，他們的孩子在華府上學。週末，各州代表及其配偶和孩子彼此來往，互相認識，各代表互相結交為友，而不僅僅是政治對手或盟友。然而如今，高昂的競選經費讓民意代表承受壓力，必須經常回到本州募款，國內航空交通的成長使這種作法足以實現，許多代表於是把家人留在本州，孩子也留在那裡上學。他們的孩子不與其他國會代表的孩子一起玩，各代表也不認識彼此的配偶和子女，他們只把對方當作政治人物看待。目前，五百三十五位國會議員中約有十八人在華府，他們甚至沒有公寓或宅邸，平常睡在辦公室的床上，週末便飛回家鄉。

妥協加速崩解的第三個解釋，和所謂「傑利蠑螈」（gerrymandering）的作法有關。這個詞的意思是重新劃分一州的議會選區，以便偏袒其中一黨，確保該黨當選的代表比例高於全州選民選擇該黨的比例。這在美國政治上並非新的作法。實際上，這個詞來自於麻州州長艾布里奇．傑利（Elbridge Gerry），他管轄的州政府於一八一二年重劃全州選區，唯一的目的就是要增加傑利同黨代表的當選人數，劃出的地區奇形怪狀，看似蠑螈，因而創造出「傑利蠑螈」一詞（插圖9.11）。

現在，每隔十年全美進行人口普查，重新調整州內眾議院席次數量後，各州議會即可重劃該州的眾議院議員選區分界。愈來愈多的情況是，共和黨控制的州議會重新劃定界限，盡量把可能會投民主黨的選民集中到最小的民主黨地區（通常是城市地區）——而把剩下可能會投民主黨的選民盡量分配到更多地區，與數量適當但可靠的共和黨多數選民（通常在鄉村地區）分配在一起。美國最高法院最近駁回了北卡羅萊納州共和黨控制的議會所規畫的選區重劃計畫，指該選區的邊界毫無地理意義，但操縱方式卻「如手術般精準」，以便犧牲民主黨代表，擴大共和黨代表的數量。

「傑利蠑螈」對政治妥協造成的後果是，它事先就明確表現出各選區大部分選民會支持哪些政黨，偏好哪些政策。因此採取中間路線訴求兩黨選民的候選人就很可能會落敗。相反地，候選人知道他們應該採用兩極分化的平台，只求吸引在特定分區中預期會獲勝政黨的選民。雖然「傑利蠑螈」對當前的政治兩極化似乎確實有一些影響，卻並非全部的原因，有幾個理由：「傑利蠑螈」無法解釋參議院的兩極化（因為各州的選區只限於眾議院而非參議院選舉，可是如今參議員卻與眾議員一樣不妥協）；「傑利蠑螈」無法解釋尚未重繪的選區為什麼也兩極化；即使在重劃選區前，兩極化的許多情況也已存在。

然而，這三個關於美國政治兩極分化的理論——籌款、國內航空交通和「傑利蠑螈」，都只是試圖解釋那一小群政壇人物的兩極化，實際上的問題卻廣泛得多：全體美國人都趨向兩極化，在政治上毫不妥協。只要看看二〇一六年總統大選結果的地圖，投票給共和黨或民主黨的各州分別被塗成紅色或藍色，你便會發現美國兩岸和大都市現在皆一面倒向民主黨，但內陸和鄉村地區則都是共和黨。每個政黨的意識型態變得愈來愈同質和極端：共和黨人變得愈來愈保守，民主黨人則變得愈來愈開放，兩黨的中間派都愈來愈少。調查顯示，各黨派的美國人都愈來愈不能容忍對方，認為對方是對美國福祉的真正威脅，不希望近親與其他黨派的支持者結婚，並希望生活在街坊鄰里都與自己政治理念相同的地區。本書的美國讀者不妨自行測試一下美國的分歧：在**你**個人認識並視為朋友的人當中，有多少人告訴你他們在二〇一六年總統大選投票給另一黨的候選人？

因此，我們要回答的問題不僅僅是為什麼政客獨立於選民之外，變得愈加不妥協，而且還需要了解為什麼美國選民本身也變得更不願包容，在政治立場上更不遷就。政客也只是遵從他們的選民之意願。

至於整個美國社會的政治兩極分化，經常提到的一個解釋是「利基資訊」（niche information）。在我十幾歲時有線電視尚未問世；直到一九四八年，我的故鄉波士頓才開始有了第一個電視節目；此後多年，美國人的新聞都來自三大電視網、三大主要新聞週刊和報紙。大多數美國人的消息來源都相同，沒有一個可以明確地用保守或自由的觀點識別，且沒有嚴重扭曲的訊息。如今隨著有線電視、新聞網站和臉書的興起，以及大眾市場平面新聞週刊的衰退，美國人會根據他們預設的觀點來選擇資訊來源。在每個月的有線電視帳上，我看到四百七十七個可以選擇的頻道：不僅能從我偏保守或自由的角度出發，可選擇福斯新聞（Fox News）或MSNBC，還有非洲、大西洋岸大學運動、烹飪、犯罪、法國、曲棍球、珠寶、猶太生活、俄羅斯、網球、天氣，以及其他無數狹隘的主題和觀點。我可以選擇只和我目前的興趣和觀點相關的頻道，而不被其他主題和不喜歡的觀點分心。結果是：我把自己鎖在自訂的政治小圈圈裡，我只在意自己的那一套「事實」，我繼續投票支持我向來偏好的政黨，我不知道其他政黨為什麼吸引人們支持，而且我理所當然要我所選出的代表，拒絕與我意見不同的代表達成妥協。

大部分美國人現在都使用臉書和推特這類社交軟體。我有兩位互不相干的朋友，其中一位是民主黨，另一位是共和黨，他們分別向我解釋各自的臉書帳戶如何成為他們主要的資訊過濾器。這位民主黨友人（年輕人）向他的臉友發布新聞和評論，他的臉友再轉發貼文，他選擇他們，是因為他們和他有共同的觀點。如果有人發表共和黨觀點的貼文，他就把這個人「刪除好友」，也就是將他由臉書好友名單中刪除。他刪除的好友包括他的叔叔嬸嬸，由於他們是共和黨支持者，他也不再去探望他們。他成天都在自己的iPhone上檢視他的臉書帳戶，且用它來辨識並閱讀和他觀點一致的電子報文章，但他並不訂閱實體報，也不看電視。我的另一位友人則是共和黨，她的說法類似，只是她刪除的好友是以民主黨觀點發文的人。結果是：我的每一位朋友都只在他們自訂的利基內閱讀。

＊＊＊

但即使我們對於當今美國政治兩極化擴大有所質疑——從質疑政客的兩極化觀點，到質疑全體選民的兩極化觀點，依舊太過狹隘。這將問題局限在政治領域中，然而這種現象其實更為廣泛：除了政治領域，美國在其他生活領域上的兩極化、不願包容和粗暴的現象也在增加。四十歲以上的美國讀者，請深思你在美國電梯中見到的行為變化（要進入電梯的人現在比較不願意等電梯裡的人先出來）；交通上的禮讓減少（不尊重其他駕駛人）；在登山步道和街道上愈來愈不友好（四十歲以下的美國人不如四十歲以上者那麼常向陌生人打招呼）；最重要的是，在許多情況下，尤其是在電子通訊方面，形形色色的語言暴力愈來愈多。

甚至在學術研究上，我也體驗到這樣的趨勢。從我一九五五年展開學術生涯至今，美國的學術辯論已變得比六十年前愈加激烈。初入學術界時，我也和現在一樣捲入學術爭議中；但從前，與我在科學上持不同見解的科學家和我仍舊是朋友而非敵人。還記得我在英國參加一場生理學會議之後，和一位親切謙和的美國生理學家一起參觀熙篤會修道院（Cistercian Monastery）遺址，儘管他和我在會議中對上皮組織的水傳送機制有截然不同的觀點。換作是今天，這種情況絕不可能發生。相反地，我現在多次被控告，或接到要起訴我的威脅，並遭意見與我相左的學者辱罵。邀請我去演講的主辦單位不得不聘請保鏢，保護我免受憤怒批評者的攻擊。有學者對我的一本書發表了評論，以「閉嘴！」做總結，宛如我們的政客、選民、搭乘電梯的人、汽車駕駛人和行人一樣，學術生活反映了一般的美國生活。

所有這些美國生活的表現都屬於同一受到廣泛討論的層面：所謂「社會資本」的衰落。正如政治學家羅伯特．普特南（Robert Putnam）在其《獨自打保齡球》（*Bowling Alone*）一書中所定義：「……社會資本是指個人之間的聯繫——社交網路以及由此產生的互惠互信規範。由這層意義上來看，社會資本與有些人所謂的『公德心』（civic virtue）密切相關。」它是透過積極參與各式各樣的團體，成為其中的一員，而產生的信任、友誼、團體關係、幫助和期望得到幫助。這些團體包括讀書會、保齡球俱樂部、橋牌俱樂部、教會團體、社區組織、親師會、政治組織、專業協會、扶輪社、城鎮會議、工會、退伍軍人協會等。參與這些團體活動可以促進廣義的互惠：即為他人和與他人一起做事、信任他們、並指望他們和團體的其他成員為你做事。但美國人愈來愈少參與這些面對面的團體，同時愈來愈常參與你從未會面、看到或聽到對方的網路團體。

普特南和其他許多人對美國社會資本衰落的一種解釋是，非面對面溝通增加，犧牲了直接溝通。一八九〇年電話出現，但直到一九五七年左右才在美國市場普及。廣播電台從一九二三至三七年、電視由一九四八至五五年達到飽和。最大的變化是近年全球網際網路、手機和簡訊的興起。我們以廣播和電視作為消息來源和娛樂之用，電話和更近代的電子媒體除了相同的目的還加上溝通。然而在書寫發明之前，所有的人類訊息和溝通都得依靠面對面，藉由人們彼此交談或一起觀看/聆聽表演（演講者、音樂家和演員）

達成。雖然一九〇〇年以後出現的電影院不提供面對面的娛樂，但它們至少讓人們走出家門，進入社交團體，而且這種娛樂經常是和朋友一起欣賞，是與朋友一起聆賞現場演講、音樂家演奏和演員表演的直接延伸。

但是今天我們的許多娛樂——我們的智慧型手機、iPod和電玩遊戲，都是獨自使用，而非群體互動。它們是個別選擇的利基娛樂，就像個別選擇的利基政治訊息一樣。電視仍然是美國人最常見的娛樂形式，它讓美國人留在家裡，而且也只是名義上與其他家庭成員一起觀賞。美國人在一起看電視的時間已比彼此聊天多出三至四倍，而至少有三分之一看電視的時間是獨自一人（通常是在網路上而非在電視機前）。

比起不常看電視的人，常看電視的觀眾較不信任他人，也較少加入志願組織。在指責看電視造成這些行為之前，人們可能會提出異議：何者為因，何者為果，抑或這兩組現象只是相互關聯，卻無因果關係？加拿大的某個自然實驗無意中闡明了這個問題。在加拿大一座山谷中有三個類似的城鎮，其中一個恰好位於電視發射器可及的距離之外。當該鎮終於可以接收電視訊號時，參加俱樂部和其他聚會的人數比可以接收電視訊號之前減少，降至與先前已有電視服務的其他兩個城鎮相當。這表示看電視導致參與度下降；而非不參與者選擇看電視。

我在新幾內亞的偏遠地區做田野研究時，新的通訊技術還沒有傳到該處，當地所有的溝通仍然是面對面進行，且全神貫注——跟以前的美國一樣。傳統的新幾內亞人醒著的大部分時間都在相互交談，和美國人漫不經心且稀疏的談話形成鮮明的對比，傳統的新幾內亞對話不會因瞄放在膝頭的手機而中斷，也不會一邊與眼前的人交談，一邊發送電子郵件或簡訊，只放一小部分注意力在對方身上。一位美國傳教士的兒子在新幾內亞村莊長大，到高中時才搬回美國，新幾內亞兒童和美國兒童在遊戲風格上的對比讓他大感震驚。他描述說，在新幾內亞，村子裡的兒童整天出入彼此的茅屋；在美國，正如我的朋友所發現的：「孩子們進了自己的房子，關上門，獨自看電視。」

一般美國手機用戶平均每四分鐘檢查一次手機，每天至少花六小時看手機或電腦螢幕，每天花十小時以上（即大多數清醒的時間）連接某種電子設備。結果大部分美國人不再感受到彼此是活生生的人類，可以看到對方的臉孔和身體動作，聽到對方的聲音，了解對方這個人。取而代之的，我們對彼此的體驗主要是以螢幕上的數位訊息來形成，偶爾經由手機上的聲音。對於離我們僅兩呎遠，看得到、聽得到活生生的人，通常我們會強烈地抑制自己，不會表現出粗魯的態度。但是當人們化為螢幕上的文字時，我們就會失去這種自制。面對螢幕上的文字遠比面對當面看著你的人，更易表現出粗魯與輕蔑。一旦我們習慣於在一段距離之外口出惡言，那麼下一步當面辱罵他人也就不會太難了。

然而，對於美國政治妥協崩解以及普遍在禮貌上大不如前的這些解釋，有明顯的破綻。非面對面交流的情況不僅在美國，也在全世界激增，尤其富裕國家更是如此。義大利人和日本人使用手機的次數至少和美國人一樣頻繁。為什麼在其他富裕國家，政治妥協的情況並沒有減少，社會的惡意也並未增加？

我想到兩種可能的解釋。其中之一是，在二十世紀，電子通訊和其他許多科技創新都是由美國首先建立，然後這些創新及其成果才傳播到其他富裕國家。根據這種推論，在政治妥協的破裂上，美國僅是第一個案例，而非前無古人後無來者，它將會和電話與電視一樣，傳播到其他地方。事實上，英國友人已經告訴我，在英國人身攻擊現象遠比六十年前我住在那裡時嚴重，而澳洲的友人則說，澳洲政治不妥協的情況愈來愈多。如果這種解釋是正確的，那麼其他富裕國家邁入美國這般程度的政治僵局，只是遲早的問題。

另一種可能的解釋是，在過去，美國已經因為種種原因擁有較少的社會資本，難以對抗現代科技讓人失去人類各種特質的力量，這個情況迄今依然。除了加拿大外，美國的面積比其他任何富裕國家都大二十五倍以上。而美國的人口密度——人口除以面積，則比大多數富裕國家低十倍；只有加拿大、澳洲和冰島的人口比美國更稀少。美國向來非常重視個人，相形之下，歐洲和日本則側重社區；在富裕國家中，只有澳洲的個人主義評等超越美國。美國人平均每五年搬家一次。美國國土遼闊，國內的距離遠遠超過日本或任何西歐國家，這意味著當美國人搬家時，離開舊朋友的距離可能會比較少搬家的日本人和歐洲人遠得多。美國人的社交關係因而較短暫，朋友的流動率很高，並非有很多住在附近終身不渝的朋友。

美國的面積和距離是固定的，並不會減少。美國人也不太可能放棄手機，或者減少搬家次數。因此，如果美國政治妥協減少與其低社會資本背後因素相關的這種解釋正確，那麼美國的政治妥協風險就會比其他富裕國家來得大。這並不表示美國無可避免地注定要面對愈來愈嚴重的政治僵局，但確實意味著美國政治領導人和美國選民必須比其他國家的領導人和選民更努力，以防止僵局。

❊ ❊ ❊

這本書已經討論了智利和印尼兩個國家，兩者都因為政治妥協破裂，導致一方採取軍事獨裁，以消滅另一方為其明確的目標。大多數美國人仍然認為這種前景如果發生在美國，未免荒謬。一九六七年我住在智利時，如果有人擔心智利政局會發生這樣的結果，我的智利朋友也會認為太過荒謬，然而一九七三年它確實在智利發生了。

美國人可能會抗議，「但是美國與智利不一樣！」是的，美國當然與智利不同。有些差異使得美國不太可能淪為暴力的軍事獨裁政權——但也有些差異使得美國更有可能如此。在美國不太可能導致這種糟糕結果的因素，包括美國更為穩固的民主傳統，平等主義的歷史理想，美國不像智利有擁有土地的世襲寡頭政體，以及在歷史上軍隊從沒有獨立採取政治行動。（一九七三年之前，智利軍隊曾多次短暫干預政治。）反過來說，美國比智利更可能造成不良後果的因素，包括美國私人擁槍的人數更多，今天和過去都有更多的個人暴力，以及更多針對團體的暴力歷史（反對非裔、美洲原住民和某些移民群體）。我同意在美國如果要採取軍事獨裁統治，步驟會與一九七三年在智利採取的步驟不同。美國不太可能會受到軍方獨立接管。我預見的反而是美國聯邦或州政府中的一個政黨，操縱選民登記，將支持該黨的法官填滿法院，利用這些法院挑戰選舉結果，然後再以「執法」為由，用警察、國民兵、後備軍隊或軍隊本身來壓制反對派。

這就是為什麼我認為政治兩極化是當今美國人所面臨最危險的問題——比我們的政治領袖所關注來自中國或墨西哥的競爭更加危險。中國或墨西哥無法摧毀美國，只有美國人才能摧毀自己。我們將在下一章探究美國面臨的其他基本問題，以及美國進行選擇性改變以防止這種惡劣情況的利弊因素後，再回頭探討這個問題。

第十章

# 美國該何去何從？三大「其他」問題

其他的問題——選舉——

不平等與不流動——這又如何呢？——投資未來——

危機框架

上一章我們由當今美國的優勢談起。美國成為世界上最富有、最強大的國家並非偶然，而是因為人口、地理、政治、歷史、經濟和社會等諸多優勢的結合。接著我們再談到警訊：我認為美國當前政治妥協崩解是美國諸多問題中最嚴重的一個（和同樣威脅美國與其他國家的世界性問題不同）。

本章將討論「其他」三大問題，由與投票相關的問題開始。我把這些問題歸於看似無足輕重的「其他問題」，僅僅因為它們對美國民主政府的破壞力並不像妥協崩解那麼直接，但它們仍然很嚴重。讀者若想要了解更多訊息，可以參考霍華德·佛瑞德曼（Howard Friedman）的書《國家的衡量》（*The Measure of a Nation*），其中包括數十個圖表，比較美國與其他主要民主國家在如下討論的許多變數。當然，我的美國問題表單並不徹底，我沒有討論到種族關係和女性的角色，相較於五十年前，這兩者皆已有改善，但仍然是美國社會的病因。我選擇討論的四個問題，包括上一章的一個以及本章的三個，近幾十年來，毫無疑問變得更糟，我認為這是當今美國民主和經濟力量最嚴重的威脅。

❈ ❈ ❈

選舉是任何民主的精髓。如果一個國家的憲法或法律規定其政體是民主政府，但該國的公民卻不投票或不能投票，那麼這個國家就不該稱為民主國家。按照這個標準，美國只有幾乎不到一半能稱為民主。近一半有資格投票的美國公民從不投票，即使是要選出最重要的民選職位——總統，他們也不投票。在最近的四次美國總統選舉中，有資格卻沒投票的美國選民數量大約為一億；較低職位選舉的選民不投票比例高得更多。例如，我所住的洛杉磯是美國的主要城市，洛杉磯最重要的民選官員是市長。然而，在最近的洛杉磯市長選舉中，有八〇%符合資格的洛杉磯選民沒有投票。

表達選舉投票率的方式有幾種。一種是年齡足以投票的居民確實投票的百分比，另一項數字略高的方法是報告**合格**選民投票的百分比。（在美國，到達選舉年齡的居民中只有九二%有投票資格；沒有資格的八%主要是非公民的居民、監獄囚犯，以及遭定罪和已獲釋的重罪犯。）第三種方法的數字還會更高，是確實有去投票的註冊選民百分比；基於某些原因，相當多合格的選民沒有去登記投票，下面將討論其原因。

這三種方法全都得出同樣的結論：在富裕的民主國家（經濟合作與發展組織國家，OECD）中，美國選民的投票率敬陪末座。這裡列出其他民主國家投票率作為背景比較，在法律規定必須投票的澳洲，登記選民的平均投票率為九三％；比利時為八九％；在大多數其他歐洲和東亞民主國家中為五八至八〇％。自一九九九年印尼恢復自由民主選舉以來，印尼選民的投票率在八六至九〇％之間波動；義大利自一九四八年以來，投票率則達九三％。

相較之下，美國全國選舉的合格選民投票率，在總統選舉年度平均只有六〇％，在國會中期選舉平均只有四〇％。二〇〇八年總統大選創下美國近代史上投票率最高紀錄，也僅六二％而已，遠低於義大利或印尼最近的投票率。如果問註冊選民為什麼不投票，最常見的答案是他們不信任政府，對投票的價值沒有信心，或者對政治不感興趣。

可是有投票資格的美國公民不去投票的另一個原因是：他們不能，因為他們沒有登記註冊。這是美國民主需要解釋的一個特色。在許多民主國家，符合資格的公民毋須投票「登記」：政府會從政府掌握的駕照、納稅人、居民名單或其他類似資料庫，自動列出有投票資格的選民名單。例如在德國，十八歲以上的德國公民都會自動收到政府寄來的卡片，通知他們即將舉行選舉，而他們擁有投票資格。

在美國則較為複雜。光是年滿十八歲，沒有坐牢，或未曾因重罪定罪的美國公民還不足以成為選民：他們仍然必須登記投票。美國曾長期阻止年齡符合條件的公民群體登記成為選民，其中最大的群體是美國女性，直到一九一九年她們才有權投票。其他群體，尤其是非裔，再加上其他少數族裔和移民群體，也因人頭稅、文盲測驗和「祖父條款」（即如果你的祖父不能投票，你就無法登記投票）等障礙，而無法登記成為選民。當然，法律沒有明確規定這些措施是為了防止非裔投票，然而人人都明白，諸如祖父條款等阻礙的目的和作用，就是讓非裔無法登記成為選民。

如果你認為這些阻礙屬於古早的過去，如今早已消失，那麼在二〇〇〇年的佛羅里達州，約有十萬名絕大多數支持民主黨的潛在選民，被排除在登記選民名單之外，對於佛州總統大選投票造成巨大影響，喬治・布希（George Bush）票數因而高於艾爾・高爾（Al Gore）當選總統。這個影響遠比之後被拿來大作文章的數百張廢票嚴重得多。美國選民登記制度的基本缺陷是，在佛州和其他許多州，註冊選民的名單和選舉程序都是由州和地方政府所屬黨派控制，而非國家級非黨派程序所掌控。這些黨派的選舉官員往往會以各種形式，讓可能支持對立政黨的選民難以投票。

在美國現代史上，選民登記規模最大的擴張是一九六五年的「選舉權法案」（Voting Rights Act），廢除對登記的選民進行「讀寫測驗」，並讓聯邦政府監督先前阻礙登記的投票區。結果美國南方各州的非裔選民註冊率由三一％躍升至七三％，而全美非裔候選人當選美國官員數量也由不到五百人一躍而至上萬人。國會在二〇〇六年幾乎一致通過更新這項法案。但在二〇一三年，美國最高法院以五比四的投票結果，推翻了國會一九六五年對於確認哪些涉嫌歧視選民的選區該受到監督的慣例，理由是非裔選民已可註冊，因此這項措施已不再必要。結果各州議會連忙設計新的選民登記障礙，各州間差異頗大。原本直到二〇〇四年，美國五十州中，沒有任何一州要求潛在選民出示政府所發、附照片的身分證才能登記或投票。二〇〇八年，只有兩個州採取這種要求，但在最高法院做出上述不監督選區的裁決後，十四個州立即採行選民需要用附照的身分證件（通常是駕駛執照或護照）方可登記的規定，或其他類似的限制；大多數州現在都已經或正在考慮採行這種規定。

正如先前的祖父條款並未具體提及非裔，卻設法剝奪他們的權利一樣，現在的投票限制方法也有類似的設計，且的確達到了目的。擁有照片身分證的潛在選民，白人的比例高於非裔或拉美裔（視年齡組而不同，有些高達三倍），富人高於貧民。其原因與投票權並沒有直接關係：一般而言，較貧窮者和非裔沒有駕照的可能性較高，因為他們沒有付交通罰款。阿拉巴馬州在大量非裔人口的縣內關閉了汽車管理局（DMV，負責發駕照）的辦事處，引發民眾強烈抗議，於是州政府重新開放這些辦公室，但一個月只限一天。德州僅在三分之一的縣內設立汽車管理局辦事處，因此選民若想取得駕照，以符合選民註冊的照片身分證要求，就得遠赴二百五十哩外才能辦到。

其他選民登記和投票的障礙也因州而異。有些州「方便選民」，允許選民在選舉當日登記，或者允許選民郵寄選票，不必親至投票所投票，又或在夜間和週末開放選舉辦公室。有些州則「不方便選民」，要求選民在選舉日前的一小段時間內登記，或者選舉辦公室只在上班時間或上班日開放。較清寒者（包括最大的少數族裔）承擔不起請假，排長隊等待登記或投票。

所有的這些選擇性障礙，結果是八成的選民皆為收入超過十五萬美元的美國人，但是收入低於二萬美元的美國人卻占了全美人口近一半。因此這些障礙不但影響了美國總統的選舉結果，而且每年國會、州和地方選舉都會舉行許多激烈的競爭。

這些限制對美國選民參與，無論是來自選民自願的選擇，抑或違背其意願強加在選民身上，都構成了我在前一章討論的美國民主根本優勢的反面。這些優勢包括：公民有機會辯論、評估和選擇任何提案；公民知道他們的聲音被聽到，他們有和平的表達出口；減少人民暴力的風險；妥協的誘因；以及鼓勵政府投資在所有公民身上（基本的原因是因為他們投票），而不僅僅是在一小部分精英公民身上。但只要美國人選擇不投票，投票時資訊不足，或者根本無法投票，我們就失去那些優勢。

***

討論現代美國民主，就必須提及它最常被批評的特性：競選活動費用飆升，尤其是因為競選活動的廣告由廉價的印刷媒體轉為昂貴的電視廣告。競選活動主要是由富裕的利益集團贊助。而現在活動的期間也大幅延長，由一次選舉到下一次選舉之間幾乎持續不斷。因此美國政界人士必須投入大部分時間（一位現已退休的參議員朋友估計，要花八〇%的時間）在募款和競選，而非執政上；條件好的公民對參與選舉望而生畏；競選資訊首先減為三十秒的新聞片段，然後更縮減為推特的推文。相較之下，林肯和斯蒂芬・道格拉斯（Stephen Douglas）一八五八年為爭取伊利諾州參議員席位而展開的著名辯論，每一場都長達六個小時。當然，只有一小部分伊利諾州的選民親自前往辯論現場聆聽，但報紙卻廣為傳播。沒有任何國家在競選費用和不間斷的活動上能與美國相提並論。相反地，英國法律則規定競選活動只限在選舉前幾週進行，而且也限制競選費用的金額。

* * *

我們的下一個根本問題是不平等。讓我們思考一下美國人對美國平等或不平等的看法，如何衡量，以及美國與其他主要民主國家相比，在不平等和社會經濟流動情況的排名如何。而且，如果不平等情況嚴重——會怎麼樣？也就是說，假使許多美國人確實很窮，而且注定難以翻身，對他們個人來說當然是非常不幸，但對於富裕的美國人來說是否也不利？對美國整體而言是否也是如此？

被問到美國平等或不平等時，美國人可能會回答說，平等是美國的核心價值，正如一七七六年獨立宣言第二句所述：「我們認為下面這些真理是不證自明的：人人生而平等……」但是請注意，宣言並沒有說所有的男人（現在也包括女人）實際上是平等，或者應該享有同等收入。獨立宣言接下來只說，所有的人都被賦予某些不可剝奪的權利。但即使是這麼謙遜的宣言，就一七七六年的世界標準而言也很了不起，當時歐洲國家的貴族、農民和神職人員擁有的法律權利並不相同，如果要接受審判，也會各自在不同的法庭受審。因此，獨立宣言確實把法律上的平等當作美國的核心價值，至少在理論上是如此。然而美國經濟不平等的現實情況又如何？

一個國家經濟不平等可以用幾種不同的方式來衡量。在比較時牽涉到的一個問題是要比較什麼的數量：他們未經調整的原始總收入？或是經過調整後的收入，扣除了如稅款，並加上社安金和食品券之類的補助後？還是他們的財富或總資產？這些數量中的每一種又可以用不同的方式衡量，例如透過所謂的基尼係數（Gini coefficient）；比較該國最富有一％國民的收入與最貧窮的一％國民的收入；計算最富有一％國民總收入的百分比；或計算該國人口中億萬富翁的百分比。

讓我們將這些比較限制在主要的民主國家之中，以免淪為蘋果／橘子間的相比較，就像把民主國家與赤道幾內亞一人（總統）獨霸大半國家收入和財富的獨裁國家做比較。

在主要民主國家中，計算出哪個國家的平等程度最高，取決於一個國家如何衡量平等，結果也有差異。然而，如果要衡量哪個主要民主國家不平等的程度最大，則所有比較的數量和所有測量的方法都需得出相同的結論：不平等程度差異最大的主要民主國家是美國，長久以來一直如此，而且這種不平等的現象仍在加劇。

美國經濟不平等加劇的一些數據現在常被引用，廣為人知。例如，最富有的一%美國人所獲得未經調整的國民收入比例，從一九七〇年代的不到一〇%，增加到如今的二五%以上。即使在富有的美國人圈子裡，不平等現象也在增加：最富有一%美國人的收入，增加的比例比最富有五%者的多得多；最富有〇．一%的人，財富增加的比例又比最富有的一%要多；三位最富有的美國人〔目前是傑夫．貝索斯（Jeff Bezos）、比爾．蓋茲（Bill Gates）和華倫．巴菲特（Warren Buffett）〕淨資產總和相當於一億三千萬最貧窮美國人的淨資產總和。美國人口中的億萬富翁比例，是主要民主國家中億萬富翁比例次高的（加拿大和德國）兩倍，是大多數其他主要民主國家的七倍。美國企業執行長的平均收入已是同一家公司一般員工一九八〇年收入的四十倍，更是該公司一般員工現在收入的數百倍。反過來說，雖然富裕美國人的經濟地位超過其他主要民主國家，但美國窮人的經濟地位卻低於其他主要民主國家。

美國富人與窮人間日益加劇的偏斜情況，肇因於美國政府政策和美國人態度兩者的結合。政府政策方面，美國的「再分配」——也就是實際上把錢由富人轉移到窮人身上的政府政策，少於其他主要民主國家。舉例來說，與大多數其他主要民主國家相比，美國的所得稅率、社會福利（social transfers）和像是發給低收入者的優惠券和補貼相對較低。部分原因是美國認為窮人之所以貧窮，是他們自己的過錯，只要他們更努力工作，就會變得富裕，政府發放給低收入的補助（如食物券）是濫用福利制度，讓人不勞而獲（所謂的「福利女王」（welfare queen）），這觀點比其他國家更普遍。另一部分的原因是我在前面討論過的，對選民註冊和投票的限制，以及競選的經費。這些問題使富人比窮人更容易登記、投票和影響政客，從而賦予富人不成比例的政治權力。

與我方才討論的經濟不平等問題密切相關的是社會經濟**流動性**的問題：即美國個人可以克服經濟不平等，及貧窮的美國人可以致富的可能性。美國人比其他國家的人民更相信他們的國家是**精英體制**（meritocracy），人們可以藉由發揮個別才能得到報酬。美國人常說的「白手起家」（rags to riches）一詞象徵的正是：美國人相信，衣衫襤褸的貧窮移民可以透過他的才能和勤奮而致富。這個核心信念是真的嗎？

社會學家以一個方法測試這種信念，在不同國家之間比較成人收入（或他們那個世代的收入等級）與其父母的收入之間的相關係數。相關係數一．〇表示父母及其成年子女的相對收入完全相關：所有高收入者的父母都是高收入，所有低收入者的父母都是低收入，低收入家庭的孩子毫無達到高收入的機會，社會經濟流動性為零。相反的極端情況是，如果相關係數為零，則代表低收入父母的子女獲得高收入的機會與高收入父母的子女一樣，社會經濟流動性很高。

這些研究獲得的結論是，和其他主要的民主國家相比，美國的社會經濟流動性較低，而收入的家庭世代相關性高。例如，父親如果在他那個世代屬於美國最貧窮的二〇%，其子有四二%也屬於子世代最貧窮的二〇%，這些最貧窮的父親只有八%的兒子最後能成為最富有的二〇%。而北歐國家的相關百分比約為二六%（低於美國人的四二%）和一三%（高於美國人的八%）。

遺憾的是，這個問題還在持續惡化：近幾十年來美國的經濟不平等一直在加劇，社會經濟流動性一直在下降。美國各級政府受富人的影響愈來愈嚴重，結果政府通過了對富人有利的法律（如選民註冊規定和稅收政策），富人青睞的候選人愈來愈有可能贏得下一次選舉，並通過更多有利於富人的法律，結局就是美國政府受到更多富人的影響……結果……以此類推。這聽起來似乎是惡劣的玩笑，卻是近來美國歷史的真相。

簡而言之，美國人對白手起家可能性的信念是一種迷思。在美國，白手起家之路比其他主要民主國家更窒礙難行。可能的解釋是，富裕的美國父母往往接受更高的教育，在孩子的教育上做更多的投資，並且比窮困的父母更能為孩子提供有用的事業人脈。舉例來說，富裕家庭的子女完成大學教育的機率是貧窮子女的十倍。正如理查·李福斯（Richard Reeves）和伊沙貝·邵希爾（Isabel Sawhill）所言：「謹慎挑選你的父母！」

＊　＊　＊

現在，讓我們回到我在開始這段不平等的討論時所提出的質疑。就算不平等是重大的道德問題，對貧窮的人來說很不幸——又如何呢？這對美國整體而言，也是經濟和安全問題嗎？富裕的美國人住處周遭都是貧窮的美國人，會對他們造成傷害嗎？

我斗膽提出有關傷害的自私問題。難道光是道德問題還不足以作為我們關心不平等的理由嗎？但殘酷的現實是，人的行為不僅受到道德考量的驅使，而且也和自身的利益有關。如果富有的美國人明白不平等不僅是抽象的道德問題，而且也會影響到他們個人，他們就會更加關注這個現象。

一九九二年四月二十九日，內人和我親身體驗了「又如何呢」這問題的答案。當天，我們由洛杉磯搭機前往芝加哥參加會議，孩子們則留在家裡由保母照顧。我們抵達飯店後，在大廳遇到朋友，他們告訴我們：「趕快回房間看電視，你們一定會很擔心。」我們回房打開電視，看到洛杉磯中央區域少數族裔聚居的貧窮地區發生騷亂、搶劫、縱火和殺戮〔即所謂的羅德尼．金恩暴動（Rodney King riots）〕，失控的情況正往其他街區蔓延（插圖10.1）。我們估計當時保母正在開車接我們孩子放學的路上。我們焦急地等了幾個小時，直到保母來電，告知她和孩子已安全到家，我們才放下心。人數遠不及暴動民眾的洛杉磯警察保護洛杉磯富裕地區免受暴亂者襲擊的唯一辦法，就是拉起黃色的警用膠帶，封閉主要街道。

那一次暴動者正好沒有攻擊較富裕的地區，先前發生的那一次洛杉磯重大騷動，即一九六五年的瓦特暴動（Watts riots）也沒有涉及。（羅德尼．金恩暴動和瓦特暴動都是種族暴動，原因在於種族歧視導致經濟不平等和絕望感。）然而可以想見的是，未來在洛杉磯和其他美國主要的城市會發生更多暴動。隨著不平等的加劇，種族歧視持續存在，以及社會經濟流動性的降低，較貧窮的美國人會看清他們絕大多數的子女獲得良好收入的機會很低，甚至就連適度改善他們經濟地位的機會都不高。在可預見的未來，美國將經歷許多城市騷動，警用膠帶將不再足以阻止暴動者向富裕的美國人發洩挫折感。「富裕的美國人住處周遭都是貧窮的美國人，會對他們造成傷害嗎？」屆時，富裕的美國人就會得到自己的答案。一個答案是：是的，它會導致個人的不安全感。

即使住在離暴動有一段安全距離的富裕美國人，也會得到「又如何呢」的另一個答案——雖然不那麼暴力，但對他們的荷包和生活方式仍會有很大的影響。這個答案和我認為美國現在所面臨的四個基本問題中最後一個問題有關：美國對人力資本和其他公共投資減少所造成的經濟後果。所有的美國人都將承受這些後果，富有者也不例外。

※ ※ ※

無論是個人還是國家，投資未來的必要性顯而易見。如果富有的人只一昧死守自己的財富，不做投資，或者投資不明智，變窮只是遲早的問題。這對當今的美國而言真的是值得關注的問題嗎？

我們的頭一個反應可能是：當然不！許多人認為美國的**私人**投資高、大膽、富有想像力，而且利潤非常豐厚。相較於其他國家，取得資金開創新業務或者嘗試某個點子的商業潛力相對容易，因此有了微軟、臉書、谷歌、PayPal、優步，以及其他許多雖是最近才創立，卻已成為國際鉅子的美國企業。我也透過創投業的朋友，以第二手的方式了解美國私人投資如此成功的原因。創投基金會籌募了數百萬美元（或數億美元）的資金，然後分配投資給許多新的新創企業。這些企業大多數都會失敗，但只要一個或幾個大規模成功，就會為原始投資人帶來巨大的利潤。我的創投友人大膽投資的點子不僅包括我們熟悉的種種金融科技，還包括天馬行空的高風險想法。取得私人新創投資資金的便利，是美國在爆炸性增長的新商機中高踞世界主導地位的重要原因。

為了說明這種便利性，我列出十幾年前我肯定會認為是瘋狂且高風險的八個點子。這八個點子中的兩個（我將其歸為A類）現已成功，並創造了價值數百億美元的企業；兩個（B類）吸引了富有的金主，但尚未證明其成敗；兩個（C類）已經證明有成效，並吸引了創投資金，但還沒有成為大企業；兩個（D類）是我方才想到的玩笑之作，並沒有吸引任何資金（據我所知）。這些想法是：1、泳客使用的電磁驅鯊器；2、以電子傳輸毛小孩的活動、健康狀況以及GPS定位的狗項圈；3、子宮內DNA科技，讓你的狗能夠生出具珍貴毛皮的銀狐幼犬；4、一種社交媒體，可以把你的照片和文字發布在網路上，但在二十四小時以內自動消失；5、透過真空管以飛機般的速度運送人員的艙房；6、只要你願意，就可以把自家房間租給看不見的陌生人的科技；7、你一死亡，立刻冷凍你的技術，待未來的醫師知道如何治療讓你致死的疾病時，再讓你復活的技術；8、一種噴灑在皮膚上的化學物質，讓你能在水下「呼吸」十五分鐘。

你能否正確地把這些點子分在A、B、C、D類？答案列在下頁下方。我敢打賭，很少能有讀者把這八個點子完全正確地分類。這說明了即使是匪夷所思的點子，依舊能在美國吸引創業資金，獲得證明自己的機會，並且（如果成功）可以在全球擴展，成為價值數十億美元的企業。

美國對未來的投資不以為意的另一個原因是，美國的科學和技術居世界主導地位，占美國經濟產出的四〇%：是任何主要的民主國家之冠。截至目前為止，美國在各主要科學領域——化學、物理、生物、地球和環境科學，都有領先全球的高品質科學論文。舉世一半的頂尖科學和技術研究機構都隸屬於美國。研發方面，美國的**絕對**支出領先世界（但在**相對**支出上則不然：以色列、南韓和日本在科學和技術方面的投資占他們國內生產總值的百分比都高於美國。）

對美國未來投資持樂觀態度以對的，是一個讓人悲觀的理由：美國**政府**對公共用途的投資減少，如教育、基礎設施和非軍事的研究與開發、以及美國政府對經濟上無利可圖項目的龐大開銷。如今愈來愈多美國人嘲諷政府投資為「社會主義」。相反地，政府投資是政府最早建立的兩個功能之一。自從五千四百年前第一批政府崛起以來，它們就發揮了兩個主要功能：透過壟斷武力維持內部和平、解決爭端、禁止公民使用暴力自行解決爭議；以及為了投資更大的目標而重新分配個人財富——最糟糕的情況下，是讓少數精英致富；最好的情況下，則是促進整個社會的利益。當然，很多投資是私人的，出於富有的個人和公司，希望能由他們的投資獲利。但許多潛在的報酬吸引不了私人投資，也許是因為報酬是在遙遠的未來（例如普及小學教育的成果），又或許是因為報酬是分散在整個社會上，而非集中在私人投資者有利可圖的領域（例如市府消防部門、道路和普及教育的分散利益）。即使是最熱烈支持小政府的美國人，也不會非難消防部門、州際高速公路和公立學校的經費，視其為社會主義。

結果美國正在喪失它先前的競爭優勢，這種競爭優勢依賴的是受過良好教育的勞動力以及科學和技術。至少有三種趨勢造成這種衰退：投入教育的經費減少、教育花費獲得的成果減少、以及美國人所受教育品質的極大差異。

1C，2C，3D，4A，5B，6A，7B，8D

政府的教育（尤其是高等教育）經費，至少從世紀之交便一直在減少。儘管美國人口不斷增長，但國家對高等教育預算的增加幅度，僅及國家監獄經費增加幅度的二十五分之一，甚至淪落到現今美國十幾個州的監獄系統支出比高等教育系統支出還高的地步。

第二個趨勢是，根據世界標準，美國學生的表現退步。在數學和科學理解力和測驗成績方面，美國學生在各主要民主國家中排名相當低，這對美國很危險，因為美國經濟非常依賴科學和技術，而數學和科學教育、加上多年的學校教育是預測國民經濟成長的最佳因素。美國每一名學生的教育支出雖然下降，但仍然很高，這意味著教育投資回報率很低。為什麼？

答案的一個重點是，在南韓、芬蘭、德國和其他民主國家，教學專業吸引了最優秀的學生，因為那些國家的教師薪酬高，社會地位高，因此流動率低。在南韓，全國大學入學考試成績前五％的人，才能申請小學師資培訓，每一個中學教職都有十二名教師申請。相較之下，美國教師的薪水在各大民主國家中相對最低（即相對於所有工作的全國平均工資）。在內人與我每年度暑假的蒙大拿州，學校教師的薪資幾乎是貧困水準，教師不得不在下課後再兼一、兩個差（例如在超市做包裝工），以維持生計。南韓、新加坡和芬蘭所有的學校教師，皆來自名列全班成績前三分之一的學生，然而近半數的美國教師則來自全班成績的後三分之一。我在洛杉磯加大（一所吸引優秀學生的大學）教書的五十三年中，只有一名學生告訴我他想當老師。

剩下的一個導致美國受教育勞動力衰退的趨勢是，美國各州之間和各州之內的教育差異很大。大多數民主大國都是由國家政府提供教育經費並制定標準，可是在美國，責任則落在各州和地方政府身上。各州政府花在公立高等教育的支出，依據稅收收入和政治理念的不同，相差達十一倍之多。在同一州內，又因不同的地區而有所不同：較貧困的地區和較貧窮的州立學校經費不足。這項事實往往使得美國境內貧富的地理差距益發嚴重，因為教育對於經濟表現至關重要。在同一地區，公、私立學校之間的教育品質也有很大的差異，因為收取學費的私立學校吸引了富裕家長的子女，教師薪酬較高，班級較小，能提供好很多的教育。在芬蘭，這是不可能發生的，因為芬蘭政府自行支付公、私立學校的教師薪酬，兩種學校的教師薪資相同，因此芬蘭的家長（和美國家長不同）即便送子女上私校，也買不到更好的教育。

美國政府對公立學校的投資減少，以及美國兒童獲得的教育機會差異很大，這些事實的重點是什麼？這意味著美國正在縮減對大多數美國人未來的投資。雖然美國迄今擁有富裕民主國家中最多的人口，但大多數人並沒有接受作為國家經濟成長引擎技能的訓練。美國正在與南韓、德國、日本和芬蘭等國家競爭，這些國家對教育**所有**的下一代都做了投資。如果美國人因這些國家的人口比美國少而感到安慰，以為美國二〇％的學童仍然略微超越南韓一〇〇％的學童，那麼請記住，人口是美國五倍的中國現在正實施速成計畫，要改善下一代的教育機會，這對美國經濟迄今所享有的競爭優勢將是警鐘。

上述這些事實帶來了矛盾；美國是舉世最富有的國家，如果美國政府沒有投資在自己的未來，那麼資金到哪裡去了？

部分答案是，大部分的資金都留在納稅人的口袋裡；與大多數其他富裕民主國家相比，美國稅賦較低。另一部分答案是，美國政府大部分的稅款都用於監獄、軍隊和健康方面的支出。在這三個範疇上，美國的支出遠遠超過其他主要民主國家。美國的監獄強調懲罰和威懾，而非改過自新和再培訓，沒有人會說這些監獄是在投資未來。當然，美國的軍費開支確實是對未來的投資：但為什麼美國在軍隊上的花費遠遠超過人口幾乎是美國兩倍的歐盟？為什麼歐盟確保其未來安全的軍事花費與美國相比，根本不成比例？至於美國的健康支出，表面上似乎可以視為對未來的投資——但查看其用途和結果即知不然。健康方面，不論是預期壽命、嬰兒死亡率和孕產婦死亡率，美國都落後於其他主要民主國家。這是因為美國有很高的健康相關支出都放在和健康結果無關的目的上，例如營利健康保險公司收取的高額保險費、高昂的行政費用、高昂的處方藥、高昂的醫療過失保險和防禦性醫療，以及大批無法負擔非緊急護理的無保險人口最後面對的昂貴急診醫療。

＊　＊　＊

在關於美國的這兩章裡，我們一開始介紹了美國的優勢，接著討論了我認為現在正在發生最嚴重的問題。讓我們以本書危機和改變框架中的問題，為這兩章做結論。

在第一章表1.2列出的十二個預測變數中，有哪些因素對於美國採取選擇性變革以解決當前問題有利，哪些因素有礙？我之所以把這個架構應用在美國上，不僅僅是出於學術興趣，也希望能提供一些指引，為美國人尋求解決方案。如果我們能夠清楚地了解阻礙我們的因素，就能讓我們集中心力，尋找處理這些阻礙的方法。

對美國有利的因素包括物質或部分物質的優勢和文化優勢。一組部分物質優勢包括美國人口眾多的人口優勢、面積遼闊的地理優勢、地處溫帶、土壤肥沃、以及龐大的沿海和內陸水道、聯邦民主政治優勢、文人領軍、貪腐程度相對較低、以及在個人機會、政府投資和移民融入方面的歷史優勢。這些都是美國現在和長久以來之所以是舉世最強大的國家和最大經濟體的主要原因。另一套完全物質上的優勢是一組地理優勢，讓美國擁有全球各國中最大的選擇自由（表1.2中的#12因素）：保護美國東、西兩岸的廣大海洋，和在另兩側與不具威脅、人口少得多的鄰國接壤。因此在可預見的未來，美國不會有遭入侵的風險，而本書討論的其他六個國家中，有兩個（德國和日本）最近被征服和占領，另外兩個國家（芬蘭和澳洲）遭受了攻擊。只是如今洲際彈道飛彈、經濟全球化以及因為現代交通造成移民難受控制的情況，減少了美國先前的地緣政治優勢。

至於美國的文化優勢，一個是強烈的國家認同感（因素#6）。縱觀歷史，大多數美國人都認為美國獨一無二、令人欽佩，是國人引以為榮的國家。外國人經常會談到美國人的樂觀進取和「事在人為」的態度：美國人認為問題之所以存在，就是為了要解決它。

美國的另一項文化優勢在於美國人的彈性（因素#10），它表現在很多方面。美國人平均每五年搬一次家，比本書討論的其他國家人民都多得多。國家權力在兩個主要政黨之間頻繁轉移，這七十年間，總統的政黨轉變了九次。我們維持同樣兩大政黨的悠久歷史——自一八二〇年代以來的民主黨和自一八五四年以來的共和黨，其實就是彈性而非僵化的標記。這是因為每當有第三個政黨開始占有分量時〔例如老羅斯福的公麋黨（Bull Moose Party），亨利・華萊士（Henry Wallace）的進步黨（Progressive Party）和喬治・華萊士（George Wallace）的美國獨立黨（American Independent Party）〕，就會因為它的部分綱領被兩大政黨之一吸收，因而很快就消失。至於核心價值觀的彈性也是美國的特徵。一方面，美國主張自由、平等和民主的核心價值觀（因素#11）不容討價還價（儘管在運用它們時的確有盲點），另一方面，這七十年來，美國也拋棄了已經過時的價值觀：二戰後也放棄了在外交政治上的孤立傳統，自一九五〇年代以來，對婦女的歧視和種族歧視也一直在縮減。

現在來談談美國的缺點。任何國家要因應任何國家危機，第一步都是要達到國家真正進入危機的全國共識（因素#1）；承擔問題的責任（因素#2），而不是將它們歸咎於「他人」（其他國家或自己國家內的其他團體）；並且對什麼有效和什麼無效做出誠實的自我評估（因素#7）。美國距離完成這些初步步驟還很遠。雖然美國人愈來愈關注國家的情況，但仍然沒有就錯誤達成全國共識，缺乏誠實的自我評估。對於國家的根本問題在於兩極化、選民投票率和選民登記的阻礙、不平等和社會經濟流動性下降、以及政府對教育和公共財的投資減少，美國人並未達成共識。大批美國政壇人物和選民只是努力把這些問題變得更糟，而非解決它們。太多的美國人試圖將問題歸咎於他人而非自己：最常見的標的包括中國、墨西哥和非法移民。

有錢有勢的美國人擁有不成比例的權力，他們有一種趨勢，就是覺知美國出了問題，但他們並未利用自己的財富和權力尋找解決方案，而是尋求讓自己和家人擺脫美國社會問題的方法。目前他們偏愛的作法包括在紐西蘭（最孤立的第一世界國家）置產，或是花大錢把廢棄的地下飛彈發射井改造為豪華的防禦地堡（插圖10.2）。但是如果美國外在崩潰瓦解，留在地堡中的奢華微文明，甚或在紐西蘭這個獨立的第一世界社會，又能夠存活多久：幾天？幾週？甚至幾個月？以下這段尖銳的對話就表達了這種態度。

問：美國何時會認真面對它的問題？

答：等到有錢有勢的美國人開始感受到實質的不安全時。

對這個答案，我要補充：等有錢有勢的美國人了解到，在其他美國同胞感到憤怒、沮喪、絕望的情況下，不論他們怎麼做，都無法確保自己實質的安全之時。

美國的另一大缺點是：在成功處理危機的十二個預測因素中（表1.2），最不符美國特徵的是，樂於學習其他國家採取的替代方法模型（因素#5）。美國人拒絕學習，和美國對於美國「例外論」（exceptionalism）的信念有關：即相信美國獨一無二，因此其他國家的一切都不適用於美國。這當然是無稽之談：雖然美國在許多方面確實與眾不同，但所有的人類、社會、政府和民主都有共同的特徵，允許所有的人彼此學習。

尤其美國的鄰國加拿大也和美國一樣，是富裕的民主國家，擁有遼闊的國土，人口密度低，以英語為主要語言，因地理屏障而有選擇的自由，擁有豐富的礦產資源，以及自公元一六〇〇年以來為主的移民人口。雖然加拿大的世界角色與美國不同，但美、加共有共同的人類問題。加拿大在許多社會和政治作法上與美國截然不同，例如全民健保計畫、移民、教育、監獄以及社區和個人利益之間的平衡。一些美國人認為令人沮喪無解的問題，加拿大人卻以獲得廣泛民眾支持的方式解決了，比如加拿大接納移民的標準比美國更詳細且理性。結果八〇%的加拿大人皆認同移民對加拿大經濟有利，這與美國社會對移民的撕裂分歧相去甚遠。然而美國對鄰國加拿大的無知令人震驚。就因為大多數加拿大人說英語，與美國為鄰，並與美國共有相同的區域號碼電話系統，使得許多美國人甚至不認為加拿大是另一個獨立的國家。他們不明白加拿大有多麼不同，以及美國人可以從加拿大這個模型中學到多少事物，來解決令美國人沮喪的問題。

乍看之下，美國人對西歐的看法和美國對加拿大的看法不同。在美國人眼裡，西歐很明顯異於美國。西歐的地理位置離美國很遠，至少得飛五個小時才能抵達，而非短程航行可達，不同於加拿大。大多西歐國家的第一語言都不是英語，而且它們悠久的歷史並非由最近的移民所締造。儘管如此，西歐國家仍是富裕的民主國家，面對美國人熟悉的醫療保健、教育、監獄等方面的問題，只是採取不同的解決方式。尤其歐洲政府透過政府投資被美國人貶抑為「社會主義」的政策，支持醫療保健、公共交通、教育、老年人、藝術和生活的其他方面。儘管美國的人均收入略高於大部分歐洲國家，但西歐人的預期壽命和個人滿意度始終都較高。

這暗示著西歐模式可能有很多可以教導美國，但近年來美國政府很少有像明治日本政府派代表團向歐美取經的例子，派團赴西歐和加拿大學習。那是因為美國人相信美國的方式早已優於西歐和加拿大，且美國是特殊的案例，西歐和加拿大的解決方案與美國並不相關。這種消極態度剝奪了美國採取其他許多個人和國家在解決危機時的有效選擇：從其他人如何解決類似危機的模式中學習。

剩下的兩個因素構成一個小缺點，以及一個混合訊息。這個小缺點是，美國人一直不能容忍國家的不確定性和失敗（第一章中的因素#9），這與美國人「事在人為」的態度和對成功的期望相衝突。英國人接受了一九五六年蘇伊士危機的羞辱，日本人和德國人由二戰中的慘敗（德國人還要再加上一戰中的失敗）中復原，與他們相比，越戰不但造成美國分裂，而且美國人也難以忍受它的失敗。在生存危機的經驗上（因素＃8），美國人得到的評分是綜合性的，有高有低。美國在戰爭中未曾像日本和德國那樣被擊敗或占領，也沒有像芬蘭那樣遭到入侵，或者像英國和澳洲那樣飽受被入侵的威脅。美國沒有經歷過類似一八六八至一九一二年的日本，或是一九四五至一九四六年、以及之後幾十年的英國那樣大規模的轉型，但美國確實在長期威脅民族團結的內戰中倖存下來，也從一九三〇年代的大蕭條中走出來，並於二戰中，由原本的和平孤立轉變為全面戰爭。

＊＊＊

在先前的段落中，我已經評估了十二個預測因素中，適用於美國的因素。讓美國擁有選擇自由的地理特徵，美國強烈的國家認同感，以及美國過去的彈性，皆是良好的預測因素。而不利的因素則包括美國人對國家是否確實陷入危機尚無共識，美國人經常把問題歸咎於他人，不承認自己的責任，太多有權勢的美國人只顧努力保護自己，而非努力整頓國家，美國人不願意學習其他國家的模型。但這些因素並不能預測我們會不會選擇解決問題；它們只是預測我們有多大可能選擇解決問題。

美國會發生什麼樣的情況？取決於美國人所做的選擇。美國人有巨大的基礎優勢，意味著只要能解決他們自己造成的阻礙，那麼他們的未來就會像過去一樣光明。但目前美國人正在浪費優勢。其他國家以前也享有優勢，但它們同樣浪費了這些優勢。其他國家先前曾面臨嚴重或緩慢醞釀的國家危機，至少與美國目前的危機一樣嚴重。其中有些國家，如明治日本和戰後的芬蘭及德國，痛苦地採取了重大變革，發揮了很大的效力，最後解決了危機。美國人應選擇建立圍籬（因素＃3），但不是沿著墨西哥邊境，而是在美國社會功能良好的特徵和那些無法發揮功能的特徵之間；美國人是否能改變圍籬內構成日益嚴重危機的那些特徵，還有待觀察。

▼第十一章

# 世界將面臨什麼樣的未來？

當今的世界——核武——氣候變遷——化石燃料——替代能源——其他天然資源——不平等——危機框架

前幾章討論了單一國家範圍內的危機。書中未提到的其他國家讀者可以思考自己國家可能存在的危機。現在讓我們來看看即將來臨的世界危機：哪些因素威脅全世界的人口和生活水平？在最壞的情況下，何者威脅了全球文明的生存？

我舉出四組可能會對全球造成破壞的問題，按其受矚目程度的高低而非重要性輕重排列如下，分別是：核武爆炸（插圖11.1）、全球氣候變遷、全球資源枯竭，以及全球生活水準的不平等。有些人可能會納入其他問題，擴大這個表單，其中可能包括伊斯蘭基本教義派的主張、新出現的傳染病、小行星碰撞和大規模生物滅絕。

❋ ❋ ❋

一九四五年八月六日的廣島原爆造成約十萬人立即喪生，還有數千人因受傷、燒傷和輻射中毒相繼死亡。如果印度和巴基斯坦，或者美國和俄羅斯或中國發動戰爭，互射大部分的核武，將立即造成數億人死亡，但延遲發生的全球效應會更嚴重。即使炸彈本身爆炸的範圍僅限於印度和巴基斯坦，全世界也會感受到引爆數百個核裝置的大氣效應，因為核武爆炸的火球所發出的煙霧、污染物和灰塵會阻擋大部分陽光，長達數週，造成類似冬天的天氣情況。全球氣溫急劇下降，植物光合作用中斷，大量動植物死亡，全球作物歉收，導致大範圍的飢荒。最壞的情況稱作「核冬天」（nuclear winter）：即大多數人不僅是由於飢餓，而且還因為寒冷、疾病和輻射而死亡。

到目前為止，使用核武器絕無僅有的兩次是廣島和長崎炸彈。從此以後，對大規模核戰的恐懼形成了我的生活背景。雖然一九九〇年後冷戰結束，起初減少了這種恐懼的理由，但後來的發展卻又再度增加了風險。什麼情況可能會導致核武器的使用？

我下面的說明是採用美國柯林頓總統任內的國防部長培里（William J. Perry）在談話和在《核爆邊緣》（*My Journey at the Nuclear Brink*）一書中的資料。培里的事業生涯和核問題息息相關，包括他在一九六二年古巴飛彈危機期間，每天為甘迺迪總統分析蘇聯在古巴的核武能力；一九九四至九七年擔任美國國防部長；與北韓、蘇聯/俄羅斯、中國、印度、巴基斯坦、伊朗和伊拉克談判核武和其他問題；蘇聯解體後談判拆除在烏克蘭和哈薩克境內的前蘇聯核設施等等。

我們可以舉出四組情境，最後會使政府（前三種情境）或非政府恐怖組織（第四種情境）引爆核武。最經常討論的情境是一個有核武的國家計畫對另一個擁有核武的國家發動突襲，突襲的目的是徹底和立即摧毀對手的核武，讓對手沒有核武可供報復。這是整個冷戰時期最教人擔憂的情境，由於美國和蘇聯都具備摧毀對方的核武能力，唯一的「合理」攻擊計畫將會是能摧毀對手軍力的突襲。因此美蘇都開發多種發送核武的系統，以消除自己的報復能力可能全面立即瓦解的風險。比如美國有三種核武輸送系統：加固的地下飛彈發射井、潛艇和攜帶核彈的機隊。因此即使蘇聯突然襲擊摧毀了每一個發射井──其實不太可能，因為美國有眾多的發射井，其中包括欺敵用的假發射井，加固以防攻擊，體積很小，蘇聯飛彈必須要有高到不可思議的精準度，才能摧毀每一個發射井──美國仍然可以用轟炸機及其潛艇回應，摧毀蘇聯。

結果，美蘇的核武庫「確保彼此破壞」，互相牽制，從未發生過突襲。也就是說，無論摧毀對手核能力的目標多麼誘人，美蘇的策畫人都明白突襲不合理，因為他們不可能摧毀對手所有的發射系統以防止對手隨後摧毀攻擊者。但這些理性的考量卻難以保證未來的安全，因為有些非理性的現代領導人：或許是伊拉克的海珊和北韓的金正恩，或許是德、日、美國和俄羅斯的一些領導人。此外，當今的印度和巴基斯坦都只擁有一個地面的發射系統：沒有可以攜帶飛彈的潛水艇。因此印度或巴基斯坦的領導人可能會認為突襲是理性的戰略，很有可能摧毀對手的報復能力。

第二種情境是對敵對國政府的反應出現一連串的錯誤判斷，使緊張不斷增溫，各國將領對其總統施壓，要他們做出回應，最後導致雙方理所當然的核武攻擊，這是雙方一開始並不想要達到的結果。最典型的例子是一九六二年的古巴飛彈危機，蘇聯總理赫魯雪夫一九六一年在維也納會議上和美國總統甘迺迪會面，對他評價很低，因此誤判情勢，以為他在古巴布置蘇聯飛彈，甘迺迪不會有什麼反應。等美國確實發現蘇聯在古巴布置了飛彈時，美國軍事將領敦促甘迺迪立即摧毀它們（冒著蘇聯報復的風險），並警告甘迺迪如果他不這樣做，就有可能受到彈劾。幸而甘迺迪選擇了較不激烈的回應手段，赫魯雪夫也沒有再做劇烈的反應，因而避免了世界末日。但根據雙方後來發布相關文件顯示，這一次已是千鈞一髮。例如，在長達一週的古巴飛彈危機中，甘迺迪在第一天公開宣布，由古巴發射的任何蘇聯飛彈都會導致「（美國）對蘇聯全面的報復回應」。但蘇聯潛水艇的艦長有權在不先向莫斯科領導人報告的情況下，自行發射核子動力魚雷。確實有一名蘇聯潛水艇艦長考慮向一艘威脅潛艇的美國驅逐艦發射核子魚雷；只是艇上其他官兵干預，才說服他沒有這樣做。如果那名蘇聯艦長採取了行動，甘迺迪可能會面臨不可抗拒的壓力，進行報復，導致赫魯雪夫也承受不可抗拒的壓力，進一步報復。

類似的誤判可能導致當今的核子戰爭。例如，北韓目前擁有能夠抵達日本和南韓的中程飛彈，並且已經發射了一枚意圖到達美國的長程洲際彈道飛彈（ＩＣＢＭ）。等北韓完成洲際彈道飛彈的發展，就可能向美國發射，以證明其力量。美國會視之為不可忍受的挑釁，尤其如果這枚ＩＣＢＭ失誤，比預期更接近美國。美國總統可能會面臨壓倒性的壓力，要求報復，這會對中國領導人造成莫大的壓力，為維護他們的北韓盟友而報復美國。

另一個可能因為估算錯誤而導致原本無計畫的報復，也許會發生在巴基斯坦和印度。巴基斯坦恐怖分子已於二〇〇八年對印度城市孟買進行了非核恐怖攻擊。在可預見的未來，巴基斯坦恐怖分子可能會進行更挑釁的攻擊（例如在印度首都新德里）；印度可能不清楚巴基斯坦政府是否在幕後主使這次襲擊；為了消除當地的恐怖主義威脅，印度領袖會受到壓力，入侵巴基斯坦的鄰近地區；接著巴基斯坦領導人又會被迫使用他們的小型戰術核武，「只」對抗入侵的印度軍隊，他們或許誤以為印度會認為這種有限使用核武「可以容許」，不會招致全面的報復回應；但印度的領導人將被迫使用自己的核武回應。

在我看來，這兩種可能導致核戰的誤判可能在未來十年內出現。主要的不確定性在於，領導人是否會像古巴飛彈危機期間那樣收手，或是逐步加溫終至造成危機。

可能導致核戰的第三種情境，是意外錯誤解讀技術警告訊號。美、俄都有預警系統偵察對手發射的攻擊飛彈。一旦飛彈發射，正在行進當中，並且已被偵知，美國或俄國總統就有大約十分鐘的時間，決定是否在飛來的飛彈摧毀本國的陸基飛彈之前，發動報復攻擊。飛彈一旦發射就無法召回，因此僅有極短的時間來評估預警究竟是真的，還是因技術出現錯誤而造成的假警報，以及是否按下會造成數億人喪生的按鈕。

但是飛彈探測系統就與所有複雜的技術一樣，也會出現故障和模稜兩可的情況。我們知道美國飛彈探測系統至少發出過三次誤報。如一九七九年十一月九日，擔任美國系統值星官的美國陸軍將領半夜致電美國國防部副部長培里說：「我的警告電腦顯示有兩百枚洲際彈道飛彈正由蘇聯飛往美國。」但是這位將領認為這個訊號可能是誤報，培里後來沒有喚醒卡特總統，卡特也沒有按下殺死一億無辜蘇聯人民的按鈕。最後證明，這個訊號的確是由於人為錯誤造成的假警報：電腦操作員誤把模擬兩百枚蘇聯洲際彈道飛彈發射的訓練錄影帶放入美國警示電腦系統。我們還知道俄國的探測系統至少發出一個假警報：一九九五年一枚非軍用火箭由挪威外海島嶼往北極發射升空，卻被俄羅斯雷達的自動追蹤演算法誤判為由美國潛水艇發射的飛彈。

這些事件說明了重要的一點。警告訊號並不是明確無誤，我們可以料到會發生假警報，而且的確也還會再發生，但它也可能是正確的警報，是真正有飛彈發射。因此當確實發出警報時，美國的值星官和總統（在相對應的情況下，也可能是俄羅斯值星官和總統）就必須按當時的情況來闡釋警報的真偽：當前的國際局勢是否有可能讓俄國人（或美國人）承擔立即招來大規模破壞性報復的風險，發動攻擊？一九七九年十一月九日，並沒有會促使飛彈發射的世界大事爆發，蘇／美的關係沒有嚴重的障礙，美國值星官和培里有信心把警告訊號當成誤報。

可惜如今已不能再像這樣放心了。雖然我們可能天真地以為，冷戰結束會降低或消除美俄之間的核戰風險，但結果卻很矛盾地恰恰相反：現在的核戰風險比古巴飛彈危機以來的任何時期都高。理由是美俄之間關係和溝通的惡化：造成惡化的部分原因是俄國總統普亭近來的政策，部分是因為美國政策的魯莽。在一九九〇年代後期，美國政府犯下錯誤，認為蘇聯解體後的俄羅斯是弱者，不再值得尊重。由於這種新態度，美國過早擴大北約組織，納入了原先屬於蘇聯的那幾個波羅的海共和國，不顧俄羅斯的強烈反對，支持北約軍事干預塞爾維亞，並在東歐布署據稱是防禦伊朗的彈道飛彈。可想而知，俄國領導人自然感覺受到這些和美國其他行動的威脅。

當今美國對俄羅斯的政策，忽視了一九四五年後芬蘭領袖由蘇聯威脅中汲取的教訓：確保芬蘭安全的唯一方法，就是與蘇聯持續開誠布公的討論，讓蘇聯相信芬蘭可以信任，不會構成威脅（第二章）。今天美、俄彼此是對方的巨大威脅，可能會因誤解導致預先並未計畫的攻擊——因為雙方並未坦誠溝通，未能說服彼此沒有預謀攻擊的威脅。

可能導致使用核武的最後一個情境，是恐怖分子由核武國家竊取鈾或鈽或已製好的核彈，或者核武國家把核彈交給恐怖分子：最可能是巴基斯坦、北韓或伊朗。核彈可以走私到美國或其他目標並引爆。蓋達組織在準備二〇〇一年攻擊世貿中心的同時，確實想設法取得對付美國的核武。如果炸彈儲存的地點不夠安全，恐怖分子就可以不必獲得核武國家的幫助，直接偷取鈾或核彈。比如蘇聯解體時，還有六百公斤可製核彈的鈾留在後來獨立為哈薩克的前蘇聯國家。這些鈾貯存在除了鐵絲網圍籬之外，別無安全措施的倉庫，很容易被竊。但更可能的情況是，恐怖分子可能透過「內奸」，即在炸彈倉管人員，或巴基斯坦、北韓或伊朗領導人的幫助下，獲得核彈原料。

常與恐怖分子獲取核彈混淆的相關風險，是他們取得所謂「髒彈」（dirty bomb）的風險：這是一種傳統的非核炸彈，是一種非爆炸性但具有長期放射性的物質，如元素銫的放射性同位素銫－137（cesium-137），半衰期為三十年。這種炸彈如果在美國或其他國家的城市中爆炸，會把銫擴散到大片地區，使這些地區永遠不適合居住，並且會產生巨大的心理影響。（想想世貿中心恐襲對美國人心理和政策造成的永久後果，儘管並沒有使用爆裂物或長壽命的同位素。）恐怖分子已經展現他們能在許多國家的城市中引爆炸彈的能力，而銫－137由於有醫療用途，很容易由醫院中取得。因此恐怖分子尚未把銫－137列入他們的非核彈名單，教人驚訝。

在這四種情境中，最可能的是恐怖分子使用髒彈（易於製造）或核彈。前者只會殺死一些人，後者「只會」造成如廣島原爆的死亡人數——十萬人，但兩者都會產生遠超過死亡人數的後果。機率較低，但仍然有可能發生的前三種情境則會造成數百萬人立即死亡，而最後也會使全球大多數人死亡。

＊＊＊

在未來數十年將影響我們生活的四個問題中，第二個是全球氣候的變化。幾乎所有人都聽過這個問題，但它非常複雜混亂，並且充滿了矛盾，因此除了氣候專家以外，很少有人真正了解它，而許多有影響力的人（包括許多美國政壇人物）都嗤之以鼻，認為這是騙局。我現在借助說明因果鏈的流程圖，盡可能清楚地解釋它。

這個問題的起點是世界人口，以及世上人均的影響（後者亦即每人每年平均消耗的石油等資源，以及產生的污水等廢物）。三個數量——人口、平均每個人的資源消耗和廢物產量，都在增加。結果人類對世界的總影響正在加劇：因為總影響等於每人平均影響的增加乘以愈來愈多的人口數量。

一種重要的廢物是二氧化碳氣體，透過動物（包括我們）的呼吸不斷產生，並釋放到大氣中。然而，自工業革命以及隨之而來的人口爆炸開始，天然的二氧化碳排放遠不及人類生產的二氧化碳量，尤其是人類燃燒化石燃料。造成氣候變化第二個最重要的氣體是甲烷，它的存在量遠低於二氧化碳，而且目前的重要性遠不如二氧化碳，但它可能會因為所謂的正反饋環（positive feedback loop）而變得重要：即全球暖化使北極永凍層融化，釋出甲烷，導致更加暖化，融化更多的永凍層，接著釋出更多的甲烷等。

人們最常討論到排放二氧化碳的主要影響，是它會成為大氣中的溫室氣體。那是因

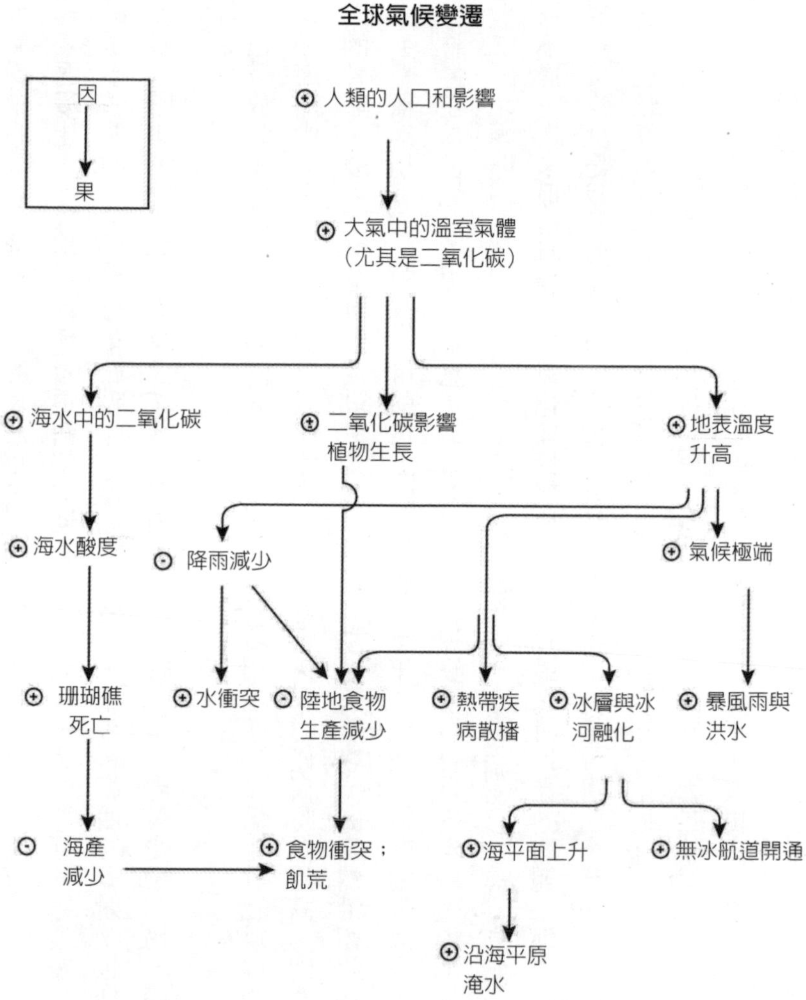


〈圖9〉全球氣候變遷因果鏈

為大氣層中的二氧化碳對太陽的短波輻射是透明的，容許射入的太陽光穿過大氣層，使地球表面暖化。地球把這種能量重新輻射回太空，但是在較長的熱紅外線波長下，二氧化碳是不透明的。因此二氧化碳吸收了再輻射的能量，並重新朝四方發射，包括回到地球表面。因此，地球表面變得像玻璃溫室內部一樣溫暖，儘管兩者變暖的物理機制並不相同。

但排放二氧化碳還有另外兩個主要影響。一是我們生產的二氧化碳也以碳酸的形式貯存在海洋中，然而海洋的酸度已經比過去一千五百萬年的任何時候都高，因此溶解了珊瑚的骨骼，殺死了珊瑚礁，珊瑚礁是海洋魚類的主要繁殖場，保護熱帶和亞熱帶海洋海岸免受風暴和海嘯的影響。目前世上的珊瑚礁以每年一%或二%的幅度減少，因此大部分將會在本世紀內消失，這意味熱帶海岸安全和海鮮蛋白質供應量將大幅下降。人類排放二氧化碳的第二個主要結果是，它會影響植物生長，不是刺激它，就是抑制它。

不過，大家最常討論的二氧化碳排放後果，是我最先所提及的問題：地表和低層大氣變熱，也就是我們所說的全球暖化，只是其影響非常複雜，用「全球暖化」一詞並不恰當；比較好的說法是「全球氣候變化」。首先，因果鏈指出大氣暖化反而會矛盾地使某些陸地區域（包括美國東南部）暫時變冷，即使大部分地區（包括美國大部分其他地區）都變得更暖。例如，較溫暖的大氣使更多的北極海浮冰融化，讓更多寒冷的北極海水流向南方，使這些潮流下游的陸地降溫。

其次，對人類社會而言，和**平均**暖化趨勢同樣重要的是**極端**氣候的增加：暴風雨和洪水愈來愈多，炎熱天氣的高峰變得更熱，寒冷天氣的極端也變得更冷，帶來埃及降雪和美國東北部的冷鋒。這使得心存懷疑、不了解氣候變化的政壇人物認為全球暖化之說和事實不符。

第三個複雜因素是氣候變化的因果之間會有極大的時滯。比如海洋貯存和釋放二氧化碳的速度非常慢，即使地球上所有的人今晚都死亡、或停止呼吸、或停止燃燒化石燃料，大氣層依然會升溫數十年。但相反地，也有潛在的巨大非線性放大因素，讓世界升溫的速度比目前按照假定線性因果關係而做的保守預測更快。這些放大因素包括永凍層和海冰融化，以及南極和格陵蘭冰層的崩塌。

世界平均暖化趨勢會造成的後果很多，我在此列舉四個。（在我「明確解釋」之後，各位可能會同意全球氣候變遷**確實**很複雜！）對舉世許多地方的居民，最明顯的後果是乾旱。比如我在南加州的家鄉變得愈來愈乾燥，尤其在我所居住的洛杉磯，自一八八〇年代開始記錄天氣以來，二〇一五年是最乾旱的一年。因全球氣候變遷而造成的乾旱，在世界各地並不均衡：受影響最嚴重的地區是北美洲、地中海和中東、非洲、澳洲南部的農地和喜馬拉雅山脈。喜馬拉雅山的積雪為中國、越南、印度、巴基斯坦和孟加拉提供大部分的用水，但這些國家必須分享的積雪和由此產生的供水正在減少，可是這些國家以和平解決衝突的紀錄不佳。

全球平均暖化趨勢的第二個後果，是陸地生產的糧食量減少，原因包括如上所提的乾旱，以及土地溫度上升（例如它們可能有利於雜草而非作物生長）。糧食產量減少是個問題，因為未來幾十年內，世界人口、生活水準和食物消耗預計將增加五〇％，但我們現在就已經有糧食問題，數十億人口糧食不足。尤其美國是全球主要的糧食出口國，美國的農業集中在西部和中部，但這些地區變得愈來愈熱、愈來愈乾燥、產量愈來愈低。

平均暖化趨勢的第三個結果，是攜帶熱帶疾病的昆蟲遷入了溫帶地區。由此產生的疾病問題，迄今包括最近在美國傳播的登革熱和蜱蟲叮咬導致的疾病傳播，原本在熱帶流行的屈公病（chikungunya fever）最近傳布到歐洲，以及瘧疾和病毒性腦炎的傳播。

暖化趨勢的最後一個結果是海平面上升。保守估計本世紀海平面平均上升三呎，但過去曾上升七十呎高；主要的不確定因素在於南極和格陵蘭冰層可能坍塌和融化，會把大量的水倒入海洋。即使平均上升僅三呎，但經風暴和潮汐推波助瀾，也足以損害佛羅里達州和美東沿海地區、荷蘭、低地之國孟加拉和其他許多人口稠密地區的宜居性，以及破壞作為海洋魚類「育兒園」的河口。

有時朋友會問我，氣候變化對人類社會有沒有任何好的影響。是有一些，例如北極海的冰融化，就可以在遙遠的北方開通無冰航道，並可能增加加拿大南部小麥地帶和其他地區的小麥產量。但氣候變化對人類社會大部分的影響都非常糟糕。

有沒有可以解決這些問題的科技捷徑？你可能聽說過各種地球工程法（geoengineering）的建議，例如把粒子注入大氣中，或由大氣中提取二氧化碳，以冷卻地球表面。但目前還沒有測試過並已知可行的地理工程方法；擬議的方法非常昂貴，並且必然需要很長的時間測試和實施這種方法，而且還可能發現難以預見的副作用。例如用無毒的氟氯碳化物（CFCs）取代一直到一九四〇年代還用在冰箱中的有毒氣體，似乎是解決冰箱氣體問題的安全工程方法，尤其在實驗室中測試，顯示CFCs沒有任何缺點。不幸的是，實驗室測試無法顯示一旦CFCs進入大氣層，就會破壞保護我們免受紫外線輻射的臭氧層。結果舉世大多數地區都禁止使用CFCs——但已經是幾十年後的事了。這說明為什麼地球工程必須先經過「大氣測試」——這不可能實現，因為我們得先用實驗破壞地球十次，才能指望在第十一次掌握如何用地球工程只產生我們預期的益處。因此，大多數科學家和經濟學家都認為地球工程實驗極不明智，甚至會帶來致命的危險，應該禁止。

這一切是否意謂氣候變化無法阻擋，我們的孩子必然會活在不值得活的世界裡？不，當然不。氣候變化主要是由人類活動所造成，因此要減少氣候變化，就必須減少那些人類活動，亦即減少燃燒化石燃料，並盡可能由風能、太陽能和核能等可再生資源中獲取更多能源。

＊　＊　＊

除了核武和全球氣候變遷之外，全世界人類社會未來的第三組大問題，是全球基本自然資源的枯竭。這組問題會引起動亂紛擾，因為有些資源（尤其是水和木材）對過去的社會造成限制，並導致它們崩潰，而其他資源（尤其是化石燃料、礦物和生產性土地）則引發了戰爭。資源短缺正在破壞社會，也可能在世上許多地方引發戰爭。讓我們首先仔細考量一個例子：主要用作能源，或者作為許多化學合成品原料的化石燃料。（「化石燃料」一詞是指很久以前在地函中形成的碳氫化合物燃料來源：石油、煤、油頁岩和天然氣。）

人類所有的活動都需要能源，尤其需要大量能源來搬運和舉起物品。在人類數百萬年的演化中，人類的肌肉力量是我們運輸和舉物的唯一能源。大約一萬年前，我們開始馴養大型動物，利用牠們拉動車輛、攜帶包裹，並透過滑輪和齒輪系統提舉重物。接著我們用風力推動帆船和（後來）風車，並用水力驅動用於提舉、研磨和旋轉的水輪。如今我們最普遍的能源是化石燃料，因為它們顯然成本低（後面會再討論）、高能量密度（即少量燃料可以提供大量的能量），而且可以運輸到任何地方使用（和只能在某些地方使用的動物、風力和水力不同）。這就是為什麼化石燃料近來會驅動戰爭和外交政策的主要原因，也展現在石油激發美、英兩國的中東政策，以及日本參與二次大戰的角色。

古代人類已經會使用少量暴露在地球表面的石油和煤。不過一直到十八世紀工業革命，才開始大規模使用化石燃料。開採不同類型和不同來源的化石燃料，隨著時間的進展逐漸變化。最先使用的燃料是可以在地表或接近地表處最容易取得、採取方式最簡單和最廉價、以及提取造成的損害最小。當這些第一來源耗盡時，我們就轉而使用不易獲取、在地下更深處、提取更昂貴或更具破壞性的能源來源。因此，第一種工業規模的燃料是來自淺礦的煤，用來提供蒸汽發動機的動力、用於抽水，接著再用於驅動紡車，以及（在一八〇〇年代終於用於）蒸汽船和火車發動機。在煤的工業開採之後是開採石油、油頁岩和天然氣。例如從地下開採石油的第一口油井是一八五九年在賓州鑽探的淺井，其次是逐漸變深的深井。

許多人在辯論我們是否已達到「石油峰值」（peak oil）——亦即我們是否消耗了太多地球上可獲取的石油貯量，以致於石油生產很快就會開始減少。然而最便宜、最容易取得和破壞性最小的石油來源已被用盡這個事實，卻沒有人有爭議。美國再也不能在賓州刮取地表的石油或鑽淺井，油井必須挖得更深（深達一哩或更深），不僅在陸地上，而且在海底下；不僅在淺海水域，而且在更深的水域；不僅在美國的工業重鎮賓州，而且在遙遠的新幾內亞熱帶雨林和北極區。開採這些更深、更偏遠的石油礦藏，花費遠高於提取賓州的淺層礦床，漏油的可能性更高，造成高昂的損失。隨著石油開採成本的增加，取而代之但破壞性更高的化石燃料如油頁岩和煤炭，以及非化石燃料的來源如風力和太陽能等，變得愈來愈經濟。儘管如此，今天的油價仍然讓大型石油公司有高利可圖。

我方才提到油價**顯然**低廉。讓我們暫停一下，考量石油（或煤）的**實際**成本。假設油價為每桶六十美元，如果石油公司只需要以每桶二十美元的價格來提煉和運輸石油，而且該公司不需要支付任何其他費用，那麼以每桶六十美元的價格出售石油，就表示石油公司可以獲得巨額利潤。

但化石燃料會造成很大的破壞。如果這些破壞的費用也要向石油公司收取，那麼油價就會上漲。燃燒化石燃料造成的損害包括最近在歐美很嚴重的空氣污染，尤其在印度和中國情況更糟。空氣污染每年導致數百萬人死亡以及高昂的健康成本。化石燃料造成的其他破壞則是因氣候變化所導致：農作物減產、海平面升高、迫使我們為防備海平面上升而花錢堆砌障礙物、以及因洪水和乾旱而造成巨大的破壞。

茲舉一例，協助你了解化石燃料的間接成本，目前化石燃料的業者並未支付這些成本。假設你經營的工廠生產一種名為快樂娃娃的玩偶，再假設製作一噸快樂娃娃的成本是二十美元，而製作其他娃娃每噸花費三十美元，而你可以用每噸六十美元的價格出售你的快樂娃娃。六十美元減去二十美元賺取的利潤，使得生產快樂娃娃非但可獲取高利，並讓業者能勝過生產其他娃娃的對手。

不幸的是，快樂娃娃的製造過程會產生許多黑色污泥，但競爭對手的娃娃製造過程並沒有這種副產品。你把黑色污泥傾倒在所有鄰居的麥田上，使得他們的小麥產量減少。你每製造一噸快樂娃娃都會讓你的鄰居為處理你的黑色污泥，而損失七十美元的小麥收入。

結果，你的鄰居控告你，堅持要你為製造快樂娃娃造成的小麥收入損失，每噸賠償七十美元。你反駁鄰居的要求，提出許多藉口：你否認製造快樂娃娃會產生黑色污泥，儘管貴公司自己的科學家幾十年來一直警告你會有這種副產品；你說並沒有研究證明黑色污泥有害；數百萬年來，黑色污泥都是自然產生；還得要進行更多的研究，才能判斷你鄰居田裡有多少的黑色污泥是來自你的快樂娃娃工廠；快樂娃娃對文明和我們的高生活水準非常重要，因此污泥的受害者應該閉嘴，停止抱怨。

但是訴訟進行審判時，法官和陪審團都表示，這個案子非常清楚：你當然必須為你的快樂娃娃支付每噸七十美元，以補償你鄰居減少的小麥產量。結果你的快樂娃娃實際的成本不是每噸二十美元，而是二十美元加七十美元等於每噸九十美元。快樂娃娃不再是搖錢樹：如果你以每噸九十美元的價格製造，卻只能以每噸六十美元的價格出售它們，是不划算的。現在你對手以每噸三十美元成本製造的娃娃戰勝了快樂娃娃。

化石燃料就像在我們假設例子中的快樂娃娃，會造成損害但也有收益。兩者不同之處在於，化石燃料燃燒產生的二氧化碳比黑色污泥不明顯得多；還有化石燃料生產商和使用者尚不必因為對其他人造成傷害而支付代價，而快樂娃娃的製造商卻得付出代價。但有愈來愈高的呼聲，要求化石燃料生產商或用戶應該像快樂娃娃製造商一樣，透過如徵收碳排放稅或其他方法來支付費用。這種呼聲是目前大家在尋找化石燃料之替代能源的原因之一。

＊　＊　＊

有些替代能源的來源似乎取之不盡，用之不竭，如風力、太陽能、潮汐、水力發電和地熱。除了潮汐之外，所有這些來源都已經獲得「證實」：即它們已經長期大規模使用。例如丹麥由北海的風車取得國家所需的大部分電力，而冰島的首都雷克雅維克則由地熱能源中獲取熱能，在河流上用於水力發電的水壩，則已大規模使用了一個多世紀。

當然，這些替代能源中，每一個都有自己特定的問題。在我住的南加州的大規模太陽能發電，就經常會把陽光普照的沙漠棲地轉變為太陽能板，對已經瀕臨滅絕的沙漠陸龜十分不利。風車會殺死鳥類和蝙蝠，地主也討厭風車，抱怨這會破壞視野。跨河的水電大壩會阻礙洄游魚類。如果我們有其他的方法能夠生產不會造成問題的便宜能源，我們一定不會破壞沙漠陸龜的棲地、殺死鳥類和蝙蝠、破壞視野，或阻礙魚類洄游。但正如我們所提的，如果採用化石燃料，有它自己的全球氣候變遷、呼吸道疾病，以及開採石油和煤造成的破壞等大問題。由於我們無法由好或壞的解決方案中擇一，只能問：這些壞的選擇中，哪一個最不糟？

讓我們以風車作為這個辯論的例子。據估計，在美國每年至少有四萬五千隻鳥和蝙蝠因風車而死，這數字聽來很高。為了解析這個數字，不妨想想，據估計每年每隻可以自由進出飼主房屋的寵物貓，殺死的鳥類平均逾三百隻。（是的，超過三百隻：並沒有印錯。）如果估計美國戶外貓的數量約為一億，那麼和因風車而死的四萬五千隻鳥和蝙蝠相比，每年貓在美國殺死的鳥類達三百億。因風車致死的鳥類和蝙蝠數目僅相當於一百五十隻貓所導致的數量。因此可以說，如果我們十分關切美國的鳥類和蝙蝠，應該要先把注意力放在貓，而非風車上。再進一步為風車辯護，請想想貓並不會因為傷害鳥類所造成的危害，而為我們提供能量、不受污染的空氣，以及免於全球暖化的風險作為回報，而風車則可以提供這一切。

這個例子說明了為什麼儘管風車、沙漠太陽能板和水壩無庸置疑會造成傷害，但依舊還是最好的方法。與化石燃料相比，它們造成的損害較小，因此可以視為可接受的折衷方法，替代化石燃料作為能源。我們仍然常聽到反對的意見，認為風車和太陽能比不上化石燃料，但在某些情況下，它們已經可與化石燃料競爭，而且化石燃料的明顯經濟優勢是誤導；如果我們考慮化石燃料巨大的間接成本（快樂娃娃成本），那麼替代的方法會便宜得多。

現在你可能想了解核能發電這種教人憂慮的替代方案。大多數美國人和其他國家的許多民眾一聽到這個題目就會立即掩耳不聽。除了經濟原因之外，他們這樣做還有三個原因：擔心發生事故、擔心核反應爐燃料轉用於製造核彈，以及核廢料該貯存在哪裡這個尚未解決的問題。

我們對廣島和長崎原子彈的記憶，使許多人直覺就把核反應爐與死亡而非能源連結在一起。其實自一九四五年以來，已知有兩起核電站事故確實造成人員死亡的案例：一個是前蘇聯車諾比（Chernobyl）核事故造成三十二人立即死亡，以及之後因輻射而造成無法確知人數的大量死傷；另一是日本的福島反應爐事故。一九七九年美國三哩島（Three Mile Island）反應爐發生設備意外和人為失誤，但沒有人死傷，放射物質外洩也極少。然而三哩島事件造成巨大的心理影響：導致美國各地長期暫停訂購新的反應爐。

與核能發電相關的另一恐懼是尚未解決的核廢料貯存問題。在理想的情況下，應該把它永遠存放在地質非常穩定的偏遠地區，埋在地下深處，不會因地震或水滲透而導致廢料散逸。目前美國考量的最佳地點在內華達州，似乎符合實體要求。然而確保完全安全並不可能，因此內華達州民反對，阻止了擬議地點的採用。結果美國仍然沒有存放核廢料的場地。

因此就如我們討論因風車而死的鳥類和蝙蝠問題一樣，核能發電並非沒有缺點，即使沒有這些缺點，它也無法滿足我們所有的主要能源需求：比如我們不能用核反應爐為汽車和飛機提供動力。我們對廣島和長崎的回憶——經過三哩島、車諾比和福島等事件加深印象，麻痺了大多數人對核電的思維。但我們不得不問：核電的風險是什麼，替代方案的風險是什麼？數十年來，法國用核能供應全國大部分的電力需求，並沒有發生事故。如果說法國可能確實發生了事故，只是不承認，似乎不太可能：車諾比的經驗顯示，其他國家很容易就能發現因核反應爐受損而釋放到大氣中的放射性物質。南韓、台灣、芬蘭和其他許多國家也用核反應爐產生大量電力，並沒有發生重大事故。因此我們應該權衡我們對核反應爐事故**可能性**的恐懼，以及每年因燃燒化石燃料造成空氣污染導致數百萬人死亡的**確定性**，和因化石燃料可能導致全球氣候變遷的毀滅性巨大後果。

對美國而言，解決這些困境的方法包括兩部分。一個是減少美國人均能源消耗：儘管歐洲人的生活水準比美國人更高，但美國人的能源消耗卻約為歐洲人的兩倍。影響的因素包括歐美政府不同的政策影響了汽車購買。歐洲政府不鼓勵人民購買耗油量高、汽油行駛里程低的昂貴大型汽車，有些歐洲國家的汽車購置稅為一〇〇%，使買車的成本漲了一倍。此外，歐洲政府對汽油徵高稅，使汽油價格漲至每加侖九美元以上，這是另一個阻止人們購買耗油汽車的因素。美國也可採取同樣的稅收政策，用來阻止美國人購買耗油量大的汽車。

除了降低整體的能源消耗之外，美國能源困境解決方案的第二部分，是由化石燃料以外的其他來源取得更多的能源——由風、太陽、潮汐、水力發電、地熱，也許再加上核能。在一九七三年石油危機之後，美國政府提供補貼給替代能源發電開發商，許多公司利用這些補貼開發高效的風力發電機。可惜到了一九八〇年左右，美國政府終止對替代能源的補貼，因此高效率風車的美國市場急劇縮減。另一方面，丹麥、德國、西班牙和其他歐洲國家改善了美國的風車設計，現在用它們來產生大部分所需的電力。同樣地，中國也開發出長距離輸電線路，把電力由中國西部的風力發電廠輸送到中國東部人口稠密的地區；美國還沒有開發出這樣的長距離電力傳輸系統。

※ ※ ※

這些是與化石燃料這一種天然資源枯竭相關的問題，從能源需求問題的廣泛背景所做的探討。現在讓我們簡要地討論其他主要的自然資源類別，以及它們對未來招致難題的可能。其中有兩個類別已經在第八章中提到，它們和日本特別相關：提供我們木材、紙張、以及如傳粉昆蟲等關鍵生物媒介的森林；和漁場（主要是海洋的魚貝類，但也包括淡水湖泊和河流的魚類），它們提供了舉世人類對膳食蛋白質的大量需求。其他的類別還包括：工業使用的各種不同元素和礦物質（鐵、鋁、銅、鎳、鉛等）；對農林業十分重要的肥沃土壤；飲用、洗滌、農、林和工業用所需的淡水；以及我們所有人都生活其中的大氣。要了解這些資源為我們帶來問題的可能，可以考量下面四個層面，這些資源在這四個層面各有不同：它們的可再生性以及由此產生的管理問題、它們限制人類社會的能力、它們的國際層面，以及它們所挑起包括戰爭的國際競爭。

首先，各種資源的可再生性不同。礦物與化石燃料一樣是無機的（即不是生物，也不可再生）。也就是說，礦物不能自我再生，也不能生產礦物寶寶；我們現在在地球上可用的數量，就是我們將擁有的所有數量。相較之下，森林和漁場是可再生的生物資源：

魚類和樹木確實會生小魚和小樹。因此在理論且經常在實際上，可以透過以低於小魚和小樹生產速度的速率來收穫它們，讓魚和樹木的數量保持穩定甚至增加，以便持續利用。肥沃的土壤雖然主要是無機物、只有部分是生物來源，但也可以視為可再生資源，因為它雖然會遭人類的活動侵蝕，但也可以透過蚯蚓和微生物的作用再生。淡水有部分不可再生（如乾涸的含水層），但部分可再生，因為由海洋蒸發的水最後可能會成為降雨，落在陸地上，產生新的淡水。

我們無法透過管理實務來維持舉世不可再生的資源（礦物和化石燃料）貯量，但管理實務對可再生生物資源的貯量有很大的影響。正如第八章所談的，對於如何管理森林和漁場的可持續性，我們已了解很多。世上有些森林和漁場，如德國的森林和阿拉斯加野生鮭魚漁場，已經獲得妥善的管理。不幸的是，大多數的森林和漁場並沒有良好管理；它們遭到過度採伐和捕撈，使樹木或魚群正在萎縮或消失。快想想：你上回吃大西洋劍旗魚是什麼時候？答案：多年沒吃了，因為它遭濫捕，市場上根本看不到了。我們也知道如何管理表土，但遺憾的是它也經常管理不善，被帶入河流，然後透過侵蝕進入海洋，或者它的肥沃和質地降低。簡而言之，舉世許多或大部分可再生的寶貴生物資源，目前都管理不善。

第二，哪些自然資源會限制人類社會？答案：可能所有的資源都會，除了大氣中的氧氣，因為它還沒有耗盡的跡象。有些礦藏，尤其是鐵和鋁，目前還有巨大的數量，因此似乎也不太可能限制人類社會。但我必須保留這種說法，承認我們開採的是在地表淺層、容易提得且廉價的礦藏。但隨著時間的進展，我們免不了像化石燃料的情況一樣，要花費更多成本，開採更深的礦藏。其他工業用的重要礦藏在地球上的貯量要少得多，因此人們已在擔心其蘊藏有限——比如所謂的稀土礦貯量集中在中國。或許你認為淡水供應無限制，因為海洋中有如此多的鹹水，可以透過海水淡化來製造無限量的淡水。但這種作法需要能源，而我們的能源已經有限，並且因濫用而承受巨大的花費，所以實際上，淡水確實只能算是數量有限。

我們的下一個考量是世界資源問題的國際層面。有些資源不會移動，如森林；每棵樹都會留在它現在生長的國家，因此理論上它的管理是由該國家決定（儘管實際上還是存在國際層面，因為其他國家可能購買或租賃該資源）。但是對於處於國際「公地」（commons）上的資源以及跨越國界的移動資源而言，複雜的國際情況難以避免。

公海就是一個「公地」：在陸地兩百哩範圍內的海域被認為是該陸地所屬國家的領土，超過兩百哩的海域則無人擁有。（「公地」這個名稱來自於用在中世紀許多放牧草地的術語：它不是由個人擁有，而是視為「公地」，可供公眾使用。）國家有合法的依據管理近海兩百哩範圍內的海域，但任何國家的任何漁船都可以在公海捕魚。因此沒有法律機制預防公海的過度捕撈，許多海洋魚群資源正在減少。其他三種可能有價值的資源也存在於國家範圍之外的公地：溶解在海洋中的礦物質、南極冰帽中的淡水以及海床上的礦物質。這三種資源都已經有人嘗試開發：一次大戰後，德國化學家弗瑞茲．哈伯（Fritz Haber）研究由海水中提取黃金的過程；至少有一次嘗試把一座冰山由南極洲拖到一個缺水的中東國家；由海底開採礦物的作法也已取得了很大的進展。但這三種開發公地的作法都還不切實際；我們目前的公地問題「只有」公海漁場。

另一個可能導致國際複雜關係的資源，是由一個國家遷移到另一個國家的移動資源。許多動物都會跨越國界遷徙：在經濟上最重要的是有商業價值的海洋魚類，如鮪魚，還有一些河魚和會遷徙的陸地哺乳動物和鳥類（如河鮭、北極馴鹿和非洲大草原羚羊）。因此當一個國家的漁船捕撈海洋洄游魚類時，就會耗盡其他國家原本可能獲得的魚類。淡水也是流動的：許多河流流經兩國或更多國家，許多湖泊與兩國或更多國家接壤，因此一個國家可能減少或污染另一個國家想要使用的淡水。除了已經存在於水或空氣中的移動實用自然資源之外，還有因人類活動而加入水或空氣中，或者由水流和風攜帶，由一個國家移到另一個國家的移動有害物質。例如，印尼森林大火的煙霧已經嚴重破壞了吹向鄰國馬來西亞和新加坡的空氣品質；來自中國和中亞的灰塵被吹向日本、甚至北美；還有河流攜帶塑膠，漂到最偏遠的海洋和海灘。

最後，讓我們考量爭取資源的國際競爭。這是個大問題，因為如果各國不能在友好的情況下解決，就可能會透過戰爭來解決。這種情況已發生在國際石油的競爭上，這是日本參加二次大戰的主要動機。在太平洋戰爭（一八七九至八三年）中，智利對抗玻利維亞和秘魯，為的是要控制阿塔卡馬沙漠（Atacama Desert）的銅和硝酸鹽礦床。當今世上許多地方都出現了嚴重的淡水競爭，例如喜馬拉雅山積雪融化所產生的水，為流經中、印大部分地區和所有東南亞國家的主要河流提供水源。在湄公河和其他流經東南亞的河流，上游國家建造的水壩會阻止營養豐富的沉積物流到下游國家。歐盟、中國和西非國家的漁船正在競撈西非沿海的海洋魚類。其他國際競爭的混亂情況還包括溫帶工業化國家垂涎生長在熱帶國家的硬木林；用於工業的稀土元素；以及土壤，例如中國租賃非洲的農耕用地。簡而言之，隨著世界人口和消耗的增加，我們可以預期因為國際競爭有限的資源，會引發更多、更多的衝突。

❊　❊　❊

石油和金屬等資源的平均人均消耗率，以及塑膠和溫室氣體等廢物的平均人均生產率，在第一世界比在開發中國家高約三十二倍。比如比起貧窮國家公民的平均值，美國人平均每年消耗汽油約為其三十二倍，製造的塑膠垃圾和二氧化碳量是貧窮國家一般人民的三十二倍。三十二這個係數對開發中國家人民的行為產生了重大影響，也對我們所有人面臨的前景造成後果。這是我認為威脅文明和物種的四組問題中的最後一組。

為了了解這些後果，讓我們反思一下我們對世界人口的關注。當今世上有逾七十五億人口，在這半個世紀裡，這個數字可能還會增加到九十五億左右。幾十年前，許多人認為人口是人類面臨的最大問題。但後來我們逐漸明白人口只是兩個因素之一，其乘積才是真正重要。這個乘積就是世界消耗總量，也就是各地消耗的總和（全世界），這個數字來自兩個條件的乘積：地方人口（人數）乘以當地人均消耗率。

只有在人們消費和生產時，人口才有意義。如果舉世七十五億人口中，大部分人都在冷藏櫃裡，不代謝或消耗，就不會造成資源問題。第一世界大約有十億人口，主要居住在北美、歐洲、日本和澳洲，其相對人均消耗率平均為三十二。世上另外六十五億人口則構成開發中世界，相對人均消耗率低於三十二，大多數下降至一。這些數字意味大多數資源消耗發生在第一世界。

然而有些人仍然只關心人口，他們指出，像肯亞這樣的國家每年人口增長率超過四％，認為這是個大問題。這確實是個問題，尤其對肯亞的五千萬人口而言。但對整個世界來說，更大的問題是擁有三．三億人口的美國，其數量與肯亞的人口相比是六．六比一，但每個人消耗的資源都相當於三十二個肯亞人。把美國與肯亞的這兩個比率（六．六比一和三十二比一）相乘，你就會發現美國消耗的資源是整個肯亞的二百一十倍。再舉一個例子，義大利六千萬人口消耗的資源，幾乎是整個非洲大陸十億人口的兩倍。

直到最近，在其他地方的窮人對第一世界國家並不構成威脅。「他們」在那裡，對我們的生活方式知之甚少，就算他們確實知道，並且感到嫉妒或憤怒，也無可奈何。幾十年前，美國外交官喜歡辯論舉世哪個國家對美國國家利益最無關緊要，最常見的答案是阿富汗和索馬利亞：這兩個國家如此貧窮、如此遙遠，似乎永遠不會成為美國的問題。諷刺的是，後來人們卻認為這兩國對美國有莫大的威脅，因此美國才會出兵這兩個國家，而且美國軍隊迄今仍然留在阿富汗。

為什麼偏遠的貧窮國家現在會為富裕國家創造問題，可以用「全球化」這個詞來概括原因：世界各地之間的聯繫愈來愈緊密，尤其通訊和旅行愈來愈容易，意味開發中國家的人現在對舉世消耗率和生活水準的巨大差異有很多了解，現在他們中有許多人可以前往富裕國家。

全球化使得世界各地生活水準的差異難以持續，尤其在三個方面特別明顯。一個是新興疾病由偏遠的貧窮國家散布到富裕國家。近幾十年來，人人聞之色變的致命疾病常被旅人由流行疾病而且公共衛生措施不足的貧窮國家帶到富裕國家——霍亂、伊波拉、流感，(尤其是) 愛滋病等。這些疾病還會繼續來到富裕國家。

新興疾病的傳播是全球化的無意結果，但是因為全球化而導致的三種傳播中，第二種卻是出於人的蓄意。貧窮國家的許多人在明白世界其他地方可以享受舒適的生活方式時，會感到沮喪和憤怒。其中有些人變成恐怖分子，許多非恐怖分子本身也容忍或支持恐怖分子。自二〇〇一年九月十一日世貿中心恐襲事件以來，以前保護美國的海洋很明顯地不再能夠提供保護。美國人現在經常受到恐怖主義的威脅。未來一定會有更多針對美國和歐洲的恐襲，也可能針對日本和澳洲，只要消耗率三十二的係數差異繼續存在。

當然，恐怖分子行動的直接原因並非全球不平等本身，宗教的基本教義派和個人的心理變態也發揮了重要作用。每個國家都不免有瘋狂和憤怒的人，一心只想殺人；並非只有貧窮國家如此。美國的提摩太·麥克維（Timothy McVeigh）在奧克拉荷馬市用卡車炸彈炸死了一百六十八人，另一名美國人悉爾多·卡辛斯基（Theodore Kaczynski）郵寄裝有精心設計的炸彈包裹，造成三人死亡，二十三人受傷。挪威的安德斯·貝林·布雷維克（Anders Behring Breivik）用炸彈和槍殺死七十七人，三百一十九人受傷，其中許多都是兒童。但是這三個恐怖分子仍然是孤立的瘋狂個體，並沒有得到廣泛的支持，因為大多數美國人和挪威人都沒有充分的絕望或憤怒。只有在大多數人感到絕望和憤怒的貧窮國家，才會容忍或支持恐怖分子。

三十二這個係數與全球化相結合的其他後果是，消費水準低的人希望能享受消費水準高的生活方式。要這麼做有兩種方法：第一個是開發中國家的政府把提高生活水準，包括消耗率，當成國家政策的首要目標。第二個則是，開發中國家數千萬的人民不願意等待，他們不想知道自己的政府能否在其有生之年提高生活水準，因此透過移民到第一世界，尋求第一世界的生活方式，不論是否獲得許可：尤其是移居西歐和美國，以及移居澳洲；尤其是來自非洲和亞洲部分地區，以及中南美洲。事實已證明，阻止移民是不可能的。任何一個由低消費水準國家轉移到高消費水準國家的案例，都提高了世界消耗率，儘管大多數移民並沒有立即把消費增加為整整三十二倍。

每一個人都過著第一世界的生活方式，這樣的夢想可行嗎？讓我們用數字來考量。把每個國家當前的全國人口數量乘以每個國家的人均消耗率（石油、金屬、水等），然後再把全世界的數字相加，總和就是該資源的當前世界消耗率。現在重複這一算式，但把所有開發中國家的消耗率提高到現有的三十二倍，而人口和其他因素則都沒有變化。結果世界消耗率將增加十一倍，按目前的人均消耗率分布，相當於世界約有八百億人口。

有些樂觀的人認為我們可以供應擁有九十五億人口的世界，但我還沒見過任何樂觀主義者瘋狂到認為我們可以支撐擁有相當於八百億人口的世界。然而我們向開發中國家承諾，如果他們只採取良好的政策，例如廉潔的政府和自由市場經濟，他們也可以變得像今天的第一世界一樣。這個承諾完全不可能實現，是殘酷的騙局。即使是現在，全球七十五億人口中只有十億人能享受它，我們都難以支撐第一世界的生活方式。

美國人經常把中國和其他開發中國家的消費增長當成「問題」，希望這個「問題」不存在。然而，所謂的問題當然會繼續存在：中國和其他開發中國家的人民只是嘗試要享受我們已經在享受的消耗率。如果我們傻到告訴他們不要試圖做我們已經在做的事，他們絕不會聽。在全球化的世界中，中國、印度、巴西、印尼、非洲國家和其他開發中國家會接受的唯一可持續結果，是全球各地的消耗率和生活水準更加接近。但地球並沒有足夠的資源持續支持當前第一世界的消耗率，遑論支持開發中國家採用當前第一世界的消耗率。這是否意味我們最後必然會陷入災難？

不，只要第一世界和其他國家能夠攜手，讓消耗率降到遠低於當前第一世界的消耗率，我們就可以獲得穩定的結果。大部分的美國人會反對：我們不可能只是為了世上其他地方人們的利益，而犧牲我們的生活水準！就如前美國副總統迪克．錢尼（Dick Cheney）所說的：「美國人的生活方式沒得商量。」但面對世界資源水平降低的殘酷現實，美國的生活方式不得不改變；這樣的現實不能透過談判解決。無論我們美國人是否願意，都必然得要犧牲我們的消耗率，因為這個世界無法維持目前的消耗率。

這未必真的是犧牲，因為消耗率和人類福祉雖然相關，卻沒有緊密結合。很多美國人的消耗都是浪費，對高品質的生活並沒有裨益。例如西歐的人均石油消耗率約為美國的一半，但在各個有意義的指標上，一般西歐國家的平均福祉都高於美國的標準，如預期壽命、健康、嬰兒死亡率、醫療保健普及率、退休後的經濟保障、休假時間、公立學校的品質以及對藝術的支持。各位讀完這一頁時，只要走到美國的任何一條街上，看看經過的汽車，估計它們的油耗量，問問美國汽油這種浪費的消耗對上述各種生活品質的標準是否有正面的貢獻。除了石油之外，美國和其他第一世界國家在其他範疇的消耗率也有浪費之處，比如先前曾討論過的，對世界上大多數漁場和森林的浪費和破壞性開採。

簡而言之，可以肯定的是，在我們大多數人的有生之年，第一世界的人均消耗率將比現在低。唯一的問題在於，我們是透過我們選擇的計畫方法，或者是透過非我們選擇的不快方法，來達到這一結果。同樣可以肯定的是，在我們有生之年，許多人口眾多的開發中國家的人均消耗率，將不再低於第一世界消耗率的三十二倍，而會比現在更接近第一世界的消耗率。這些趨勢是我們期待的目標，而非我們應該抵制的可怕前景。我們已經有足夠的認識，應該在實現這些目標上做到良好的進展；目前主要欠缺的是必須要具備的政治意願。

＊　＊　＊

以上是我認為整個世界面臨的最大問題。由危機框架的角度來看，哪些因素有利於人類解決這些問題？哪些又會阻礙人類解決這些問題？

無可否認，我們面臨著巨大的障礙。與本書前幾章所討論七個國家各自面臨的國家危機相比，整個世界解決世界問題的努力迫使我們進入不熟悉的領域，這方面較少有先例能夠引導我們。不妨想想整個世界與個別國家有什麼樣的不同。我們所討論的各個國家具有一貫公認的國家認同和全國共同的價值觀，使這個國家與不同認同和不同價值觀的其他國家區分開來。本書中的七個國家有長期以來的國家政治辯論論壇，和能由其中汲取靈感的應變歷史。本書中的所有國家也都或多或少從友邦獲益，這些友邦提供物質資助、建議和可以修改和採用的模型。

但整個世界卻缺乏國家的這些和其他優勢。我們並沒有和另一個有人居住、可以尋求支持的星球接觸（表1.2中的因素＃4），也未能藉由研究他們的社會找出模型，引導我們尋求解決方案（因素＃5）。人類缺乏對共同身分（因素＃6）和共同核心價值（因素＃11）的廣泛認可，可以和其他星球上普遍存在的認同和價值對照。這是有史以來我們頭一次真正面對全球性的挑戰；我們缺乏以往面對此類挑戰的經驗（因素＃8），也欠缺未能解決這些挑戰的教訓（因素＃9）。對於舉世成功因應這種挑戰，我們經驗有限：國際聯盟（League of Nations）和聯合國是頭兩次機構性嘗試，儘管它們獲得一些成功，但這些成功尚未達到與世界問題規模相當的程度。舉世並沒有承認全球性的危機（因素＃1），並不認為全球應對當前的問題負起責任（因素＃2），也沒有全球範圍的誠實自我評估（因素＃7）。我們的選擇自由（因素＃12）受到嚴格的限制：世界資源似乎無可避免會耗盡，全球二氧化碳量上升，以及範圍包括全世界的不平等現象，讓我們幾乎沒有試驗和操縱的空間。這些殘酷的現實使許多人對美好未來的前景感到悲觀或絕望。

儘管如此，在解決世界問題方面，我們已經依循三種不同的途徑取得了進展。其中一條已通過考驗的途徑，由國家之間的雙邊和多邊協議構成。我們知道至少早在有書面紀錄之時（逾五千年），政治實體之間就已經有書面談判和協議。現代沒有文字的群聚和部落也會有協定，因此我們的政治談判史必定可以追溯到早在國家政府起源之前，經歷現代人類數萬年的歷史。尤其本章討論的四個世界問題全都是最近雙邊和多邊談判的主題。

我只舉一個例子，並不是因為它所解決的問題最緊迫（它並非最急迫的問題），而是因為它說明了即使彼此最仇視的國家，也有達成協議的可能：以色列和黎巴嫩。以色列入侵並占領了黎巴嫩部分領土，黎巴嫩則一直都是向以色列發射飛彈的襲擊基地，但這兩個國家的鳥友卻達成了里程碑式的協議。在歐洲和非洲之間遷徙的老鷹和其他大型鳥類，每年秋天由黎巴嫩經以色列向南飛，春天再由以色列經黎巴嫩向北飛。如果飛機和那些大鳥相撞，結果往往是雙雙受傷。（我的家人和我一年前就曾發生這樣的事故，當時我們的小型包機與老鷹相撞，飛機留下凹痕但沒有墜落；老鷹死亡。）這種碰撞是黎巴嫩和以色列致命空難的主因，因此兩國的鳥友建立了相互警告系統。秋天，黎巴嫩鳥友如果看到黎巴嫩上空有一群大鳥往南飛向以色列，就會警告以色列同好和以色列空中交通管制員，而到春天，以色列鳥友則會警告對方有鳥類朝北飛。這種協議顯然有互惠互利之效，但它需要經過多年的討論，才能克服雙方普遍存在的仇恨，只關注鳥類和飛機。

當然，僅僅只有兩個或甚至幾個國家之間達成協議，距全世界二百一十六個國家的協議還有距離，但這仍朝達成世界協議邁出了一大步，因為在世界人口和經濟中，少數幾個國家就占了最大的比例。兩個國家（中國和印度）就占世界三分之一的人口；另兩個國家（美國和中國）則占世界二氧化碳排放量和經濟產出的四一％；還有五個國家或實體（中國、印度、美國、日本和歐盟）占排放量和產出的六〇％。中、美已經就二氧化碳排放原則達成協議，接著印度和日本也加入了該雙邊協議，歐盟的巴黎協定則於二〇一六年生效。巴黎協定當然還不夠，因為它缺乏嚴格的執行機制，而且美國政府在次年宣布有意退出。但巴黎協定很可能成為未來改進版協定的典範或起點。即使舉世其他兩百個經濟產出較小的國家不加入這種未來的協定，光是五個最大參與者的五邊協議，對解決碳排放問題都可能大有幫助，因為這五大要角可以對其他兩百個國家施壓，例如對不遵守協定的國家徵收貿易關稅和碳稅。

解決世界問題的另一種途徑是在一個地區的國家之間達成協議。北美、拉丁美洲、歐洲、東南亞、非洲和其他區域已經有許多這樣的地區協議。機構範圍最廣，協議領域及具有約束力的規則最多的最先進地區協議是歐盟，目前由大約二十七個歐洲國家組成。當然，一提到歐盟，人們立即想到的是分歧、倒退、英國脫歐，以及其他可能的政治退出，這是意料中的事，因為歐盟邁出的是如此重大而又激進的一步，不僅是對歐洲，而且對世界任何地區都是如此。

但在你被對歐盟的悲觀態度淹沒之前，不妨先想想一九四五年二次大戰結束時歐洲的破碎狀況，然後再想想歐盟已經達到的成果。經過幾乎持續幾千年的戰爭，最後以歐洲各國進行了史上最具破壞性的兩場戰爭作終之後，自一九五〇年代歐盟前身成立以來，其會員國再沒有與任何其他會員國作戰。一九五〇年我頭一次訪問歐洲時，每個國家的邊境都有嚴格的護照管制；但現在歐盟各國之間出入邊界的限制已經減少很多。

一九五八至六二年我住在英國時，獲得歐陸各大學長期教學和研究工作的英國科學家屈指可數，反之亦然。而現在，歐盟各國大學教職中，非本國人占很大的比例。歐盟國家的經濟基本上是一體的，大多數歐盟國家都使用共同貨幣——歐元。對於主要的世界問題，如能源、資源的運用和移民，歐盟各國互相討論，有時也採用共同的政策。再一次地，我承認歐盟內部是有爭議——但不要忘記任何一個國家之內也都有雜音。

在區域協定中，範圍更狹窄、更專注的例子，還包括消除或根除地區性疾病的協議。根絕牛瘟是重大的成功例證，牛瘟曾是人人談之色變的牛病，在非、亞和歐洲的大塊地區造成了巨大的損失。經過數十年長期的地區性努力，自二〇〇一年以來，已無牛瘟病例。目前在兩半球範圍內進行的大規模地區性疾病研究，包括根除麥地那龍線蟲（guinea worm）和河盲症。因此，區域協議成為解決跨國問題的第二條已證實有效的途徑。

第三條途徑包括由全球各機構敲定的世界協議，不僅由負有全方位世界使命的聯合國履行，也靠具有更特定任務的其他世界機構實踐——例如致力於農業、打擊野生動物走私、航空、漁業、食品、健康、捕鯨和其他使命的組織。正如對歐盟一樣，人們很容易對聯合國和其他國際機構冷嘲熱諷，這些機構的權力通常比歐盟更弱，而且比大多數國家在其國境內的權力弱得多。但其實國際機構已經取得了很多成就，而且它們提供了更多進步的機制。其重大的成功包括一九八〇年全球根除天花；一九八七年蒙特婁議定書（Montreal Protocol）保護大氣同溫層的臭氧層；一九七八年國際防止船舶污染公約（稱為MARPOL 73/78國際公約），強制船上的載油貨艙與壓載水艙（water ballast tanks）分離，並要求所有海上運油必須採用雙殼油輪，減少全球海洋污染；一九九四年海洋法公約界定了各國和共有的國際經濟區；以及國際海底管理局（International Seabed Authority）建立海底礦物開採的法律架構。

全球化既會引發問題，也會促進問題的解決。如今全球化的一個不祥之兆，是世界各地問題的增長和擴散：資源競爭、全球戰爭、污染物、大氣氣體、疾病、人的流動和其他許多問題。但全球化也意味令人鼓舞的消息：各方面有助於解決這些世界問題因素的增長和擴散，例如資訊、溝通、對氣候變遷的認識、一些主要的世界語言、對其他地方普遍存在的情況和解決方案的廣泛了解，以及——了解這個世界唇齒相依，休戚與共。在二〇〇五年出版的《大崩壞》（*Collapse*）一書中，我把這些問題和解決方案之間的緊張關係喻為毀滅之馬和希望之馬的競賽，這並非在整段距離中，兩匹馬大致以一貫最高速度奔跑的一般賽馬，而是以指數級加速的賽馬，兩匹馬各自都會跑得愈來愈快。

我在二〇〇五年寫《大崩壞》時，還不清楚哪匹馬會贏得比賽。但我在二〇一九年寫下這些句子時，這兩匹馬在這十四年間一直都在加速。自二〇〇五年以來，我們的問題，尤其是世界人口和世界消耗，顯著增加。自二〇〇五年以來，全球對我們問題的認識以及解決問題的努力也顯著增加。目前依舊不清楚哪匹馬會贏得比賽，但可以確定的是，無論結局好壞，賽馬結果揭曉的時間更加接近了。

▼結語

# 教訓、問題和展望

預測因素——危機是否必要？——領導人在歷史上的角色——特定領導人的角色——接下來怎麼做？——未來的殷鑑

最後一章首先要總結我們一開始就列在表1.2中，假設會影響國家危機結果的十二個因素，實際上怎麼應用在本書七個國家的樣本上。接著我會用該樣本來考量人們經常問我兩個關於危機的一般問題：國家是否需要引發危機的急劇動盪，來促使它們進行重大改變；歷史的過程是否在很大的程度上取決於特定的領導人。然後我會建議一些策略，加深我們對危機的了解。最後，我會提出問題：我們可以由這種了解中汲取哪些教訓，作為未來的殷鑑。

❀ ❀ ❀

**一、承認個人置身危機之中**。個人比國家更容易承認自己置身危機，因為在個人的情況下，不需要許多公民達成共識：只是個人承認或不承認自己處於危機之中。但即使是個人，或許也沒有單純是或否的答案，而至少有三種複雜的情況：此人最初可能否認出現危機，或者可能只承認危機的一部分，或者可能淡化其嚴重性。然而最後這個人可能會「求救」，就實際的目的來看，這就是承認危機的時刻。國家危機在這三種複雜的情況之外，還存在第四種情況：一個國家是由許多分屬不同群體的人，以及一些領導人和許多追隨者組成。這些群體、領導人和追隨者在承認危機時往往會有分歧的意見。

國家和個人一樣，可能最初會忽視、否認或低估問題，直到這個否認階段因外在的事件而結束。例如早在一八五三年之前，明治日本已經知道一八三九至四二年西方列強對中國的鴉片戰爭，以及列強對日本的威脅。但直到一八五三年七月八日培里准將到來之前，日本依然並沒有承認危機並開始改革的辯論。同樣地，芬蘭在一九三〇年代末接受了蘇聯的要求，他們知道蘇聯人口眾多，並且擁有龐大的軍隊，但直到一九三九年十一月三十日蘇聯襲擊之前，芬蘭並沒有認真面對威脅。一旦發生攻擊，芬蘭人民一夕之間幾乎一致協議以戰鬥回應。相較之下，雖然培里的到來確實讓日本人民迅速承認國家面臨緊急的問題，但反幕府的改革者卻不同意幕府政府的回應方法，一直要到十五年後，改革者推翻幕府將軍時，這種分歧才得以解決。

其他有些國家危機的案例，則是全民廣泛認同國家確實遭遇了**某個**重大問題，但對問題究竟是什麼，卻有異議。在智利，阿言德和政治左派認為這個問題是需要改革的智利機構，而政治右派卻認為問題是阿言德及他所提議的改革。同樣地，在印尼，共產黨認為問題在於印尼政府需要改革，而印尼軍方則認為問題是共產黨及他們所提議的改革。這兩種情況都未能因全國最後達成共識而解決危機，也並非由其中一個團體以武力取勝，但饒了落敗對手的性命，不傷害他們的權利。（日本最後一位德川幕府將軍在失敗後獲准歸隱，在明治維新結束後又活了三十四年。）在智利和印尼，是由勝利的一方消滅了大半的失敗群體而解決了危機。

二次大戰後的澳洲和德國則是長期否認日益嚴重危機的例子。長久以來，澳洲一直堅持其英國和白澳的認同；德國也否認一般德國人民對納粹罪行的廣泛責任，以及德國領土喪失和東歐各國成立共黨政府等教人不快的恆久現實。在澳洲和德國，這些問題則因選民緩慢而民主地達成了全國共識而獲得解決，改變了政府政策。

最後，在我下筆的今天，日本和美國選擇性否認重大問題的情況仍然很普遍。日本目前雖承認一些問題（政府債務高和人口老化），也多少承認日本婦女角色的障礙，但仍然否認其他問題：缺乏可以解決人口問題的移民方案；日本與中、韓兩國關係緊張的歷史原因；拒絕承認日本尋求掌握海外自然資源，而非協助管理資源可持續性的傳統政策已經過時了。而在我行文之際，美國仍然普遍否認國內的主要問題：政治兩極化、選民投票率低、選民登記的障礙、不平等、社會經濟流動性有限，和政府對公共財的投資減少。

**二、承擔責任；避免受害者心態、自憐和責怪別人**。在承認危機的第一步之後，解決個人危機的下一步是接受個人責任——即避免自憐或自以為是受害者，而不承認需要個人改變。這點對國家就和對個人一樣，只是也有如同剛才所討論國家共識的複雜問題：接受責任和避免自憐，對個人或國家都不僅僅是「是」或「否」的單純問題；國家是由不同的群體、領導人和追隨者組成，他們的觀點往往不同。

我們的七個國家以不同方式說明了接受和拒絕責任。芬蘭和明治日本說明了避免自憐的例子。由一九四四年起，芬蘭原本可能因自憐而癱瘓，過於強調芬蘭作為受害者的角色，並指責蘇聯入侵芬蘭，殺死這麼多芬蘭人。然而芬蘭的作法卻相反，它承認必須面對蘇聯，作法轉為不斷地與蘇聯進行政治討論，並贏得蘇聯的信任，因而獲得了許多有利的結果：蘇聯撤離了赫爾辛基附近的波卡拉海軍基地，降低了芬蘭的戰爭賠償金額，延長繳交期限，並容忍芬蘭和歐洲經濟共同體的關係，讓它加入歐洲自由貿易聯盟。即使到今天，蘇聯垮台很久之後，芬蘭也沒有努力收回失去的卡累利阿省。同樣地，明治時期的日本經歷數十年西方的威脅和強加的不平等條約，但日本並沒有採取受害者的角色；相反地，它專注於培養抵抗力量的責任。

把責任歸於別人，而非反求諸己的一個反例，是澳洲為新加坡淪陷而指責英國「背叛」，而非承認澳洲在二戰之前未能承擔責任，培養自身的防禦力量。同樣地，在澳洲最後痛苦地承認英國必須追求自己的利益之前，先指責了英國申請加入歐洲經濟共同體，辜負了澳洲。這種指責可能減緩澳洲與亞洲國家發展經濟和政治關係的速度。

拒絕承擔責任而造成災難的一個極端例子是一戰後的德國。許多德國民眾接受納粹和其他許多德國人提出的不實主張，認為德國之所以戰敗，是因為德國社會主義者的背叛，而不是因為壓倒性的盟軍軍隊。納粹和其他德國人強調《凡爾賽條約》的嚴重不公，卻不承認德皇威廉二世及其政府戰前長期以來一連串的政治錯誤，導致德國在軍事條件不利的情況下加入戰爭，因此吃了敗仗，才會有《凡爾賽條約》。德國人否認了自己的責任，自認為受害而自憐，其結果是支持納粹，導致了二次大戰，對德國造成更大的災難。

二戰後的德國和日本，則同時提供了承擔責任與否定責任的鮮明對比。兩國政府都該為完全由自己發動的戰爭負責；這和一次大戰中德國的處境不同，他們的對手並沒有促成戰爭的責任。二戰期間，德國和日本都殘酷對待其他民族，而且德國和日本自己的人民也受了極大的傷害，然而兩國對這些現實的態度恰恰相反。對於戰爭期間被殺害的數百萬德國人（包括盟軍轟炸德國城市造成的無數德國人民喪生，如果盟軍沒有戰勝，這就會被當作戰爭罪行）；上百萬德國婦女在蘇聯由東方入侵時遭強暴；以及戰後德國大片領土的損失，德國的反應原本可能是自認為受害而自憐，但他們並沒有這麼做，相反地，德國人普遍承認納粹的罪行，在學校教授這些事實以及德國的責任，與波蘭和在戰爭中受害的其他國家建立更好的關係。相較之下，日本依舊繼續否認發動戰爭的責任；日本人民普遍認為，美國設法誘使日本轟炸珍珠港，因而發起戰爭，他們忽略了日本早在四年之前就已經侵略中國，只是並未宣戰的事實。日本也繼續否認它對中、韓兩國平民及盟軍戰俘犯下罪行的責任，只顧自憐，強調它作為原子彈受害者的角色，並未坦白地討論如果美國沒有投下原子彈，還會有更糟糕的情況發生。這種否認、受害者心態和自憐繼續毒害日本與強大的中、韓鄰國關係，因而為日本帶來巨大的風險。

**三、建立圍籬／選擇性改變**。我在第二至第七章討論的這六個國家，全都採取了選擇性改變來處理它們的危機，而我所討論另兩個正在改變的國家（日本和美國），現在也正在這樣做，日本做的比美國更多。所有這些國家都改變了某些特定的政策——或者正在辯論是否要改變，但並未討論其他的國家政策。就改變與未改變之間的對比來看，特別發人深省的又是明治日本和芬蘭的情況。明治日本在許多領域都西化：政治、法律、社會、文化等，但在這每個領域，日本並沒有盲目地複製西方的模式；而是在眾多可用的西方模型中，尋覓哪一種最適合日本，並修改該模型以適應日本的情況。在此同時，日本社會的其他基本方面依舊保持不變，包括崇拜天皇、漢字書寫和日本文化的許多方面。同樣地，芬蘭的改變是透過與共產蘇聯不斷地討論，犧牲一些行動自由，由農村國家轉變為現代工業國家。同時芬蘭在其他方面仍然是自由主義的民主國家，並且與前蘇聯（現在的俄羅斯）為鄰的其他歐洲國家相比，保留了更多的行動自由。芬蘭由此所做的行為雖然看似明顯不一致，受到非芬蘭人的嚴厲批評，因為這些外國人未能了解芬蘭地理位置的殘酷現實。

**四、來自其他國家的幫助**。在個人危機中，他人的協助十分重要，但在解決我們所討論的大多數國家危機方面，這個因素卻發揮了包括正面以及負面的作用。西方國家的各種幫助，由派遣顧問赴日，到接待日本的海外訪問團，到建造戰鬥巡洋艦原型，對明治日本的選擇性西化都很重要。在智利和印尼軍政府分別在一九七三年和一九六五年政變後，美國的經援對加強兩國經濟攸關緊要，日本和德國在二戰期間遭受破壞，戰後重建也需要美國經援。澳洲首先向英國，繼而轉向美國尋求軍事保護。但在負面的影響上，美國取消經援，並對智利設置經濟障礙，使得阿言德政府動盪不穩；一次大戰後德國的威瑪共和國因英、法兩國索取戰爭賠償而不穩定。至於澳洲，新加坡淪陷後對於英國軍事保護失敗的震驚，以及英國因歐洲經濟共同體談判而撤回澳洲優惠關稅地位的衝擊，促使澳洲尋求新的國家認同。缺乏友邦協助方面的傑出榜樣是芬蘭對抗蘇聯的冬季戰爭，當時芬蘭所有的潛在盟友都不能或者不願提供芬蘭所希望的軍援。這種殘酷的經驗成為芬蘭在一九四五年後外交政策的基礎：他們明白芬蘭與蘇聯再度發生衝突時，無法獲得幫助，因此必須與蘇聯培養出可行的關係，盡可能保持芬蘭獨立。

**五、以其他國家為模型**。模型在解決個人危機方面通常具有重要價值，同樣地，對於我們所舉的大多數國家而言，它們在正反兩方面也具有重要的意義。對於明治日本的轉型，借用和修改西方模型尤其重要，日本在二戰後再次借用並修改（或被強迫實施）民主政府的一些美國模式，也有一些影響。智利和印尼的軍事獨裁政權借用了自由市場經濟的美國模式（或者他們想像中的美國模式）。在二次大戰前的大部分歷史中，澳洲大量借用英國模式，後來卻愈來愈排拒它們。

相反地，本書所舉的國家也提供了兩個實際或假定缺乏模型的例子。在芬蘭這方面，沒有任何蘇聯鄰國能夠在滿足蘇聯要求的同時，保持其獨立性的模式；這是芬蘭的「芬蘭化」政策精髓。芬蘭人民對其獨特情況的認識，是芬蘭總統凱科寧「芬蘭化不是用來外銷的」一說的基礎。假定缺乏模型的例子是當今的美國，在美國，人們對於美國例外論的信念轉變為一般人普遍認為，美國無法由加拿大和西歐民主國家學到任何事物：甚至連每個國家都會有的問題，例如醫療保健、教育、移民、監獄、養老等問題的解決方案，也沒有可學之處。大多數美國人對美國處理這些問題的方法不滿，但仍拒絕向加拿大或西歐學習。

**六、國家認同**。在個人危機的十二個結果相關因素中，有些很容易轉化為國家危機的預測因素，但卻有一個不容易轉化的因素，那就是個人的「自我強度」特性，它成了相關國家特性的譬喻：國家認同感。

什麼是國家認同？它意味對國家的特色及使它獨一無二的特殊事物，感到共同的自豪。國家認同有許多不同的來源，包括語言、軍功、文化和歷史。這些來源因國家而異，例如芬蘭和日本都有其他國家都沒有的獨特語言，而且其人民引以為傲。而相反地，智利人雖然與大多數其他中南美洲國家使用相同的語言，卻矛盾地把這個事實轉變為一種獨特的身分：「我們智利人在政治穩定和民主傳統上，與所有其他使用西班牙語的拉丁美洲國家不同。我們更像歐洲人而非拉丁美洲人！」對一些國家來說，軍事成就是國家認同的重要因素：芬蘭（冬季戰爭）、澳洲（加里波利）、美國（二次大戰）和英國（許多戰爭，最近的是二次大戰和福克蘭群島戰爭）。在許多國家，民族自豪感和國家認同集中在文化上：例如義大利在藝術方面的歷史優勢，和在烹飪和風格方面的現代優勢，英國的文學和德國的音樂。許多國家都為自己的運動隊伍感到自豪。英國和義大利的例子，都說明了他們對自身歷史和在世界舞台上重要性的記憶感到自豪——在義大利這方面，他們為兩千年前羅馬帝國的回憶感到驕傲。

在本書所談的七個國家中，有六個國家的國家認同感很強，唯有印尼例外，其國家認同較弱。這並不是要批評印尼人民：它只是反映了一個顯而易見的事實，即印尼直到一九四九年才成為獨立的國家，而且即使作為殖民地，直到一九一〇年左右，也並沒有實際的統一，因此印尼會經歷分裂運動和叛亂不足為奇。然而由於統一的印尼語普及，以及民主和公民參與的成長，印尼的國家認同最近迅速增長。

國家認同是本書中所有歷史較悠久的國家解決危機的重要因素。國家認同感使得明治日本和芬蘭人民各自團結，讓這兩個國家有勇氣抵抗強大的外侮，並激勵其人民在貧困和國家羞辱中生存，並在國家事業中做出個人犧牲。芬蘭人甚至還用他們的金戒指來幫助芬蘭向蘇聯支付戰爭賠款。在一九四五年之後，德國和日本的民族認同使它們能夠在慘重的軍事失敗和隨後的占領中生存下去。在澳洲，國家認同一直是澳洲重新評估和選擇性變革的焦點，圍繞著「我們是誰？」這個問題。皮諾契特垮台後，國家認同感使智利的左派分子在重新掌權時行為克制：即使智利左派掌握政權，對智利軍隊的恐懼消退，對皮諾契特的支持者憎恨依舊，但他們還是採取了「包容所有智利人的智利」的和解政策，包括崇拜皮諾契特的右派人士，以及欽佩阿言德的左派人士，這是了不起的成就。相比之下，在當今的美國，我們聽到的是更加強調次群體的身分，而非廣泛的國家認同。

各國人民和政府經常以講述歷史，創造國家自豪感，來加強國家認同。這種歷史敘述構成了「民族神話」。我用「神話」一詞並沒有「謊言」的貶意，而是指其中性的意義：「傳統故事，表面上有歷史基礎，但卻用來解釋某種現象，或宣傳某個目的。」實際上，出於政治目的而一再講述的民族神話，涵蓋了由真實敘述到謊言的整個範圍。

這其中的一個極端，是對過去事實的準確敘述，並且確實把重點放在當時發生在該國最重要的事物，只是這樣的講述仍然是出於政治目的。例如敘述一九四〇年夏天英國的歷史，把重點只放在不列顛戰役（英倫空戰）上，或者講述一九三九年十二月至一九四〇年三月的芬蘭歷史，卻只關注冬季戰爭，以培養英國和芬蘭的國家自豪感。的確，我們可以說，這些確實是當時發生在英國和芬蘭最重要的事情，而且為了政治目的，如今依舊一遍又一遍地重述這些事件。

一個中間階段則是對過去的描述，在事實上是正確的，但焦點卻只放在那個國家那段歷史上諸多事件中的一個，而忽略了其他重要的事情。這樣的例子包括十九世紀早期的美國歷史，強調路易斯和克拉克（Lewis and Clark）橫貫美洲大陸的探險，以及歐洲白人探索和征服美國西部的其他階段，但是忽略了美洲原住民遭殺戮和流離失所，以及非裔遭到奴役；印尼的獨立史描述印尼共和國對抗荷蘭人的戰役，但並未提及大批印尼人群起與共和國作戰；還有二十世紀初澳洲的歷史，只講述加里波利，而省略了澳洲原住民遭殺戮和離鄉背井。

這個連續體的另一個極端，是對過去大半都屬於虛假的描述，例子包括德國把一次大戰的失敗歸咎於德國人民叛亂，以及日本人盡可能地輕描淡寫或徹底否認南京大屠殺。

歷史學家常爭論是否可能對過去有確切的了解，歷史是否不可避免地會涉及多種解釋，以及所有這些解釋是否應該受到同等的重視。無論這些問題的答案是什麼，事實仍是國家認同會因政治目的而藉民族神話得到加強，國家認同對國家很重要，支持它們的神話在歷史基礎上各有不同。

## 七、誠實的自我評估

如果有來自外太空的理性訪客，對人類和我們的社會都一無所知，或許會天真地以為，無論什麼因素導致人類個人和國家未能解決危機，一定不會是因為缺乏誠實的自我評估之故。我們這位理性的外星訪客可能會推想，為什麼那些奇怪人類的任何個人或國家，會因為不誠實面對自己而自取滅亡？

其實，誠實的自我評估需要兩個步驟。首先，個人或國家必須擁有正確的認識，只是這些知識可能很難取得；未能成功處理危機的原因可能是因為缺乏資訊，而不是因為不誠實。第二步則是誠實地評估這些資訊。唉，任何熟悉國家或其他個人的人都知道，在人類事務中，自欺欺人十分常見。

在有關國家的例子中，最容易了解的誠實（與否）自我評估案例，都和強有力的領導者或獨裁者有關。在這些案例中，國家是否誠實地自我評估，端視其領導者是否誠實地自我評估而定。國際上眾所周知的例子是兩位現代德國領導人之間的對比。傑出的現實主義者俾斯麥達成了統一德國的艱難目標，而情緒不穩定且不切實際的威廉二世，則多餘地為德國製造了敵人，捲入一次大戰，並且吃了敗仗。更聰明但也更邪惡的希特勒，不切實際地攻擊蘇聯，並且在已經與蘇聯和英國交戰的同時，毫無必要地向美國宣戰，使他最先的成功毀於一旦。比較近的例子是，德國很幸運由另一位現實主義者布蘭特領導了幾年，他勇敢地看清東歐需要痛苦但卻誠實的政策（承認東德，和喪失東德範圍以外的德國領土），因此奠定了二十年後德國重新統一的先決條件。

另一個國家連續兩位領導人的對比同樣引人注目，這個例子是西方讀者較不那麼熟悉的印尼。印尼立國的第一任總統蘇卡諾自認為天賦異稟，能夠解讀印尼人民潛意識裡的願望。他忽視印尼本身的問題，卻參與了世界各地的反殖民運動，並且命令印尼軍隊試圖接管馬來西亞的婆羅洲，不顧民意反對，招來軍方將領對他自己的懷疑。對蘇卡諾而言，不幸的是後來成為印尼第二任總統的蘇哈托將軍（直到他的政治生涯後期為止）是傑出的現實主義者，他行事謹慎，只有在確定會成功時才肯採取行動。透過這種方式，蘇哈托慢慢地排除了蘇卡諾的影響，放棄了蘇卡諾的世界主張和對馬來西亞的戰役，並集中精力於印尼事務（雖然經常採取邪惡的方式）。

接下來三個案例的國家則並非由單一的強力領導人主導，但卻在誠實的自我評估基礎上達到了全國共識。明治日本所面臨的痛苦事實，是教人厭惡的西方蠻夷比他們強大，日本唯有向西方學習，才能獲得力量。因此日本派了許多政府官員和人民遠赴歐美取經。相較之下，日本之所以捲入二次大戰，部分原因是一九三〇年代掌權的年輕日本軍官對西方國家及其武力缺乏第一手的了解。芬蘭人也面對持續得不到潛在盟友支持的痛苦現實，芬蘭對蘇聯的政策則必須靠贏得蘇聯的信任，了解蘇聯的觀點才能成功。最後一個例子是澳洲，它必須承認英國對澳洲的經濟和軍事重要性已經消退，亞洲和美國變得更加重要。

書中的最後兩例，則是關於當今兩個國家缺乏誠實的自我評估。正如先前所提的，當今的日本確實重新認識了自己的一些問題，但並未面對其他問題。美國如今也未能誠實地自我評價：尤其是因為認真對待當前重大問題的美國公民和政治人物不夠多。許多美國人自我欺騙，把美國目前的問題歸咎於其他國家，而非反求諸己。對科學的懷疑態度在美國愈來愈普遍，這是非常糟糕的前兆，因為科學基本上只是對現實世界的準確描述和了解。

**八、以往國家危機的歷史經驗**。安然度過以往的危機而產生的信心，是個人面對新危機的重要因素。在國家層面和此相應的因素，對本書中所提的幾個國家，以及其他的國家也很重要。現代日本就是一例，其信心源自明治時期的卓越成就，當時日本雖面對迅速的變化，依舊能獲得足夠的力量對抗西方列強，免遭瓜分的風險，最後還擊敗兩個西方強國（一九〇四至〇五年對俄羅斯，和一九一四年對德國殖民軍隊）。如果考慮到更強大的中國未能抵禦西方列強的壓力，就會認為明治日本的非凡成就更令人欽佩。

芬蘭則提供了因以往的成功而獲得國家自信的另一個例子。在芬蘭人看來，二戰期間因抵抗蘇聯攻擊而產生的驕傲無比重要，因此二〇一七年芬蘭獨立一百週年紀念時，著重的不只是芬蘭的獨立，還強調冬季戰爭。英國雖非本書的焦點，但卻提供了另一個成功的例子，它非但在二戰中和美國、蘇聯結盟擊敗希特勒，而且在一九四〇年六月法國淪陷到一九四一年六月希特勒入侵蘇聯，整整一年之間，都是獨力與希特勒對抗；尤其是不列顛戰役，英國皇家空軍（RAF）在一九四〇後半年於英倫空戰中擊敗了納粹德國空軍（the Luftwaffe），因而破壞了德國入侵英國的計畫。無論英國從一九四五年到現在面臨什麼樣的困難，英國人經常反省的是：再沒有比不列顛戰役更困難的事；當時我們成功了，現在我們也可以成功地面對任何事物。

過去的成功也培養了美國人的自信心。回顧起來，美國的成功包括美國革命；由東到西取得、探勘和征服整片北美大陸；長期的內戰讓美國團結在一起，這場內戰仍然是美國歷史上傷亡人數最多、最血腥的戰爭；還有在二次大戰中，美國軍隊同時對抗德國和日本而戰勝。

最後，本書所討論最年輕的國家印尼，雖然它成功因應危機、獲得信心的歷史最短，但正如一九七九年我在印尼飯店大廳看到的展出一樣，印尼人民仍然在重述他們於一九四五至四九年間，為獨立而對抗荷蘭，以及他們在一九六一年接管荷屬新幾內亞的成功。這些成就在印尼的國家自信心中，發揮了重要作用。

## 九、對國家失敗的耐心

國家問題比個人問題更難以快速解決，也難以在頭一次嘗試解決問題就成功。無論問題出於國家或個人，危機往往很複雜，需要嘗試一連串可能的解決方案，才能找出真正有效的解決方法，因此需要耐心，必須容忍挫折、摸索和失敗。因此即使國家的決定只來自一個絕對權力的獨裁者，依舊需要耐心。但是大部分的國家決策都牽涉到不同利益群體之間的談判，因此解決國家危機格外需要耐心。

我們討論過的大多數國家都因經歷失敗挫折，而培養出耐心，明治日本、德國、芬蘭和現代日本尤其如此。培里在一八五三年不請自來，結束日本的孤立狀態之後，日本花了五十多年的時間，才能夠與西方列強進行第一場戰爭並獲勝。一九四五年德國分裂後，花了四十五年才重新統一。一九四四年芬蘭對蘇聯的繼續之戰結束，幾十年後，芬蘭依舊在不斷重新評估它對蘇聯的政策，試圖找出它可以安全拒絕哪些蘇聯施加的壓力，以及可以安全地採取哪些獨立行動，而不會引起蘇聯再一次地入侵。自二戰以來，日本經歷了美國占領、數十年的物質和經濟重建、長期的經濟和社會問題，以及地震、颱風和海嘯等天災而倖存。這四個國家（日本算兩次）都經歷了挫敗，但避開了衝動和愚蠢行事的陷阱。事實證明，耐心對他們最後的成功至關重要。

這些耐心的故事有個例外，那就是現代美國。當然我們可以反駁說：美國人確實容忍最初的失敗，並且在美國史上表現出百折不撓的耐心，尤其是在美國內戰的四年、經濟大蕭條的十幾年，和二次大戰的四年中。但美國並沒有像德國、日本、法國和許多其他國家那樣承受徹底的失敗，遭到外國占領。由一八四六至四八年的美墨戰爭到二次大戰，美國主要的四場對外戰爭都獲勝，之後對於韓戰的僵局，越戰吃敗仗，懸而不決的阿富汗軍事僵局，美國都很難接受。在二十一世紀的前數十年裡，美國一直陷於無法快速解決的國內社會、經濟和政治等複雜問題，這些問題需要美國人尚未展現出的耐心和妥協才能解決。

**十、針對特定情況的國家彈性**。心理學家用彈性與刻板僵化的二分法來界定人的特性。個人的彈性意味他願意考慮以不同的新方法解決問題，僵化則意味他認為任何問題都只有一種方法可以解決。要了解個人藉由設計新方法解決危機的成敗差異，這種二分法非常重要。雖然任何個人都可能在一個領域有彈性，而在另一個領域卻死板固執，但心理學家也找出一種個人整體彈性或僵化的特徵，因人而異，尤其受到童年教養和生活經歷的影響。

在我們把目光由個人轉向國家時，國家整體彈性或僵化的例子，在我看來很少見。我所熟悉的唯一一個例子，本書並未著墨：歷史上的冰島，而且為什麼它會這樣有可以理解的理由。在冰島受丹麥統治的幾個世紀中，冰島人民經常表現出明顯的固執和對變革的敵意，使丹麥總督大為沮喪。無論丹麥政府提出什麼善意的改進建議，冰島人民的回應通常是：「不，我們不想嘗試不同的事物；我們希望繼續採用傳統的方式。」冰島人拒絕關於改進漁船、魚類出口、漁網、穀物農業、採礦和製繩的各種建議。

如果我們考量冰島脆弱的環境，就能了解這個國家的固執。冰島位於高緯度地區，氣候寒冷，植物生長季節短。冰島土壤脆弱，由火山灰形成，質地輕，易受侵蝕，再生緩慢。冰島的植被很容易被放牧的牛羊或風或水侵蝕剝離，很難再生。在早期維京人殖民的那幾個世紀，冰島人嘗試了各種各樣的生存策略，都只有災難性的後果，直到他們最後設計出一套可以持續的農業方法。在設計了這套方法之後，由於他們的痛苦經歷，使他們不想在生存方式或其他方面再做任何改變：他們終於設計出有效的策略，無論怎麼嘗試，其他方法只會使事情變得更糟。

也許除了歷史上的冰島之外，還有其他國家在許多方面都可以被歸為有彈性或僵化死板，但更常見的情況似乎是，國家的彈性是針對特定的情況：一個國家在某些領域很有彈性，但在其他領域則很死板。對於國家被占領，芬蘭堅決拒絕妥協，但對於其他民主國家認為不可剝奪的權利——比如不允許其他國家改變本國總統選舉的規則，芬蘭卻極有彈性。明治日本在天皇和日本傳統宗教的角色方面拒絕妥協，但對於政治制度方面的妥協卻非常有彈性。澳洲有很長一段時間都拒絕放棄其英國的身分認同，但同時卻又發展為比英國更著重個人和平等的社會。

美國在彈性方面，則呈現了有趣的問題。在美國，個人可算很有彈性，例如他們頻繁搬家，平均每五年一次。美國的政治史上，也有很多國家彈性的跡象，例如聯邦政府的掌控權經常政黨輪替，美國的主要政黨也經常吸收新生政黨的計畫，使這些政黨的發展因而終止。然而相反地，過去二十年來美國政治的特色是愈來愈不肯妥協。

因此，我認為社會學者把國家概括區分為有彈性或僵化，其實並無益處。值得考慮的可能是，各個國家是否可以按多個軸線，分類為具有不同的彈性或僵化。這個問題仍然留待未來挑戰。

## 十一、國家的核心價值

**十一、國家的核心價值**。個人的核心價值是個人道德準則的基礎，個人往往也願意為之犧牲。對於個人而言，核心價值可能會使解決危機變得更容易或更困難。由正面來看，核心價值可以提供清晰透明、了解力量的位置，讓人可以考慮改變生活的其他層面。由負面來看，個人可能會堅持核心價值，但在情況產生變化時，核心價值可能變得不再合適，甚至干擾個人解決危機。

國家也有被人民廣泛接受的核心價值，而且在某些情況下，其人民願意為之犧牲。核心價值與國家認同有關，但兩者之間也有差異。例如芬蘭的國家認同尤其和其獨特的語言及文化成就有關，但在與蘇聯的戰爭中，如此多芬蘭人民為之犧牲的核心價值是芬蘭的獨立；那才是蘇聯要摧毀的目標，而不是芬蘭語。同樣地，德國的國家認同也圍繞著日耳曼語言和文化，以及德國民族共同的歷史。但德國的核心價值包括許多美國人譴責的「社會主義」，以及大多數德國人認為令人欽佩的：政府對公共利益的支持；限制個人權利以支持共同利益；並且不讓重要的公共利益取決於可能會在支持它們時獲得回報的私利。例如，德國政府為藝術（包括歌劇劇團、交響樂團和劇院）提供大規模經費，為所有老年德國公民提供良好的醫療和財務保障，並加強對傳統地方建築風格和林地的維護。這些都是現代德國的核心價值觀。

就像在個人的情況中一樣，國家的核心價值觀可以使它在選擇性變革時更容易或更難。過去的核心價值到現在可能依舊合適，也可能激勵公民為捍衛這些價值做出犧牲。核心價值激勵芬蘭人民捍衛自己國家的獨立，使明治日本人努力追趕西方國家，讓德國人和日本人在二戰後努力工作，並忍受貧困，以重建他們破碎的國家。但是過去的國家核心價值到今天也可能變得不合適，堅持這些過時的價值可能會阻礙國家進行必要的選擇性變革。那就是澳洲在二次大戰後危機緩慢進展的核心問題：澳洲作為英國前哨基地的角色愈來愈沒有意義，但對許多澳洲人而言，放棄這個角色很痛苦。另一個例子是二戰後的日本：雖然日本文化和對天皇的尊重這種核心價值為日本帶來了力量，但日本堅持和過去一樣無限開採海外自然資源，這種政策正在傷害日本。

**十二、擺脫地緣政治的限制**。限制個人進行選擇性改變的外在阻礙，包括財務的限制、對其他人的責任，和人身可能會遭受的危險。國家也面對選擇自由的限制，只是其類型和限制個人的類型不同：尤其是因為強大鄰國的地緣政治，和經濟限制。在我們提到的十二個因素裡，這是我們的國家樣本在歷史上顯現最大差異的因素。美國一直沒有受到限制；四個國家（明治日本、智利、印尼和澳洲）在某些方面受到限制，而在其他方面則相對自由；兩個國家（芬蘭和德國）受到極大的限制。下面我將會討論當今的地緣政治限制與歷史上的限制有何不同，首先我要歸納歷史上的限制。

在歷史上，美國因為兩岸都是寬闊的海洋、另外兩側則與不具威脅性的鄰國接壤、具有天然的地理優勢，以及龐大的人口和財富，所以一直沒有地緣政治的限制。比起舉世任何其他國家，美國都可以在自己境內自由地做想做的事。相反的極端例子是芬蘭和德國，它們都受到嚴重的約束。芬蘭不幸與俄羅斯（前蘇聯）分享歐洲最長的陸地邊界，近代芬蘭史一直由如何在這種嚴重的限制下，盡可能保有選擇自由的困境所主導。德國不幸位於歐洲中心，其陸海兩邊界都面對比其他歐洲國家更多的鄰國（其中有些是大國，而且武力強大），忽略這一地理基本事實的德國領袖（德皇威廉二世和希特勒）使二十世紀的德國兩度陷入災難。德國兩度都要靠傑出的領導人（俾斯麥和布蘭特）談判，跳脫德國地緣政治限制的雷區。

本書其他四個國家的情況好壞參半。明治日本雖然是島國，卻受到西方列強環伺的嚴重威脅。東有安地斯山脈，北有沙漠保護的智利，如今在南美洲並沒有重大威脅；但在阿言德擔任總統期間，來自遙遠美國的壓力依舊使智利經濟疲軟不振。印尼在地理上受到海洋的保護，沒有附近鄰國的威脅，但卻不得不為了求獨立，而和遠在世界另一端的荷蘭戰鬥。自獨立以來，印尼政府一直受到貧困和人口迅速成長的內部問題限制。最後，澳洲雖然地處偏遠，並有海洋的保護，但在二次大戰期間卻受日本威脅和轟炸。因此，所有這些國家都斷續經歷了對其行動自由的限制，但並沒有經常影響芬蘭和德國的限制那麼嚴重，時間也沒有那麼漫長。

近幾千年來，全球地緣政治的限制發生了顯著的變化。在遙遠的過去，地區人口基本上可以自給自足，他們在相對較短的距離內收發貨物和訊息，而且也僅面臨來自近鄰的軍事威脅。但最近五個世紀以來，通訊、經濟和軍事聯繫已經全球化，海上的軍事威脅來自世界各地：荷蘭人約在一五九五年開始占領印尼，而培里准將所率領的美國艦隊則於一八五三年打破了日本的孤立。先前日本在經濟上自給自足，進出口都微不足道；如今日本的工業經濟由於受到自然資源的嚴重限制，因此必須依賴進出口。美國也是主要的進出口國家。智利仰賴美國的資本和科技，才能開採銅礦。智利總統阿言德以及受影響程度較少的印尼總統蘇卡諾，受到美國的經濟壓力以及美國對其國內反對派的支持。本書介紹的七個國家中，有三個遭到來自數千哩之外敵方航空母艦的飛機轟炸：一九四一年十二月日本偷襲珍珠港，一九四二年二月日本空襲澳洲達爾文，以及一九四二年四月美國空襲東京。二戰期間，德國和日本遭受了由陸地起降轟炸機的大規模攻擊。第一次火箭攻擊發生在一九四四和四五年，德國的V2火箭由兩百哩外發射，攻擊英、法和比利時。現在洲際彈道飛彈能夠飛越最寬闊的海洋障礙，擊中舉世任何地方的目標。

所有這些發展都意味歷史上地緣政治的限制因素已經大大削弱。這是否表示地理位置現在無關緊要？當然不是！芬蘭的外交政策仍然受其與俄羅斯長遠陸地邊界的影響，德國的外交政策仍然由其九個陸地鄰國、以及在波羅的海和北海對岸的其他八個國家決定，智利的沙漠和高山確保它自獨立以來的兩個世紀從未受到侵略；在可預見的將來，它不太可能會遭入侵。美國可能會遭飛彈擊中，但外國仍然難以入侵和征服美國，而要征服澳洲，也幾乎同樣困難。簡而言之，芬蘭的座右銘「我們的地理位置永遠不會改變」依舊適用於每個國家。

❊ ❊ ❊

以上概述了最初推動本書寫作的問題：造成個人危機結果的十二個因素與國家危機結果的相關性。現在讓我們再考慮兩個問題，它們雖不是我最初做這個研究的動機，但卻是我們談論國家危機時，人們最常提出的問題。這兩個問題是關於危機作為驅動國家政策改變的作用，和領導人的角色。

**國家是否需要危機來促使它們採取行動，或者國家是否會因預期會發生問題而採取行動？**對這個經常出現的問題，本書所討論的危機說明了兩種反應。

明治日本一直避免面對來自西方日漸增長的威脅，直到被迫回應培里的到來。然而由一八六八年明治維新開始，日本並不需要任何進一步的外在衝擊來促使它展開速成的變革計畫：日本預期到西方列強可能進一步施壓的風險，自行做了改變。

同樣地，芬蘭無視蘇聯的威脅，直到一九三九年因蘇聯攻擊而不得不面對。但由一九四四年開始，芬蘭人不再需要蘇聯任何進一步的攻擊來刺激他們：相反地，他們的外交政策主要是不斷地預估蘇聯的壓力，並且先發制人來化解。

在智利，阿言德的政策針對的是智利長期以來的兩極對立，而非回應突如其來的危機，因此阿言德一方面是預期未來的問題，一方面也在解決當前的問題。相較之下，智利軍方發動政變，是因為軍方認為阿言德有意把智利變成馬克思主義國家，會引發嚴重的危機，因此做出回應。

在印尼，兩種類型的回應都發揮了作用。印尼軍方親共分子因為擔心反共的將領委員會將會採取行動，因而發動政變，而其餘的印尼軍人顯然是回應這場發生在一九六五年十月一日的政變危機，但我們有理由懷疑軍方已經預料到會發生政變，並且已經做好了回應的準備。

戰後德國則提供了現代史上的兩個傑出例子，預期危機會發生而採取行動，而非在危機發生之後才做出回應。總理阿登納建立歐洲煤鋼共同體（European Coal and Steel Community），接著又建立導向歐洲共同市場和歐盟的經濟和政治結構，由於預期會有危機，所以這個計畫被確實採納，以防止危機發生（第十一章）。在經歷殘酷的二次大戰之後，阿登納和其他歐洲領導人試圖透過整合西歐，讓西歐國家不想、也不能互相攻擊，避免第三次世界大戰。同樣地，布蘭特的東方政策（Ostpolitik）並不是為了應付東歐的緊急危機（第六章）。布蘭特並沒有承認東德或其他東歐共產主義政府的迫切需要，也不急於承認德國失去其東部的領土。布蘭特之所以這樣做，是期待遙遠未來的機會，並為德國不論何時能達到的統一創造穩定的條件——事實證明它確實發揮了效果。

日本如今正在努力解決七大問題，但並沒有採取任何果斷的行動來解決其中任何一個問題。日本是否會像戰後的澳洲那樣，透過緩慢的改變來解決這些問題，還是需要一場突如其來的危機，來刺激日本採取積極的行動？同樣地，當今的美國也沒有採取果斷的行動來應對重大問題，唯獨除了藉由入侵阿富汗，對世貿中心恐襲做出快速反應，以及入侵伊拉克，以回應假定伊拉克擁有大規模殺傷性武器的威脅。

因此本書討論的案例中，有四個政府需要靠危機來促使它們採取行動，而在今天的兩個案例，則因為沒有迫切的危機，因此也沒有採取果斷的行動。然而，一旦危機爆發，明治日本、芬蘭、智利和印尼不需要進一步的危機繼續刺激它們，就都開始實施耗時數年或數十年的變革計畫。但是，本書所舉的國家確實也提供了預防性行動的例子，以防止危機成真（印尼和德國）或惡化（智利）。當然，所有政府都不斷地為了未來而採取行動，以處理不太緊迫的當前或預期會發生的問題。

所以，「是否需要危機來促使國家採取重大的選擇性變革？」這問題的答案和個人問題的答案相似。身為個人，我們會不斷地採取行動以處理當前或預期會發生的問題。偶爾我們會預見很嚴重的新問題逼近，我們也會在它擊中我們之前，試圖防止它發生。但國家就像個人一樣，存在著很大的惰性和抗力。突然發生的大事和壞事對我們的刺激比緩慢發展的問題大，也比未來可能發生大事和壞事的前景大。我想起詹森博士（Samuel Johnson）的說法：「你放心好了，先生，如果有人知道他兩週內就會被吊死，必定會讓他心神特別集中。」

＊　＊　＊

**領導人是否會有影響**？在談論國家危機時，人們常提出的另一個問題長久以來一直都是辯論的主題，也就是國家領導人是否會對歷史產生重大影響，抑或在特定的一段時間之內，不論國家的領導者是誰，歷史還是會以相同的方式發展。這種討論的一個極端，是英國歷史學家托馬斯．卡萊爾（Thomas Carlyle，一七九五－一八八一）所謂的「偉人史觀」，他主張歷史是由偉大人物的行為所主宰，如奧利佛．克倫威爾（Oliver Cromwell）和腓特烈大帝（Frederick the Great）。當今的軍事史學家仍有類似的觀點，他們經常強調將領和戰時政治領袖的決定。與此相反的極端是作家托爾斯泰，他認為領袖和將領對歷史過程的影響微乎其微。為了表達他的觀點，托爾斯泰在小說《戰爭與和平》中描寫了虛構的戰爭情節，將軍雖下了命令，但這些命令與戰場上實際發生的情況並無關聯。

歷史的過程取決於許多細節，而非靠偉人的政策或決定，很多當今的歷史學家都持這種觀點。他們主張，領袖只是因為他所採取的政策與其同胞的觀點有了共鳴，才具有影響力；原本平凡的政壇人物可能因為他們當時掌握的機會，而非因為他們的個人特質，才顯得偉大（常舉的例子是美國總統詹姆斯．波爾克（James Polk）和哈利．杜魯門（Harry Truman））；領袖只能由其他歷史因素決定的有限選項中做出選擇。介於偉人史觀和領導人毫無影響力中間的一種觀點，則可以舉德國社會學者馬克斯．韋伯（Max Weber，一八四六至一九二〇）的看法為例，他主張在某些情況下，某些類型的領導者，即所謂的魅力型領導者，有時會影響歷史。

這個辯論還沒有結果。每一位歷史學者都抱持某種根據原則、而非有效方法的概念，對經驗證據進行評估，並把這種觀點應用於個案研究。例如所有關於希特勒的傳記都必然會重述他一生中同樣的幾件大事。但主張「偉人史觀」的人在敘述這些事件時，斷言希特勒是異常有影響力的邪惡領導人，他使得德國的發展與由其他人領導的結果不同。反對「偉人史觀」者也會敘述相同的事件，但卻把希特勒描繪成反映當時德國社會普遍特色的聲音。這樣的辯論無法藉由敘述和個案研究來解決。

另一方面，最近有一種分析方法有解決這個問題的可能，它結合了三個特徵：許多歷史事件的大型樣本，或者某種特定類型的所有歷史事件；使用「歷史的自然實驗」，即比較在其他方面都相似的歷史軌跡，其中發生或未發生某種擾動（下面將舉出兩例）；並測量其數量方面的結果。西北大學的班哲明．瓊斯（Benjamin Jones）和麻省理工學院的班哲明．奧肯（Benjamin Olken）已經就這方面發表了兩篇傑出的論文。

瓊斯和奧肯在他們的第一篇論文中問道：領袖在位時因自然因素而死亡，國家經濟成長率會發生的變化，和在隨機選擇的時間，在位領袖並未因自然因素死亡時所發生的變化，有什麼不同？這種比較提供了自然實驗，測試領袖改變時的影響。如果偉人論的觀點正確，那麼比起領袖未死亡的任何時候，領袖死亡時的經濟成長率應該較可能隨之改變——無論下降或升高，分別取決於領導人的政策好壞而有不同。瓊斯和奧肯的資料，取自一九四五年至二〇〇〇年間舉世國家領袖因自然因素而死亡的例子，總共提出了五十七個這樣的案例：主要是因心臟病或癌症而死亡，另外還有幾例墜機、一例溺死、一例落馬而死、一例被火燒死，和一例斷腿而死。這些事件確實構成了隨機擾動：領袖的經濟政策不會影響那位領導人意外淹死的可能。結果證明，比起隨機選擇領袖未死亡的時刻，經濟成長率更有可能隨領袖自然死亡而改變。這表示由許多案例平均來看，領導階層確實會影響經濟成長。

瓊斯和奧肯在他們的第二篇論文中問道：如果領袖是遭人暗殺，死於非命，會有什麼結果？當然，暗殺事件絕非隨機事件：它們更有可能發生在某些情況下（例如，如果人民對經濟成長低感到不滿意），而非其他情況下。因此瓊斯和奧肯把**成功**的暗殺與**不成功**的暗殺嘗試做了比較。這確實是隨機的差異：國家的政治情況可能會影響暗殺企圖的頻率，但不會影響刺客的準頭。他們收集的資料，包括由一八七五年至二〇〇五年對國家領袖所做的二百九十八次暗殺企圖：其中五十九次成功，二百三十九次未遂。結果證明，比起暗殺未遂，暗殺成功後，國家政治體制更可能會有所改變。

在這兩項研究中，獨裁領袖死亡的影響都比民主領袖死亡的影響大——而且權力無限的獨裁者死亡的影響，比有立法機關或政黨限制的獨裁者死亡的影響更大。正如我們所預期的：擁有無限權力的強大領袖產生的（無論好壞）影響，比權力有限的領袖更大。因此，這兩個研究達成了一致的結論：領導者**有時**會造成不同。但這取決於領導者的類型以及所檢視的效果類型。

＊　＊　＊

現在，讓我們把這些自然實驗與書中七個國家的領導人角色連結起來。我的目標是要了解本書的領導人是否符合瓊斯和奧肯所確認的模式，以及他們進一步提出的測試問題。許多歷史學者對我們書中七個國家的領導人做出以下的評價：

在明治日本，沒有單一主導的領袖；而是由幾位領導人共有類似的政策。

在芬蘭，政治領導人和公民幾乎一致同意，芬蘭應該盡最大努力抵抗蘇聯的攻擊。（但有時候史學家認為，曼納海姆元帥擔任軍事指揮官的技巧，以及巴錫基維和凱科寧兩位總統在戰後贏得蘇聯領導人信任的能力，對芬蘭的命運有正面的影響。）

至於智利，歷史學者認為皮諾契特的殘酷、掌握權力不放的堅決，和他選擇的經濟政策都果斷而不尋常（甚至連他的將領也作如是想）。

在印尼，蘇卡諾和蘇哈托都被認為是關鍵的領袖，但接下來的總統卻不然。

在戰後德國，學者通常認為布蘭特發揮了獨特作用，扭轉先前西德政府的外交政策，承認東歐共產主義政權和德國國界，因而使德國隨後的統一成為可能。在較早期的德國歷史上，俾斯麥、威廉二世和希特勒經常被當成獨特領導人的例子，無論在好或壞的方面，都影響深遠。

在澳洲，並沒有明顯占主導地位的領導者。最接近的例子是惠特蘭總理和他的旋風變革計畫，但惠特蘭本人卻承認，他的改革是「承認已經發生的事」。

在美國，小羅斯福總統因不顧美國孤立主義者（最初可能包括大多數美國人）的反對，逐步為美國參與二次大戰做準備，以及帶領美國擺脫經濟大蕭條的努力而受稱頌。在十九世紀的美國史上，林肯總統也被認為在內戰過程中扮演了獨特的角色。

簡而言之，我們的七個國家提供了九個領袖（六個專制，三個民主）的例子，人們常認為他們發揮了影響力，造成了改變。此外，在本書討論的七個國家之外，最常被認為在現代史上造成影響的領導人包括英國的邱吉爾、蘇聯的列寧和史達林、中國的毛澤東、法國的戴高樂、推動義大利統一的加富爾，和印度的甘地。因此，我們列出了十六位通常被認為締造改變的領導人名單。在這十六人中，十一人屬於專制政權，五人則屬民主政體。乍看之下，這個結果似乎符合瓊斯和奧肯的結論，認為獨裁政體的領導人影響更大。但我並未把這段時間內全球所有獨裁和民主領導人的相關數字列表，因此我不能斷言（如果有），哪一種領導人的數量有比例懸殊的影響。

我們的小型資料組確實提出了兩個假設，值得透過類似瓊斯和奧肯的方法來測試：集合包含自然實驗的大型資料組，並用數量來測量結果。

一個假設來自於這樣的觀察：在四位最常被認為具有獨特影響力的民主領袖（羅斯福、林肯、邱吉爾和戴高樂）中，至少有三位是在戰爭期間產生了影響或最大的影響。林肯的總統任期幾乎都是處於美國內戰期間。邱吉爾、羅斯福和戴高樂在職時既有戰爭，也有和平時期，但公認其中兩位或全部三位都是在戰時具有決定性的影響力（邱吉爾是一九四〇至四五年二戰時的英國首相，但並非一九五一至五五年和平時期的首相；戴高樂在二戰時擔任將領，隨後在一九五九至六二年阿爾及利亞暴動期間擔任法國總統；羅斯福則是在一九三九年二次大戰在歐洲爆發後，以及大蕭條時期擔任美國總統）。這些結果都符合瓊斯和奧肯的觀察：影響力較大的領導人，其權力的限制愈少；民主制度的領導人在戰時行使更集中的權力。

另一個結果要進行測試的假設是，在面對擁護不同政策者強烈反對的情況下，步步為營，最後推行了他們自己觀點的領導人（無論是民主國家還是獨裁國家），發揮的影響最大。例如：薩丁尼亞王國總理加富爾和普魯士總理俾斯麥分別克服外國勢力、其他義大利人或德國人，甚至他們自己國王的強烈反對，逐漸實現義大利和德國的統一；邱吉爾說服了最初意見分歧的英國戰時內閣，拒絕哈利法克斯勳爵提出和希特勒和談的建議，接著又說服美國，把他們的首要任務放在對抗德國而非對抗日本的戰爭（在日本襲擊珍珠港之後，原是美國的當務之急）；羅斯福不顧美國孤立派的反對，逐步為美國參加二戰做準備；戴高樂慢慢說服他的同胞和阿爾及利亞人，透過談判解決阿爾及利亞爭取獨立的抗爭；蘇哈托慢慢地排除印尼人民摯愛的首任總統蘇卡諾；和布蘭特說服西德人民不顧已連續執政達二十年基民黨的激烈反對，吞下放棄前德國領土的苦果。

＊ ＊ ＊

本書是國家危機比較研究計畫的第一步——透過敘述方式研究一小部分國家樣本。該怎麼延伸這項研究，以加深我們的了解？我建議由兩方面擴展：更大和更隨機的樣本，以及更嚴格的分析，把結果和假設的預測因素由語言概念轉化為操作變數（operationalized variable）。

首先是樣本。我的國家樣本不僅很小，而且並非隨機選擇。我選擇這些國家不是因為它們提供了全球二百一十六個國家的隨機子集合，而是因為它們來自我最熟悉的國家。它們包括兩個歐洲國家、兩個亞洲國家、北美和南美各一，以及澳洲。七個國家中，有五個是富裕國家。這七個國家目前都是民主制，不過在我所探討的時期中，有兩個是獨裁國家。除印尼外，其他六個國家都有悠久的獨立或自治（芬蘭）歷史，並擁有堅強的體制，只有一個最近才由殖民地走向獨立。這些例子中缺少非洲國家、現在為獨裁的政權，以及非常貧窮的國家。我討論這六個國家都在過去的危機中倖存，並獲得某種程度的成功。沒有一個例子說明在採取適當的選擇性改變來應對危機之後，遭到明確的失敗。這顯然是非隨機的樣本。因此更廣泛的國家樣本會得到什麼結論，仍然是未來的挑戰。

其次，未來要面對最重要的方法論挑戰，是透過更嚴格的定量分析，擴展本書的敘述、言詞、定性分析。正如我在本書序幕中所述，有些社會科學，尤其是經濟學、經濟史以及心理學的某些領域，近期的趨勢是以結合定量資料、圖表、大規模樣本、統計顯著性檢定（statistical test of significance）、自然實驗和可操作的測量，取代基於單一個案研究的敘述。這裡所謂的「可操作的測量」，是指把口頭上的概念轉化為假定與該概念相關，或由該概念表達的一系列作業，用來做衡量。

本章先前所提瓊斯和奧肯的兩篇論文就是這種方法的例子。他們同時分析五十七位或二百九十八位領導人，取代先前某些領導人做或沒做某事的單一個案研究。他們運用自然實驗，檢視在國家領袖自然死亡前後，或者在暗殺國家領袖的企圖成敗之後，對國家的影響，比較相關的結果。最後，他們透過可測量的數量（例如經濟成長率）或者透過確定的量表（例如由對領導者限制最小的獨裁政權，到對領導者限制最大的民主國家的政府制度量表），表達可操作的推定結果變項。

為了把這種方法應用在我的國家危機研究中，我們需要對我討論的結果和假定因素進行可操作的測量，包括「承認危機」、「承擔責任」、「國家認同」、「擺脫限制」、「面對失敗的耐心」、「彈性」、「誠實的自我評估」、「改變與否」，以及「解決國家危機的成敗」。要制定這種可操作測量，可能的起點包括社會學資料庫中的資料，例如由羅納德·英格哈特（Ronald Inglehart）主持的世界價值觀調查、經濟價值觀調查、歐洲社會調查、亞太經濟和社會調查，以及吉特·霍夫史塔德（Geert Hofstede）、麥可·明科夫（Michael Minkov）等人的著作。我努力嘗試用這些資料來源為我的一些變數設計可操作的測量，最後卻只能不情願地總結說，這需要超出本書敘述調查範圍的大計畫才能完成，而本書即使還沒有可操作的測量，就已經花了我六年時間。這種定量方法不僅需要針對本書所關注的國家危機，而且也應該針對我在第一章中討論過的個人危機。雖然心理學家已經操作並測試了第一章中假設會影響個人危機結果的一些變數，但即使對於個人危機，仍還有許多工作要做。因此，敘事風格的局限不僅發生在我對國家危機的研究，以及在大多數對領導力的歷史研究上，也發生在大多數關於個人危機的研究上。

＊　＊　＊

我們可以從歷史中學到什麼？這是個很廣泛的問題，其具體的延伸問題是：我們可以從本書所討論七個國家對危機的反應中學到什麼？虛無的回答是：什麼都學不到！許多歷史學家說，歷史的過程太複雜，是太多不受控制的獨立變數和不可預見變化的結果，使我們不能由過去學到任何事物。誰能在一九四四年六月時，正確地預測東歐的戰後地圖？如果一九四四年七月二十日刺客克勞斯．馮．史陶芬貝格（Claus von Stauffenberg）能夠把裝著定時炸彈的公事包推到離希特勒更近二十吋之處，如果希特勒因此並不只是受到輕傷，而是在蘇聯軍隊仍然在德國邊境之外的當天死亡，而非在蘇聯軍隊已征服柏林以及整個東歐和德國東部後，於一九四五年四月三十日自殺，一切就會截然不同。

是的，當然歷史有很多地方不可預測，然而我們卻可學到兩種教訓。首先讓我們考慮由對個人的了解中得出相對應的教訓，作為背景，因為（再一次地）國家歷史與個人的生活之間存在相似之處。

我們可以由個人的一生和傳記中學到什麼？難道人不是也像國家一樣，如此複雜，彼此之間如此不同，會受到不可預見的事件影響，因此很難預測一個人的行為，更不用說由一個人的行為推斷到另一個人的行為嗎？當然不是！儘管有這些困難，大多數人仍然認為，根據我們對親朋好友人生的了解，花費我們生命中很大的一部分來預測他們未來可能會做的行為是有用的。此外，訓練使得心理學家、「人際技巧」則使我們一般人能夠概括我們已經熟識對象的經驗，因而預測我們新認識對象的行為。這就是為什麼閱讀他人的傳記，即使是我們永遠不會遇到的人，都能擴大我們了解人類行為的資料庫的原因。

在寫上面這段文字之前，我和兩位女性朋友聊了一晚，其中一位是二十來歲心思天真的樂觀主義者，另一位則年逾七十，觀察敏銳。這位年輕女子最近才因與一位有魅力的男友關係破裂而傷心欲絕，他似乎非常喜歡她，但在交往幾年後，卻毫無預警突然拋棄了她。就在這位年輕女郎敘述來龍去脈，還未開始傷心譴責之前，較年長的女性朋友（她並沒有見過那名男子）就已看出警訊，知道這名男子雖迷人，但卻是不可救藥的自戀狂，她對這種人很了解。這說明了為什麼廣泛的人際經驗及反省有其用處。儘管每個人經驗的細節都與其他人不同，但人類行為確實有共通的主題。

關心人類的歷史可以得到哪些相對應的教訓？一種類型是因對某一國家歷史的了解，而得出關於它未來行為的特定教訓。例如，芬蘭是民主小國，它努力與專制的鄰國俄羅斯保持良好關係，擁有訓練有素的軍隊，並不指望其他國家來保護它。如果研究芬蘭的近代史，就可清楚芬蘭會採行這些政策的原因。對芬蘭歷史一無所知的人不太可能了解為什麼芬蘭會採行、並且未來也會繼續採行這些政策？比如我在一九五九年初赴芬蘭時就不明白芬蘭歷史，以為美國會保護芬蘭，還問接待我的芬蘭主人，為什麼芬蘭不堅決抵抗蘇聯。

另一種可以由歷史中汲取的教訓則是一般的主題。讓我們同樣以芬蘭和俄羅斯為例。在芬蘭和俄羅斯的特色外，它們的關係也呈現了一般主題：處於好戰大國周遭的小國所面對的危險。這種危險沒有通用的解決方案，它是一本古老史書所描寫的主題，也是迄今仍最常被引用、最扣人心弦的段落之一：伯羅奔尼撒戰爭（Peloponnesian War）史的第五卷，由雅典歷史學家修昔底德在公元前五世紀撰寫。修昔底德描述了希臘小島米洛斯島（Melos）的居民如何應付強大的雅典帝國的壓力。修昔底德在如今被稱為「米洛斯對話」（the Melian Dialogue）的段落中，重建了米洛斯人與雅典人之間痛苦的談判：米洛斯人為爭取自身的自由和生命，試圖說服雅典人不使用武力；雅典人則警告米洛斯人要看清現實。修昔底德接著簡單地說明了結果：米洛斯人拒絕了雅典人的要求，就像兩千年後芬蘭人起先拒絕蘇聯的要求一樣；雅典人包圍了米洛斯；米洛斯人抵抗了一段時間；但最後不得不投降。雅典人殺光了所有米洛斯男人，奴役了所有的婦孺。

當然，芬蘭人並沒有遭到俄國人的屠殺和奴役，這說明米洛斯困境的結局和最佳策略因情況而異。儘管如此，還是可以得到一個普遍的教訓：受大國威脅的小國應保持警惕，考慮其他選擇，並現實地評估這些選擇。雖然這個教訓實在明顯得不值一提，但可悲的是，它卻經常遭到忽略。米洛斯人忽略了它；巴拉圭人忽略了它，由一八六五至七〇年對幅員更大的巴西和阿根廷及烏拉圭的聯合部隊發動了災難性的戰爭，導致六成的巴拉圭人口死亡；一九三九年的芬蘭忽略了它；一九四一年的日本忽略了它，因而在俄羅斯虎視眈眈的情況下，還同時攻擊了美、英、荷蘭、澳洲和中國；烏克蘭也忽略了它，最近才與俄羅斯發生災難性的衝突。

如果我現在已經說服讀者，不要忽視我們可以由歷史中學到實用教訓的可能，那麼我們可以由本書中討論的國家危機歷史中學到什麼？許多一般性的主題已經出現，其中一組主題是由協助書中七個國家面對危機的行為組成。這些行為包括：承認自己的國家置身危機；承擔改變的責任，而非只是指責其他國家，自認為是受害者；建立圍籬，識別需要改變的國家特性，以避免不知所措，以為國內的一切都無法適當運作；確定可以向哪些國家尋求幫助；確定已經解決類似問題的其他國家所採用的模型；耐心等待，並明白第一個解決方案可能無法奏效，可能需要連續進行幾次嘗試；反省哪些核心價值仍然合適，哪些則不再恰當；以及誠實地自我評估。

另一個主題則和國家認同相關。年輕國家需要建立國家認同，比如印尼、波札那和盧安達。歷史較久的國家，國家認同則和核心價值一樣，可能都需要修改；近代的澳洲就是一例。

還有一個主題則是會影響危機結果的不可控制因素。一個國家難以擺脫其先前解決危機的實際經驗，以及其地緣政治的限制，無法突如其來創造更多的經驗，也不能幻想地緣政治的限制會消失。但是，國家仍然能夠實際地考量它們，就像在俾斯麥和布蘭特領導之下的德國一樣。

悲觀的人可能會反對這些建議：「這太顯而易見，簡直荒唐！用不著賈德．戴蒙的書來告訴我們要誠實地自我評估，向其他國家借鏡，避免受害者心態等等！」錯了，我們確實需要一本書，因為不可否認的是，這些「顯而易見」的作法經常遭到忽視，而且迄今依舊經常受到忽視。過去因忽視「顯而易見」的作法而犧牲性命的，包括所有米洛斯男子、數十萬巴拉圭人和數百萬日本人。如今因為忽視這些「顯而易見」的作法，而威脅到自己福祉的人，也包括我的數億美國同胞。

悲觀主義者也可能會回應說：「是的，遺憾的是我們確實經常忽視顯而易見的事，但光憑一本書無法改變那種盲目。修昔底德的『米洛斯對話』已經存在了兩千多年，但世界各國仍然犯同樣的錯誤，就算再多一本書，又能有些什麼好處？」我們作者為什麼繼續努力寫作，有令人鼓舞的原因。比起世界史上任何時候，如今識字的讀者多更多，我們對世界史的了解比以往多得多，提出有證據的論證也可以比修昔底德好得多。如今有更多的國家是民主政體，這意味與過去任何時候相比，當今都有更多的公民可以表達政治意見。雖然愚昧的領導人比比皆是，但有些國家領袖閱讀廣泛，他們在現在比以往更容易由歷史中學習。我曾多次見到國家元首和政治人物，驚喜地聽到他們告訴我，他們受到我先前著作的影響。整個世界現在都面臨全球問題──但在過去這一個世紀裡，尤其是在最近幾十年內，世界已在發展解決全球問題的機構。

基於這些理由，我不聽悲觀者之言，放棄希望，而是繼續執筆不輟，為的是只要我們願意，就可以由歷史中學習。尤其是，在過去國家經常要面對危機的挑戰，今天雖然依舊如此，但現代國家和現代世界在嘗試回應時，不必如以往在黑暗中摸索。了解過去曾經發揮作用與否的改變，可以為我們提供引導。

## 結語　教訓、問題和展望


Thomas Carlyle. *On Heroes, Hero-Worship*, and the Hero in History. (James Fraser, London, 1841).

Jared Diamond and James Robinson, eds. *Natural Experiments of History*. (Harvard University Press, Cambridge, MA, 2010).

Geert Hofstede. Culture's Consequences: *International Differences in Work-Related Values*. (Sage, Beverly Hills, 1980).

Geert Hofstede, Gert Jan Hofstede, and Michael Minkov. *Cultures and Organizations: Software of the Mind*. (McGraw Hill, New York, 2010).

Ronald Inglehart. *Modernization and Postmodernization: Cultural, Economic, and Political Change in 43 Societies*. (Princeton University Press, Princeton, NJ, 1997).

Benjamin Jones and Benjamin Olken. Do leaders matter? National leadership and growth since World War II. *Quarterly Journal of Economics* 120, no. 3: 835-864 (2005).

Benjamin Jones and Benjamin Olken. Hit or miss? The effect of assassinations on institutions and war. *American Economic Journal: Macroeconomics* 1/2: 55-87 (2009).

Michael Minkov. *What Makes Us Different and Similar: A New Interpretation of the World Values Survey and Other Cross- Cultural Data*. (Klasika I Stil, Sofia, Bulgaria, 2007).

Thucydides. *The Peloponnesian War*. Steven Lattimore, translator. (Hackett, Indianapolis, IN, 1988).

Leo Tolstoy. *War and Peace*. Ann Dunnigan, translator. (New American Library, New York, 1968).


（謝辭、圖片來源、延伸閱讀請自 493 頁起翻閱）

Sherry Turkle. *Reclaiming Conversation: The Power of Talk ina Digital Age*. (Penguin, New York, 2015).

## 第十一章　世界將面臨什麼樣的未來？

Scott Barrett. *Environment and Statecraft: The Strategy of Environmental Treaty-making*. (Oxford University Press, Oxford, 2005).

Scott Barrett. *Why Cooperate? The Incentive to Supply Global Public Goods*. (Oxford University Press, Oxford, 2007).

Nick Bostrom and Milan Cirkovic, eds. *Global Catastrophic Risks*. (Oxford University Press, Oxford, 2011).

Jared Diamond. *Collapse: How Societies Choose to Fail or Succeed*. (Viking Penguin, New York, 2005).

Tim Flannery. *Atmosphere of Hope: Searching for Solutions to the Climate Crisis*. (Atlantic Monthly Press, New York, 2015).

Clive Hamilton. *Earthmasters: The Dawn of the Age of Climate Engineering*. (Yale University Press, New Haven, CT, 2013).

Michael T. Klare. *The Race for What's Left: The Global Scramble for the World's Last Resources*. (Metropolitan Books, New York, 2012).

Fred Pearce. *Confessions of an Eco-sinner: Tracking Down the Sources of My Stuff*: (Beacon Press, Boston, 2008).

William Perry. *My Journey at the Nuclear Brink*. (Stanford University Press, Stanford, CA, 2015).

Laurence Smith. *The World in 2050: Four Forces Facing Civilization's Northern Future*. (Dutton Penguin Group, New York, 2010).

Richard Wilkinson and Kate Pickett. *The Spirit Level: Why More Equal Societies Almost Always Do Better*. (Allen Lane, London, 2009).

Tim Flannery. *The Eternal Frontier: An Ecological History of North America and Its Peoples*. (Text, Melbourne, 2001).

Howard Friedman. *The Measure of a Nation: How to Regain America's Competitive Edge and Boost Our Global Standing*. (Prometheus, New York, 2012).

Al Gore. *The Assault on Reason*. (Penguin, New York, 2017).

Steven Hill. *Fixing Elections: The Failure of America's Winner Take All Politics*. (Routledge, New York, 2002).

Robert Kaplan. *Earning the Rockies: How Geography Shapes America's Role in the World*. (Random House, New York, 2017).

Jill Lepore. *These Truths: A History of the United States*. (Norton, New York, 2018).

Steven Levitsky and Daniel Ziblatt. *How Democracies Die: What History Reveals about Our Future*. (Crown, New York, 2018).

Thomas Mann and Norman Ornstein. *It's Even Worse than It Looks: How the American Constitution System Collided with the New Politics of Extremists*. (Basic Books, New York, 2012).

Chris Matthews. *Tip and the Gipper: When Politics Worked*. (Simon & Schuster, New York, 2013).

Yascha Mounk. *The People vs. Democracy: Why Our Freedom Is in Danger and How to Save It*. (Harvard University Press, Cambridge, MA, 2018).

Robert Putnam. *Bowling Alone: The Collapse and Revival of American Community*. (Simon & Schuster, New York, 2000).

Joseph Stiglitz. *The Price of Inequality: How Today's Divided Society Endangers Our Future*. (Norton, New York, 2012).

John Dower. *Embracing Defeat: Japan in the Wake of World War Two*. (Norton, New York, 1999).

Eri Hotta. Japan 1941: *Countdown to Infamy*. (Knopf, New York, 2013).

McKinsey Global Institute. *The Future of Japan: Reigniting Productivity and Growth*. (McKinsey, Tokyo, 2015).

David Pilling. *Bending Adversity: Japan and the Art of Survival*. (Penguin, London, 2014).

Frances McCall Rosenblugh, ed. *The Political Economy of Japan's Low Fertility*. (Stanford University Press, Stanford, CA, 2007).

Sven Steinmo. *The Evolution of Modern States: Sweden, Japan, and the United States*. (Cambridge University Press, Cambridge, 2010).

N.O. Tsuia and L.S. Bumpass, eds. *Marriage, Work, and Family Life in Comparative Perspective: Japan, South Korea, and the United States*. (University of Hawaii Press, Honolulu, 2004).

Lee Kuan Yew. From Third World to First: The Singapore Story: 1964-2000. (HarperCollins, New York, 2000).

## 第九章　美國該何去何從？它的優勢和最大的問題

## 第十章　美國該何去何從？三大「其他」問題

Larry Bartels. *Unequal Democracy: The Political Economy of the New Gilded Age*, 2nd ed. (Princeton University Press, Princeton, NJ, 2016).

Ari Berman. *The Modern Struggle for Voting Rights in America*. (Farrar, Straus and Giroux, New York, 2015).

Joseph Califano, Jr. *Our Damaged Democracy: We the People Must Act*. (Touchstone, New York, 2018).

Neville Meaney. The end of "white Australia" and Australia's changing perceptions of Asia, 1945-1990. *Australian Journal of International Affairs* 49, no. 2: 171-189 (1995).

Neville Meaney. Britishness and Australia: Some reflections. *Journal of Imperial and Commonwealth History* 31, no. 2: 121- 135 (2003).

Mark Peel and Christina Twomey. *A History of Australia*. (Palgrave Macmillan, Houndmills, UK, 2011).

Deryck Schreuder and Stuart Ward, ed. *Australia's Empire*. (Oxford University Press, Oxford, 2008).

Gwenda Tavan. The dismantling of the White Australia policy: Elite conspiracy or will of the Australian people? *Australian Journal of Political Science 39,* no. 1: 109-125 (2004).

David Walker. *Anxious Nation: Australia and the Rise of Asia 1850-1939*. (University of Queensland Press, St. Lucia, Australia, 1999).

Stuart Ward. *Australia and the British Embrace: The Demise of the Imperial Ideal*. (Melbourne University Press, Carlton South, Australia, 2001).

Frank Welsh. *Australia: A New History of the Great Southern Land*. (Overlook, New York, 2004).

## 第八章　日本面對什麼樣的未來？

W.G. Beasley. *The Japanese Experience: A Short History of Japan*. (University of California Press, Berkeley, 1999).

Ian Buruma. *The Wages of Guilt: Memories of War in Germany and Japan*. (Farrar, Straus and Giroux, New York, 1994).

Nikolaus Wachsmann. *KL: A History of the Nazi Concentration Camps*. (Farrar, Straus and Giroux, New York, 2015).

Hans-Ulrich Wehler. *Deutsche Gesellschaftsgeschichte*, vol. 5: Bundesrepublik und DDR 1949-1990. (C.H. Beck, Miinchen, 2008).

Harald Welzer, Sabine Moller, and Karoline Tschuggnall. *Opa war kein Nazi: Nationalsozialismus und Holocaust im Familiengeddachtnis*. (Fischer, Frankfurt, 2002).

Irmtrud Wojak. *Fritz Bauer 1903-1968*. (C.H. Beck, Miinchen, 2011).

Alexei Yurchak. *Everything Was Forever, Until It Was No More: The Last Soviet Generation*. (Princeton University Press, Princeton, NJ, 2006).

## 第七章　澳洲：我們是誰？

Peter Brune. *A Bastard of a Place: The Australians in Papua*. (Allen & Unwin, Crows Nest, Australia, 2003).

Anthony Burke. *Fear of Security: Australia's Invasion Anxiety*. (Cambridge University Press, Cambridge, 2001).

James Curran and Stuart Ward. *The Unknown Nation: Australia after Empire*. (Melbourne University Press, Carlton South, Australia, 2010).

Peter Edwards. *Crises and Commitments: The Politics and Diplomacy of Australia's Involvement in Southeast Asian Conflicts 1948-1965*. (Allen & Unwin, North Sydney, Australia, 1992).

Marilyn Lake. British world or new world? *History Australia* 10, no. 3: 36-50 (2013).

Stuart Macintyre. *A Concise History of Australia*, 4th ed. (Cambridge University Press, Port Melbourne, Australia, 2016).

Gordon Craig. *The Germans*. (Putnam, New York, 1982).

Norbert Frei. 1968: *Jugendrevolte und Globaler Protest*. (Deutscher Taschenbuch Verlag, Miinchen, 2008).

Ulrich Herbert, ed. *Wandlungsprozesse in Westdeutschland*. (Wallstein, Géttingen, 2002).

Ulrich Herbert. *Geschichte Deutschlands im 20. Jahrhundert*. (C.H. Beck, Miinchen, 2014).

Michael Hughes. *Shouldering the Burden of Defeat: West Germany and the Reconstruction of Social Justice*. (University of North Carolina Press, Chapel Hill, 1999).

Peter Merseburger. *Willy Brandt 1913-1992: Visiondr und Realist*. (Deutsche Verlags, Stuttgart, 2002).

Hans-Joachim Noack. *Willy Brandt: Ein Leben, ein Jahrhundert*. (Rowohlt, Berlin, 2013).

Andreas Rédder. *Die Bundesrepublik Deutschland 1969-1990*. (Oldenbourg, Miinchen, 2004).

Axel Schildt. *Die Sozialgeschichte der Bundesrepublik Deutschland bis 1989/90*. (Oldenbourg, Miinchen, 2007).

Hanna Schissler, ed. *The Miracle Years*. (Princeton University Press, Princeton, NJ, 2001).

Gregor Schdllgen. *Willy Brandt: Die Biographie*. (Propylaen, Berlin, 2001).

Edith Sheffer. *Burned Bridge: How East and West Germans Made the Iron Curtain*. (Oxford University Press, Oxford, 2011).

Nathan Stoltzfus and Henry Friedlander, eds. *Nazi Crimes and the Law*. (Cambridge University Press, Cambridge, 2008).

Joshua Oppenheimer. *The Act of Killing*. (2012). [Documentary film].

Joshua Oppenheimer. *The Look of Silence*. (2014). [Documentary film].

Elizabeth Pisani. *Indonesia etc.: Exploring the Improbable Nation*. (Norton, New York, 2014).

M.C. Ricklefs. *A History of Modern Indonesia*. (Macmillan Education, London, 1981).

Geoffrey Robinson. *The Dark Side of Paradise: Political Violence in Bali*. (Cornell University Press, Ithaca, NY, 1995).

Geoffrey Robinson. *If You Leave Us Here, We Will Die: How Genocide Was Stopped in East Timor*. (Princeton University Press, Princeton, NJ, 2010).

Geoffrey Robinson. *The Killing Season: A History of the Indonesian Massacres, 1965-66*. (Princeton University Press, Princeton, NJ, 2018).

John Roosa. *Pretext for Mass Murder: The September 30th Movement and Suharto's Coup d'Etat in Indonesia*. (University of Wisconsin Press, Madison, 2006).

J. Sidel. *Riots, Pogroms, Jihad: Religious Violence in Indonesia*. (Cornell University Press, Ithaca, NY, 2006).

Bradley Simpson. *Economists with Guns: Authoritarian Development and U.S.-Indonesian Relations, 1960-1968*. (Stanford University Press, Stanford, CA, 2008).

## 第六章　重建德國

Neal Bascomb. *Hunting Eichmann*. (Mariner, Boston, 2010).

Jillian Becker. *Hitler's Children: The Story of the Baader-Meinhof Terrorist Gang*, 3rd ed. (Pickwick, London, 1989).

## 第五章　印尼，一個新國家的崛起

Benedict Anderson. *Java in a Time of Revolution*. (Cornell University Press, Ithaca, NY, 1972).

Edward Aspinall. *Opposing Suharto: Compromise, Resistance, and Regime Change in Indonesia*. (Stanford University Press, Stanford, CA, 2005).

Harold Crouch. *The Army and Politics in Indonesia*, rev. ed. (Cornell University Press, Ithaca, NY, 1988).

Harold Crouch. *Political Reform in Indonesia after Soeharto*. (Institute of Southeast Asia Studies, Singapore, 2010).

R.E. Elson. *Suharto: A Political Biography*. (Cambridge University Press, Cambridge, 2001).

R.E. Elson. *The Idea of Indonesia: A History*. (Cambridge University Press, Cambridge, 2008).

Herbert Feith. *The Decline of Constitutional Democracy in Indonesia*. (Cornell University Press, Ithaca, NY, 1962).

George Kahin. *Nationalism and Revolution in Indonesia*. (Cornell University Press, Ithaca, NY, 1970).

George Kahin and Audrey Kahin. *Subversion as Foreign Policy: The Secret Eisenhower and Dulles Debacle in Indonesia*. (New Press, New York, 1995).

J.D. Legge. Sukarno: *A Political Biography*. 3rd ed. (Archipelago Press, Singapore, 2003).

Daniel Lev. *The Transition to Guided Democracy: Indonesian Politics 1957-59*. (Cornell University Press, Ithaca, NY, 1966).

Katharine McGregor. *History in Uniform: Military Ideology and the Construction of Indonesia's Past*. (NUS Press, Singapore, 2007).

Edgardo Boeninger. *Democracia en Chile: Lecciones para la Gobernabilidad*. (Editorial Andres Bello, Santiago, 1997).

Erica Chenoweth and Maria Stephan. *Why Civil Resistance Works: The Strategic Logic of Nonviolent Conflict*. (Columbia University Press, New York, 2011).

Simon Collier and William Sater. *A History of Chile, 1808-1994*. (Cambridge University Press, Cambridge, 1996).

Pamela Constable and Arturo Valenzuela. *A Nation of Enemies: Chile under Pinochet*. (Norton, New York, 1991).

Sebastian Edwards. *Left Behind: Latin America and the False Promise of Populism*. (University of Chicago Press, Chicago, 2010).

Carlos Huneeus. *El Régimen de Pinochet*. (Editorial Sudamericana Chilena, Santiago, 2000).

Peter Kronbluh. *The Pinochet File: A Declassified Dossier on Atrocity and Accountability*. (New Press, New York, 2013).

Thomas Skidmore, Peter Smith, and James Green. Chapter 10. Chile: Repression and democracy. pp. 268-295, in *Modern Latin America*, 8th ed. (Oxford University Press, Oxford, 2014).

Arturo Valenzuela. Chile. pp. 1-133, in *The Breakdown of Democratic Regimes*, ed. Juan Linz and Alfred Stepan. (Johns Hopkins University Press, Baltimore, 1978).

Stefan de Vylder. *Allende's Chile: The Political Economy of the Rise and Fall of the Unidad Popular*. (Cambridge University Press, Cambridge, 1976).

Edwin Williamson. Chapter 4. Chile: Democracy, revolution and dictatorship. pp. 485-510, in *The Penguin History of Latin America*, rev. ed. (Penguin, London, 2009).

Carol Gluck. *Japan's Modern Myths: Ideology in the Late Meiji Period*. (Princeton University Press, Princeton, NJ, 1985).

Robert Hellyer. *Defining Engagement: Japan and Global Contexts, 1640-1868*. (Harvard University Press, Cambridge, MA, 2009).

Marius Jansen. *Sakamoto Ryoma and the Meiji Restoration*. (Princeton University Press, Princeton, NJ, 1961).

Donald Keene. *Emperor of Japan: Meiji and His World, 1852-1912*. (Columbia University Press, New York, 2002).

Kyu Hyun Kim. *The Age of Visions and Arguments: Parliamentarianism and the National Public Sphere in Early Meiji Japan*. (Harvard University Press, Cambridge, MA, 2007).

Hyoson Kiryaku. *Drifting Toward the Southeast: The Story of Five Japanese Castaways*. (Spinner, New Bedford, MA, 2003).

Ernest Satow. *A Diplomat in Japan*. (Seeley Service, London, 1921).

Ronald Toby. *State and Diplomacy in Early Modern Japan: Asia in the Development of the Tokugawa Bakufu*. (Princeton University Press, Princeton, NJ, 1984).

James White. State building and modernization: The Meiji Restoration. pp. 499-559, in *Crisis, Choice and Change: Historical Studies of Political Development*, ed. G.A. Almond, S.C. Flanagan, and R.J. Mundt. (Little, Brown, Boston, 1973).

## 第四章　所有智利人的智利

Patricio Aylwin Azécar. *El Reencuentro de los Demécratas: Del Golpe al Triunfo del No*. (Ediciones Grupo Zeta, Santiago, 1998).

Esko Salminen. *The Silenced Media: The Propaganda War between Russia and the West in Northern Europe*. (St. Martin's Press, New York, 1999).

William Trotter. *A Frozen Hell: The Russo-Finnish Winter War of 1939-40*. (Algonquin Books, Chapel Hill, NC, 1991).

Steven Zaloga. *Gustaf Mannerheim*. (Osprey, Oxford, 2015).

❀ ❀ ❀

https://www.sotasampo.fi/en/cemeteries/list 這個包括所有芬蘭本地烈士墓園的資料庫，不只提供安葬和失蹤者的人數，也列出每一位下葬者的姓名、出生日期和地點。

www.sotasampo.fi 這個資料庫包括二戰時芬蘭和芬蘭人民的大量資訊。

## 第三章　現代日本的起源

Michael Auslin. Negotiating with Imperialism: *The Unequal Treaties and the Culture of Japanese Diplomacy*. (Harvard University Press, Cambridge, MA, 2004).

W.G. Beasley. *The Japanese Experience: A Short History of Japan*. (University of California Press, Berkeley, 1999).

Daniel Botsman. *Punishment and Power in the Making of Modern Japan*. (Princeton University Press, Princeton, NJ, 2005).

Takashi Fujitani. *Splendid Monarchy: Power and Pageantry in Modern Japan*. (University of California Press, Berkeley, 1996).

Seppo Hentila, Markku Kuisma, Pertti Haapala, and Ohto Manninen. Finlandization for better and for worse. *Historical Journal/Historiallinen Aikakauskirja*. No. 2: 129-160 (1998).

Max Jakobson. Finland Survived: *An Account of the Finnish-Soviet Winter War 1939-1940*, 2nd ed. (Otava, Helsinki, 1984).

Eino Jutikkala and Kauko Pirinen. *A History of Finland*, 6th ed. (WS Bookwell Oy, Helsinki, 2003).

Sakari Jutila. *Finlandization for Finland and the World*. (European Research Association, Bloomington, IN, 1983).

Urho Kekkonen. *A President's View*. (Heinemann, London, 1982).

Tiina Kinnunen and Ville Kiviimaki, eds. *Finland in World War 2: History, Memory, Interpretations*. (Brill, Leiden, 2012).

Matti Klinge. *A Brief History of Finland*, 3rd ed. (Otava, Helsinki, 2000).

Walter Laqueur. *The Political Psychology of Appeasement: Finlandization and Other Unpopular Essays*. (Transaction Books, New Brunswick, NJ, 1980).

Ohto Manninen, Riitta Hjerppe, Juha-Antti Lamberg, Markku Kuisma, and Pirjo Markkola. Suomi- Finland. Historical *Journal/Historiallinen Aikakauskirja*. No. 2: 129-160 (1997).

George Maude. *The Finnish Dilemma: Neutrality in the Shadow of Power*. (Oxford University Press, London, 1976).

Johanna Rainio-Niemi. T*he Ideological Cold War: The Politics of Neutrality in Austria and Finland*. (Routledge, New York, 2014).

Papers in the journal *Crisis: The Journal of Crisis Intervention and Suicide Prevention*. (Volumes 1-38, 1980-2017).

## 第二章　芬蘭與蘇聯之戰

學術書籍在書末留數十頁的篇幅作註是常見的作法，這些註解引導讀者查閱專刊的文章和研究圖書館中其他可得的資料，也提供書中內文敘述的細節基礎。這種作法適合我先前的著作（《第三種猩猩》、《槍炮、病菌與鋼鐵》、《性趣何來？》、《大崩壞》和《歷史的自然實驗》），這些書引用了許多專業主題的文章，大部分讀者都很難找到出處——比如新石器時代大種子野生穀類的分布，或是中世紀格陵蘭維京人垃圾堆中魚骨出現的頻率，但這麼做造成參考條目大增，使我的書長度、重量和成本都大幅增加。一位朋友向我抱怨：「賈德，我喜歡你的書，但晚上在床上讀，它的重量讓我的脖子和手臂都酸痛不已，拜託你下一本書不要那麼重。」

我最近的作品《昨日世界——找回文明新命脈》把註腳和參考書目都放在網站上，而非印在書後，的確省了書本的長度、重量和成本，我也因此發現了有多少讀者真正閱讀我的註腳和參考書目：全球每年只有一或兩位。

因此本書想嘗試不同的做法：提供讀者可能確實覺得有用且可以取得的參考資料。大部分的資料都是一般大型圖書館可以借閱的書籍，而非學術期刊中的文章。對書中所討論國家想有更多認識的讀者，會發現這些書中許多都很有趣易讀。如果讀者願意寫信給我告知各位的偏好，指引我下本書該用哪種方式提供參考資料，我會十分感謝。

Charles Holahan and Rudolf Moos. Life stressors, resistance factors, and improved psychological functions: An extension of the stress resistance paradigm. *Journal of Personality and Sociopsychology* 58: 909-917 (1990).

Gerald Jacobson. Programs and techniques of crisis intervention. pp. 810-825, in *Child and Adolescent Psychiatry, Socioculture and Community Psychiatry*, ed. G. Caplan. (Basic Books, New York, 1974).

Gerald Jacobson. Crisis-oriented therapy. *Psychiatric Clinics of North America* 2, no. 1:39-54 (1979).

Gerald Jacobson, Martin Strickler, and Wilbur Morley. Generic and individual approaches to crisis intervention. *American Journal of Public Health* 58: 338-343 (1968).

Richard James and Burt Gilliland. *Crisis Intervention Strategies*, 8th ed. (Cengage, Boston, 2016).

Erich Lindemann. *Beyond Grief: Studies in Crisis Intervention*. (Jason Aronson, New York, 1979).

Rick A. Myer. *Assessment for Crisis Intervention: A Triage Assessment Model*. (Brooks Cole, Belmont, CA, 2001).

Howard J. Parad, ed. *Crisis Intervention: Selective Readings*. (Family Service Association of America, New York, 1965).

Kenneth Yeager and Albert Roberts, eds. *Crisis Intervention Handbook: Assessment, Treatment, and Research, 4th ed*. (Oxford University Press, New York, 2015).

# 延伸閱讀

## 第一章　個人危機

本章的參考書目包括最近出版的書籍，說明危機心理治療領域的現況；也包括較早以前的書籍、章節和期刊文章，說明這個範疇的發展。

❊ ❊ ❊

Donna C. Aguilera and Janice M. Messick. Crisis Intervention: *Theory and Methodology*, 3rd ed. (Mosby, St. Louis, MO, 1978).

Robert Calsyn, Joseph Pribyl, and Helen Sunukjian. Correlates of successful outcome in crisis intervention therapy. *American Journal of Community Psychology 5*: 111-119 (1977).

Gerald Caplan. *Principles of Preventive Psychiatry*. (Basic Books, New York, 1964).

Gerald Caplan. Recent developments in crisis intervention and the promotion of support service. *Journal of Primary Prevention* 10: 3-25 (1985).

Priscilla Dass-Brailsford. *A Practical Approach to Trauma*. (Sage Publications, Los Angeles, CA, 2007).

James L. Greenstone and Sharon C. Leviton. *Elements of Crisis Intervention: Crises and How to Respond to Them*, 3rd ed. (Brooks-Cole, Belmont, CA, 2011).

插圖 9.5: Lyndon Baines Johnson Library photo by Frank Wolfe / NARA

插圖 9.6: Courtesy of Alan Chevat

插圖 9.7: Thomas Edison National Historical Park

插圖 9.8: © Jim Harrison

插圖 9.9: Courtesy Ronald Reagan Library / NARA

插圖 9.10: Strom Thurmond Collection, Special Collections & Archives, Clemson University

插圖 9.11: Republished with permission of National Journal Group, Inc., from National Journal, March 30: 2012; permission conveyed through Copyright Clearance Center, Inc.

插圖 10.1: AP Photo / Paul Sakuma

插圖 10.2: Courtesy of Larry Hall

插圖 11.1: U.S. Department of Defense

序幕〈圖 1〉：Matt Zebrowski

第二章〈圖 2〉：Matt Zebrowski

第三章〈圖 3〉：Matt Zebrowski

第四章〈圖 4〉：Matt Zebrowski

第五章〈圖 5〉：Matt Zebrowski

第六章〈圖 6〉：Matt Zebrowski

第七章〈圖 7〉：Matt Zebrowski

第九章〈圖 8〉：Matt Zebrowski

第十一章〈圖 9〉：Matt Zebrowski

插圖 6.3: U.S. Information Agency / National Archives & Records Administration (NARA)

插圖 6.4: © Barbara Klemm

插圖 6.5: © 51/1970 Der Spiegel

插圖 6.6: National Digital Archives of Poland (NAC)

插圖 7.1: From the collection of the National Archives of Australia

插圖 7.2: © Johncarnemolla / Dreamstime

插圖 7.3: Leonard Zhukovsky / Shutterstock.com

插圖 7.4.1: Lachlan Fearnley, Wikimedia CC Attribution-Share Alike 3.0 Unported license

插圖 7.4.2: Edward Orde, Wikimedia CC Attribution-Share Alike 4.0 International license

插圖 7.5: National Archives and Records Administration, NAID 533108

插圖 7.6: Australian War Memorial

插圖 7.7: Source unknown

插圖 7.8: Australian War Memorial

插圖 7.9: From the collection of the National Archives of Australia

插圖 7.10: Knödelbaum, Wikipedia. Creative Commons Attribution-Share Alike 3.0 Unported license

插圖 9.1: U.S. Navy photo by Mass Communication Specialist 2nd Class Ernest R. Scott / Released

插圖 9.2: © Tyler Olson / Shutterstock.com

插圖 9.3: Courtesy of the Port of Los Angeles

插圖 9.4: Bob Nichols / United States Department of Agriculture (USDA)

插圖 3.7: Photo by Underwood & Underwood, Library of Congress LC-USZC2-6353

插圖 3.8: Courtesy of the Print Department of the National Library of Russia

插圖 3.9: ©SZ Photo / Scherl / The Image Works

插圖 4.1: Estate of Naúl Ojeda

插圖 4.2: Naval History & Heritage Command: Photographic Section, Naval Subjects Collection, L-53-41-1

插圖 4.3: © Chas Gerretsen, Nederlands Fotomuseum, Rotterdam

插圖 4.4: © Chas Gerretsen, Nederlands Fotomuseum, Rotterdam

插圖 4.5: Antonio Larrea / Fundacion Victor Jara

插圖 4.6: © Julio Etchart

插圖 4.7: © Rickey Rogers / Reuters Pictures

插圖 5.1: Historic Images, Inc. Press handout

插圖 5.2: Historic Images, Inc. Source unknown

插圖 5.3: State Secretariat of the Republic of Indonesia

插圖 5.4: Bettmann / Getty Images

插圖 5.5: © Hans Tanawi

插圖 5.6: Gunawan Kartapranata, CC Attribution-Share Alike 3.0 Unported License

插圖 5.7: Courtesy of Muhamad Taufiq Hidayat

插圖 6.1: U.S. Army Center for Military History

插圖 6.2: Courtesy of www.b24.net

# 圖片來源

插圖 0.1: AP Photo

插圖 2.1: Courtesy of Alexander Stielau

插圖 2.2: History Photo Collection, National Board of Antiquities Collections, Helsinki

插圖 2.3: E. J. Reinikainen, National Board of Antiquities Collections, Helsinki

插圖 2.4: Courtesy of St. Petersburg Travel Guide, www.guidetopetersburg.com

插圖 2.5: History Photo Collection, National Board of Antiquities Collections, Helsinki

插圖 2.6: Library of Congress LC-DIG-ppmsca-18369

插圖 2.7: History Photo Collection, National Board of Antiquities Collections, Helsinki

插圖 3.1: Wikimedia

插圖 3.2: Library of Congress LC-USZ62-110249

插圖 3.3: Takeo City Library and Historical Museum

插圖 3.4: Courtesy of Getty's Open Content Program

插圖 3.5: Waseda University Archive

插圖 3.6: Bain News Service, Library of Congress LC-DIG-ggbain-38442

Mark Suster、Mak Takano、Jurist Tan、Spencer Thompson、Sirpa Tuomainen、Julio Vergara、Gary Waissi、D. A. Wallach、Stuart Ward、Tim Wirth 和 Yoshinori Yasuda。

對以上這些人，我由衷感謝。

八位朋友當仁不讓地閱讀了全部或大部分稿件，並協助我修正觀點和表達。他們分別是Marie Cohen、Paul Ehrlich、Alan Grinnell、Rebecca Kantar、Kai Michel、Ian Morris、Michael Shermer和Sue Tibbles。

還有數十位朋友和同事對草稿的各章節給予評論，與我分享他們的經驗，提供文章或參考文獻，分別做了其中幾項或以上全部。他們包括：Eldon Ball、Barbara Barrett、Scott Barrett、Nicolas Berggruen、K. David Bishop、Heidi Borhau、Daniel Botsman、David Brown、Frank Caufield、Kamala Chandrakirana、Alejandra Cox、Sebastian Edwards、Ernst Peter Fischer、Kevin Fogg、Mikael Fortelius、Zephyr Frank、Howard Friedman、Eberhard Fromter、Nathan Gardels、Al Gore、James Green、Verity Grinnell、Karl-Theodor zu Guttenberg、Jeffrey Hadler、Yasu Hibi、Stefan-Ludwig Hoffmann、Antero Holmila、David Howell、Dian Irawati、Ivan Jaksic、Martin Jay、Benjamin Jones、Peter Kaufman、Joseph Kellner、Hiroshi Kito、Jennifer Klein、Matti Klinge、Sho Konishi、Markku Kuisma、Robert Lemelson、Hartmut Leppin、Tom Lovejoy、Harriet Mercer、Robin Miller、Norman Naimark、Monika Nalepa、Olivia Narins、Peter Narins、Tom Narins、Nathan Nunn、Benjamin Olken、Kaija Pehu-Lehtonen、William Perry、Louis Putterman、Johanna Rainio-Niemi、Geoffrey Robinson、Frances McCall Rosenbluth、Charly Salonius-Pasternak、Ken Scheve、Yuki Shimura、Chantal Signorio、Nina Sillem、Kerry Smith、Laurence Smith、Susan Stokes、Greg Stone、

# 謝辭

我滿懷欣喜與感激向許多朋友和同事致謝，他們的貢獻使本書得以完成。他們的努力使他們贏得了英雄的標記。

寫作本書的想法要歸功於內人瑪麗·柯罕。

我的主編 Tracy Behar 和經紀人 John Brockman 則由規劃本書的概念到全文完成，一路指引。文稿編輯 Eileen Chetti 潤飾文字，Betsy Uhrig 則擔任製作編輯。

Lynda 和 Stewart Resnick、Peter Kaufman、Sue 和 Keith Tibbles、Frank Caufield、Skip 和 Heather Brittenham，以及保護國際組織的支持，使這個為期六年的計畫終能實行。

我的研究助理 Michelle Fisher、Yuki Shimura 和 Boratha Yeang 查證了書中的資訊和參考資料。Michelle 一次又一次為草稿打字。Yuki 分享了她對日本的了解。Ruth Mandel 則負責追查所有的圖片。我的表親 Evelyn Hirata 找到了封面圖片。Matt Zebrowski 則安排本書所有的地圖。

過去的六年中，在加大洛杉磯分校修我課的幾百位大學生和我的助教 Katja Antoine、Katie Hale 和 Ali Hamdan 協助我解釋和了解危機。

Next 0266

**動盪：國家如何化解危局、成功轉型？（精裝版）**

作　　者—賈德．戴蒙（Jared Diamond）
譯　　者—莊安祺
主　　編—陳家仁
企劃編輯—李雅蓁
特約編輯—巫立文
行銷副理—陳秋雯
封面設計—陳恩安
版面設計—賴麗月
內頁排版—林鳳鳳

第一編輯部總監—蘇清霖
董 事 長—趙政岷
出 版 者—時報文化出版企業股份有限公司
10803 台北市和平西路三段 240 號 4 樓
發行專線—（02）2306-6842
讀者服務專線— 0800-231-705、（02）2304-7103
讀者服務傳真—（02）2302-7844
郵撥— 19344724 時報文化出版公司
信箱— 10899 臺北華江橋郵局第 99 信箱
時報悅讀網— http://www.readingtimes.com.tw
法律顧問—理律法律事務所 陳長文律師、李念祖律師
印　　刷—勁達印刷有限公司
初版一刷— 2019 年 11 月 29 日
定　　價—新台幣 650 元
（缺頁或破損的書，請寄回更換）



時報文化出版公司成立於一九七五年，
並於一九九九年股票上櫃公開發行，於二〇〇八年脫離中時集團非屬旺中，
以「尊重智慧與創意的文化事業」為信念。

ISBN 978-957-13-8005-6
Printed in Taiwan

動盪：國家如何化解危局、成功轉型？/ 賈德.戴蒙(Jared Diamond)著 ; 莊安祺譯. -- 初版. -- 臺北市 : 時報文化, 2019.11
面；　公分. -- (Next ; 266)
譯自 : Upheaval : turning points for nations in crisis
ISBN 978-957-13-8005-6 (精裝)

1.社會變遷 2.個案研究

541.4　　108017530